西方古典学研究

抄工与学者

希腊、拉丁文献传播史

Scribes & Scholars

A Guide to the Transmission of Greek & Latin Literature

Leighton Durham Reynolds

Nigel Guy Wilson

[英] L. D. 雷诺兹 N. G. 威尔逊 著

苏杰 译

北京大学出版社
PEKING UNIVERSITY PRESS

著作权合同登记号 图字：01-2022-1541

图书在版编目（CIP）数据

抄工与学者：希腊、拉丁文献传播史 / (英) L.D.雷诺兹，(英) N.G.威尔逊著；苏杰译. —北京：北京大学出版社，2022.4

（西方古典学研究）

ISBN 978-7-301-32592-6

Ⅰ. ①抄… Ⅱ. ①L… ②N… ③苏… Ⅲ. ①古籍研究—西方国家 Ⅳ. ①G256.1

中国版本图书馆 CIP 数据核字 (2021) 第 196506 号

书　　名	抄工与学者：希腊、拉丁文献传播史 CHAOGONG YU XUEZHE：XILA、LADING WENXIAN CHUANBOSHI
著作责任者	［英］L. D. 雷诺兹（L. D. Reynolds） N. G. 威尔逊（N. G. Wilson）　著　苏　杰　译
责任编辑	吴　敏
标准书号	ISBN 978-7-301-32592-6
出版发行	北京大学出版社
地　　址	北京市海淀区成府路 205 号　100871
网　　址	http://www.pup.cn　新浪微博：@ 北京大学出版社
电子信箱	pkuwsz@126.com
电　　话	邮购部 010-62752015　发行部 010-62750672　编辑部 010-62757065
印 刷 者	北京中科印刷有限公司
经 销 者	新华书店
	650 毫米 ×980 毫米　16 开本　32.5 印张　插页 8　345 千字
	2022 年 4 月第 1 版　2022 年10月第 2 次印刷
定　　价	89.00 元

图版 I

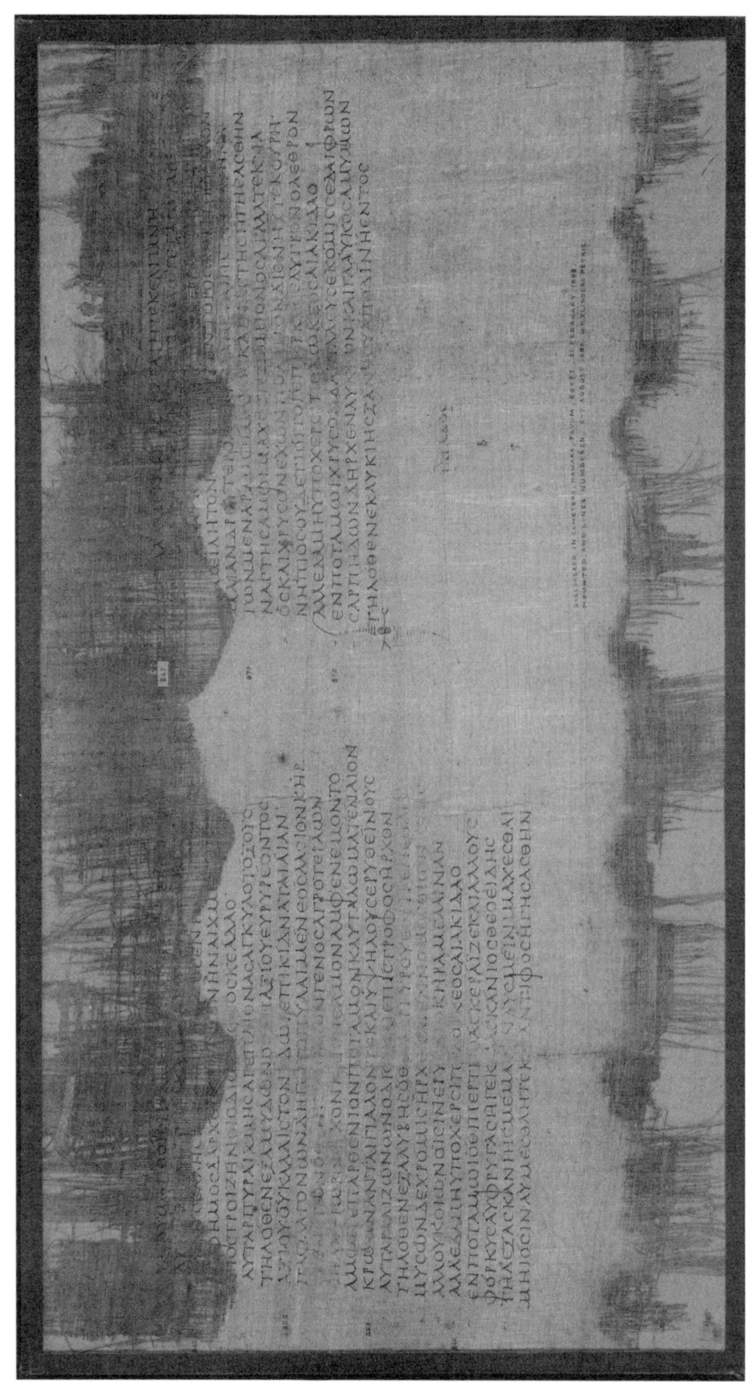

图版Ⅱ

υἷε δύω λήθοιο πελασγοῦ τευταμίδαο·
αὐτὰρ θρήϊκας ἦγ' ἀκάμας καὶ πείροος ἥρως
ὅσσους ἑλλήσποντος ἀγάρροος ἐντὸς ἐέργει·
εὔφημος δ' ἀρχὸς κικόνων ἦν αἰχμητάων
υἱὸς τροιζήνοιο διοτρεφέος κεάδαο·
αὐτὰρ πυραίχμης ἄγε παίονας ἀγκυλοτόξους
τηλόθεν ἐξ ἀμυδῶνος ἀπ' ἀξιοῦ εὐρὺ ῥέοντος
ἀξιοῦ· οὗ κάλλιστον ὕδωρ ἐπικίδναται αἶαν·
παφλαγόνων δ' ἡγεῖτο πυλαιμένεος λάσιον κῆρ
ἐξ ἐνετῶν, ὅθεν ἡμιόνων γένος ἀγροτεράων
οἵ ῥα κύτωρον ἔχον, καὶ σήσαμον ἀμφενέμοντο·
ἀμφί τε παρθένιον ποταμὸν κλυτὰ δώματ' ἔναιον·
κρῶμνάν τ' αἰγιαλόν τε καὶ ὑψηλοὺς ἐρυθίνους·
αὐτὰρ ἁλιζώνων ὀδίος καὶ ἐπίστροφος ἦρχον
τηλόθεν ἐξ ἀλύβης, ὅθεν ἀργύρου ἐστὶ γενέθλη·
μυσῶν δὲ χρόμις ἦρχε καὶ ἔννομος οἰωνιστής·
ἀλλ' οὐκ οἰωνοῖσιν ἐρύσατο κῆρα μέλαιναν
ἀλλ' ἐδάμη ὑπὸ χερσὶ ποδώκεος αἰακίδαο
ἐν ποταμῷ· ὅθι περ τρῶας κεράϊζε καὶ ἄλλους·
φόρκυς αὖ φρύγας ἦγε καὶ ἀσκάνιος θεοειδὴς
τῆλ' ἐξ ἀσκανίης· μέμασαν δ' ὑσμῖνι μάχεσθαι·
μῄοσιν αὖ μέσθλης τε καὶ ἄντιφος ἡγησάσθην
υἷε ταλαιμένεος, τὼ γυγαίη τέκε λίμνη

图版Ⅲ

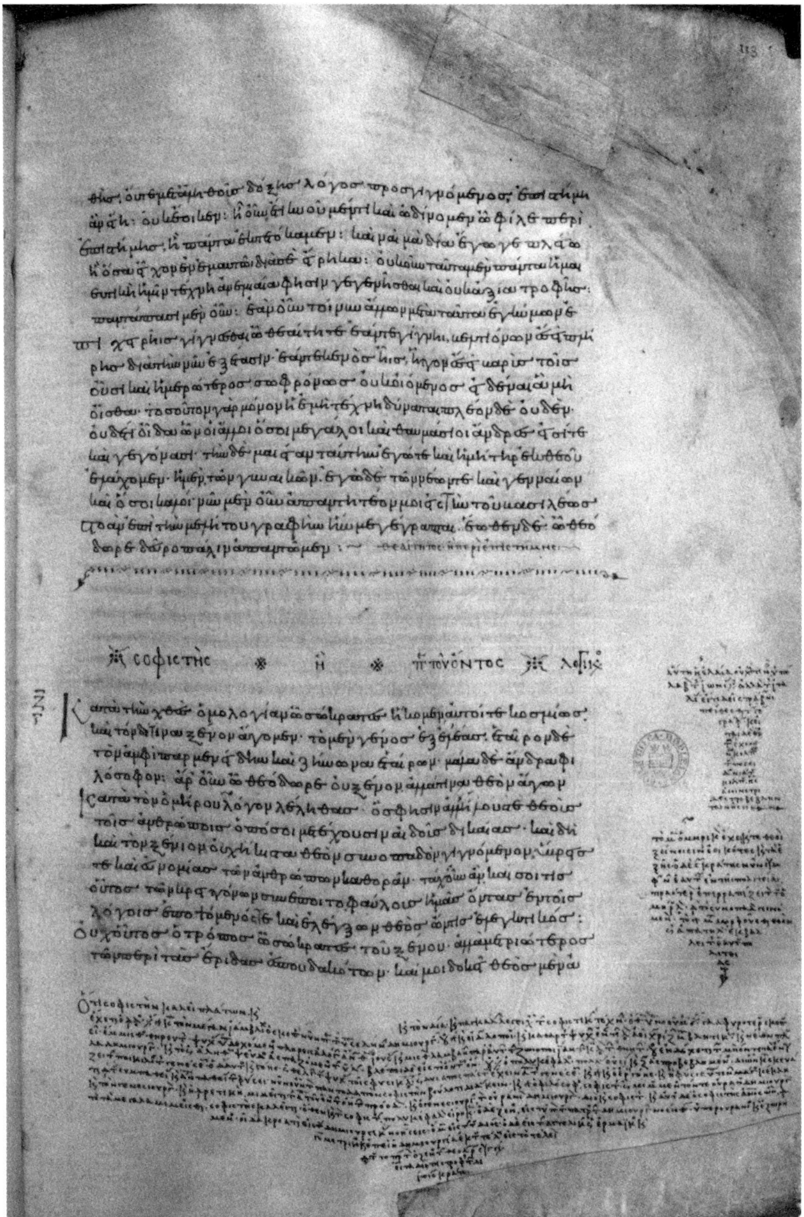

σοφιστὴς ἢ περὶ τοῦ ὄντος λογικός

图版Ⅳ

图版V

图版Ⅵ

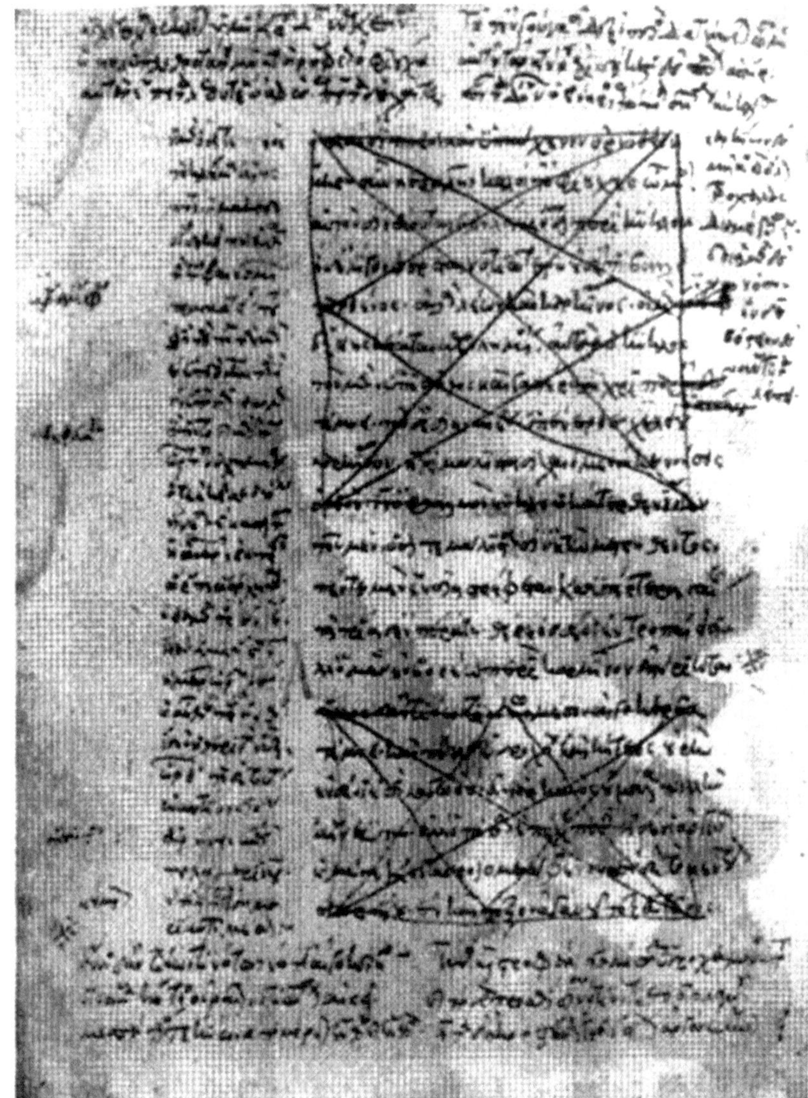

图版Ⅶ

ἈΡΙΣΤΟΦΑΝΟΥΣ ὌΡΝΙΘΕΣ.

Εὐε. ΟΡΘΗΝ κελεύεις ᾗ τὸ δένδρον φαίνεται;

Πε. Διαρραγείης. ἥδ' αὖ κρώζει πάλιν.

Εὐ. Τί ὦ πονηρὲ. ἄνω κάτω πλανύττομεν.

Ἀπολούμεθ' ἄλλως τὴν ὁδὸν προφορουμένω.

图版IX

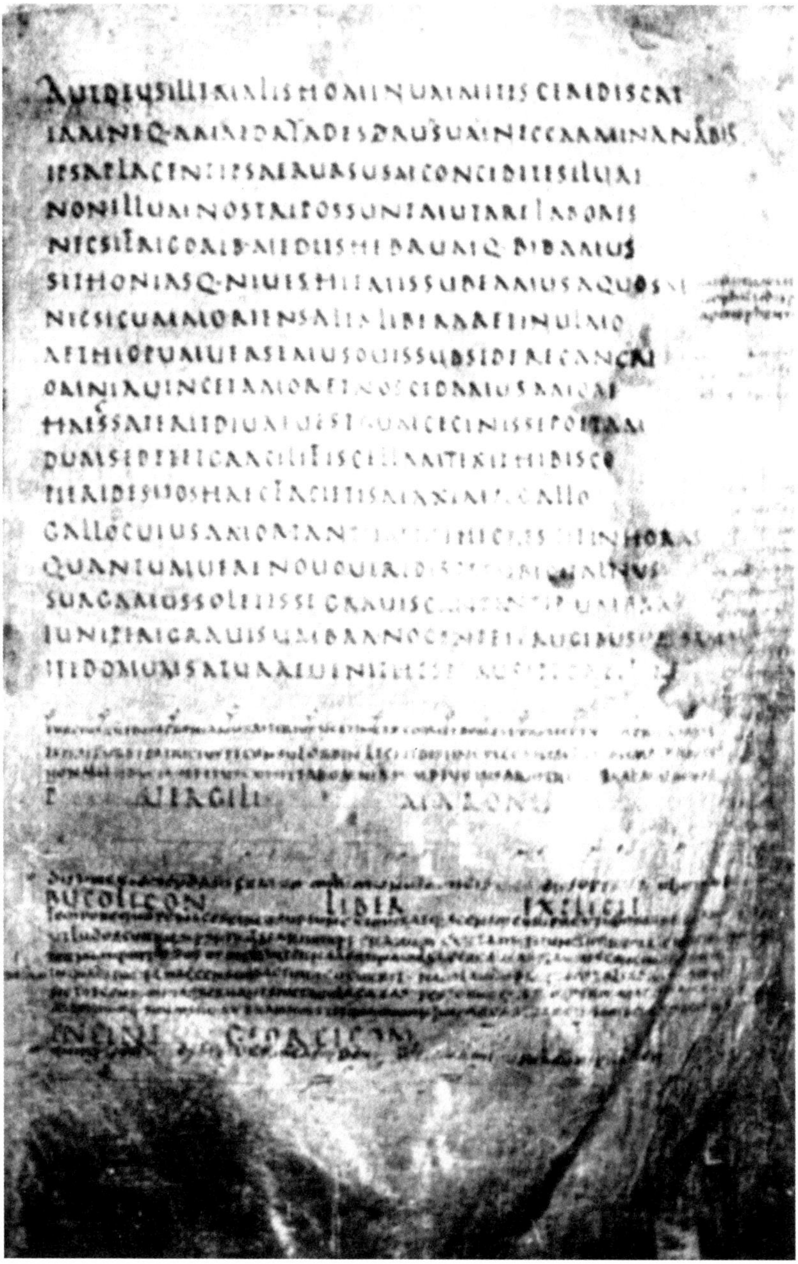

图版 X

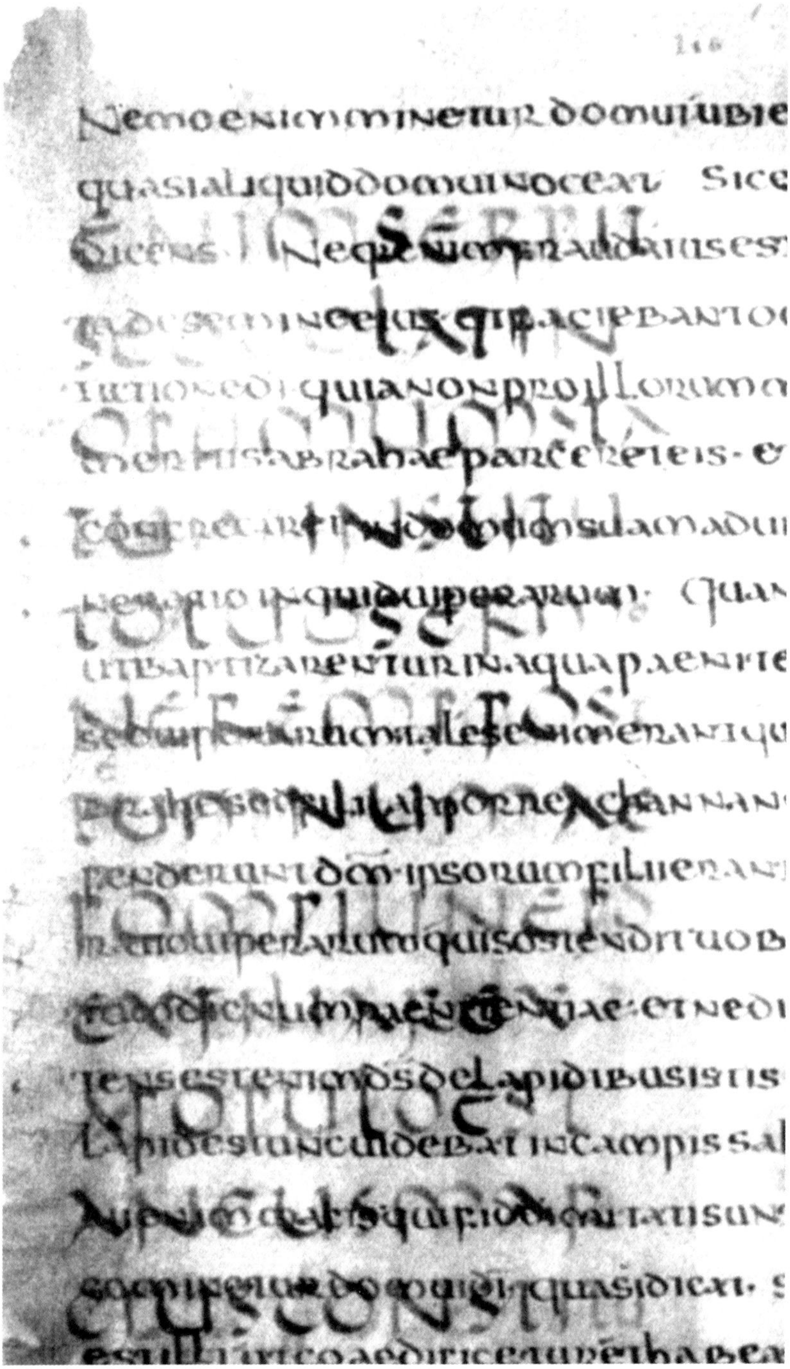

图版XI

HAECHANNIBALPOSTCAN
NENSEMPUGNAMCAPTA
ACDIREPTACONFESTIM
EXAPULIAINSAMNIUM
MOUERATACCITUSINHIR
PINOSASTATIOPOLLICEN
TESSECOMPSAMTRADITU
RUMCOMPSANUSERAT
TREBIUSNOBILISINTER
SUOSSEDPREMEBATEUM
MOPSIORUMFACTIOFA
MILIAEPERGRATIAMRO
MANORUMPOTENTIS
POSTFAMAMCANNEN
SISPUGNAEUOLGATUM
QUETREBISERMONIBUS
ADUENTUMHANNIBA
LISCUMMOPSIANIUR
BEMEXCESSISSENTSI
NECERTAMINETRADI
TAURBSPOENOPRAESI
DIUMQ·ACCEPTUMEST
IBIPRAEDAOMNIATQ
IMPEDIMENTISRELIC
TISEXERCITUPARTITO
MAGONEMREGIONIS

TERTIUS EURO
PE SINUS

Acroceraunis incipit montib;
finitur hellesponto amplectitur
praeter minores sinus xix xxu
passuum in eo epirus acarnania ae
tolia phocis locris achaia messenia
laconica argolis megaris attica boetia
iterum que ab alio mari eadem phocis
et locris doris phtiotis thesalia mag
nesia macedonia thracia omnis graeciae
fabulositas sicut et litterarum clari
tas ex hoc primum sinu effulsit qua
propter paulum in eo commorabimur
Epiros in universum appellata acroce
raunis incipit montibus in ea primum cha
ones a quibus chaonia dein tesproti anti
gonenses locus aornon et pestifera avi
bus exalatio cestrini per raebi quorum
mons pindus cassopaei driopes sello
epilopes molossi apud quos dodonaei

图版XIII

INCIPIT LIBER VICESIMUS TERTIUS.

Haec Hannibal post Cannensem pugnam capta ac direpta con
festim ex Apulia in Samnium mouerat accitus in Hyrpinos a Sta
tio pollicente se Compsam traditurum. Compsanus erat Trebius nobilis inter
suos sed premebat eum Compsinorum factio familiae per gratiam Romano
rum potentis. post famam Cannensis pugnae uolgatamque Trebi sermoni
bus aduentum Hannibalis cum Compsani urbem excessissent sine certamine
tradita urbs Poeno praesidiumque acceptum est. ibi praeda omni atque impedi
mentis relictis exercitu partito Magonem regionis eius urbes aut defici
entes ab Romanis accipere aut detractantes cogere ad defectionem iubet.
ipse per agrum Campanum mare inferum petit oppugnaturus Neapolim ut
urbem maritimam haberet. Ubi fines Neapolitanorum intrauit nu
midas partim in insidiis et pleraque caua sunt uiae sinusque occulti quac
umque apte poterat disposuit alios prae se actam praedam ex agris osten

图版XIV

图版XV

图版 XVI

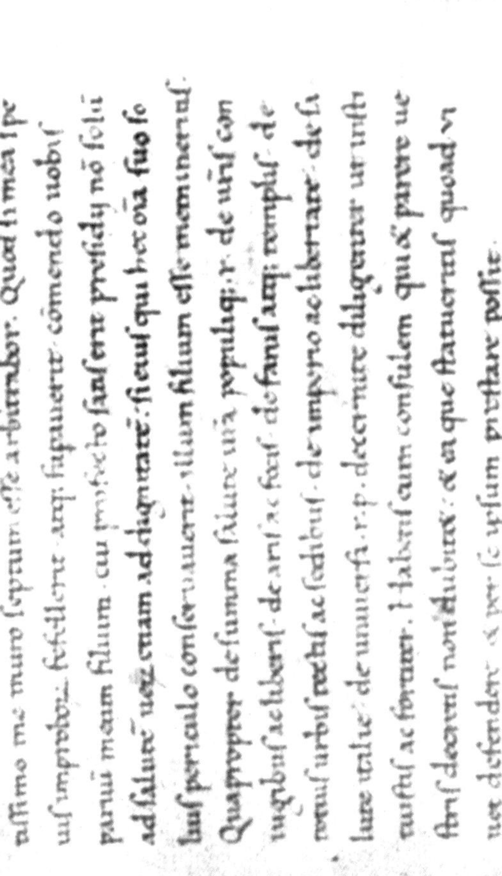

FINIS. LIBRI. SCRIPSIT. POGGIVS.
ROMAE.

目　录

“西方古典学研究”总序

古典学是西方一门具有悠久传统的学问，初时是以学习和通晓古希腊文和拉丁文为基础，研读和整理古代希腊拉丁文献，阐发其大意。18世纪中后期以来，古典教育成为西方人文教育的核心，古典学逐渐发展成为以多学科的视野和方法全面而深入研究希腊罗马文明的一个现代学科，也是西方知识体系中必不可少的基础人文学科。

在我国，明末即有士人与来华传教士陆续译介希腊拉丁文献，传播西方古典知识。进入20世纪，梁启超、周作人等不遗余力地介绍希腊文明，希冀以希腊之精神改造我们的国民性。鲁迅亦曾撰《斯巴达之魂》，以此呼唤中国的武士精神。1940年代，陈康开创了我国的希腊哲学研究，发出欲使欧美学者不通汉语为憾的豪言壮语。晚年周作人专事希腊文学译介，罗念生一生献身希腊文学翻译。更晚近，张竹明和王焕生亦致力于希腊和拉丁文学译介。就国内学科分化来看，古典知识基本被分割在文学、历史、哲学这些传统学科之中。1980年代初，我国世界古代史学科的开创者日知（林志纯）先生始倡建立古典学学科。时至今日，古典学作为一门学问已渐为学界所识，其在西学和人文研究中的地位日益凸显。在此背景之下，我们编辑出版这套“西方古典学研究”丛书，希冀它成为古典学学习者和研究者的一个知识与精神的园地。“古典学”一词在西文中固无歧义，但在中文中可包含多重意思。丛书取“西方古典学”之名，是为避免中文语境中的歧义。

收入本丛书的著述大体包括以下几类：一是我国学者的研究成果。近年来国内开始出现一批严肃的西方古典学研究者，尤其是立志于从事西方古典学研究的青年学子。他们具有国际学术视野，其研究往往大胆而独具见解，代表了我国西方古典学研究的前沿水平和发展方向。二是国外学者的研究论著。我们选择翻译出版在一些重要领域或是重要问题上反映国外最新研究取向的论著，希望为国内研究者和学习者提供一定的指引。三是西方古典学研习者亟需的书籍，包括一些工具书和部分不常见的英译西方古典文献汇编。对这类书，我们采取影印原著的方式予以出版。四是关系到西方古典学学科基础建设的著述，尤其是西方古典文献的汉文译注。收入这类的著述要求直接从古希腊文和拉丁文原文译出，且译者要有研究基础，在翻译的同时做研究性评注。这是一项长远的事业，非经几代人的努力不能见成效，但又是亟需的学术积累。我们希望能从细小处着手，为这一项事业添砖加瓦。无论哪一类著述，我们在收入时都将以学术品质为要，倡导严谨、踏实、审慎的学风。

我们希望，这套丛书能够引领读者走进古希腊罗马文明的世界，也盼望西方古典学研习者共同关心、浇灌这片精神的园地，使之呈现常绿的景色。

“西方古典学研究”编委会

2013年7月

导 读

这是一篇迟到的导读。

毫无疑问，像这样一部影响广泛的西方古典文献传播史，在翻译完成之后，应当有一个总体的介绍。然而2015年年底《抄工与学者：希腊、拉丁文献传播史》（以下或省称《抄工与学者》）中译本匆匆校对付印之际，没有来得及撰写导读。不过，几年后的今天，参照读者的反馈，倒是让这个导读多了几分针对性。原书（英文版）的目标读者是（西方）古典学领域的初学者，中文译本的读者中，有许多是中国古典文本的使用者和研究者，他们有自己的问题和兴趣。

一、本书的宗旨

本书勾勒了希腊、拉丁文本从古到今传承的历史。

为什么要进行这个历史回顾？是为了让读者可以更好地认识古典文本。古典文本经历千百年传到今天，往往存世有多个本子。校勘整理者要在多个本子的异文之间进行取舍，在确立校勘文本的同时，还要用“校勘记”（apparatus criticus）的形式简要表明自己取舍的理由和校正的依据。此即所谓“学术性校勘整理”（scholarly edition）。当代人阅读、了解希腊拉丁古典文本，面对的一般是学术性校勘整理本。要对古典文本有全面深刻的认识，就要对校勘记中来自不同历史时期的各个本子的由来有所了解，同时还要对校勘者工作的原则和方法有所了解。所以这本书在对古典文本的传承情况进行历史回顾之外，最后还有一章是对校勘学的简要介绍。

二、关于两位作者

本书由 L.D. 雷诺兹（1930—1999）和 N.G. 威尔逊（1935— ）合著。两位作者都是牛津大学的古典学教授。雷诺兹主要从事拉丁古典文献研究，威尔逊主要从事希腊古典文献和拜占庭文化研究。虽然序言里没有明说，但实际上就是威尔逊负责希腊古典文献的总结介绍，雷诺兹负责拉丁古典文献的总结介绍。尽管是两人合著，但几乎没有风格差异和内容重叠。唯一可以略加訾议的是，第四章的第六节和第八节分别介绍 15 世纪的拉丁古典学和希腊古典学，对兼擅二者的波利提安都重点论及，相关内容难免有所交叠。书中着重论及的学者，在其名字首次出现时括注其生卒年；对于波利提安，在第六节（第 142 页，边码，下同）和第八节（第 154 页）两处括注其生卒年。这算是合作未臻无间的一点痕迹吧。

作者在序言里明确说这本书是针对初学者的入门读物，有些中国读者说像是“教材”，当然不无道理。但是不能依准中国学界重专著轻教材那套评价系统来看待这本书。它不像中国有些教材那样摭拾陈言敷衍成篇，而是由一线学者根据直接经验完成的首创性的概论著作。

据说西方古典学者认为最有分量的学术贡献之一，是推出某一部古典著作的得到学界认可的新的整理本。牛津大学出版社有一套著名的牛津古典文本（Oxford Classical Texts）丛书，雷诺兹和威尔逊都贡献了整理本。雷诺兹整理的是塞涅卡《书信集》（1965），塞涅卡《对话录》（1977），《萨卢斯特》（1991），西塞罗《论至善与至恶》（1998）。威尔逊整理的是《索福克勒斯剧作集》（1990），

《阿里斯托芬剧作集》（2007），希罗多德《历史》（2015）。

他们对这些古典文本的校理，都是在全面梳理其传承历史的基础上进行的。1965年雷诺兹的牛津古典文本系列的塞涅卡《书信集》出版，配套出版了专著《塞涅卡〈书信集〉的中世纪传承》，厘清了诸抄本之间的关系，令人信服地解决了不少文本难题。雷诺兹的这套心法来自他的老师，牛津大学拉丁古典学教授罗杰·迈纳斯（Roger Mynors，1903—1989）。他们都认为全面梳理某个文本的所有抄本并厘清其传承史是具有重要意义的工作。1983年牛津大学出版社出版的《文本与传播：拉丁古典概览》（*Texts and Transmission: A Survey of the Latin Classics*），是为庆祝迈纳斯教授八十寿诞而编写的特别纪念论文集，作者主要是迈纳斯的学生，雷诺兹撰写其中多篇并担任主编。该书对一百多种拉丁古典文本的抄本系统进行梳理，有许多文本画出了谱系图。

从作者的治学经历不难看出，他们对希腊拉丁古典文献在抄写时代的传承历史的总结介绍，绝非道听途说，摭拾旧言，而是经验之谈，有为而作。两人分别在拉丁古典文本和希腊古典文本的研究和整理方面贡献卓著，先后成为英国人文与社会科学院院士。

当然，《抄工与学者》是两位作者青年时期的著作。1968年第一版问世时，雷诺兹38岁，威尔逊33岁。学术大师年轻时的著作，不仅在学问上高屋建瓴，纲举目张，在行文上也是感情充沛，警策动人。

第一章第九节“4世纪西罗马帝国的世俗世界与基督教世界”，叙述了当文明彪炳的古代世界步入黑暗中世纪之际，罗马贵族对自己文化遗产的徒然捍卫。其中提到马克罗比乌斯《农神节》一书所记录的一次学术谳谈：“这个社会的成员们，当自己的世界在身边分崩离析之际，还在以伟大的罗马共和国时代深湛的学养讨论着罗马生活和

文学的微妙问题。”（第 38 页）

6 世纪末，隋朝初年，陆法言、颜之推等前朝贵族在陆家，“夜永酒阑，论及音韵”。比较中西学术史上两次失势贵族的学术聚谈，与谈者之身份、心境，以及“博问英辩”（陆法言《切韵序》）之高妙，可以说，陆法言所记与马克罗比乌斯所记，差相仿佛。但陆法言所面对的，不过是王朝更迭；马克罗比乌斯所面对的，却是文化沦亡。隋以后是唐，是宋，是中国古典文化兴盛之世。5 世纪以后，欧洲进入长达一千年的黑暗中世纪，古代典籍很少有人阅读，很少有人传抄，不少典籍就此亡佚，有些则是单本孤存，命悬一线。

三、关于书名

有读者评论说：“小心被书名误导了，此书主题是古典文献传承史，有关抄工的内容加起来不到两页。”

首先必须说，这个说法未免夸大其辞，关于抄工的内容绝非如此之少。其次不难明白，相比于学者而言，抄工的历史能见度本来就很低。

那么，一部“古典文献传承史”，为什么要冠以“抄工与学者”的名字，以“抄工”打头呢？

G. 托马斯 · 坦瑟勒《校勘原理》曾说，“当一个人企图创造一件语言艺术作品时，他瞄准完美，瞄准独立实体的客观性，将其从头脑中发射到一个地方，希望他人可以从那里发现并获取”。所有语言文字作品，其意义的实现，都是从作者到读者的信息传递。而古典文献，辗转万里、绳继千年，传久而行远，将作者表达的信息传递给不同时期、不同地域的众多读者，在印刷术发明之前，这一传播过程得以实现的中间传递者，是抄工。

借筏到岸，登岸则舍筏；因指见月，见月而忽指。作为中间传递者的抄工，被忽略是其宿命。就像正常状态下，人感觉不到自己的器官那样，让读者忘记其存在，也是抄工达成使命的正常状态。

职是之故，历史上的抄工大多已难知其详，甚至没有留下姓名。但是出自他们之手的抄本，却让古典文献不绝如缕，传承至今。抄本是《抄工与学者》的核心主题，书后的抄本索引就有十几页之多。

作为信息的中间传递者被意识到的时候，往往是出错的时候。中国很早就开始了雕版印刷，与西方的抄工地位相当的是刻工。刻工的另一个名字“手民”，被提及时，后面往往跟着一个“误”字——“手民误植”“手民之误”。其实在数字化复制之前，几乎所有的复制和传播都存在走样失真的问题，甚至复印机复印、录音机翻录也不能例外。文本的手工抄写复制当然更是如此。因而如果说被忽略，是抄工的宿命，那么讹变，则是抄工挥之不去的原罪。

自从有文本传播以来，人们也一直在努力消除文本复制过程中的抄工的走样和失真，希望与作者会心莫逆。随着时代的推移，作者与读者之间的时间间隔越来越大，语言文字以及文化的差异也越来越大，需要有人从中沟通弥合。这个消除讹误、训释疑难的角色就是学者。

需要说明的是，这里的学者，指古典学者。桑兹《古典学术史》开篇援引了知识界关于“学者”的几段描述，说学者常常特指这样一类人：他们的特点是，“熟悉所有最好的希腊、拉丁作家”，“不仅将他们的语言和思想藏于腹笥，而且因与这些古昔先哲盘桓日久，受其熏染，形成了自己的判断力，提升了自己的品味”；他们的使命是，“如果好学，那就将时间所漫漶者誊抄清楚，从其獠牙中救回真实”。

当然，理想是一回事，现实是另外一回事。就像职司治病救人的医生，资质庸劣者往往反而会损害病人，庸黯而又鲁莽的学者，往往也会给文本带来更多的讹误。

在古代的作者和现代的读者之间，除了抄工与学者之外，还有前代的读者。当然，抄工和学者同时也是读者。这些前代的读者对文本也有影响。极而言之，如果一本书没有读者对它感兴趣，那么就不会被抄写复制，原来很少的抄本，很难保证其逃过风化虫蛀、水火灾患和战争破坏留存下来。如果某个时期的读者过于热衷一本书，其对前代文本咬文嚼字式的研读，也会给文本带来一些不好的影响。作者序言表明写作宗旨时还提到，“同时展示古代和中世纪的读者或学者在何种程度上与古典文本的保存和传播相关”，原因就在于此。

四、本书的思路和结构

古典文本迭经传抄，渐失其真。学者逆溯这一过程，尽可能切近地恢复文本原貌，是所谓校勘。本书在对古典文本传播历史进行回顾的同时，还专门用最后一章对校勘学的理论展开讨论。正是由于这方面的内容，张强先生为桑兹《西方古典学术史》中译本所撰导言特别推荐《抄工与学者》，说这是西方古典学界“真正意义上的古典文献学著作”。

本书前面几章对古典文本从古到今传承过程的历史回顾，按照欧洲历史研究的传统，大致分三个阶段：古代，中世纪，近现代。每个阶段，两位作者分别对希腊古典文本和拉丁古典文本的传播情形进行总结论述。

对文本传播史的论述，涉及思想史、文学史、教育史、图书史、语言文字史等各方面的因素，各部分根据具体情形有所侧重详略，而各个历史时期的学者对古典文本进行校勘训释的理论和实践，则始终是叙述的重点。可以说，古典文本传播的历史，同时也是对其进行校勘整理的历史。

五、古典时代文本的传承与校理

古代（antiquity）是古典文学的繁盛时期，又叫作“古典时代”（classical antiquity，或 classical age）。在以地中海为中心的古希腊罗马世界，从荷马史诗时期（约公元前 8 至前 7 世纪）开始到西罗马帝国的灭亡（公元 5 世纪）为止，希腊文学和拉丁文学的辉煌先后相继，彼此交织，共同构成古典文化——西方文化的古典源头。

（一）古典时代希腊文本的传承与校理

关于古典时代希腊文本的传播，作者的叙述从古风时期（Archaic Period）开始，对古典希腊时期（Classical Greece）也只是约略提及，资料比较多，叙述比较详细具体的，是希腊化时期（Hellenistic Period）。

古风时期（公元前 8—前 6 世纪），文本尚未形诸文字，只是口头传播。荷马史诗曾以口头形式传播了几百年之久。古风希腊有口头撰作、口头传播的传统，甚至在使用文字之后，传统的惯性仍让人们觉得没必要立即用来记录荷马史诗。（第 1 页）

哈夫洛克（Eric A. Havelock）《缪斯学书：口头传统和书面传统的古今演变》（*The Muse Learns to Write: Reflections on Orality and Literacy from Antiquity to the Present*，1986）有论曰，口头传统在很长一段时间内与书面传统并存，缪斯“在继续歌唱的同时，学会了阅读和书写”，而希腊文学也渐次完成了从荷马到亚里士多德的演变。坦瑟勒《校勘原理》第一节论及“文本的本质”，指出：“语言作品的结构是抽象的，并不受制于它们口头表述或书面记录的局限性。”如此探骊得珠，直抉根本，或许与西方古典文本传播史开端的这种情形不无关系。

古典希腊时期（前 510—前 323），苏格拉底、柏拉图、亚里士多德师生三代生活其间，比孔子（公元前 551—前 479）的时代略晚。孔子曾说：“夏礼吾能言之，杞不足征也；殷礼吾能言之，宋不足征也。文献不足故也，足则吾能征之矣。”句中“文献”二字，“文”是以书面形式记录的知识；“献”的意思是贤人，则是以口头形式传承的知识。显然，孔子时代书面传承是主流，口头传承是补充。《史记》载，孔子晚年读《易》，“韦编三绝”。当时的图书形式是竹简编联而成的“册”（不是“册子”。“册”是个象形字，其实也就是竹简连缀而成卷轴形式）。古典时期初期，希腊甫用腓尼基字母，开始其书写传统。据柏拉图的记述，苏格拉底曾说过，“任何人都可以在剧院花一个德拉克马买到阿那克萨哥拉的作品”。这是刚刚开始的古希腊图书业的早期记录。根据存世希腊化时期文物上溯推论，古典希腊时期图书应该是纸草卷轴。纸草卷轴容易磨损，不易查检，故而早期的引用，往往凭记忆做出。《抄工与学者》据此讨论古代图书材质形制对文本内容的影响，认为“古代作家引用他人著作，常常会出现大的不同，原因就在于此”。（第 2 页）显然，中国早期文献亦可作如是观。古典希腊时期，文本在传抄过程中已有严重讹误。官方对于重要的戏剧作品，有正式文本保存在公共档案馆。（第 5 页）

接下来是希腊化时期。Hellenistic（希腊化）的词根 Hellenist，意思是“会说希腊语的人”。希腊化指亚历山大大帝（亚里士多德的学生）军事征服之后，希腊文化影响周边其他文化的过程。这与“汉字文化圈”的名称（本书日译本第二章的标题是“東のギリシア語圏”，意思是“东部希腊语圈”），以及中国文化对周边韩国、日本、越南等国的影响，差可比拟。公元前 323 年亚历山大之死标志着希腊化时期的开始，公元前 31 年罗马征服埃及托勒密王国（作为亚历山大帝国继承者的希腊化国家）则标志着希腊化时期的结束。

希腊化时期，希腊文化的地理中心从希腊的雅典城转移到了埃及的亚历山大城。在那里朝廷设立了社会科学暨自然科学研究院——缪斯宫（museum，今天这个词的意思是“博物馆”），并形成了具有相当规模的公共图书馆。

图书馆聚书当然是一个抄本迁移的过程。据说托勒密一世为了得到阿提卡悲剧的准确文本，抵押金钱从雅典公共档案馆借出其官方本子，然后留下原本不还，放弃押金。（第7页）

图书馆聚拢了大量图书，同一部书可能会聚了几个不同的抄本。孰优孰劣，如何取舍？因应这些问题，缪斯宫的学者们开始自觉地校勘整理和学术研究。这些学者在西方古典学术史上被称为“亚历山大文法学者”（Alexandrine grammarians）。

需要说明的是，这里的“文法学”并不是“语法学”。Grammar的词根gram，意思是书写、文字。“文法学”相当于“语文学”（philology）或者“小学”。文法学者从语言文字入手去解读、校理古典文本，大约相当于中国所谓“由小学入经学”。

亚历山大文法学者的代表，有缪斯宫图书馆第一任馆长泽诺多图斯，他的学生卡利马库斯，以及后面担任图书馆馆长的阿里斯托芬奈斯和阿里斯塔克斯等人。

亚历山大图书馆学者对聚拢起来的古典文本所做的工作，主要是编写目录和校正文本。这与西汉刘向、刘歆（时代比泽诺多图斯晚大约两百年）校中秘书（宫廷藏书），编写书目，“中国历史上第一次由官方主持的大规模典籍整理工作”（邓骏捷《刘向校书考论》，人民出版社，2012年，第88页），情况差相仿佛，影响则有过之而无不及。

刘向、刘歆校中秘书，其所开创的学术传统，后人以广义的校雠学来概括，不过“向歆之学”，一般则是指目录学。亚历山大之学，也有卡利马库斯首次编写书目，但是更为重要的，则是文本校勘。比起刘向等人的校理工作，亚历山大学者在校勘方面有以下几点值得称道：

一是校理范围更加广泛。亚历山大学者校理了所有古典文本，“为受过教育的一般公众的阅读提供了所有作家的标准文本”。（第8页）

二是其校勘成果公开发表。亚历山大学者不仅正确地校正了古典文本，而且成功地将其校正本树立为标准：或将一个母本放在某个公共机构供人照抄，或雇专业抄工为市场准备副本（三百年后，东汉公布经典定本的方式是刻石，如“熹平石经”）。

三是其对文本的处理方式更加科学合理。被誉为“清代校勘第一人”的顾广圻（1770—1839），其广为人知的主张是“不校校之”，即在“照摹旧本一字不易”（所谓“不校”）的同时，附考证以讨论文字的得失，供读者参考（所谓“校之”。参看王欣夫《文献学讲义》）。而比顾广圻早两千年的亚历山大学者们的做法，正是“不校校之”。图版Ⅰ是2世纪纸草抄本，上有亚历山大学者的校勘符号，符号所对应的校勘文字，载于另卷。图版Ⅱ是同书同一段内容的10世纪羊皮纸抄本，亚历山大校勘符号所对应的考证文字，被抄在书的边白处。

亚历山大图书馆和亚历山大学派为一时之盛。不久，邻近的帕伽马（今属土耳其）有帕伽马图书馆和帕伽马学派与之竞争。帕伽马学派最为知名的代表人物，同时也是帕伽马图书馆第一任馆长，是马洛斯的克拉底斯。克拉底斯既是希腊文法学家，也是斯多噶哲学家，号称“批评者”（kritikos）。他刻意区分“批评”（criticism）和“训诂”（grammar），认为后者从属于前者：文法学家只是通过文法来训释疑难，校正文本；而批评者则要通天彻地，参详万物以解释典籍，寻绎物理。美国汉学家韩大伟将西方古典学称为“西方经学”，或许不无可议；不过，他将亚历山大学派和帕伽马学派分别比作中国的古文经学家和今文经学家，却是有他的道理的（《西方经学史概论》，华东师范大学出版社，2012年，第59页）。

（二）古典时代拉丁文本的传承与校理

关于古典时代拉丁文本的传播，作者的叙述大致按罗马文学的兴衰，分为共和国后期（前3世纪—前1世纪）的兴起、帝国初期（前1世纪—1世纪）的发展、2世纪的复古、3至4世纪的梗概化和碎片化传承，以及4世纪的沦亡，共五个时期。另外还有两节，对2世纪至4世纪图书形制从卷轴到册叶的演变，以及古代晚期抄本中关于文本校释活动的跋识，分别进行了专题讨论。

与希腊先有文学后有文字的情况不同，罗马人在希腊字母的影响下比较早就有了拉丁字母，但是直到公元前3世纪共和国后期，才开始有可以与希腊文学相提并论的拉丁文学。拉丁文学的思想内容深受希腊文学的影响，其图书形式也效法希腊，是纸草卷子。而关于文本的校勘训释，也是师从希腊。共和国时期最有名的文法学家埃利乌斯·斯底洛，是亚历山大学派阿里斯塔克斯的再传弟子。

罗马帝国初期，经历了拉丁文学的黄金时代和白银时代，图书业繁荣，藏书成为风尚，学校教育奠定了垂范久远的模式，文本考订训释仍然沿用亚历山大学派的方法。胡适论及西方校勘学之优于中国时，曾提到一个重要因素是西方发达的公共图书馆，这在罗马帝国初期可谓盛极一时。帕拉廷图书馆首任馆长西吉努，像亚历山大图书馆几任馆长一样，也是文本研究的专家，而且值得注意的是，他将考证的范围，拓展到同时代作家（比如维吉尔）的作品。当代作品进入学校教学大纲，无疑有利于其文本传久行远。而在抄写传播时代，读者咬文嚼字式的研读抄录，对于文本也有不好的影响。然而这些大众化因素对于流传至今的古典文本的影响，可能并没有我们想象得那么大，因为存世的古典文本，主要来源于得到很好护持的公私图书馆。（第26页）这一点，在考量、比较中国出土文献与传世文献时，应当不无借鉴价值。

2世纪，白银时代过后，文学风气繁缛虚浮，文胜于质，原创文学陷于中衰。物极必反，于是由文反质，形成文学复古之风。好古风尚对文本传播的影响，一是使一些早期作家的文本再度得到阅读和复制，因而获得了留存下来的机会；二是旧抄本因为近古存真，受到追捧；三是人们对各种抄本进行全面对校，以求其古，以求其真。

3世纪，文化中衰因政治混乱、经济崩溃进一步加剧，人们对前代的书大多已失去完整阅读和抄写的兴趣。为了更快捷地获取知识，一些大部头的典籍被缩写为纲目梗概，多部书被汇集类编为便览，而当时所做的注本和编写的文法书（相当于中国的“小学类”著作），也多所征引……凡此种种，皆以梗概化和碎片化的方式使古典文本得以留存。

3世纪正当中国的三国时代，中国也有类似的情形堪为对照。魏武帝曹操抄撮《孙子兵法》，名曰《兵法接要》；魏文帝曹丕命臣下汇编群书，名曰《皇览》，为类书之祖。稍晚裴松之《三国志注》，刘孝标《世说新语注》，都广征博引，而小学书如《说文解字》等，也时见引据典籍。

无论是西方还是中国，这些纲目、便览、注本和小学书，都保存了相关典籍的梗概和片断，成为我们认识、考证相关文本的重要资料来源。

2至4世纪，图书的物质方面经历了一个重大变化，材质从纸草改为皮纸，形制从卷轴改为册叶。这个变化对古代文本的传承意义非常重大。作者认为这一变革可能策源于早期基督徒，罗伯茨和斯基特《册子本起源考》也将这一变革归因于基督教，高峰枫在《册子本起源考》中译本前言里总结了关于这一问题的新近讨论，认为“应更多归因于社会史和技术史”（《册子本起源考》，北京大学出版社，2015年），可以参阅。

4世纪，罗马皇帝君士坦丁皈依基督教，几十年之间，世俗文学成为异教文化，古典世界渐告终结。不过，古典文化仍然是基督教文化汲取的资源。

古代晚期有些抄本的末尾有跋识程式化地记述文本校正工作。后来的抄本将这些跋识一并抄录，为我们认识古代晚期的校勘实践提供了宝贵的线索和证据。

六、古典文本在中世纪的传承与校理

辉煌的古典时代结束之后，陷入了漫长的黑暗中世纪。

环地中海的希腊罗马世界，东部是希腊化地区，说希腊语，西部说拉丁语。

395年罗马皇帝狄奥多西一世临终前，将帝国分为东西两半，分别让两个儿子继承。东罗马帝国崇尚希腊文化，后来更以希腊语为官方语言，绵历近千年，几乎与中世纪相终始。东罗马的首都君士坦丁堡是希腊化时期的拜占庭古城，后来的历史学家为了将中世纪东罗马的希腊文化与古典时代的希腊文化相区分，便称其为拜占庭文化，而东罗马帝国又称拜占庭帝国。关于古典希腊、拉丁文本在中世纪的传承和整理研究，《抄工与学者》分为两章展开叙述。第二章题曰“东方希腊文化”，第三章题曰“西方拉丁文化”。

（一）希腊古典文本在罗马帝国时代及中世纪的传承与校理

第二章关于古典时代之后希腊典籍的传承与整理研究的叙述，总体上也是按照时间顺序分专题介绍，但并不是从中世纪而是从罗马帝国时代开始。

希腊先是在政治、军事上被罗马征服。对于希腊古典文学在作为学习者和继承者的罗马人的统治之下，是如何发展和传承的，作者首先进行了介绍。

就像罗马在原创文学中衰之后出现复古倾向一样，希腊化地区在罗马帝国时代也形成了文学创作上的拟古倾向，被称作“阿提卡主义”，即在语言运用上依准阿提卡（雅典）古典作家的习惯，规行矩步。这种墨守古代典型用法的文学风尚，对古典文本传承带来的影响，值得重视。“学校教育对语言的辨析入微，其结果并不全然是好的。它们将阿提卡方言的词形和变化灌输到学生的头脑中，其影响如此之深，以至于当一个受过教育的人抄写一个文本时，会倾向于用他所熟知的阿提卡词形替换其他希腊方言的词形。”（第47页）

接着希腊与其征服者罗马一起，在宗教上、思想上被基督教征服。希腊古典文学在作为反对者和改造者的基督教会的统治下是如何存在和传承的？第二节回答了这个问题。

与人们设想的有所不同的是，基督教会并没有系统地禁毁古典文学图书，没有发现一个针对古典文本采取极端措施的实例。古典文本的亡佚主要是因为大多数基督徒没有阅读的兴趣，因而也就没有足够多的抄本确保其在战火和毁坏的时代留存。基督教学者往往对古典文学并不陌生，而奥利金更是将亚历山大文献考证学的方法和符号应用到《旧约》文本的校勘中。

在拜占庭时代早期（4世纪末至9世纪），学校教育中仍然注重培养拟古风格，并且将古文运动作家的作品也列为范文（就像将韩愈、柳宗元的散文和秦汉散文一并列为模仿对象）。学术上的演进主要是将以前别卷另抄的校注文字，抄写到文本的边白处。这个新的形式其实也包含着汇编筛选的工作，其实也就是“集注”的形成。大众阅读的古典文学作品的范围持续收窄，中世纪早期流传书目已与今天存世书目相差无几。

拜占庭时代早期，希腊文本，包括《新约》以及古典哲学、自然科学、数学等著作，被译为叙利亚语、阿拉伯语和亚美尼亚语等语言。有些译本可能对校正希腊原本有所帮助。

胡适在论及西方校勘学之所以优于中国时，曾提到西方文本存在古译本。这是中国古典文本校勘所不具备的条件。

在9世纪有过一次学术中兴。摄政王巴尔达斯重振帝国大学，学术讨论，包括神学论战，促进了对图书的寻求。这一时期文本传承技术上有两点变化，一是中国造纸术传入西方，二是书体由大写改为小写。对图书的寻求和写本书制作技术的革新都促进了图书的抄写。希腊文学流传至今的文本，都可以追溯到这一时期或者稍晚用小写体抄成的写本。9世纪最伟大的学者是在教会中担任牧首的弗提乌斯，其所撰《群书提要》，是对其二十年间所读世俗图书和基督教图书的提要和评论，其中甚至包括异端和反基督的书，算是中世纪基督教并未实施出版审查的一个证据。其所编《词典》，引用的书证，保存了当时文本的片断。另一个重要学者是卡帕多细亚该撒利亚大主教阿里萨斯，其在图书上的批注文字，实物留存到了今天，见图版III。

10世纪至15世纪是拜占庭时代晚期。

10世纪君士坦丁七世主持编纂的类书性的治国手鉴，保存了一些今已亡佚的典籍的片断，类书性质的《苏达辞书》，是最早的按字母顺序编排的百科全书。修士以法莲所抄图书今存数种，笔迹可以勘同。由此可以推知，古代文本的抄写，掌握在一小部分学者和专业抄工的手中。

11世纪君士坦丁九世创立法学学院和哲学学院，哲学学院院长普塞罗斯存世有些论札，显示出其在古典文学方面的广泛阅读，对异教文学和教父文学都有浓厚兴趣。

12世纪初，公主安娜·康尼娜曾委任学者为亚里士多德著作做注。大主教尤斯塔修斯对古典文学有广泛的阅读，为古典作家做的注极有价值。其为《安提戈涅》所做注引用的善本，给出了其他所有本子都阙漏的几行的全文。其为《伊利亚特》所做的注，竟有1400页之多，有些注文发挥过度，并不切题。与尤斯塔修斯同时期还有泰泽和蔡尼亚提斯，从他们为古典文本所做的注和学术书简中可以窥知，他们仍能读到比我们所能看到的更多的古典文本。

13世纪初，1204年十字军东侵劫掠了君士坦丁堡，对典籍毁坏极为酷烈。播迁中的皇室贵族仍在阅读古典文本，但是已没有高级学术研究或者为古典文本做注的迹象了。后来希腊帝国虽回到旧都君士坦丁堡，但高等教育总体上乏善可陈。

13世纪末14世纪初出现了拜占庭学者关于古典文本的最好研究者。一是修士普拉努得斯，其人通拉丁文，对拉丁文教父著作颇有涉猎。其关于希腊古典文本的研究，意义重大。他曾编写古典诗集，整理了一部《希腊诗选》校订本，收入颇多未见于帕拉廷本的短诗。不过，他在整理中任意删改古典文本，招致批评。二是学校教师崔克利纽斯，在教科书文本整理方式上有所贡献。崔克利纽斯是第一个掌握了古典诗歌格律并加以运用的拜占庭学者，堪称现代文本整理的先驱，有些校正得到了现代校勘家的普遍赞同。普拉努得斯和崔克利纽斯是对古典文本有着持久影响的晚近拜占庭学者，其所贡献的异文，可能出于当时学者敏锐识见的理校，也有可能是来自某个已失其源的传承支系。这一时期被称为“帕里奥洛吉文艺复兴”。拜占庭学者对古典文本有广泛的兴趣，守先待后，功不可没。

（二）拉丁古典文本在中世纪的传承与校理

随着基督教征服罗马，西罗马帝国崩溃，在环地中海西部拉丁语地区，知识的生产者、传播者和掌控者从罗马贵族转变为基督教会。图书的生产中心和图书馆一并转移到修道院，不过图书制作的技术并不曾失坠。标志人物是意大利迦修多儒，540年他在意大利南端建立维瓦利姆修道院，强调仔细复制文本的重要性，着意侵夺世俗社会对高等教育的垄断。圣本笃创立卡西诺山隐修院，其制定颁行的规则，强调阅读，塑造了以后几百年修道院的行为模式。伊西铎是传播和阐释古代学问最有影响的人物，他从教父著作、集注和类书中汲取古典知识。这一时期教父著作、圣经和礼拜文本流传下来不少，但是抄于这一时期的古典文本却难得一见。许多旧羊皮书上原来抄写的古典文本被刮去，重新抄上基督教文本，此即所谓“重写本”。

“礼失而求诸野”，边缘地区往往成为文化存续的关键。偏处一隅的爱尔兰，5世纪起拥有拉丁文化，首先燃起学习古典的热情，无所顾忌地研习拉丁古典。代表人物是修道院院长科伦班努。科伦班努在欧洲大陆传教，将拉丁古典文本带到各地。爱尔兰的拉丁文化在英格兰扩散时，罗马教皇大格里高利派奥古斯丁到英格兰传教，奥古斯丁成为第一任主教。7世纪由狄奥多和哈德良进行第二次传教。两人都带来了大量的书籍，这些抄本书主要来自意大利罗马，作为范本也将拉丁字体带到英格兰。

在爱尔兰和罗马合力影响下的盎格鲁－萨克逊传教士，7世纪至9世纪到欧洲大陆传教。传教热忱和世俗兴趣的结合，催生了一些教会中心如美因茨和符兹堡，以及修道院如富尔达等，这些宗教中心都担任着典籍的收藏和生产功能。与修道院一起，盎格鲁－萨克逊传教士还将一种字体和人文主义知识观带到欧洲大陆。

盎格鲁拉丁文化推动欧陆知识重生，为拉丁文献的复兴和留存贡献巨大。有些存世文本有明确证据显示其抄写于英格兰，有些文本则由于其特殊异文（其讹变之由可由当时的英伦字体得到解释，被称为“英伦岛征候”）可以推知其祖本可能是英伦岛抄本。

8世纪末9世纪初拉丁古典文学有一次复兴，是加洛林王朝查理曼推动的结果。为了改变当时教会牧师对于拉丁文的无知现状，查理曼从英格兰请来阿尔昆担任其教育顾问。尽管阿尔昆移植到欧洲大陆的教育体系只是初级的，扫盲性的，其古典文本是被删减压缩过的，只是为了服务于基督教目的，不过这已埋下了世俗化的种子，引发人们去欣赏古代经典，也带来对图书的需求。

加洛林复兴中，图书的抄写制作，发展出一种可以更为经济地利用皮纸，同时也更为醒豁悦目的小写字体，称作“加洛林小写体”，到12世纪时，传遍整个欧洲。

790年查理曼宫廷图书馆藏书目录的一部分，流传至今，其品类丰富，数量繁多，由之可以窥见加洛林古典复兴的核心。宫廷抄写处所制图书，文本校勘与抄写装帧之精良令人赞叹。由于此前已有很长时间没有过古典文本的复制，加洛林抄本所依据的范本必定是古本，这些古本主要来自罗马和坎帕尼亚，特别是被查理曼占领的拉文纳。当时这些古本中有不少是孤本，可谓命悬一线。整个查理曼帝国，书籍抄写复制加速发展，以帝国首都亚琛为中心，向欧洲多地辐射。

9世纪加洛林文艺复兴促进了对古典文本的抄写复制，但这还不能保证文本的安全存世，因为还差一个传播技术上的革新，还没有发明印刷术。中国大约此时已经有雕版印刷了。西方则要再过五百年，14世纪至16世纪的文艺复兴与金属活字印刷术相结合，才让古典文本的存世得到最终的保证。

加洛林时代羊皮纸用量惊人。大量学术著作问世流行。著名的卢克莱修长方形抄本，即抄成于查理曼宫廷抄写处，抄本上批注文字的来源，旧称“萨克逊校正者”，其实是爱尔兰学者顿戈。另一位爱尔兰学者是活跃于列日的塞杜里乌斯，其所编《文萃》，其实是道德格言集，采撷颇广。科尔比修道院图书馆馆长哈多德亦编有道德格言集，稿本存世，所摘文字剥离语境，甚至加以基督教化。赖兴瑙修道院院长瓦拉弗里德亦有摘抄本，还在贺拉斯现存最古老抄本上校补多处。费里埃修道院院长卢普斯广求副本以资校勘，其录异待考的阙疑态度值得称道。弗勒里修道院院长泰奥德夫在《圣经》校勘中已用缩写（sigla）标注异文来源。

843年，查理曼帝国分裂，欧洲趋近如今各国之形势。加洛林时代的教育，图书复制，以及学术研究，由于惯性而继续。法兰西的拉忒利乌斯，日耳曼的热尔贝为其代表。10世纪英格兰开始从欧陆输入图书和字体。

11世纪晚期至12世纪早期，在卡西诺山及相近修道院，抄写复制了一系列重要古典文本。

11世纪之后，知识的传播（教育）和图书的复制，渐次从山野修道院和隐修士，转移到城镇学校和牧师手中。这些学校在11世纪中得到发展，成为后来的大学。意大利博洛尼亚成为罗马法中心，萨勒诺建成第一所医学院，西西里岛则致力于将希腊文科技著作译为拉丁文。西班牙托莱多将阿拉伯科技和学术带入欧洲。法国巴黎成为欧洲知识之都。随着学校教育和文艺的世俗化，大众有了一定的读写能力。古典作家的作品也基督教化，影响扩大。当时作家作品中对古典作品的引用，有许多来自类书、集锦或者古注。12 世纪的复兴巩固了加洛林复兴的成果。

经院哲学时代，注重理论，与宋明理学或可相比。所谓作家让位给方法，就是不再强调对古典文本的细读，而是强调推论。一些学者和游方修士援引古典文学来解释《圣经》，从而对古典文学的普及有所贡献。

中世纪西欧懂希腊语的人很少。9 世纪文艺复兴激发了人们对希腊文学的兴趣，有一些希腊作品就此被译为拉丁文，当时的《圣经》双语本仍有抄本存世。12 世纪翻译范围有所拓展，柏拉图、亚里士多德以及欧几里德等的著作被译为拉丁文。有些希腊文著作辗转从阿拉伯语译本译为拉丁文。当时学者提出，研究要依据原文，而不是莫名其妙的译文。

七、文艺复兴时期古典文本的发现与研究

13 世纪末，在人文主义文化运动的推动下，古典文学再度复兴，初期在意大利，中期已扩散到西欧各国。大量古典文本重见天日，借着 15 世纪出现的谷登堡金属活字印刷术，古典文本传承的方式有了革命性的变化，到 16 世纪中文艺复兴末期，大多希腊罗马文献都已有便于阅读的印本。学术研究方面，历史考据与文本考据的基础已牢固确立。

（一）文艺复兴时期拉丁古典文本的发现与校理

知识传播（教育）中心从修道院移转到大学之后，大学里人文

学科教师的阅读趣味日益趋向世俗化，用古典文学作品培养学生语言和文字表述的能力，是最早的人文主义者。追求俗世生活的人学习揣摩古典文学作品，引发了对古典世界的向往和认同，使文学不再从属于宗教，这与中世纪修道院学者对古典文学的研究，已有本质不同。

最早的人文主义者，积极入世，不少是从事与法律相关的工作，比如法官、律师、公证人等。他们学习古典文学，接受古典文献的影响，表现在两个方面：一是文学创作，比如意大利帕多瓦的法官洛瓦托撰有诗集《格律书简》，他的朋友公证人穆萨托写成《埃切利尼斯》，是古代以来用古典格律所写第一部悲剧；二是学术研究，比如维罗纳大教堂管理者德马托基斯《二普林尼约注》，是文艺复兴第一部关于文学史的考据著作。

随后彼特拉克将两股人文主义——文学的和学术的——合为一体，竭力在基督教会框架内复活古罗马精神。14 世纪初，教廷从罗马移到阿维尼翁，将人文主义者与藏书之地以及学术研究机构合至一处，诸缘辐凑，促进学术复兴。彼特拉克致力于发现和复制古典文本，并对文本进行校勘和评注。李维《历史》因之而合为全帙。彼特拉克尚友西塞罗、塞涅卡，寻访其书，学习其文。彼特拉克藏书之富，有其所喜图书目录可证。薄伽丘等学者深受彼特拉克的影响。

萨卢塔蒂是一位承前启后的人文主义运动盟主。虽说他在创作天分上不及彼特拉克和薄伽丘，但他担任佛罗伦萨长官三十年，因而资源丰富，影响巨大。他在抄本校对上颇为积极，贡献良多。他最伟大的发现是西塞罗的《致友人》抄本。西塞罗书信使早期人文主义者有古今晤对之感。

从 13 世纪末到 15 世纪中叶，发现古抄本最多的是教廷秘书波焦。15 世纪初为解决教会问题在德国南部康士坦斯召开的会议给波焦等人寻访抄本带来了契机。波焦对发掘文献贡献巨大，在字体发展上也颇有影响。人文主义字体，后来发展为罗马体和意大利体（斜体）。人文主义者对抄本不够爱惜珍重，令人扼腕。

15 世纪，拉丁古典文献学在历史考证和文本校勘方面有了突破性的进展，代表人物是瓦拉和波利提安。证明罗马皇帝君士坦丁将世俗统治权力让渡给教皇的所谓“君士坦丁赠礼”文书，被瓦拉通过历史考证和语言考证加以辨伪。波利提安是最为出色的诗人和学者，创作上拒斥西塞罗主义，反对胶柱鼓瑟，学术研究上著有《丛札》，涉及颇广，讨论极深。尤其值得称道的是其校勘方法：剔除过录本，对校先于修正，“不校校之”的文本处理方法。

（二）文艺复兴时期希腊古典文本的发现与校理

尽管意大利南端有希腊语人口，但整个意大利仍然缺乏学习希腊语的条件。14 世纪中叶薄伽丘将一位通希腊语的学者拦截在佛罗伦萨，先为薄伽丘、后为萨卢塔蒂翻译希腊典籍。14 世纪末，拜占庭一位外交官在佛罗伦萨讲授希腊文。其授业的结果，是希腊典籍有了拉丁译本。15 世纪，拜占庭战败亡国后，流亡者来到意大利，讲授希腊文谋生。因为缺乏好的教材，教学效果不佳。也有人到君士坦丁堡留学。希腊典籍随着留学生和流亡者，从东方流入意大利。

来自东部希腊文化地区的枢机主教贝萨里昂，被瓦拉称为“最希腊的拉丁人，最拉丁的希腊人”，其藏书中希腊文书籍不下五百卷，颇有古典文本。希腊帝国灭亡后，贝萨里昂希望建立一个完整的希腊典籍文库，并将自己藏书捐给威尼斯，因为那里希腊遗民最多。贝萨里昂曾诉诸古本来证明圣巴西尔的观点非后人作伪，还认为希腊文本是《新约》诠释的基础。波利提安集学者与诗人于一身，是第一个认真关注希腊诗歌的学者，是解读同样作为学者和诗人的希腊化学者卡利马库斯的最佳人选。波利提安被公认在语言知识方面可以媲美希腊人，其《丛札》中有希腊文本考据内容 。

15 世纪 70 年代以来，金属活字印刷引发了拉丁古典文本整理出版热潮。希腊古典文本跟进并不顺利，一是希腊文字体复杂，二是市场需求不足。阿尔都斯·曼纽修斯创立了一个出版社，在威尼斯出版古典文本，几乎承担了所有希腊古典作家首印本的出版工作。在其出版社承担学术工作的有克里特人马库斯·穆苏鲁斯，并形成一个阿卡德米学社，伊拉斯谟曾访学于此。穆苏鲁斯在文本有阙时，曾以己意补足，颇滋困扰。

荷兰人伊拉斯谟代表北欧人的最高学术水平，曾从希腊流亡者学习希腊语并发明伊拉斯谟发音法；曾与阿尔都斯合作，整理出版希腊典籍；曾与瑞士巴塞尔的弗罗本合作，出版《新约》希腊文校理本。当时《新约》拉丁文通行本被认为更加权威，但是伊拉斯谟认为作为原始文本的希腊文本更加重要，并根据希腊文本删除《约翰一书》拉丁文通行本中陈说三位一体教义的所谓“约翰短句”。不过在希腊文古抄本阙漏处，他也曾参酌拉丁文译本，补上自己翻译的希腊文本，逾越了校勘者的本分。他在校理《新约》希腊文本时，拥有大量古抄本，可惜别择不精。不过值得一提的是，他似乎已经认识到“难的异文更可取”。

应当说明的是，原书第一版关于文本传播从古到今的历史回顾到此即告结束。因为传播技术革新为金属活字印刷，到文艺复兴末期，绝大多数古典文本已有印本，可以认为其存世得到了保障，像所有童话故事的结尾一样，种种险难已成过往，“从此幸福地活下去”。

第一版面世后，读者反馈，回顾最好包括文艺复兴以来古典学研究的情况，于是第二版增加了第五章。

八、文艺复兴以来的古典学的进展

第二版新增的这一章，大致按国别分为意大利、法国、荷兰和英国等几节分别总结，然后对相当于写本鉴定学的古字体学的兴起与发展，以及新发现的古典文本的几种情形，进行专题介绍。

文艺复兴之后，知识生活中的大事件是马丁·路德推动的宗教改革运动，以及作为反制的罗马教廷的反改教运动。新教和天主教在《圣经》整理出版方面也互相竞争。改信新教的巴黎出版商罗贝尔·艾蒂安 1551 年出版《圣经》武加大本，首次将全部文本分节标号，为以后各版所沿用，影响巨大。教皇西斯督五世在梵蒂冈排印圣经，颁令文本校勘问题必须提交教皇本人解决，1590 年西斯督五世出版拉丁文武加大本为权威本，威胁将改动文字者逐出教会。其继任者克来孟三世于 1592 年收回未售出的书，出版了另一个颇多相异的整理本，使之成为罗马天主教会的官方文本。一百多年后，英国本特利提议重新整理《新约》，其所要超越的权威本子，是教皇武加大本和所谓“新教教皇”斯蒂芬斯的版本；这个“斯蒂芬斯”，就是罗贝尔·艾蒂安的拉丁文名字。

16 世纪中期，意大利皮埃罗·维托利校理亚里士多德《修辞学》时参考了中世纪拉丁文译本，正确论断了古译本的价值，认为直译的、不雅驯的译文，可以用来准确揭示译者所依据的希腊文本。维托利已在一定程度上接近了谱系法。与维托利同时期意大利最有才的学者是弗朗塞斯卡·罗伯泰罗，1557 年他出了一本《古籍异文理校法》，是对校勘方法论的第一次讨论，但是其中没有谱系法任何的苗头。

法国的人文主义运动一方面受意大利人文主义运动的影响，另一方面也有法兰西文化的内在驱动。法国第一个伟大古典学家是纪尧姆·比代，著述颇丰。在他的推动下，创立了法兰西学院的前身“皇家学院”。比代认为，古典学更应关切内容上的人文主义而不是形式上的优雅，注重对古代生活进行全方位的透彻理解。16世纪末欧洲古典学执牛耳者有法国二贤：斯卡利杰和卡索邦。斯卡利杰将一个作家或一个主题当作有机整体来研究，对马尼利乌斯的整理为豪斯曼导夫先路；为古代世界的年代进行比较考证，建立了年代学；在校勘方法亦有建树，试图重建一个失落了的原型的细节，让特定文本的历史成为校定文本的重要参照。卡索邦，极勤奋，极渊博，作为一个注释者，用学识来阐明而不是炫耀。

荷兰的古典传统，得益于大学和印书坊。鲁汶大学创立于1425年，1517年同城成立三语学院，使鲁汶成为北欧知识中心。其印书传统可以上溯到很早。16—17世纪，南（安特卫普）有普朗坦，北（莱顿）有埃尔策菲尔。普朗坦最著名的出版物是八卷本《多语版圣经》。1566年普朗坦版贺拉斯，首次以现代模式使用缩略出处。埃尔策菲尔小十二开古典作家丛书，影响巨大。弗朗茨·莫迪乌斯整理了一些拉丁文本，认为对校是文本整理的基本前提。其所辑录的抄本异文，在抄本被毁后，是极为重要的文本证据。16世纪最伟大的古典学家利普修斯，是一流的注释家和校勘家，最大成就是对塔西佗的整理。17世纪后的代表人物则是尼古劳斯·海因修斯，其强项在于对拉丁文诗歌优雅之处的细腻感知（部分来自他自己的诗歌创作实践）。结合推测的技巧、仔细的校对以及广泛阅历所带来的丰富常识，使他成为拉丁诗歌最伟大的校勘家之一。

英国学者理查德·本特利是校勘学历史上泰斗级的人物，不过他热衷理校，一味强调逻辑，是其可訾议者。本特利曾出版小册子《整理新约刍议》，并不奢望将作者文本恢复到手稿状态，其所建议的方法和原则，与后来著名的拉赫曼方法颇有相合。

16世纪初伊拉斯谟校理《新约》时，曾广罗旧抄本，惜乎别择不精。鉴别写本时代早晚的所谓“古字体学”，直到17世纪末才发展起来。契机是耶稣会与本笃会之间的论战，耶稣会士声言本笃会的中世纪特许状是伪作，本笃会士让·马比荣（1632—1707）致力于研究中世纪特许状数年，撰成《文书学》一书，总结出中世纪文书真伪的判定标准，以证其真。马比荣的同事蒙弗贡运用这一套原则和方法研究希腊古抄本书，撰成《希腊古字体学》。

文艺复兴以来，古代文本时有发现，主要有以下几种情形。一是借助化学试剂释读出传世重写本的下层文字；二是在埃及出土纸草古卷；三是偶然发现的其他抄本；四是铜器、刻石上的铭文。甚至庞培古城墙壁上的一处涂鸦题写，也可以成为校勘的证据。

第二版新加的这一章没有专门介绍文艺复兴以来德国古典学的进展。这并不是因为文艺复兴以来德国在古典学方面乏善可陈，而是恰恰相反，19世纪德国古典学在文本校勘方面有非常重要的推进，这一方面的内容已见于第一版就有的最后一章。

九、校勘的科学理论和经验法则

伴随着古典文本传承的历史，有古典文本校勘整理的历史。经过历代学者的整理实践和理论探讨，西方校勘学发展出了堪称科学的理论，也总结出了一些行之有效的经验法则。

（一）谱系法理论

通向科学校勘的第一步，是拒绝将通行本作为讨论的基础。这第一步，是在《圣经》校勘领域迈出的。《圣经》通行本历来得到近乎神圣的认可。1721年本特利提出完全依据古抄本和武加大本推出一个《新约》整理本，宗教界狃于成见，未得施行，一百多年后，拉赫曼整理本（1831）的出现才算有所推进。数十年间，类似的方法渗透到古典文本校勘领域，沃尔夫等一再重申，任何校勘文本都要以抄本作为基础。

通过比对异文梳理所有存世抄本的谱系的方法，又被称为“拉赫曼方法”。其实并非拉赫曼首创，前人已多有贡献。人文主义时期，波利提安已认识到“剔除过录本”这一原则，1508年伊拉斯谟则已提出类似于“原型”的概念，1577年斯卡利杰提出古典文本中世纪原型的概念，为未来的突破指示了方向。18世纪《新约》校勘再次革新，本格尔对抄本进行分组系联，画出可据以取舍异文的谱系图。陆续有学者采取这种方法取得不同程度的成功。1830年拉赫曼在为自己的《新约》校勘工作设计方法时对本格尔的方法进行了细致表述，1831年聪普特画出了第一个古典文本谱系图，几年后里奇尔和马德维希在实践中进一步完善了这种方法。

谱系法理论的经典表述是保罗·马斯的《校勘学》。谱系法的基本原理是，共同的讹误显示共同的来源，循此以推，可以根据“连接性讹误”和“区分性讹误”来建构谱系。

谱系法有其局限。其有效的前提是所有的传承都纯洁如处子，亦即只对着一个范本抄写。然而事实并非如此，抄写中往往会校以他本。甚而至于，存世所有抄本都来自古代末期或者中世纪早期的某单一写本（原型）的这一假定本身就存在问题，有些晚出抄本可能有更古老的来源。另外，古代作者在其作品行世后可能修订原稿。所有这些，都是谱系法无法解决的问题。

（二）校勘经验总结

当校勘者面对两个难以决断的异文时，往往诉诸一个原则，称作“何者来自何者”。也就是说，从哪一个异文变为另一个更能得到合理的解释。由这一总的原则推导出几个法则，分别是：“难的异文更可取”“短的异文更可取”“鄙俗的异文更可取”。因为抄写者在抄写的过程中更有可能（有意无意地）地改写他认为的难解词语、补足他感觉到的阙失文字并将污秽鄙俗的措辞改为雅饬的措辞，而不是相反。在实际运用中这些法则有泛化之虞。

当然，像中国校勘学传统一样，西方校勘学家也对误例进行了归纳，大致如下：（1）形近而讹；（2）拼写和发音变化所致讹误；（3）脱文，一般有跳读致脱和整行脱漏两种；（4）衍文；（5）舛倒；（6）涉上下文而误；（7）基督教思想的影响；（8）抄写者有意改动。

另外，不同性质的文献，对文本的正确有着不同的要求。技术文献，如烹饪手册，重在实用，在传播中其文本会与时俱进。通俗文学如民间故事或者演义在流传中文本也会不断发生变化。这些传播中的文本嬗变，不应视为讹误，在校勘整理时要进行另外的对待。

由于科学技术的进步，西方校勘学也有了新的发展。比如校勘的核心，是对作者用语习惯的掌握，近些年语料库技术加上电子计算机的应用，在这方面已经取得了相当大的进展。

十、与陈登原《古今典籍聚散考》比较

陈登原《古今典籍聚散考》（下称《聚散考》）与《抄工与学者：希腊、拉丁文献传播史》主题近似。陈书初版于1936年，至今仍是中国典籍流传史方面无可替代的名著。这里以陈氏《聚散考》作为对照，谈一谈《抄工与学者》的几个特点，并对中西典籍流传史略加比较。

陈书分“政治卷”“兵燹卷”“藏弆卷”“人事卷”四个部分梳理中国典籍聚散的史实，将影响典籍流传的不利因素归结为四个方

面：统治者的禁毁，战争的破坏，藏者秘惜使流传难继，人工保护不力致遭水火虫蛀之害。故而该书又名《艺林四厄》。

这“四厄”在西方典籍流传史上当然有不同程度的表现，《抄工与学者》也有所述及。兵燹方面的极端例子是1204年第四次十字军东征对君士坦丁堡的洗劫，藏书受损极为严重，许多古典文本就此灭失无存。（第72页）相比于政治方面秦始皇焚书的极端例子，西方亦有教会审查和禁毁异教书籍之说，但实际情形要轻微得多。（第50—53页）中国典籍流传史上常见藏家秘惜现象，在西方却几乎是相反的情形。胡适《校勘学方法论》比较中西校勘学传统时曾指出，“欧洲很早就有大学和图书馆，古本的保存比较容易，校书的人借用古本也比较容易”。《抄工与学者》对欧洲图书馆的历史进行了梳理，认为公私图书馆的保藏，是古典文本得以流传的关键。（第25页）罗马共和国时期卢库卢斯（公元前2至前1世纪）将抄掠聚敛而来的大量私人藏书对公众开放，“想用的人都可以用”。（第23页）至于藏书几乎都会面对的水火虫蛀等偶然意外情形，《抄工与学者》并没有特别论及。

关于典籍流传史的影响因素，《聚散考》总结为“四厄”，《抄工与学者》则梳理为“三关”。

第一个关口是图书材料和形制的变化。欧洲古代用于图书生产的书写材料是纸草，标准形制是卷轴。2至4世纪书写材料过渡到皮纸，标准形制过渡到册叶。羊皮纸的坚固不坏是西方古典文学得以留传的一个关键因素。（第35页）随着图书材质和形制的变化，古典文本逐渐从一种形式转移到另一种形式。罕僻之书未能实现转移，便随着纸草卷轴的朽坏（纸草一般保存年限为三百年）而灭失。

第二个关口是字体的变化。因应图书材质和形制的变化，书写字体也在发生变化，希腊文从安色尔字体演化为对羊皮纸的利用更加经济的小写字体。9世纪安色尔字体的希腊文图书逐渐转写为小写字体。“几乎所有作家的文本穷溯其源最终都是仰赖于一本或者几本在这一时期或者稍晚用小写字体所写成的书。”（第60页）拉丁文也从罗马草体等早期字体逐渐发展成为加洛林小写字体，成为西欧的规范字体。用这种“易识且悦目的形式呈现古典文本，对于其幸存一定起到了非常重要的作用”。（第96页）在查理曼帝国时期，“所有能找到的古代典籍(用醒目的大写体抄写)的抄本，常常被迅速转写为小写体的抄本”。（第99页）

第三个关口是文学风尚的变化。大众阅读兴趣的变化，可以说是文本流传的终极关口。欧洲有所谓重写本，也就是将旧的羊皮纸写本书的字迹刮去后再用来抄写其他文本。《抄工与学者》以重写本为例讨论古代图书的通常遭际：“文本澌灭，不是因为异教作家受到攻击，而是因为没有人对它们有阅读兴趣。而羊皮纸非常宝贵，不能任其承载过时的文本。”（第86页）当然，大众阅读兴趣的变化，无疑与宗教统治、学校教育密切相关。文本从一种载体向另一种载体转移，从一种字体向另一种字体转写，前面两个关口能否顺利通过，往往与读者的兴趣相关。

古代典籍，有双重属性，一是物质性（materiality），一是文本性（textuality）。可以说，《聚散考》侧重于物质性。《抄工与学者》侧重于文本性。

《聚散考》卷首将古籍散佚之害分为亡、残、讹、误四种情形。整部书基本上只论及“亡残”，鲜少言及“讹误”。关于散佚事件的责任，聚焦于破坏者（独夫、兵匪）和收藏者。

《抄工与学者》也述及“亡残”，但更侧重于“讹误”，所以最后一章是“校勘学”。关于传播事件的责任，聚焦于抄写者、读者和学者。这从书名所揭“抄工与学者”以及《序言》所言“展示古代和中世纪的读者或学者在何种程度上与古典文本的保存和传播相关”，不难看出。

十一、结合当前国内学界现状，谈一谈本书的价值

对于原书揭明的目标读者——西方古典学的学习者（当然包括对相关学问感兴趣的中国读者）——来说，这本书的价值已见前述。关于所谓“希腊伪史”的网络讨论，辩护者屡屡提及这本书，作为决定性证据。这些已无须多言。这里谈谈对于那些对中国古典文献学以及相关学科感兴趣的读者来说，这本书有什么价值。

（一）对于中国古典学

近些年，倡议建设“中国古典学”的呼声很高，开了不少研讨会，也发表了不少文章。从事中国古典文献研究的学者对此进行了很认真的思考，提出了一些中肯的见解。廖可斌先生、刘玉才先生都指出，西方古典学的诞生和发展，主要是西方文明曾出现断裂造成的，中国古典文化传承发展的历史没有黑暗中世纪，与西方有极为重要的不同，所以对西方古典学的概念和理论不能直接借用，而是要学习借鉴，要将西方古典学的理论方法与中国古典研究的实践有机结合（《中国古典学》，中华书局，2020 年，第 20—31 页）。我想，抱持着借鉴西方古典学的目的，最适合中国古典文献学及相关学科研究者阅读的书，就是这本《抄工与学者》了。

（二）对于写本文献学

中西古典文本传承史的不同，除了西方曾有黑暗中世纪这个思想文化史上的不同之外，还有一个技术发展史上的不同。中国大约从

10世纪开始，雕版印刷书逐渐取代抄写书，西方则是从15世纪开始谷登堡金属活字印刷逐渐取代抄写书。这个技术史上五百年的时间差，造成了中西古典文本考证的一个重要差别。中国古典文献现存最早证据基本上是宋刊元椠，宋刻本所依据的抄本已不复存在（当然，近年战国秦汉各种写本时见出土，但是对于传世文献的校勘并不构成直接证据）。西方古典文献的存世证据则主要是抄本。17世纪以后西方发展出了鉴别抄本时代早晚、地域归属的所谓“古字体学”，也称“写本学”（manuscripts studies）。中国古典文本古抄本很少，文本证据绝大多数是古代雕版印刷本，中国学者鉴别版本时代早晚和地域归属，发展出了“版本学”。

张涌泉先生近年推出《敦煌写本文献学》（甘肃教育出版社，2013年）一书，提出，“写本文献学是一门亟待创立的新学问”，而“敦煌文献写本文献学”是“写本文献学的基石”。这无疑是非常正确的。可以补充的是，西方源远流长而又深刻系统的“古字体学”或者“写本学”，对于亟待创立的中国“写本文献学”，无疑具有重要的参考价值。

（三）对于中西文献的具体比较

《抄工与学者》提供了西方古典文献的基本知识，对于开展中西古典文献的具体比较研究具有重要参考价值。《中国语文》2015年第6期发表了一篇比较中国和欧洲古典文本标点的论文，文中提到，“欧洲字母文字和汉字不同，单词与单词之间必须有空隙……”这显然是以今例古的想当然。《抄工与学者》提到，古代纸草卷上，文本的书写没有进行词的切分。（第4页）而且，从书前所附图版，可以清楚地看到，早期写本既没有标点，也完全没有词的切分，与中国典籍古代写本和印本的情况颇为近似。

（四）对于西方相关论著的翻译

西方古典文本是不少学科研究的资料来源，如果不了解古典文本的传播历史，也会影响我们对相关学科领域的认识。表现之一是相关学科基本论著的中译本存在不少错误。布龙菲尔德《语言论》17.9最末有一段讨论到，利用传世文献研究古代语言时，应注意文献传抄过程中可能出现的讹误。中译本（商务印书馆，2017年，第415页）作：

> 然而大部分的文献是写在不耐久的材料上的，经过辗转抄录才传到今天。希腊文和拉丁文著作的稿本始于中世纪，往往起自中世纪的晚期和近代的早期；只有些零星片段保存在埃及沙漠里的纸草上。我们如果保存一件古文的同时代的稿本，如阿尔弗雷德大帝所译格列高里教皇的《牧人训导篇》（Pastoral care）现存的哈顿（Hatton）抄本，那是罕有的幸运。誊录员不仅抄写时免不了错误，特别是他们遇到原文里不理解的地方，甚而至于妄加更动，试图给语言加工或者篡改内容。古代文书的研究，所谓古文字学（paleography），以及根据一件或几件不完整的抄本重建古原文的技术，所谓古诗文评注（textual criticism），已经分别发展为不同的科目了。不幸得很，诗文评注家有时缺少语言学知识；我们现有的古诗文印刷版本也许遗漏了稿本中饶有语言学价值的形式。

这一段译文，颇多错误。

“希腊文和拉丁文著作的稿本始于中世纪，往往起自中世纪的晚期和近代的早期；只有些零星片段保存在埃及沙漠里的纸草上”一句，前后抵牾，语意含混。可译为：“现存希腊、拉丁典籍的抄本，皆自中世纪以还，往往属于中世纪晚期甚或近代早期；埃及沙漠古纸草卷所存，只是零缣断简。”

Paleography，可译为“古字体学”，这里的意思是 manuscript studies，即“写本文献学”，或者说“写本版本学”，与致力于出土文献释读的“中国古文字学”，其实是有所区别的。Textual criticism，译为“古诗文评注”实在荒谬，应译“校勘学”。《抄工与学者》有一节的题目是“古字体学的起源”，有一章的题目是“校勘学”，可以参看。西方写本学和校勘学发展成为不同的学科分支，与中国古典文献学中分出版本学与校勘学，情形大致相当。

最后一句不知所云，可译为：“不幸的是，有些校勘整理者缺乏语言学知识，故而我们手头的古代文本的校勘整理印刷本，可能并没有反映旧抄本中所见的、具有语言史研究价值的一些形式。”

可以说，对于国内学界正在开展的关于古典文本的各个方面的研究，《抄工与学者：希腊、拉丁文献传播史》都有重要的参考价值。希望这个修订译本，能够为这方面的参考借鉴提供便利。

苏　杰

2021 年 5 月

序　言

正如我们在第一版序言中所说，本书的初衷是给古典学领域的初学者提供一个简单的介绍。这一领域尽管重要而且有其内在的趣味，但是就整体而言，人们仍旧所知甚少。中小学生和大学生阅读希腊、拉丁作家的文本，读的是附有校勘记的整理本，但是他们太过经常地对这些校勘记之所从来的历史事实缺乏了解，对其所给出的信息也茫然无法评断。在英语世界里他们可以参考的东西很少，亟需一个简短的指导，尤其是要适合那些语言学和历史学知识都很有限的读者。

我们试图勾勒希腊、拉丁文献保存至今的历史过程，在写本书时代文本曾经面临的危险，同时展示古代和中世纪的读者或学者在何种程度上与古典文本的保存和传播相关。文本史不能从教育史和学术史中割裂出来，故而这两者在相关部分也占有比较大的篇幅。而另一方面，纯粹的古字体学只有当它们与文本传播直接相关时，我们才予以关注。

本书的目标读者首先是希腊和拉丁古典的学习者，但是所讨论的主题与中世纪和文艺复兴的历史文化都有着不可分割的联系，所以我们认为我们的论述对所有关注这些时期的人也许都有用处。我们希望《圣经》研究者也能够从中找到感兴趣的东西。

第一版的历史回顾止于文艺复兴，也没有注文，第二版在这两个方面都有所扩充。为了不让烦琐的注文妨碍阅读，我们把它们放在书末并且内容主要是参考文献。限于篇幅，新增一章比起其他各章益发简略，不过从使历史回顾完整的角度看，还是值得这样做的。

古典学发展得很快（尽管有许多人并不这么认为），时隔十五年后，我们的第二版在很多点上已经不能够反映研究现状。我们努力做一些必要的改动和小的增补，但本书的特点和宗旨没有任何变化。

这些年来我们从朋友、评论者以及将此书译为意大利语、希腊语、法语和西班牙语的各位翻译者的惠顾中获益良多。对于他们的贡献，我们想再次表达我们的感谢。

L. D. 雷诺兹

N. G. 威尔逊

1990 年 1 月

从上一版出版到现在已经过去二十多年了，是时候对关于这一主题的新近讨论再次加以综述。正文部分我予以保持，基本没有改动。注文部分则需要相当数量的调整。多承迈克尔·里夫（Michael Reeve）之助，谨此表示我最诚挚的感谢。

N. G. 威尔逊

2012 年 7 月

第一章　古代

第一节　古代的书

描写古典文献从古到今的传播过程，可以从对图书业发生、 1
发展的简要勾勒开始。在上古希腊，早在有文字之前，文学就已经存在。荷马史诗的核心篇章已传承了几百年之久，其间几乎完全看不到文字使用的迹象；公元前 8 世纪后叶，当腓尼基字母被加以变通用来记录希腊语时，口头文学撰作的传统仍然很强大，以至于当时人们会认为没有必要立即用文字来记录荷马史诗。根据古代屡见载籍的一个说法，荷马史诗第一个形诸文字的文本，是公元前 6 世纪中叶庇西特拉图[①]主政雅典时下令做出来的。这种说法并非绝无可疑；而且即便事实的确如此，也不能证明当时荷马史诗开始有若干抄写副本流布世间，因为庇西特拉图的目的大概只是要保证这些诗有一个官方的本子，可以在泛雅典娜节上进行背诵而已。从习惯于听人背诵史诗到习惯于阅读，这个变化不可能在一夕之间完成，一直到公元前 5 世纪时，图书都还是稀罕之物。另一方面，随着不需仰赖于口头撰作传统的新的文学形式的发展，从公元前 7 世纪开始，作者需要将他的作品用文字记录

① 庇西特拉图（Pisistratus，约前 6 世纪—前 527 或前 528），前 546—前 527（或前 528）年为雅典僭主，主要文化遗产有“泛雅典娜节”，以及首次尝试确定荷马史诗的文本。——本书脚注均出自译者

下来，即便是只有一个本子以备查阅；故而据说赫拉克利特将他的名作藏在一座神庙里，也许正是因为这样，这本书才得以幸存下来，在公元前 4 世纪中叶，亚里士多德才有机会读到它（Diog. Laert. 9.6）[①]。图书的复制和传播大概极为有限，可以悬揣，最先
2 通过传抄而为少量公众所知晓的，要么是爱奥尼亚的哲学家和历史学家的著作，要么是诡辩家的著作。另外作为学校教育的基本材料，一定也需要诗歌文本的若干抄本。直到公元前 5 世纪中叶甚至更晚一些，希腊才可以说有图书业：我们发现有资料显示，在雅典市场的某一处，可以买到书（Eupolis fr. 327 K.–A.）[②]；而柏拉图说，苏格拉底在其《申辩篇》（26D）中曾说过，任何人都可以在剧院花一个德拉克马买到阿那克萨哥拉（Anaxagoras）的作品。不过这个行业的详细情况却仍然无从知晓。

希腊古典时期图书的形制亦难以考实。幸存下来的公元前 4 世纪的图书或者残卷的数量太少，不能看成是具有代表意义的样本。因而下面的概述，主要依据的是希腊化时期的材料；不过据之以论古典时期的图书，虽不中，亦不远。关于古代图书与现代图书在形制上的区别如何影响到古代读者与文学文本之间的关系，下面也将试作讨论。

当时的图书形式是卷轴，文本分栏写在一面上。读者慢慢展卷阅读，同时用一只手将已经读过的部分收拢；这个过程的结果

---

① 赫拉克利特（Heraclitus，约前 535—前 475），是苏格拉底之前的古希腊物理哲学家。Diog. Laert.= Diogenes Laërtius，第欧根尼·拉尔修，3 世纪时的传记作家，撰有《名哲言行录》（*Lives and Opinions of Eminent Philosophers*），已有两个中译本：马永翔等译，吉林人民出版社 2003 年版；徐开来等译，广西师范大学出版社 2010 年版。

② 欧波利斯（Eupolis，约前 446—前 411），古希腊诗人，喜剧作家，作品仅有残篇存世。

就是将整个卷轴的内外层次倒转过来了，所以在下一个读者展读
之前要重新卷一遍。这种图书形式的不便之处显而易见，尤其别
忘了当时有些书卷长逾十米。另一个缺点是图书所用的材料不结
实，容易损坏。不难想象，当一个古代的读者需要查证一处引文
时，不到万不得已，都会尽量依靠记忆而不愿费事去展卷查检，
况且这个过程还会增加书的磨损。古代作家引用他人著作，常常 3
会出现大的不同，原因就在于此。

书写所用的材料一般是纸草（图版 I），是用尼罗河三角洲到处生长的一种芦苇的纤维质木髓所剖成的薄片长条制成的；公元 1 世纪时在叙利亚以及巴比伦附近也有小规模的纸草生产中心。将这些长条上下铺两层，一层纵排，一层横排，压为一体，制成纸张（普林尼《博物志》13.68ff.）。多张纸依次粘接，形成卷轴。纸张的尺寸有多种，一般可容纳栏高约 8 英寸到 10 英寸，可以写 25 行至 45 行。由于只有一个大规模的生产地，图书贸易就有可能会随着战争或者生产者追求垄断利润的想法而发生起伏波动。希罗多德曾经提到过这类问题，他说当书写材料匮乏时，爱奥尼亚人曾用绵羊皮或者山羊皮作为替代（5.58）。他们采用这种应急措施似乎是效仿东方的邻邦。但是皮革作为书写材料相比起来不如纸草，而且无疑只能用于应急。如果瓦罗所言不谬的话（参看普林尼《博物志》13.70），在希腊化时期，埃及官方曾经限制纸草的出口，这刺激了对替代材料的寻找。在帕伽马，发明了一种处理动物生皮（skin）的工艺，使其表面比一般的皮革（leather）更便于书写，其结果就是今天所说的皮纸（parchment 羊皮纸，或称 vellum 犊皮纸）；这个词在一定程度上就是来自于地名帕伽马

（Pergamum），这从意大利语“皮纸”作 *pergamena* 可以看得更加清楚。不过，即使传说不谬，这个尝试一开始也非常短命；我们必须推定埃及对出口纸草的限制很快就取消了，因为直到公元后几世纪，皮纸才经常性地用于图书；早期的例子如欧里庇得斯的《克里特人》（*Cretans*）残卷（P. Berol. 13217）[1]。

供应和价格的波动妨碍或者促进希腊使用纸草究竟到了何种程度，这个已不得而知。但当用于图书生产时，却几乎总是只
4 写一面。图书的形制决定了这一点，因为写在卷轴背面的字迹很容易被擦掉；同时也许莎草纸表面的特性也促使了这一惯例的形成，因为书写者总是先选横向纤维这一面来写字。我们也曾听说过有的卷子两面书写（尤维纳利斯 1.6，普林尼，*Epist.* 3.5.17），但极为罕见，属于例外。不过，由于书写材料的匮乏，有时候文学作品也会在纸的背面错着纤维的方向书写：欧里庇得斯的《许普西皮勒》（*Hypsipyle*，P. Oxy. 852）就是一个很有名的例子。在这里值得一提的是，一卷古书所能承载的文本的量是很小的：其最大容量相当于柏拉图对话录的一篇，或者修昔底德的一卷，而后来希腊历史学家狄奥多罗斯·西库卢斯（Diodorus Siculus）的第一篇和第十七篇，现代印本分别有 167 页和 177 页之多，就必须进行再分卷。

最后应当强调的一点是，当时纸草上文本的书写排列比任何现代图书都要难读得多。标点常常充其量只是最初级的。文本的书写也没有进行词的切分，直到中世纪，希腊或拉丁文本中的这种做法才有所改变（古典时期有些拉丁文本中每一个词的后面加

---

① P. Berol.=Perg. Berol. 柏林皮纸卷，藏于柏林。

一个点）。可让希腊文略为易读一些的重音标识系统，直到希腊化时期才发明出来，而且发明出来后很长一段时间还没有得到普遍使用；也是直到中世纪早期，重音的标识才成为规范。整个上古时期，戏剧作品中说话者的转换并没有像今天所认为的那样必须清楚加以标识；只要在一行的开头处划上一横或者两点（像现代英文中的冒号），表示说话者转换就可以了；角色的名字常常省掉。这种方法的不精确，以及它给整个文本所带来的混淆，可以从米南德的《愤世者》（*Dyscolus*，P. Bodmer 4）[①]和《西科扬人》（*Sicyonius*，P. Sorbonne 72，2272，2273）[②]纸草写本的状况看出来。在前希腊化时期，图书的另外一个更为奇怪的特点是，韵文 5
的书写与散文无别，公元前 4 世纪的提摩泰乌斯（P. Berol. 9875）[③]纸草写本即是其例；即便没有这个宝贵的例子，也可以从以下的记述中得到印证：拜占庭的阿里斯托芬奈斯（Aristorphanes of Byzantium，约前 257—前 180）曾发明所谓“节律标”（colometry）以清楚表示诗的韵脚单位（Dion. Hal., *de comp. verb.* 156,221）。需要注意的是，今天古书读者所面对的困难，当年想要抄录一卷的人也同样得面对。早期误读的危险以及随之而来的文本讹变不容小觑。毫无疑问，古典文献最严重的讹误，有相当大一部分可以上溯到这一时期，而且在那些最终被亚历山大城缪斯宫图书馆所

① P. Bodmer，博德默尔纸草，是一批凡 22 件的纸草书，1952 年在埃及发现，内容包括《圣经》、早期基督教文学、荷马史诗和米南德戏剧作品，由瑞士藏书家马丁·博德默尔（Martin Bodmer，1899—1971）购得，故名。今藏于瑞士科洛尼的博德默尔图书馆。

② P. Sorbonne，索邦纸草，藏于巴黎。

③ 提摩泰乌斯（Timotheus of Miletus，前 446—前 357），古希腊诗人，音乐家。其诗作大部分亡佚，约二百五十行《波斯人》（Persae）纸草卷 1902 年在埃及阿布西尔（Abusir）古墓出土，书写年代为公元前 4 世纪，是流传至今最古老的希腊文献之一。

收藏的本子中，这些讹误也已经大量存在着。

第二节　缪斯宫图书馆与希腊化时期的学术

图书贸易的增长，使得个人也可以形成藏书。即使撇开载籍所言公元前 6 世纪专制君主庇西特拉图和萨摩斯的波吕克拉底（Polycrates）拥有大量的藏书（阿忒纳乌斯[1] I.3A）不论，在公元前 5 世纪末显然也已经存在私人藏书了：阿里斯托芬揶揄欧里庇得斯在创作悲剧的时候引用了大量的文学作品（《蛙》943），而他自己的作品也充满了戏仿和暗引，一定在相当程度上依赖于个人藏书。

没有证据证明在雅典有公家出资维护的大型图书馆，但是诸如酒神祭等重要节日所上演戏剧的正式本子保存于剧院或者公共档案馆，却是极有可能的。据伪托普鲁塔克（Pseudo-Plutarch）的《演讲十家传》（*Lives of the ten orators*，841F）所载，演讲家莱库古（Lycurgus，约前 390—前 324）曾建议应当如此保存悲剧的官方本子，但这种需求大概很早就有了。我们知道戏剧在首演之后，
6 还会时不时地重演。演员们一定需要新的副本，如果他们必须通过从私人副本转抄来获取的话，难以想象几乎一整套各式各样的戏剧能保存到希腊化时代。

公元前 4 世纪，随着科学与教育的进步，拥有自己图书馆的学术机构的建立只是一个时间问题了。我们并不意外地看到斯特拉波（Strabo）记述道（13.1.54），亚里士多德收集了大量的图书，

---

① 阿忒纳乌斯（Athenaeus），2 世纪末 3 世纪初希腊作家、文法学家，有《哲人燕谈录》（Deipnosophistae）存世。

无疑显示了吕克昂学园[1]的广博兴趣。这个图书馆以及阿卡德米学园图书馆[2]的模式，不久被埃及国王在建立著名的亚历山大图书馆时所效仿（Diog. Laert. 4.1, 5.51）。吕克昂学园的主要兴趣在于科学与哲学，但也没有忽略文学研究。亚里士多德本人除了著名的《诗学》和《修辞学》之外，还曾撰文讨论过荷马史诗训诂中存在的问题，而且就修辞学而言，有证据显示亚里士多德和他的后继者都曾研究过德摩斯梯尼的演说辞。

更为重要得多的是在亚历山大缪斯宫所进行的文学研究。缪斯宫（Museum），顾名思义，就是由祭司住持的缪斯神庙。事实上它是文学社群和科学社群的活动中心，特别是这第二个方面不容低估；图书馆馆长埃拉托色尼（Eratosthenes，约前 295—前 214），虽然是一个文人，但同时也是一位科学家，因试图测量地球的周长而闻名。研究员中很可能还有亚历山大其他一些杰出的科学家。缪斯宫由国王出资维持，研究员们有各自的研究室，并有一个厅，在那儿一起进餐。他们也从王室领取津贴。这种机构与牛津或剑桥的学院在表面上有些相似，但有一点重要不同：没有证据表明缪斯宫的学者们给学生上课。这个机构大概公元前 280 年前后由史称“恋姊者”的托勒密二世[3]设立，很快便蜚声远近，可能由于过于豪奢还曾引发嫉妒，因为我们发现讽刺作家普里欧斯的提蒙（Timon of Phlius）在公元前 230 年前后写道：“在人口 7

① 吕克昂学园（Lyceum），希腊古典时期亚里士多德创立的一所学校，得名于太阳神阿波罗的别号之一 Lyceus，亚里士多德在吕克昂学园开创了逍遥学派（Peripatetic school）。

② 阿卡德米学园（Academy），希腊古典时期柏拉图创立的一所学校，得名于雅典英雄 Akademos。

③ 托勒密二世（Ptolemy Philadelphus，前 309—前 246），埃及国王，因娶胞姊为妻，史称“恋姊者”（Philadelphus）。

众多的埃及，他们养肥了许多书愚，让他们在缪斯的鸟笼里不停地争吵。”（Athenaeus 1.22D）

这个机构有一个重要部分，位于这个建筑群中或者附近，就是那个著名的图书馆。似乎在托勒密一世统治期间已经采取了一些步骤，于公元前295年邀请提奥弗拉斯特的高足——法勒鲁姆的德米特里来筹建图书馆[①]。图书馆发展得很快。其藏书的数量，古代载籍有多种估算，但由于载籍所给出的大数都不精确，所以很难计算出真实的数字。即便我们接受十分可疑的旧说，认为公元前3世纪时这个图书馆藏书共计20万卷或者49万卷（Eusebius, *Praep. Evang.* 350B, Tzetzes, *Prolegomena de comoedia*），考虑到纸草卷轴容量很小，这个数字也必须大打折扣。图书馆对复本的数量有何限制性规定，也无从知晓。虽然有这样的不确定性，但是可以肯定的是，为了聚集一套希腊文学的完整藏书，人们曾经做了巨大的努力；而有一些轶事，则可以说明当时图书收藏的精神。据说托勒密一世决心得到一个阿提卡悲剧的准确文本，说服雅典人将藏于公共档案馆的官方本子借给他。雅典人要求先抵押15个泰伦特，以确保有借有还，然而一得到这些本子，埃及朝廷便决定留下原本不还，放弃抵押的金钱（盖伦17 [1]. 607）。我们从盖伦[②]那里还知道，图书馆员因为急于完备他们的藏书，每每上当

① 提奥弗拉斯特（Theophrastus），柏拉图的学生，继承了柏拉图的衣钵，成为逍遥学派的领袖。法勒鲁姆的德米特里（Demetrius of Phalerum，约前350—前280），百科全书式的学者，出生于法勒鲁姆，是提奥弗拉斯特的学生，被马其顿国王卡山德（Cassander）委任为雅典行政首长，在位十年，进行了广泛的变法改制，遭到下层民众的反对。被逐出雅典后，他受托勒密一世委任，致力于图书收藏工作。

② 盖伦（Galen，129—约200），通常被称作“帕伽马的盖伦”（Galen of Pergamon），生于帕伽马，是罗马帝国时期希腊杰出的医生和哲学家。

买进一些假的珍本（15.105）。

图书馆员将流入图书馆的图书进行分类排序的任务是很艰巨的。当时的图书分类排序的原则尚无从得知，不过需要付出大量的劳动，却是灼然有据的：卡利马库斯[①]本人虽然不是馆长，却编纂了一个包括希腊文献所有支系的目录，这个目录共有一百二十卷（*Pinakes*，frr. 429-453）。受古代图书生产的条件所限，当时的 8
图书馆员必须面对一些对于现代图书馆员来说根本不是问题的问题。手抄本很容易漫漶；即便是很短的文本，要想通过手抄准确复制，其难度也要比外人所想象的要大得多。而且，前希腊化时代的图书，在难读之处没有给读者任何帮助。因而必然有很多段落，作者的原意不再能辨识，而图书馆收到的一部书的多个本子之间存在严重的歧异。这种情况促使图书馆员们校正图书，从而对古典学术和校勘方法有很大的推进。前六任图书馆长中有五个（泽诺多图斯、阿波罗尼乌斯·罗迪乌斯、埃拉托色尼、阿里斯托芬奈斯和阿里斯塔克斯）都是当时最著名的学者[②]，这绝非巧合。在很大程度上正是由于他们在方法上的成功，希腊古典文本才能基本上没有讹误地传到我们手上。

有一个例子，我们可以清楚地看到缪斯宫的学者们对通行文

---

① 卡利马库斯（Callimachus，前 310—前 240），希腊领地利比亚人，著名诗人、批评家、亚历山大图书馆学者，编写了亚历山大图书馆目录，为以后的希腊文学史的研究工作奠定了基础。作为最早的批评家兼诗人之一，他为后世的希腊学术研究树立了典型。

② 泽诺多图斯（Zenodotus），古希腊文献学家，亚历山大图书馆第一任馆长。阿波罗尼乌斯·罗提乌斯 (Apollonius Rhodius)，古希腊学者、诗人，撰有《阿尔戈英雄纪》。埃拉托色尼（Eratosthenes），古希腊学者、诗人，号称“贝塔”（β），意思是在所有学科领域都能处于亚军地位。拜占庭的阿里斯托芬奈斯（Aristophanes，约公元前 257—前 180），古希腊文献学家，发明了句读标点。阿里斯塔克斯（Aristarchus），古希腊文献学家，对考定荷马史诗文本有重要贡献。

本的状态所施加的影响。在荷马史诗古代抄本为数众多的残卷中有一小部分早至公元前 3 世纪。这些纸草卷子的文本与我们今天的印本有所不同，多了或者少了一些句子。但是在很短时间内，这类文本就从流传中消失了。这说明学者们不但确定了荷马史诗的文本应当是什么样子，而且成功地将这些文本立为标准，或者将一个母本（master copy）放在公共机构供人照抄，或者雇佣若干专业抄工为市场准备副本。荷马之外的其他作者的异文大概要少一些，但是保存至今的纸草本数量有限，不足以让我们放心得出一般性结论。不过我们有理由推定，亚历山大学者们做了必要的工作，为受过教育的一般公众的阅读提供了所有作家的标准文本。

在对文本进行标准化之后，亚历山大学术第二个值得注意的特点是发展出了若干便于读者阅读的做法。第一步是确保公元前 5
9 世纪从阿提卡来的书（其中有些是用旧式字母书写的）全部用爱奥尼亚式的标准希腊文拼写进行转写。直到公元前 403 年，雅典官方用的还是旧的字母系统，其中艾普希龙（E）代表元音艾普希龙（E）、艾普希龙—约塔（EI）、艾塔（H）；类似的还有奥米克戎（O）用作奥米克戎（O）、奥米克戎—宇普希龙（Oγ）、欧米伽（Ω）。旧的字母系统还没有复合字母克西（Ξ）和普西（Ψ）。这种写法的落后就不用讲了，在公元前 5 世纪之前，更为精确的爱奥尼亚字母已经用在一些雅典的碑刻上：很可能雅典的书也用了。不过似乎有些文本到达亚历山大图书馆时还是用旧字母写就，因为我们发现阿里斯塔克斯解释品达文本中一处疑难时说那是由于误读旧字母而造成的；他说，见于《涅墨亚颂诗》（*Nemeans*）1.24 有一个主格单数的形容词（ἐcλόc）不合格律，是错误的，必须读为宾格复数（έcλούc）（参见文末注文）。另一处可以看出当时的校勘家了解新旧字母差异的是阿里斯托芬的《鸟》（*Birds*）66。值得注意的是，从亚历山大时代开始，早期阿提卡文本采用爱奥尼亚字母书写就已经成为规范。与所有其他文献的整理流程有所不同，这里从来没有尝试要全盘恢复作者原来所用的拼写。

对读者的第二个帮助是标点方法的改进和重音标注系统的发明，两者一般都归功于拜占庭的阿里斯托芬奈斯。在没有对词进行切分的文本中，若干重音能给读者以实质性的帮助，它们并没有立即被公认为在书写文本中必不可少，的确有点奇怪。虽然在一些难读或者有歧义的词语上有所标注，但总的来说，很难看出在古书中决定其使用的原则是什么，直到10世纪初，重音符号才成为规范。

尽管对于文本外观的这些改进有着重要而持久的影响，但是比起缪斯宫学者们在研究方法上的推进，这些就不那么重要了。
考定荷马以及其他古典作家文本的需要，激发学者们比以往更为 10
系统地界定文学研究的方法并加以运用。对于疑难文字的讨论不但形成了相关作家的更为可靠的文本，而且形成了注疏，提供了相关问题的讨论和诠释。以前有研究荷马的个别著作；亚里士多德就其文本问题进行过讨论，更要早得多的雷吉姆的泰阿根尼（Theagenes of Rhegium，约公元前525），也许是激于色诺芬尼[①]对荷马众神之不道德的抨击（这对每一位向学生讲授荷马史诗的教师来说都是一种尴尬），欲为荷马史诗的这一面略作缓颊，于是转而

① 色诺芬尼（Xenophanes，约前570—约前475），古希腊哲学家，诗人，按照第欧根尼·拉尔修《名哲言行录》的记述，色诺芬尼曾写诗对荷马予以批判。

用寓意式诠释的方式加以解说。但是到此时才第一次大量推出考据文献。其中有一些是高度专门化的；例如泽诺多图斯显然撰文讨论过荷马的生平，还撰文讨论过《伊利亚特》所叙事件历时之长短。阿里斯多芬奈斯有关于文法规范的著述（περί ἀναλογίας），还对卡利马库斯所编希腊文献目录进行过订正和补充。这类研究并不局限于荷马史诗；我们知道许普西克拉底（Hypsicrates）专门讨论过喜剧的人物，而忒撒格拉斯（Thersagoras）则在一封私人信件中专门讨论过悲剧的神话（P. Oxy. 2192）。这些传注通常独立于它们所要解释的文本而成为单独的文本；除了一些基本的短注以外，当时的注疏一般不是加在边白处，而是成为另一本书。当时的图书会在文本的边白处用约定俗成的若干符号标识某段文字存在讹误或者出于伪造，循此指示，读者会在单行的传注书中找到注文；在荷马史诗的本子中尤其如此，而在抒情诗、戏剧、德摩斯梯尼以及柏拉图的著作的本子中则相对少一些。这一类文献很少以其原始面貌流传至今，但仍有一个很著名的例子，这就是稍晚学者狄狄摩斯①关于德摩斯梯尼的校注的一部分（P. Berol. 9780）。不过总的来说，我们对于这些传注的了解，主要来自于后
11 来被称为“集注”的注释形式中所收的一些片段；集注通常抄在中世纪抄本的边白处，关于它们的历史，后面我们将会做进一步的论述。

这里我们简短讨论一下考据符号与注文。最重要的符号是横杠号，在一行文字左边空白处的一个横划。泽诺多图斯已经使用

① 狄狄摩斯（Didymus，约前 63—10），希腊化时期学者，生活于西塞罗和奥古斯都时期，曾为许多希腊诗人作注。

这种记号，表示该句乃后人妄增。重要性和使用频率都稍低一些的其他符号似乎是阿里斯多芬奈斯发明的。运用于荷马史诗考据的这个符号系统，其最终完成者是阿里斯塔克斯，他对《伊利亚特》和《奥德赛》都进行过全面的整理。他用到六种记号：除了横杠号以外，我们发现还有尖角号 >，表示该处语言或者内容值得注意；加点的尖角号 ⸖，表示该处阿里斯塔克斯的文本不同于泽诺多图斯的文本；星号 ※，表示某行在另一处误重；星号与横杠号结合，表示某一行或数行从另一处阑入；最后，反西格马号⊃，表示某一段行次有错乱（图版 I 和 II）。

这种复杂的系统有一个缺点，这就是，如果读者想要知道某位学者在某处标上这样一种记号的原因，都必须去查看另外一本书，故而理所当然，这种系统只对研究型读者有意义。现存纸草卷子中只有很少一部分（六百卷中只有十五卷）有这种记号。10 世纪的中世纪抄本及以后的本子，一般都省略掉了这些符号；但有一个很著名同时也很重要的例外，即《伊利亚特》有很多批注的 10 世纪威尼斯抄本（Marc. gr. 454）。因为这一时期古典作家文本的注文是抄在边白处，而不是在另外一本书上，所以就不大有必要再照抄这些符号；不过幸运的是，威尼斯抄本的抄工们决定原封不动地照抄其范本，不作删减。因而这卷书展示了很多前代习惯用的符号，也是迄今为止我们了解亚历山大学者从事校释工作这一方面情况的最全面、最可靠的资料。然而，这些符号的使用并不总是与可以参稽的纸草卷完全契合，而且有些符号并没有 12
相对应的注文。

虽说阿里斯塔克斯及其同事们关于荷马史诗的注文今已湮灭

无存，但仍可从现存的集注本进行大致的重建（荷马史诗现存集注，比其他任何希腊作家都要丰富得多），由此我们可以正确考量当时的研究方法。显然缪斯宫聚集的这许多荷马史诗的本子来源千差万别；集注会校本将来自这些地方的本子称为马赛利亚本、锡诺普本以及阿尔戈斯本[①]。这些都经过了学者们的筛选和评估，不过究竟哪一个本子（如果有的话）被认为最具权威，却并不明朗。令亚历山大学者颇受诟病的是，他们动不动就将某些诗行斥为伪妄（ἀθετεῖν，ἀθέτηϲιϲ）。他们这样做的理由，尽管有其逻辑，却不能说服现代读者。一个经常提到的理由是不庄重的语言或者行为（ἀπρέπεια）。《伊利亚特》中以这种原因被认定为伪作的第一处文字，堪为佳例：在第一卷开头（29—31），阿伽门农拒绝释放克律塞伊斯，对她父亲祭司克律塞斯说："我不会放掉她；不，很快她将在我在阿尔戈斯的宫殿，远离她的家乡，年华老去，为我织布，为我侍寝。"威尼斯抄本将这些诗句标上表示质疑的横杠号，有古注曰："这些诗句被认定为伪妄，因为它们削弱了表达的力量和威胁的语气……而且阿伽门农说出这些话也太不合适。"另一个典型的例子见于《伊利亚特》3.423-6，这几句泽诺多图斯斥之为伪，原因是女神阿佛洛狄忒竟为海伦带了一个座儿，太不合宜。理所当然，所有对诸神略有贬低的描写，都会成为有这种思维定式的校勘者的靶子；故而也有人将《奥德赛》第八卷关于阿瑞斯和阿佛洛狄忒偷情的描写斥为伪妄。

学者们如此极端地对待文本，特别是在没有充分理由的情况

① 马赛利亚（Massilia）即今法国马赛。锡诺普（Sinope）是土耳其北海岸的一个港口。阿尔戈斯（Argos）是希腊的一个城市，靠近迈锡尼。

下将某些句子随他们的意愿斥为伪误，势必会严重损害文本。不过对于后代读者来说幸运的是，亚历山大学者抵制住诱惑，没有将他们的校改建议落实到正文中去，而只是满足于在他们的传注 13
文本中说明校改意见；如果不是这种克制，我们今天的荷马文本将面目全非。有意思的是，校改意见中的绝大部分并没有说服古代的读者使其成为通行文本的一部分；当然不能据此便认为古代的阅读人群拥有卓越的判断力，他们可能很少考虑这些问题。对亚历山大学者所做修正的统计显示，泽诺多图斯所主张的凡 413 处修正中，只有 6 个见于今天我们看到的所有的纸草卷和抄本，另外还有 34 个见于大多数本子中，而有 240 个却无处可寻。阿里斯托芬奈斯名下的修正凡 83 处，只有 1 个得到普遍接受，另有 6 个见于多数本子，而有 42 个不见于任何本子。阿里斯塔克斯的影响要大一些，但即便是他的意见，也做不到让人见而悦服；其所主张的 874 个异文中，有 80 个见于所有本子，160 个见于多数本子，有 132 个只见于集注之注文中。

如果就这样结束这一段关于亚历山大学者们的论述而不提到他们一些更可信的考据，那将是有失公允的。他们工作中的某些部分水准相当高，足以具有永恒的价值。他们力图辨识可信度存疑的语句、段落，也不总是理由牵强。他们怀疑《伊利亚特》第十卷多隆（Dolon）的故事，十分肯定地指出，它在风格上与《伊利亚特》其他部分不相一致，在叙事上的联系也不紧密。《奥德赛》第十一卷奥德修斯在阴间的故事中，阿里斯塔克斯注意到第 568—626 行脱离了故事的主线。也许最有意思的是，阿里斯塔克斯和阿里斯托芬奈斯注意到，《奥德赛》应当在 23.296 结束。现代学者可能不会直接斥之为伪，而是将它们当作晚于文本主体、后来一个阶段的创作；但这并不稍减这两位校勘家洞见之价值。

这些古代学者——特别是阿里斯塔克斯——值得称许的另一点是发展出了这样一种考据原则：作家本人所写文字的集合是我
14 们认识其遣词造句习惯的最好指引，故而疑难之处应当尽可能援引同一作家在其他地方的用例来加以解释（Ὅμηρον ἐξ Ὁμήρου ϲαφηνίζειν，“以荷马解释荷马”）。集注中的许多注文都是基于这一理念，认为某个词语或者表述比其他异文更符合荷马的风格。当然这个原则也容易被资质庸劣的考据者所滥用，其例甚夥；因为它可以被曲解为，如果一个文学作品的文本中包含一个既独特又难解的表述方式，它就必须加以修订以与作者的一般用法相一致。如此曲解这一原则，势必会造成灾难性的后果，好在阿里斯塔克斯（或者他的一个学生）似乎提出了一个补充原则：有许多词语和表述方式虽然在荷马史诗中只出现一次，却应当看成是来自原本从而保留在文本中（参看《伊利亚特》3.54 集注）。需要正确运用这些原则方能解决的文本问题，仍然给今天的校勘家们造成很大的困难。

最后需要说明的是，虽然考据家们的注文主要是关于语言以及古代名物，但是他们对于诗作的文学上的优点并非一无所见，时不时也会对精妙之处给予恰切的评论。以《伊利亚特》第六卷赫克托尔出征前告别安德罗马克和阿斯提安那克斯很著名的那一段为例，诗人描写道：那孩子看到父亲头盔上的羽毛感到十分害怕。考据家们注解道：“这些句子具有如此强大的描写力，读者不仅耳闻其声，而且情景宛在目前；此番情景采自日常生活，诗人极成功地予以再现。”嗣后不久又有注曰：“诗人在如此成功地重现日常生活的同时，却一点也没有破坏那种适合于史诗的雄奇风格。”（cf. schol. T. on *Iliad* 6.467, 474, from MS. Burney 86 in the British Library）

因为荷马史诗文本有着极为丰富的证据资料，所以我们对亚历山大学术的叙述，绝大部分与荷马文本相关。不过，亚历山大学者关于其他作家作品的研究无疑也非常重要，不妨略举数端 15
于此。如前所述，悲剧文本之确立，很可能是参考雅典的官方本子。抒情诗不再像散文那样抄写，而是按节律（colometry）分行，通常认为这是拜占庭的阿里斯托芬奈斯的发明；但是斯泰西科拉斯的《忒拜》的一个古纸草卷（P. Lille 76a+73），却对这一说法构成了严重的障碍[①]。有若干论著研讨戏剧的各个方面，戏剧正文前的剧情梗概，被归于阿里斯托芬奈斯名下；然而现在一般认为，留存至今的这些梗概文字，要么并非出自阿里斯托芬奈斯之手，要么在流传过程中曾有过相当大的改动。边白处指引读者的符号比荷马整理本用得要少得多。最常见的大概是字母西（Χ），其所指示的值得注意的点，与荷马文本中的尖角号 > 大致相当；这种符号在集注中时有提及，屡见于中世纪抄本。对史诗和悲剧的考据工作都起始于亚历山大城，然而同样的意图却用了不同的

① 古代文本中，句式整饬的韵文按诗行抄写，抒情诗长短句间杂，则像散文一样抄写。抒情诗按节律分行，一般认为是拜占庭的阿里斯托芬奈斯首开先河。斯泰西科拉斯（Stesichorus，约前 640—前 555），古希腊诗人，因用抒情诗的格律讲述史诗故事而著称，被认为是荷马与品达之间的承前启后者。20 世纪初在一个木乃伊的棺材中发现斯泰西科拉斯作品《忒拜》（*Thebaid*）的纸草卷，今藏于法国里尔大学。这个古纸草卷上抒情诗已经按节律分行，抄写时代要早于拜占庭的阿里斯托芬奈斯。

符号，殊为可怪。亚历山大学者的悲剧研究有一个很有意思的方面，就是发现了演员改动或增加的句子，最为常见于欧里庇得斯的剧作，因为他比其他戏剧家都更受欢迎。这一类羼改可能相当多，但要证明相关的句子不是原本所有，也并非易事；而且即使能证明是晚出的，但究竟是出于希腊化时期演员（或者更严格一点讲是制作人）之手，还是更晚的羼入者之手，也难以确定。集注取资于希腊化时代著作，的确指出有些句子是演员的改动。《美狄亚》（*Medea*）85—8，注者断言演员因对第 85 行断句有误，从而导致对文本的改动；他正确地指出，第 87 行冗赘，当为晚出。《俄瑞斯忒斯》（*Orestes*）1366—1368，歌队说佛里吉亚人（Phrygians）中的一人将从宫殿前门出来到舞台上，而在 1369—1371，这个佛里吉亚人却说他是从房顶上跳下来的。根据集注里的考证，原本的科介要求演员跳下来，但这有点危险，所以演员从布景后下去然后从前门进来；为了掩盖这一改动，编造了 1366—1368。虽然
16 为了介绍新出场的角色，这些句子是必要的，而且在语言上无甚可挑剔之处，但这个段落却是有问题的，也许最为合理的推断是 1366 乃出于伪纂。

亚历山大学术工作值得一提的还有关于喜剧、品达以及抒情诗人的整理。同样，在这些整理本中节律（colometry）也必须加以明确，在有些个案中我们可以看到，阿里斯托芬奈斯如何正确地运用它证明，一个语词如果与第二诗节（antistrophe）在韵律上不相符[1]，就应当从文本中剔除（schol. on Pindar, *Olympians* 2.48）。

[1] 古希腊抒情诗的诗节分为“正”（strophe），“反”（antistrophe）和“乱”（epode）三部分，第二部分与第一部分在韵脚节律上相对相合。

整理喜剧的方法与悲剧相同。我们不知道什么本子被作为整理的底本，不过保存下来的阿里斯托芬喜剧集注中的丰富资料显示，人们投入了很多精力和热情研究他的戏剧，尽管没有迹象显示他们还在上演这些剧目。

第三节　其他希腊化时期的研究

亚历山大之学的黄金时代是公元前 3 世纪到公元前 2 世纪；在这一时代早期，缪斯宫一时无两。然而过了一段时间，帕伽马的统治者决定挑战这一地位，建立自己的图书馆。这个计划主要与国王尤曼尼斯二世（Eumenes II，前 197—前 159）有关：宏伟的建筑建了起来，19 世纪德国考古学家的发掘让这图书馆的一部分重见天日。比起亚历山大图书馆，人们对帕伽马图书馆知之甚少。帕伽马的图书馆员们显然进行了大规模的版本目录研究，文人们发现参阅他们的以及亚历山大学者们的研究著作有其用处（Athenaeus 8.336D, Dion. Hal., *de Dinarcho* 1.）。不过帕伽马学者并没有推出过古典作家文本的整理本，而是仅限于对特定问题的简短讨论，有时候与亚历山大学者针锋相对。他们的兴趣也不仅限于文学；波乐蒙（Polemon，约前 220—前 160），虽然他也收集了许多滑稽戏的范本，但他首先是地方志和碑刻的研究者；这些重 17
要的历史学题目通常没有进入缪斯宫学者的研究视野。与帕伽马相关的最著名学者是克拉底斯（Crates，前 200—前 140）。他以研究荷马而知名；他的一些理校意见保存在集注中，而且他对荷马史诗中的地理问题给予了特别的注意，试图调和斯多噶学派关于这个问题的观点。他还是第一个在罗马做文学演讲的希腊人（参看 p.21 ）。

斯多噶学派极重视文献。对于他们来说，诠解荷马，一个很重要的方面就是寓意式解释的运用，而且他们有一篇关于这个问题的论著——被认为出自本来无名的赫拉克利特[①]之手——保存了下来。除了研究荷马史诗以外，他们还研究文字和语言问题，形成了比以前更为全面的术语系统。但是第一部正式的希腊文法的作者是狄奥尼修斯·特拉克斯[②]；揆其生年，或勉强堪为阿里斯塔克斯弟子，但并不算完整意义上的亚历山大学者，因为他的教学工作主要是在罗得岛进行。他的这本文法，开篇首先界定这一科目的各个分部，最后一个分部，他称之为最为高贵的分部，是诗的鉴别。然后他讨论了词类、名词的变格和动词的变位，但却没有讨论句法问题和风格问题。从后世文法学家为之所写的大量注文来看，这个简短概论影响可谓十分久远。直到相当晚近，它都是希腊文法的基础，在古代末期（中世纪之前）还被译为叙利亚语和亚美尼亚语。

亚历山大之学，略尽于此；这个学派因为托勒密八世·幼厄格特斯二世[③]下令迫害希腊文人（约在前 145—前 144 年）而衰落；

① 赫拉克利特（Heraclitus），古希腊文法学家，修辞学家，生活于 1 世纪前后。有诠释荷马的著作存世。

② 狄奥尼修斯·特拉克斯（Dionysius Thrax，前 170—前 90），先在亚历山大城生活与工作，后迁至罗得岛。其出生地并非像其名号 Thrax 所显示的那样是色雷斯（Thrace），而是亚历山大城，色雷斯大概是其父亲的籍贯。

③ 托勒密八世·幼厄格特斯二世（Ptolemy VIII Euergetes II，前 182—前 116），埃及国王，史称“菲斯康”（Physcon，意思是“大肚”，因其体形肥大而得名）。公元前 145 年，克丽奥帕特拉二世宣称自己的儿子为埃及国王，称“托勒密七世”。征战归来的菲斯康向克丽奥帕特拉二世求婚，并在婚礼上杀死托勒密七世，自立为王，称“托勒密八世”，因先祖“托勒密三世”亦名“幼厄格特斯”，故称“幼厄格特斯二世”。

在亚历山大城开始其事业的狄奥尼修斯·特拉克斯，被迫与其他人一起逃往国外。此后直至希腊化时期结束，唯一突出的人物是狄狄摩斯。他在古代世界以著述量之多而名噪一时（但是，他亲笔写了 4000 本书的轶闻却一定是夸大之辞，即使大部分都只有现 18
代的小册子那样的篇幅，也不可能）。他的大名在集注中常常被提及，显然他的研究覆盖了整个古典诗歌领域。仅就有限的片断证据来看，他的工作与其说是原创性的作注，毋宁说是对已有的大量考据著作的编纂，其重要性在于，他的编纂显然是后来学者在完成现有集注时汲取资料的一个主要来源。他著作中的一本，仍然可以从现存文献中梳理出其影响，这就是他的《悲剧罕僻难解词语汇编》（τραγικαὶ λέξεις）；这一资料，为后来的赫西基乌斯等词典贡献了许多词条。狄狄摩斯的重要性还体现在他对散文作家文本的研究；他为修昔底德和一众演说家做过注，而其著述中留存至今、唯一成篇段的文字是德摩斯梯尼专论的一部分（P. Berol. 9780）。该书完整时应包括针对演说辞第九、第十一以及第十三篇的注。这证明对狄狄摩斯的通常看法是正确的，他只是一个编纂者，不具有很大独创性；许多已佚文献，如斐洛克鲁斯、泰奥庞普斯等[①]，赖其引用得存片段，而狄狄摩斯本人的创见则很少。他不惮烦地记述道，据载演说辞第十一篇是阿那克西曼尼[②]就德摩斯

① 雅典的斐洛克鲁斯（Philochorus of Athens，约前 340—约前 261），古希腊历史学家，撰有《雅典史》（*Atthis*）十七卷，已亡佚。泰奥庞普斯（Theopompus，约前 380—约前 315），古希腊历史学家，修辞学家，撰有《希腊史》（*Hellenics*）十二卷，有纸草残卷存世。

② 阿那克西曼尼（Anaximenes of Lampsacus，约前 380—前 320），古希腊修辞学家，历史学家，撰有《马其顿国王腓力传》（*Philippica*）。德摩斯梯尼演说辞第十一篇即《驳腓力的信》（*Against the Letter of Philip*），与阿那克西曼尼《腓力传》第七卷几乎完全相同，故而有些学者认为该篇并非德摩斯梯尼所撰演说辞，而是阿那克西曼尼编纂的历史。

梯尼相关话题的汇纂，自己却无一语按断；而这一说法，无论正确与否，任何注者都应当加以评说按断。这种专论，并没有穷尽所有值得注意的段落，在范围上往往不及现代的专论全面。不过另一方面我们也惊喜地发现，这些注文并没有局限于语言问题，也并非只对修辞学教师才有价值，而是还讨论了年代问题和历史阐释问题。

赫库兰尼姆（Herculaneum）焚余碳化纸草本的发现，为我们提供了许多伊壁鸠鲁哲学的知识，特别是现代技术使得文本具有更高的辨认度，这让我们对亚历山大之学的另一个方面有了新认识。伊壁鸠鲁的著作，其后来弟子进行了仔细的研究，而讹误
19 的本子带来了许多问题。幸存下来的一项研究成果，即德米特里·拉孔[①]大约写于公元前 100 年的一篇文章（P. Herc. 1012），显示出在处理这些问题时已经相当老练：文中数次提到错误本子；作者考虑到各本异文；有一处他提到蠹鱼书虫对书的破坏，随后有一个读者试图对残阙处进行恢复。亚历山大的考据方法并不仅仅是文学研究者所使用的工具。

第四节　罗马共和国时期的图书和学术

虽然拉丁文字记录很早就存在了，但拉丁文学却是直到公元前 3 世纪时才开始。式仰希腊榜样，拉丁文学的载体从一开始就是在希腊世界长期以来奉为标准的图书形式——纸草卷轴。到公元前 2 世纪中叶，罗马自己的文学已经颇具规模，有诗歌、戏剧和散

① 德米特里·拉孔（Demetrius Lacon），公元前 2 世纪至公元前 1 世纪时的一位伊壁鸠鲁哲学家，赫库兰尼姆古城的纸草园遗址的火山灰烬中出土了其著作的一部分纸草卷。

文，不管我们是否相信存在所谓“西皮奥社”（Scipionic circle）这样成熟的文学和哲学圈子[①]，似乎都可以肯定，在罗马社会的特定阶级中，书籍已经自由地交流。一个世纪之后，当西塞罗和瓦罗处于全盛之时，图书已经成为受教育的罗马人生活的一个重要组成部分。有闲阶级将写作当成一个正经职业，还有拉丁文学本身的性质，强调学问，使得图书在罗马文化生活中占有特殊的位置。

拉丁文献在前两百年间是以何种方式传承，现在知之甚少。当时没有复制和发行图书的机制，没有图书馆保存它们，学者们对拉丁文学的内容也还没有产生认真的兴趣，因而其传播之路必定是不经意的，碰运气的。有些作品的运气好一些，有些则差一些。涅维乌斯（Naevius）和恩尼乌斯（Ennius）的民族史诗地位特殊，在相对较早的时候就受到学者的重视。散文的运气则要差一些。加图（Cato）的著作之一，《农业志》（*De agri cultura*），一
直传播至今，可以看出，在频繁而又无法控制的传抄中，其文本 20
迭经损折和当代化。在西塞罗有生之年，加图的演讲并没有汇为一集；西塞罗对它们沦于忽略表示抗议（*Brutus* 65 f.），说他自己努力搜集到了 150 则。戏剧文本亦有其意外和危险，这在普劳图斯（Plautus）文本中可以清楚地看出来。他的剧作是为演出而写的，由地方官员或者其经纪人购买，最初作为舞台用本传抄。我们从《卡西娜》（*Casina*）的序中得知，当时剧作会一再重演，随之而来的重排将意味着剧本被截短、拉长、重写，或者被当代化以迎合制作人或者观众的口味。今天的抄本中仍然可以看到古代篡改之

① 西皮奥（Scipio）是罗马望族科涅利亚（Cornelia）的一个支系。

迹：《布匿人》（*Poenulus*）最后一幕的不同版本就是一个鲜明的例子。普劳图斯太受欢迎，极易招致伪冒，据说以他的名字流传于世的剧作一度有不下 130 部（Gellius 3.3.11）之多。泰伦斯的戏剧，在传播中受到更多护持，但是仍有一些抄本中保存着《安德罗斯姑娘》（*Andria*）的不同结尾，这些异文可以上溯到很早的时候。

这些戏剧文本中的很多讹误，都可以从这一段变动不居的传播中得到解释。瓦罗（《论拉丁语》，L.L. 7.1）为我们保存了关于贼头贼脑的巴利奥（Ballio）溜出门外这一段的近古存真的描写（《普修多卢斯》[Pseudolus] 955）：

ut transvorsus, non provorsus cedit, quasi cancer solet.

有人改掉古奥的 provorsus，使之变成平易通顺的一句，正如这个戏剧现存的两个校本安布罗斯（Ambrosian）重写本（A）和另外一个抄本（P）所呈现的那样：

non prorsus, verum ex transverso cedit, quasi cancer solet.[1]

但是在《吹牛的军人》（*Miles Gloriosus*，24）文本中，A 本保存了普劳图斯的 epityra estur insanum bene（“他的奶酪和橄榄油涂得狂好吃”），而 P 本和瓦罗（L.L. 7.86）并作 insane。总的来说，自瓦罗以来，普劳图斯的文本遭到的讹变出人意料地极少。早期
21 拉丁文学之所以能传到今天，在很大程度上首先是由于在共和国

① P 本即帕拉廷本（Palatine）。这句的意思是：不是直着，而是横着溜走，像螃蟹那样。

的最后一百年间，人们重新对这些作家产生了兴趣；这些作家之文本相对良好的保存状态，应当部分归功于早期罗马文法学家的工作。

根据苏维托尼乌斯（Suetonius）（《文法学家》，*Gram*. 2），对文法的研究最早是由荷马研究者马洛斯的克拉底斯（Crates of Mallos）带入罗马的。克拉底斯作为外交使节来到罗马，大概是在公元前 168 年，他在一个排水沟跌断了腿，借被迫修养之暇，讲授诗歌。当然，希腊文化的逐渐渗入，绝对不能简单归因于一次骨折，而是自有其复杂的因素，但是我们必须感谢苏维托尼乌斯，因为他用多彩的笔触描写了历史上的那个时刻。当恩尼乌斯去世的时候，罗马人已经建立起自己的文学传统，准备好对他们的文学和语言进行学术研究。苏维托尼乌斯提到了早期的两个文法学家，G. 奥克塔维乌斯・朗巴底奥（G. Octavius Lampadio）和 Q. 瓦尔恭泰乌斯（Q. Vargunteius）。朗巴底奥研究涅维乌斯的《布匿战争》（*Punic War*），将之分为七卷，同时可能对恩尼乌斯也有过兴趣，尽管证据未免有些可疑：《编年史》（*Annals*）有一个据说是经过朗巴底奥本人亲笔校改过的本子在公元 2 世纪时依然存世（Gellius 18.5.11）。瓦尔恭泰乌斯据说是专注于恩尼乌斯研究，曾对着很多听众背诵《编年史》。除了专门的学术研究之外，阿西乌斯（Accius）和吕西琉斯（Lucilius）的诗显然也执着于文学和语言问题。

不过罗马最伟大的文法学家却当首推埃利乌斯・斯底洛（L. Aelius Stilo），古代权威著作在说到他的时候都致以最高礼敬。他的生平中可以确定、同时也可能是最重要的一年是公元前 100 年，

那一年，他跟随梅特路斯·努米底库斯[①]流放到罗得岛。大概正是
在那里，他师从阿里斯塔克斯入室弟子狄奥尼修斯·特拉克斯，
受亚历山大之学。无论如何，埃利乌斯都是在罗马运用亚历山大
考据符号体系见诸载籍的第一人。证据见于一部被称为《巴黎古
佚书》（*Anecdoton Parisinum*）的重要文献。这部书，有一个 8 世
22 纪末写于卡西诺山（Montecassino）的抄本（Paris lat. 7530），描述
了阿里斯塔克斯及其后继者所用的考据符号。其中很重要的一句
（有些名字据推测予以恢复）是：

> His solis [*sc.* notis] in adnotationibus Ennii Lucilii et historicorum [= writers of comedy?] usi sunt Varro Servius Aelius aeque et postremo Probus, qui illas in Vergilio et Horatio et Lucretio apposuit, ut Homero Aristarchus.
>
> （标注于恩尼乌斯、吕西琉斯以及某些喜剧作家文本中的这些符号，为瓦罗、塞尔维乌斯和埃利乌斯所使用，最后还被普罗布斯用于对维吉尔、贺拉斯以及卢克莱修的考据，一如阿里斯塔克斯用于荷马考据那样。）

埃利乌斯的名字是没有疑问的，他对普劳图斯感兴趣，有志于发皇文本古义，自然预流于亚历山大之学。虽然普劳图斯与荷马相隔甚远，但是其文本性质、传播情况所呈现出来的问题，

---

① 梅特路斯·努米底库斯（Metellus Numidicus，约前 160—前 91），罗马元老院保守派领袖，曾指挥努米底亚的朱古达战争，颇有正直之名。因反对执政官盖乌斯·马略（Gaius Marius）被流放到罗得岛。

与希腊化学者所处理的问题却大致相同，因而显然可以参考他们的考证方法。普劳图斯的文本需要标准化：有许多伪作，而真作中也包含有后来的增益和篡改，各本之间歧异颇多。阿西乌斯已立志要推出一个戏剧真作目录；斯底洛等人也致力于这个问题，宣称有 25 部真作。他的女婿塞尔维乌斯·克劳迪乌斯（Servius Claudius）显然也对辨伪有兴趣，因为西塞罗 “hic versus Plauti non est, hic est”（这个不是普劳图斯所作，这个是）（*Fam.* 9.16.4）一语，正是在说该氏之功力。埃利乌斯对他的弟子瓦罗（前 116—前 27）有很大的影响。瓦罗是一个杂家，对于文学史、戏剧和语言学都有特别的兴趣。似乎他在选择普劳图斯哪些剧作应当作为可信的文本传给后人这一工作中起到了决定作用。虽然他也承认其他戏剧是真作，但他挑出 21 种作为普劳图斯确然无疑的真作，被称为“瓦罗剧目”（*fabulae Varronianae*）的这一真作剧集，一定与我们今天所看到的 21 部剧作相吻合。确立古代作家的文本，除了辨伪工作之外还有其他方面的文本鉴别；瓦罗曾将“修正”（*emendatio*）定义为“对由于听写误记所造成的讹误的改正”（*recorrectio errorum qui per scripturam dictionemve fiunt*）（fr. 236F），并且极富洞见地说过：“或者是普劳图斯的错误，或者是抄工的错误”（*Plauti aut librarii mendum est*）（*L.L.* 9.106），从中可以看出瓦罗对文本讹误的认识。

另一项涉及范围很广的研究工作，是对古奥难解的词语进行
训释。这项工作留下了极为丰富的证据资料，见于瓦罗著作中， 23
亦见于我们今天所能看到的第一部拉丁词典——奥古斯都时代文法学家维里乌斯·弗拉库斯（Verrius Flaccus）极其重要而又影响

深远的《辞义通解》（*De verborum significatu*）吉光片羽的孑遗中。幸存下来的这些内容，一部分见于庞培乌斯·费斯图斯[①]所做的节缩本，另一部分见于8世纪保罗执事（Paul the Deacon）对费斯图斯节本所做的更为简略的梗概，以及散见于他处的称述。例如，普劳图斯的《奈弗拉里亚》（*Nervolaria*）对年老色衰的妓女有一个刻薄的描写：

scratae, scruppedae (?), strittabillae, sordidae.

这些"小姐"在瓦罗那个时代已经为学术讨论所覆盖：关于第二个词，瓦罗（《论拉丁语》，*L.L.* 7.65）引用三个不同作者的观点。因为对这些难词的训释常常写在本子的两行之间（正如瓦罗本人所例示的那样，《论拉丁语》，*L.L.* 7.107），所以极易阑入正文，或者形成同义并举（doublets）。例如《埃皮狄库斯》（*Epidicus*）620，P类文本作 *gravastellus*（"小老头"），A类文本作 *ravistellus*（"白发小个子"）；这两个异文，费斯图斯都曾寓目，所以至少可以上溯到奥古斯都时代。《吹牛的军人》（*Miles Gloriosus*）1180则有三个异文，都来自古代：原本应作 *exfafillato bracchio*（"裸露"），P本正如此作，且得到古代权威研究的证实；但是异文 *expapillato*（"裸至胸部"）可以追溯至古代；而A本则似乎提供了第三个异文（*expalliolato*），至少像A本一样古老（5世纪）。

① 庞培乌斯·费斯图斯（Pompeius Festus），古罗马文法学家，生活于2世纪后半叶，将弗拉库斯的百科全书式的《辞义通解》节缩为二十卷。

在罗马共和国晚期，随着文学创作与学术研究的拓展，相应地在应用层面也有了重要的发展。在这一时期，我们并不意外地第一次听说关于在罗马建立一个公共图书馆的计划，听到对于出版图书有更为系统的帮助。当时已经有一些大规模的私人藏书。特别是希腊典籍作为战利品流入罗马，而卢库卢斯[①]的藏书，想用的人都可以用，在他死后仍然开放资料；当西塞罗去查阅图书时，宣称他发现那儿已经藏有加图的著作（*Fin.* 3.2.7-8）。西塞罗花费相当大的气力建立起了自己的藏书；他从朋友阿提库斯（Atticus）那里得到了许多帮助和建议，而且幸运地承袭了学者塞尔维乌斯·克劳迪乌斯的藏书。但第一个筹划建立大型公共图书馆的人是恺撒。他任命瓦罗（在他的众多著作中有一部题为《论 24
藏书》）为图书馆采访收集图书，但这个计划没有实现：罗马第一个公共图书馆是公元前 39 年由阿西尼乌斯·波里奥[②]在自由祠（Atrium Libertatis）建立的。

在西塞罗之前，未闻罗马有图书业。然后书商和抄工（最初都叫 *librarii*）勃然而兴，但似乎还没有达到吹求不已的作家所要求的高标准，因为西塞罗曾抱怨其工作质量之差（*Q.f.* 3.4.5, 5.6）。大多数读者主要靠的是从朋友那里借书，然后自己抄录副本，但这也要求有训练有素的抄工。也许正是有见于此，曾长期在希腊

---

① 卢库卢斯（Lucullus，前 117—前 57 或前 56），罗马共和国贵族派政治人物，著名将领，在东征胜利后掠取了大量战利品，他慷慨资助艺术与科学，将自己的世袭产业变成了招待所和图书馆，对学者们免费开放。

② 阿西尼乌斯·波里奥（Asinius Pollio，前 75—4），罗马军人，政治家，诗人，历史学家，是李维的恩主，也是贺拉斯的朋友。公元前 40 年波里奥成为罗马执政官，次年在恺撒广场自由祠建立第一个图书馆，完成了恺撒的遗愿。

生活、对那里成熟的图书业有所经验的阿提库斯，让自己一众训练有素的抄工为朋友们服务。对于西塞罗而言，阿提库斯究竟是作为一个朋友随时效劳，还是处于一个更为职业化的位置，这不大容易看出来，但显然西塞罗可以指靠他提供高级出版商的所有服务。阿提库斯会为他仔细校订一部著作，对风格或者内容进行批评鉴别，讨论出版的可行性或者某个书名是否妥当，组织新书试读，送出赠本，组织发行，等等。他执行的标准是最高的，他的名字就是质量的保证。

从西塞罗和阿提库斯的书信往来中，我们对于古代图书出版随意多变的性质有了一个很好的了解。当时没有版权或版税（因而文学赞助就很重要），私下的流传极易渐次变成全面的发行；一个作家可以通过请他的朋友们改动其手中本子的方式对已经出版的图书进行修改，而其他人手中的本子则不能改动。西塞罗在阿提库斯为其抄制副本的过程中对他的《学园派哲学》（*Academica*）进行了很大的修改，并用保证会有一个更好的本子来安抚白费心力的阿提库斯。但第一稿的诸副本已然存在了；两“版”都流传
25 至今，而第一稿更全一些。西塞罗还抗议说他的《反对克劳迪与库里奥的演讲》（*Oratio in Clodium et Curionem*，旧注中保存了一些残篇）的出版没有经过他的同意。在《演说家》（*Orator*，29）中，他曾将阿里斯托芬的话张冠李戴成欧波利斯所言，要求阿提库斯赶紧改正所有的副本（*Att.* 12.6a.1）。这里他的改正得以流传到了我们手里。但是在《论共和国》（*Republic*，2.8）中却没有这么幸运——他将弗里乌斯（Phlius）的居民误称为 *Phliuntii*，希望改正为 *Phliasii*；幸存下来的唯一本子依然作 *Phliuntii*，是现代整理者

按照西塞罗的要求进行了改动。

第五节 帝国初期的发展

罗马共和国末期，职司并保证文字传播的机构和流程已然确立，而在奥古斯都及其后继者的统治下，益趋精密和巩固。图书业变得更加重要，我们很快就听到了一些脱颖而出的书商的名字：贺拉斯提到了索西乌斯兄弟（Sosii），然后昆体良和马提雅尔（Martial）说到了特里丰（Tryphon）、阿特莱克图斯（Atrectus）等人。在小塞涅卡[①]时代，聚书还被揶揄成一种炫富的形式。奥古斯都创立了两个公共图书馆，一个是公元前28年建在帕拉廷（Platine）的阿波罗神庙，另一个不久后建在屋大薇门[②]。此后的图书馆，无论属于私人还是皇家，无论在罗马还是在外省，都是嘉惠士林的常见设施。普林尼在他的家乡考摩（Comum）建立了一个图书馆[③]，并且为其维持提供经费；保存得最为完好（也恢复得最好）的古代图书馆是106—107年为了纪念亚细亚总督提多·尤利乌斯·塞尔苏斯（Titus Julius Celsus）而在以弗所建立的图书馆；最有名的图书馆之一是图拉真建立的乌尔比亚图书馆（Bibliotheca Ulpia），历经兵燹，至5世纪时仍然屹立不倒。君明臣贤，恩主庇

---

① 小塞涅卡（Younger Seneca，约前4—65），名为卢修斯·塞涅卡（Lucius Annaeus Seneca），其父马库斯·塞涅卡（Marcus Annaeus Seneca，前54—约39），史称“老塞涅卡”。小塞涅卡为斯多噶派哲学家、政治家、剧作家，曾为皇帝尼禄的家庭教师，著述极丰。后文“塞涅卡”皆指小塞涅卡，老塞涅卡则称“老塞涅卡”。

② 屋大薇门（Porticus Octaviae）乃奥古斯所建，以其姊小屋大薇（Octavia Minor）之名名之。

③ 这里的“普林尼”指小普林尼，是老普林尼的外甥。小普林尼为罗马元老院议员，大约96年或97年在家乡考摩（位于意大利北部，靠近阿尔卑斯山）捐建了一座图书馆。

佑推进了学术研究和文学创作：在奥古斯都治下，西吉努(Hyginus)被任命为帕拉廷（Palatine）图书馆馆长，维里乌斯·弗拉库斯（Verrius Flaccus）被任命为皇家子弟的教师。正是在这一时期，形
26 成了学校教育，其模式后来延续了几百年，而随着国家日益注重教育，其学校模式遂成为整个罗马世界的标准。

罗马的中等教育是由文法学家（*grammaticus*）提供的，其内容主要是对诗作的仔细阅读和详尽解释。散文则主要是修辞学家（*rhetor*）关注的主题，不过二者的领域在一定程度上有所交叉重叠。公元前 26 年以后，凯基利乌斯·埃皮罗塔（Q. Caecilius Epirota）——阿提库斯的一个获得自由的奴隶——在他自己开办的学校开始研讨维吉尔和其他当代作家（苏维托尼乌斯,《文法学家》Suet., *Gram.* 16.2-3）。凯基利乌斯的学校更像是一个专门的研讨班，他的做法对一般的学校课程也许影响甚小；但是这样一种变化，是奥古斯都时代对于其文学成就的自豪感的顺理成章的结果，此后不久，当代作家就成为课堂研习的对象。维吉尔进入学校课程，是以牺牲恩尼乌斯为代价的。从此以后成功的诗人，如贺拉斯或奥维德，在有生之年就看到自己的作品进入学校的教学大纲，这种情况一直持续到 1 世纪末复古风的开始，这个过程就此中断，经典作家的正典也为之固化。不过像贺拉斯和卢坎这类诗人的作品仍然在学校阅读，但对两位诗人作品的研习超过了其他所有诗人：维吉尔，还有或许稍为出人意表的泰伦斯（Terence）——尽管在其他时代他的诗作已是非常受欢迎的学校教材；散文方面，西塞罗和萨卢斯特（Sallust）占据了类似的显要地位。

行家和外行对通常阅读的作家作品所进行的深入而又细致的研读，可能对他们的作品产生好的影响，也可能产生不好的影响。流行作品以及学校课程所涉及的作品有大量的需求，将会使市场上充斥质量低劣的抄本。学者和文法学家的仔细关注一般而言会保证文本的纯正，但是所有时代出于最良好动机的学者对于经他们之手的文本的影响，可能是修正，也可能是败坏。故而一方面有流于庸劣之虞，另一方面也担心迂拘学究扞格其间。我们关于古代拉丁文本传承史的证据是如此零碎，且又如此难以确解，因而很难说出在某一时期人们在教室里或者在市场上遇到的 27
文本究竟是什么样子，也很难概言当时的学者和斤斤辨察的读者所能得到的抄本质量究竟若何。不过总的来说，无论是大众化的不良影响，还是围绕着主要古典作家的学术研究，对于流传至今的文本的影响，似乎都没有我们原来所设想的那么大。流传至今的文本传承，主要来源于得到很好护持的公共和私人图书馆。在古代，学术研究和文本传承之间也有自然的分野，因为正文和注文通常各自成卷。古代考订者将他们的意见置于注文卷，在正文卷中标以考据符号，而不是按照自己的倾向改动正文。不过也有值得注意的证据显示，标准文本中不乏由来已久的讹误。早在1世纪60年代，塞涅卡（*Epist.* 94.28）引用《埃涅阿斯纪》（*Aeneid*）中未写完的半行“勇者天助”（*audentis fortuna iuvat*）（10.284），补以“惰者自碍”（*piger ipse sibi obstat*）。这半句之精警及其所留下的引人填补的空白，很容易滋生一个格言，以至于很难断言说塞涅卡真的引用了维吉尔的一个经过篡改的本子；但是我们从塞尔维乌斯（Servius）和多纳图斯（Donatus）得知，补足《埃涅阿斯纪》未完之句的冲动，在维吉尔去世后不久就开始了，在现存最早的抄本中就有一些伪冒的补充。李维文本中有一个更能说明问题的例子。塞涅卡身后三十年，昆体良著述曰（9.4.74）：李维《罗马史》序的开篇是长短格形式的 *facturusne operae pretium sim*，这要优于他那个时代通行的讹本。我们得见李维这个开篇的史诗式的华美措辞，端赖昆体良之力，因为我们所依据的尼格马克（Nicomachean）系的所有抄本都作 *facturusne sim operae pretium*。在接下来的那个世纪里，格利乌斯（20.6.14）声称萨卢斯特的 *maiores vestrum*（Cat. 33.2）讹成了 *maiores vestri*，保存下来的抄本证明他的判断是有根据的。对于这些作家来说，校勘家开始其工作从来不嫌其早。

奥古斯都时期伟大的学者维里乌斯·弗拉库斯（Verrius Flaccus）仍然将自己的注意力锁定在前代作者身上，但是与之同
28 时期的另一位博学之士尤利乌斯·西吉努（Julius Hyginus），却将自己的注意力转向了更为晚近的作者，写了一部关于维吉尔的著作，其中包括文本考证的内容。关于维吉尔的研究就这样由比诗人本人稍年轻的同时代学者开始了。他的两个意见（见于后来学者的引述）引起了持续的争论。《农事诗》（*Georgics*）2.247，他认为应当依据“来自于维吉尔家”（*ex domo atque ex familia Vergilii*）的一个抄本（Gellius 1.21.2）将 *sensu...amaro* 改为 *sensus...amaror*。这个改动并未能服众，但大多数人都欢迎他对维吉尔《埃涅阿斯纪》12.120 的校改：这里他认为维吉尔写的不是 *velati lino*——这很可能是改从易晓的庸劣化——而是 *velati limo*（*limus* 是献祭的围裙）。勒密乌斯·帕莱蒙（Remmius Palaemon），一位富有影响的

文法学家，也将研究重心放在当代作家身上，而阿斯科尼乌斯[①]，因其卓识和谨严，在众多古代注家中杰然突出，先后为西塞罗、维吉尔以及萨卢斯特做过注。但在 1 世纪的学者中间，生前身后都最负盛名的却是贝鲁特的瓦莱里乌斯·普罗布斯（M. Valerius Probus of Beirut）。他大致生活于 20 年至 105 年之间，他的学术活动大概是在 1 世纪末年。他是一个尚未定论的人物，因为关于他的信息很少，而且极可能存在夸大。我们关于他的生平信息来自苏维托尼乌斯（*Gram.* 24）。苏氏告诉我们，普罗布斯在军队升职的希望落空之后，转而研究他在外省学校里学习过的、当时在罗马已经不再流行的前辈作家。他收集了大量文本，按照亚历山大的方法加以研究，改正文本传抄的讹误，对文本进行标点，并在边白处加上考据符号：*Multaque exemplaria contracta emendare ac distinguere et adnotare curavit*（汇集众本，校勘，标点，加注）。他并不曾开山授徒，但有一些追随者，常常跟他一起阅读文本；他只出版了一些短篇，身后却留下了部头相当大的《古义杂考》（*silva observationum sermonis antiqui*）。他对亚历山大校勘方法的应用见诸《巴黎古佚书》（*Anecdoton Parisinum*）：他率先使用了一些符号（星号、加杠星号、尖角号），而他对其他符号的使用，在后来者的注文中有直接记述或者间接语及；据说他研究过维吉尔、贺拉斯和卢克莱修。其研究的具体例子，我们只能从格利乌 29
斯以及后来注家多纳图斯和塞尔维乌斯的记述中见其大概；在这些记述中我们发现有普罗布斯研究维吉尔和泰伦斯的大量证据，

① 阿斯科尼乌斯（Quintus Asconius Pedianus，约公元前 9—76），罗马历史学家，曾为课子读书纂集多部古典，并为作注。其关于西塞罗演讲的注，有五篇残本存世。

还有对普劳图斯和萨卢斯特的间或涉及。号称“采自普罗布斯注”（*de commentario Probi Valeri*）的那篇佩尔西乌斯传则多半是伪作。

过去认为普罗布斯曾对许多作家进行过权威整理，未免夸大，现在已经让位给更为审慎的判断，但是关于他更多的信息，却仍然未知其详。学界对他的看法有分歧：他是否做过详注（对此苏维托尼乌斯并未言及）？他的遗产是否仅限于他的“非凡的杂考”（*non mediocris silva observationum*），其播于人口幸而被格利乌斯等人记录下来的观点以及他曾校勘标点并加注符号的抄本？他的观点和所使用的符号都令后来学者感到兴趣，使他获得了很大的声誉。含义模糊的术语如“普罗布斯读曰”（*Probus legit*）没有说清楚他究竟是提出一种理校意见，还是主张当从他自己或者其他人的抄本中的异文，而他究竟对校过多少本子也未有定论。他言之凿凿地宣称他关于维吉尔在宾格如 *urbes/urbis* 以及 *turrem/turrim* 中对 *i* 和 *e* 的使用的了解是基于维吉尔亲手校正过的一个抄本（Gellius 13.21.1-8）。引证权威文本，即便也许并不像他所想的那样权威，意味着诉诸抄本证据，在其他例子中似乎也是如此。

普罗布斯文本考据的现有实例足以让我们对其方法和见解形成一种观点。例如，他在《埃涅阿斯纪》1.21-2 标了一个记号，表示他认为在该语境中嫌于冗赘；在 1.44 他似乎认为 *tempore* 比 *pectore* 更为可取；在 8.406 他发现 *coniugis infusus gremio* 这种表述方式不大合适，想改为 *infusum*；在 10.173 他在 *trecentos* 后面加了一个逗号；在 10.444 他正确地对 *aequore iusso* 表示怀疑；在 10.539 他提出用 *albis* 取代 *armis*，在 12.605 用 *floros* 取代 *flavos*；在泰伦斯的《兄弟》（*Adelphi*）中，他认为 *quid festinas, mi Geta*

（323）一句当是苏丝特拉达（Sostrata）所说；在萨卢斯特的《喀提林叛乱记》（*Catiline*，5.4 *satis eloquentiae, sapientiae parum*，“夸于言，鲜矣智”）中，他认为理应加上 *loquentia*（“谚曰”）一语。他的干预中的一些，如 10.539，将维吉尔的文本拉回正轨，其他仍然存在争论；如果关于其观点的记述不误的话，其中有些令人对 30 他的识见产生怀疑。尽管他声名卓著，但是在古代保留下来的维吉尔抄本中却几乎看不到他的工作的迹象。

第六节　2 世纪的复古风

公元 2 世纪，原创文学陷入中衰，与此同时，人们对前代作者产生了广泛的研究兴趣。特别是对罗马早期作者的热情再度复苏。这种复古风从普罗布斯已可见其端倪；为哈德良大帝所倡导，其影响见于弗龙托（Fronto）、格利乌斯（Gellius）和阿普列乌斯（Apuleius）的著作。好古之风，除了对这一时期的散文产生极其奇崛的影响之外，还让人们把早期共和国时期的作家——如恩尼乌斯、普劳图斯、加图以及一些相对次要的人物——的作品从架上拿下来，进行热情研究。我们对于这些早期作家的了解，大部分来自于这次复古之风。这些作品留传下来的机会本来十分渺茫；他们的语言太过古旧晦涩，这使它们很难穿越后世狭窄的阅读兴趣以及蒙昧化的历史劫数，而且，除了一些著名的例外，它们大多数只是存在于格利乌斯或者后来某个文史遗文集萃者所保存的断篇残简和轶事琐言之中。

我们可以从奥卢斯·格利乌斯《阿提卡之夜》（*Attic Nights*）[①]的字里行间窥见一幅公元2世纪时古旧书行的鲜明图画。他告诉我们，他在罗马一家书店看到古代拉丁版的费边·皮克托（Fabius Pictor）的《编年史》（*Annals*）（5.4.1），还提到他的一位老师，为了查一个词，斥巨资买了一个恩尼乌斯《编年史》的古抄本，该本“几乎可以肯定经过朗巴底奥（Lampadio）亲笔校正”（18.5.11）。在罗马和外省的图书馆仍然可以有颇有价值的发现：在罗马他发现了埃利乌斯·斯底洛的一部稀见作品（16.8.2），在帕特雷（Patras）他发现了李维乌斯·安德罗尼库斯（Livius Andronicus）作品的一个古抄本（18.9.5），在提布尔（Tibur）他发现了苏拉时代的历史学家克劳迪斯·夸德里加里乌斯（Claudius Quadrigarius）作品的一个抄本（9.14.3）。他的一个朋友得到一卷维吉尔的“《爱老年》，花了20个金斯吉拉里亚”（*mirandae vetustatis, emptum in Sigillariis xx aureis*）（2.3.5），这可是个了不起的发现，如果传说不
31 误的话，是在一个圣诞节的集市上发现的。弗龙托对这个古文物收藏者的天堂的说法进行了确认，他说，在他那个时代，加图、恩尼乌斯、西塞罗以及其他共和国时期作家的抄本价格高昂，地位尊崇，如果它们号称是由朗巴底奥和埃利乌斯·斯底洛撰写，由提罗（Tiro）整理，或者由阿提库斯或奈波斯（Nepos）抄制的话（*Ad M. Caes.* 1.7.4）。这些书中有许多其古老性和真实性都难以确认，很可能因为商人的奸诈或者收藏家的热情而有所夸张。

① 奥卢斯·格利乌斯（Aullus Gellius，约125—180），拉丁作家，文法学家。生长于罗马，在雅典接受教育，后又回到罗马。所撰《阿提卡之夜》是一部类书性质的书，涉及文法、哲学、历史、文物等多种主题。

格利乌斯尤其喜欢好故事。不过从另一方面讲，我们也许不应对早期文本之幸存太过怀疑。老普林尼和昆体良关于前一个世纪的称述就相对可信，因为那是在文学风尚改变之前，故而也就不存在大规模作伪的动机。普林尼宣称（*N.H.* 13.83）见到过格拉古兄弟亲笔所写文件——可能是书信，还说西塞罗、维吉尔以及奥古斯都的手稿也很常见；昆体良（1.7.20）则提到西塞罗和维吉尔的手稿。我们看到，上自西吉努，下到普罗布斯，学者们纷纷宣称曾核对过权威抄本。作为奥古斯都治下帕拉廷图书馆馆长的西吉努，与我们在格利乌斯《阿提卡之夜》中所遇到的猎书者之间有天壤之别：我们应当保持不同程度的怀疑，同时也必须善意度人予以宽容。无论如何，虽然在细节上颇多可疑，但是这些故事所构成的总体图景应当还是说明了一些问题的，这就是，共和国时期作家作品绳继不绝，古代作家和古代抄本备受尊崇，学者们因其近古存真，故而竭力营求以便校勘。有些抄本即使没有所说的那么古老或显赫的来头，但仍然堪称古本，或者善本，或者至少在我们自己的本子讹误之处是对的。

参考其他抄本以核对或者改正自己的本子，乃自然之事，在某种程度上一定发生在历史上各个时期，而且随着学术研究、好古风尚，以及人们对于历经沧桑的文本的准确性的合理关切所有这一切的发展，益发如此。有据可考的全面对校，可以上溯到公
元 2 世纪，一位研究西塞罗和加图的学者斯塔提里乌斯·马克西 32
姆斯（Statilius Maximus）的研究活动。在 1417 年发现的一个西塞罗演讲辞的抄本中（参看第 139 页），波焦（Poggio）在《论土地法》（*De lege agraria*）第一篇和第二篇之间添加了他在古本中发

现的一个注，这个注与正文一起传承了数百年：*Statilius Maximus rursum emendavi ad Tironem et Laecanianum et Domitium et alios veteres III. oratio eximia*。总的意思是清楚的：斯塔提里乌斯参考六个抄本对文本进行了校正，其中有一个抄本据说源自西塞罗的秘书提罗。这条批注（现存最早）附在一部内容强烈关涉到法律的文本之上，可谓意味深长。

第七节　纲目和注

文化中衰始于 2 世纪，而 3 世纪的经济崩溃和政治混乱更加速了这一过程。除了基督教作家以外，没有出现什么大作家，这种情况一直持续到克劳狄安[①]时代。235 年亚历山大·塞维鲁（Alexander Severus）崩逝，284 年戴克里先（Diocletian）继位，其间俗世文化的真正衰落，对于古典文化的连续性，确实有着非常严重的影响。文学作品的阙如和这一时期碑刻遗存的减少即其表征，因为这种创造力的匮乏和整个文化的瓦解必然使人们对阅读和传抄前代文本了无兴趣。传说皇帝塔西佗（Tacitus，275—276 年在位）曾下令，与他同名的历史学家的作品每年须抄写十次，这个故事几乎可以肯定是 4 世纪后期的虚造，但它所反映的情境，距离实情应不会太远。

这几百年间所产生的作品，虽然本身不够吸引人，比诸同
33 时期基督教作品相形见绌，但仍然可为其次。有一些也自有其意义，因为它们在文学杰作难觅其踪、人们也缺乏相应的欣赏品味

① 克劳狄安（Claudian，约 370—404），罗马宫廷诗人，其诗作主要是歌颂皇帝霍诺留（Honorius）和摄政将军斯提里科（Stilicho）的文治武功。

和能力的时代，保证了古典传统的延续；另外一些之所以有价值，则是因为其资料来源已经亡佚或者损毁不全。纲目就是其中之一。弗罗鲁斯（Florus）在哈德良治下曾写过一部简缩本罗马史，而在此之前李维《罗马史》的纲目已然存在。其后，3世纪有查士丁为奥古斯都时代历史学家庞培乌斯·特罗古斯[①]所做的梗概，4世纪有尤特罗庇乌斯[②]、奥勒留·维克多（Aurelius Victor）以及其他不知名作者的历史著作的节缩本。在李维和塔西佗嫌于太长或者太深，又抑或只是难以寓目的时代，人们曾广泛阅读这些梗概纲目。在其他领域，有费斯图斯对维里乌斯·弗拉库斯著作所做的纲目，而索利努斯（Solinus）的《奇事广记》（*Collectanea rerum memorabilium*），则是有关地理见闻的一个摘要汇编，几乎完全采自老普林尼和鲍姆鲍尼乌斯·梅拉（Pomponius Mela），却没有表明来源。

这个产生了如此多的缩略便览的时期，也是注家和集注家的伟大年代，其中最有名的当数为贺拉斯做注的阿克洛（Acro）和波菲里奥（Porphyrio），以及4世纪的两个伟大学者，埃利乌斯·多

① 庞培乌斯·特罗古斯（Pompeius Trogus），大约与李维同时期，撰有《腓力史》（*Historiae Philippicae*）44卷，讲述腓力二世（Philip II，亚历山大大帝的父亲）所建立的马其顿王国的历史。该书已亡佚。查士丁（Justinus），生平不详，他为特罗古斯书所作的梗概，其实并没有严格按照叙述主线，更像是一部别有所悟的文摘。

② 弗拉维乌斯·尤特罗庇乌斯（Flavius Eutropius），古罗马史家，生活于4世纪，曾为拜占庭帝国皇帝朱利安（Julian）之记室，撰有《罗马国史大纲》（*Breviarium historiae Romanae*）。

纳图斯和塞尔维乌斯[①]：多纳图斯为泰伦斯和维吉尔做注，塞尔维乌斯则贡献了塞氏维吉尔集注。多纳图斯还撰写了两部文法书——《小艺》和《大艺》，这两部书与普里希安（Priscian，6 世纪）的《文法基础》（*Institutiones grammaticae*）一起，成为中世纪主要的文法教材。

另外有两个汇编因为在后世的价值，也应当在这里提及，一是诺尼乌斯·马塞卢斯（Nonius Marcellus）的《学术集要》（*De compendiosa doctrina*），不知编于何时；二是马尔提亚努斯·凯佩拉（Martianus Capella）的《墨丘利与菲洛勒吉娅的婚礼》（*De nuptiis Mercurii et Philologiae*），写于 5 世纪初叶。前者是一部辞典，仍有其价值，许多已经亡佚的作品赖其引用得以保存片断；作者似乎是对恩尼乌斯本人的两部悲剧做了摘录。《婚礼》是关于自由七艺的一个寓言式的论著——在墨丘利和菲洛勒吉娅的婚礼上[②]，七艺作为伴娘出场。在 1 世纪后期，自由七艺被标准化为文
34 法、修辞、逻辑、算术、音乐、几何、天文。传至中世纪，古典七艺在理论上成为教育的基础。其时七艺分为两组，一是“三科”（语法、修辞、逻辑），二是“四科”（算术、音乐、几何、天文），

① 埃利乌斯·多纳图斯（Aelius Donatus），生活于 4 世纪，罗马文法学家，修辞学教师，曾为圣哲罗姆的老师。所撰《文艺》（*Ars grammatica*）分为《小艺》（*Ars Minor*）和《大艺》（*Maior*）两部分，《小艺》的内容是关于名词、代词、动词、副词等八种词类的概说，《大艺》的内容是关于修辞优劣的讨论，包括比喻、寓言、讽刺等手法。《小艺》流行极广，据说是西方极为罕见的用雕版印刷的纯文字版图书之一。多纳图斯还是早期标点系统的推动者。塞尔维乌斯（Servius），生活于 4 世纪末和 5 世纪，罗马文法学家，全称“莫鲁斯·塞尔维乌斯·诺拉图斯”（Maurus Servius Honoratus）。

② 墨丘利（Mercury）象征对知识和智慧的追求，菲洛勒吉娅（Philology）是语文学，语源义是“爱语文”，即通过语言文字去了解典籍，相当于所谓“由小学入经学”。墨丘利与菲洛勒吉娅结婚，类似中国所谓“思”与“学”的结合。

从而分别构成初阶和进阶的课程。

这些节略和注本、文法和便览，对于古典学者来说非常重要，因为它们保存了——虽然是以第二手的，或者片断的形式——相当多的文学作品和学术讨论，使其免于完全亡佚。当存世文献在直接抄本传承中出现讹误的时候，它们让我们可据以校正。另外，它们为此后几百年提供了一条生命线，为后人提供了维持基本的古典教育所需要的资料。中世纪读者除了可以从教会作家的作品中撷取知识外，文法学家的著作常常就是他们关于古代文学知识的总和。他们借此使自己的文章约略有几分学养，而这也常常与他们实际十分狭窄的阅读不相适切。不过与此同时，它们也让对古典文学的真正尊崇得以生生不息，并为缺失的古代作品提供了一个熟悉的框架，使其恢复流传时可以顺利被接受。

第八节　从卷轴到册叶

在 2 世纪到 4 世纪之间有一个发展变化，对图书的历史——从而也就对整个古典文本的传播历史——产生了极其重要的影响。这就是卷轴本逐渐被册叶本所取代，也就是说，图书采用了与我们今天所用图书大致相同的形制。

到 2 世纪，文学文本的标准载体是纸草卷轴，但是从一开始就有另外一种载体，这就是“书写板”（writing tablet），由一些上过蜡的木板组成，用皮绳或者扣环钉在一起。其使用贯穿古代时期，用作书信、学校练习册、草稿以及其他随意目的。罗马人将 35
其使用范围拓展到法律文书，并有一个重要改进，就是用羊皮纸叶取代木板。这些羊皮纸笔记簿（membranae）在共和国末期已经在用，但其成为图书则在很长时间之后。

马提雅尔在 84 年至 86 年所写的一些诗中，最早提到用羊皮纸册叶本行世的文学作品。他强调它们的紧凑、便于携带，并且告诉读者在哪一家店铺可以买到这种形式新颖的东西（1.2.7-8）。虽然有一个大约抄写于公元 100 年的拉丁文羊皮纸册叶残本（佚名撰《马其顿战记》*De Bellis Macedonicis*，P. Lit. Lond. 121）保存了下来，但是马提雅尔费力宣扬的口袋本却并不曾得到流行。册叶装 2 世纪才开始用于俗世文学作品，但在 3 世纪迅速发展壮大，在 4 世纪就大获全胜。册叶装既可以用纸草，也可以用羊皮纸，不过羊皮纸册叶本最终取得了天下。尽管纸草比大多数人所想的要更加耐用一些，一个卷轴可以留存 300 年（Galen 18[2].630），但平均寿命要短一些，而羊皮纸就是一种更加经久耐用的材料；历史证明，羊皮纸之坚固不坏是古典文学得以留传下来的一个关键因素。图书形制的这一变革想必策源于早期基督徒：因为 2 世纪时俗世文学册叶本还相当稀罕，但《圣经》文本却已经普遍使用册叶本了。

册叶装相对于卷轴装的优点有很多：更方便，容量更大，更易于查阅，而且成本也更低廉。标上页码，使得参稽引用更容易；加上目录，可以防止对于文本的妄增以及其他搀乱。在那个时代，生活主要围绕着《圣经》和法典的权威文本，故而这些都是很重要的问题。册叶装对宗教和法律的重要性显而易见。对于文学作品也同样重要：一部册叶可以涵括数个卷轴的容量，这就意味着相关文本可以合为一集，或者某一个作家最好的作品可以
36 置于一册——在那个倾向于将知识遗产修剪成一个便于掌握的形

式的年代，这无疑是有吸引力的。

从卷轴装到册叶装的变化，牵涉到古代文学作品从一种形式到另一种形式逐渐的但却是全面的转移。这是古典文学所要经过的第一个大的关口。在这个过程中势必有所减损，但损失究竟几何却不大容易确指和估算。罕僻之书可能就有不会被转移到册叶本形式的危险，而其卷轴又终将朽坏无存。一个著述颇丰的作家，如果其作品中的几个卷轴在某一关键时刻无法看到，那么所缺之书很可能就永远不能规复旧观。

由于现存最早古代图书中有些是 4 世纪羊皮纸册叶本，这里不妨提一下罗马时代用于图书生产的几种主要字体这一特殊问题。它们是“正大写体”（Square Capitals）、“俗大写体”（Rustic Capitals）、“安色尔字体”（Uncial）、“半安色尔字体”（Half-uncial）。从头至尾全部用大写正体所写的抄本只有维吉尔著作的一些精美抄本；这种字体模仿碑铭的风格，似乎是为抄制罗马本国诗人的豪华本所采用的一种精致字体。因而有点遗憾的是，古代标准而又优雅的这种抄书字体，由于相比于碑铭字体稍逊正式，传统上被称为“乡野大写 / 俗大写体”（Rustic Capitals）（图版 IX），这个迷人却又误导的名称现在已让位给“古典大写”（Canonized 或 Classic Capital），或者只是“大写”字体。我们可以确定时代的最早样本是伽卢斯（Gallus）纸草本（开罗，P. Qaṣr Ibrîm，约前 50—前 20）[①]，以及在赫库兰尼姆古城所发现的一份记述亚克兴

① 科内利乌斯·伽卢斯（Cornelius Gallus，约前 70—前 26），古罗马诗人，演说家，政治人物，据说其诗才不下于维吉尔。1978 年在埃及努比亚的伊布里姆古要塞（Qaṣr Ibrîm）发现的纸草残卷，存有伽卢斯的诗共九行，在艺术上却显得有些粗糙。

战争的诗篇残卷（那不勒斯，P. Herc. 817），书写时代在其所记述的事件（公元前 31）与赫库兰尼姆古城被毁（公元 79）之间。这种字体几无变化，一直沿用到 6 世纪早期。以这种字体抄写的著名抄本，有抄录泰伦斯作品的班博抄本（codex Bembinus，Vat. lat. 3226）和维吉尔的几大抄本：美第奇抄本、帕拉廷抄本和罗马抄本。罗马时期其他字体的形成，是在日常书写的草体的基础上，
37 参考法帖进行了精致化和标准化。无论在安色尔字母创制过程中起决定作用的母体是俗体大写，还是草体，这种漂亮的圆转字体在 4 世纪已经是一种成熟字体，一直沿用到 9 世纪。早期的例子有《论共和国》梵蒂冈重写本（Vat. Lat. 5757，4 世纪末 5 世纪初，图版 X）；而最精美的之一是李维《罗马史》第三部的 5 世纪抄本普泰努斯本（Puteanus）（Paris Lat. 5730，图版 XI）。从草体，特别是从后期的小写草体的进一步的发展，催生了第一种小写体，半安色尔体的创制。有许多古典文本用这种字体书写，主要是纸草本，但它主要还是用于基督教图书的书写。

第九节　4 世纪西罗马帝国的世俗世界与基督教世界

公元 4 世纪，基督教与世俗主义发生了最终的冲突。312 年，首个基督徒皇帝君士坦丁完全颠覆了其前任戴克里先的政策，允许基督徒自由礼拜，而在几十年之间，他们就将战火带进了异教徒的营地。这一斗争的高潮表现为 384 年发生在安布罗斯（Ambrose）和奥勒留・西马库斯（Q. Aurelius Symmachus）之间的庄严论辩。安布罗斯当时担任米兰主教，正达到其权力的高峰。奥勒留・西马库斯是异教徒作家、行政官，极为动情地吁请恢复此前从元老

院移除掉的胜利神坛。394 年，最后一次异教抵抗的领导者维里乌斯・尼科马库斯・弗拉维亚努斯（Virius Nicomachus Flavianus）被狄奥多西一世（Theodosius）打败，以旧传统的方式杀身成仁。西罗马帝国世俗世界抵抗的中心是罗马的元老们，他们曾一度重振前辈的精神，集结起来捍卫自己的传统和文化遗产。

关于这次捍卫运动的一篇十分生动、令人感同身受的纪念文字，仍然保留在马克罗比乌斯（Macrobius）《农神节》（*Saturnalia*）一书中。这次学术聚谈的重要性体现在当时的历史情境和参与的人物。384 年农神节，一些受过良好教育的罗马贵族连续数日 38
在维提乌斯・阿戈里乌斯・普莱特克斯特图斯（Vettius Agorius Praetextatus）、维里乌斯・尼科马库斯・弗拉维亚努斯，以及西马库斯等人的家里聚会，深入探讨了宗教、历史、哲学等问题，特别是关于他们的伟大世俗诗人维吉尔。与会者中还有其他一些反对基督教的人物。塞尔维乌斯作为专业学者的代表，颇得与会者的敬畏。我们知道普莱特克斯特图斯死于 384 年，弗拉维亚努斯死于 394 年；马克罗比乌斯满怀乡愁让已然逝去的伟大世俗社会重现笔端，以之作为其学术汇编的框架。于是我们看到，这个社会的成员们，当自己的世界在身边分崩离析之际，还在以伟大的罗马共和国时代深湛的学养讨论着罗马生活和文学的微妙问题。

幸运的是，基督教的胜利并没有消除人们对世俗作家可读文本的需求。敌视世俗文学的基督徒感到左右为难。世俗文学显然不适合作为基督徒教育的基本材料。诗人们是多神论者，他们所讲的故事是关于他们的神，特别是所有这些神的父亲，常常乏善可陈，或者就是彻头彻尾的放荡淫邪；罗马的修辞法，虽然用在正途上是有益的，但却鼓励口舌便给，罔顾简单的虔诚。那些哲学家的著作尽管为基督教思想家提供了许多启发，但也包含许多与宗教信仰和基督徒生活方式相抵触的东西。异教徒在人类活动的所有领域中都取得的巨大的成就，其遗文与物质遗存，不断地提醒人们这一点，可能会侵蚀人们对新的价值观和新的社会机制的信心。而另一方面，基督徒又从古典遗产中获益良多，即使在两种文化之间的紧张关系达到最高点的时候，仍旧相当明显地从其获益。正如安布罗斯在其《论神职人员的职责》(*De officiis ministrorum*) 一书中，通过改写西塞罗《论义务》中基本上属于斯多噶主义的内容，就推出一部影响深远的基督徒伦理手册那样，奥古斯丁在其最不认同俗世文学之际所写的《论基督教教义》[①]，也成功地将罗马古典修辞学——尤其是西塞罗在《演说家》中所阐发的三种风格的理论——改头换面以满足基督教布道者的需要。世俗学校里教育出来的正统基督徒所面临的左右为难之苦，
39 在生活中最为强烈地反映在哲罗姆身上，因为他全面经历了良知与拒斥、诱惑与妥协。最后的妥协是无可避免的。总体而言，人们承认，如果保持应有的警惕，并且有着正确的目的，世俗文学也可以拿来利用。哲罗姆把这比作《申命记》(21:10-13) 中掳掠来的美女，对其剃发修甲之后 (*Epist*.70.2)，也可以纳为妻子并使之

① 奥古斯丁 (Augustine，354—430)，基督教圣徒，神学家，哲学家，曾任北非希波 (Hippo Regius，今阿尔及利亚安纳巴 [Annaba]) 主教，故史称“希波的奥古斯丁”。所撰《论基督教教义》(*De doctrina Christiana*) 凡四卷，前三卷于 397 年面世，第四卷于 426 年面世。书中奥古斯丁论述了基督教布道者的三项任务：发现《圣经》中的真理；讲授《圣经》中的真理；捍卫《圣经》中的真理。389 年罗马皇帝狄奥多西宣布基督教为国教，391 年宣布异教信仰为非法。从此异教典籍需要从基督教视角加以理解，对于《圣经》的宣讲也需要与精通异教典籍相匹配的方法。正是在这样的时代背景下，奥古斯丁撰写了《论基督教教义》。

成为真正的以色列人。奥古斯丁对运用世俗学问表示许可，将之比作对埃及人的掠夺（*De doctrina* 2.60）。尽管基督教对世俗学问的态度复杂多变，难以一概而论，但是这两则简单的寓言，经过频年一再引用，却为那些希望将两个世界鱼熊兼得的人们提供了一个极为方便的理由。实际上，异教与基督教之间的隔阂在文化层面上的桥接比人们所设想的要容易得多；因为异教贵族很快就放弃了那种主要建立在情感与传统基础之上的抵抗运动，愉快地作为新的基督教精英的成员去追求他们共享的文化趣味。就学校教育而言，并没有其他模式能立即替换旧的罗马教育体系。基督教文学不适合于学校教学大纲，基本教材都是异教文学，而且无论怎样，受过教育的普通罗马人并不抵触传统教育；上流社会的责任感及其习惯典雅文风的品味，使其很难转而俯就相对不成熟的基督教文学。罗马教育体系、作家以及诸神继续存在，直到修士和主教学校可以用另一种教育体系取而代之：无论这种教育体系从传统体系中继承了多少，毕竟其方向和目标是基督教的。

第十节　跋识

跋识为古代晚期人们对古典文本的研究与保护提供了一系列
很有意思的证据。跋识是用程式化的语言所做的简短说明，附在 40
一部作品或者作品中的一册的末尾，以表明该文本经过了恰当的修订和校正。写于古典文本中的唯一可以确定的亲笔跋识，过去曾被认为是凯奇利乌斯（Caecilius）在弗龙托《书信集》重写册叶本中的跋识（Vat. Pal. lat. 24）。然而新近关于这个本子的研究却得出了否定的结论。不过似乎可以肯定的是，维吉尔美第奇本（Laur.

39.1. 图版 IX）中的跋识，就是阿斯特里乌斯（Asterius）的亲笔。在这个跋识中，494 年的罗马执政官阿斯特里乌斯记述道，他对该文本进行了标点和校正。但是在绝大多数情况下，我们只能从时代甚为晚近的过录本中去了解前代的跋识；这些跋识与其所依附的正文一起被抄写传播。鲍姆鲍尼乌斯·梅拉最早的本子即 9 世纪抄本（Vat. lat. 4929）在很多地方都非常忠实地反映出其范本，以至于我们可以看出其范本中跋识的原样：挤在一部作品的结尾与下一部作品的开头之间。许多跋识终将亡佚，因为其所跋识的抄本没有裔本留存下来，或者虽有裔本但却没有过录跋识：普莱特克斯特图斯的墓志（Dessau，*ILS* 1259，8-12）中提到他曾校正过若干文本，有散文也有诗歌，但在所有现存抄本中都找不到踪迹。单是世俗作品文献就有 27 个或者 27 组跋识保存了下来，这多少说明了这类活动的范围。法律文本和教会文本人们也常常跋识其后。

前面已经说过，现存最早的跋识，是斯塔提里乌斯·马克西姆斯在西塞罗的《论土地法》（*De lege agraria*）后的跋识。其余的跋识，有着相似的措辞，始于 4 世纪末，延续到 6 世纪。跋识有繁有简，简单的如 *Julius Celsus Constantinus v.c. legi*（“尤利乌斯·塞尔苏斯·君士坦丁努斯校读”，附识于恺撒的《高卢战记》），更详悉的说明则给出校订的日期、地点和情境。阿普列乌斯《金驴记》第九卷之后所附跋识是最早的跋识之一：

Ego Sallustius legi et emendavi Romae felix Olibrio et Probino v.c. conss. in foro Martis controversiam declamans oratori Endelechio. Rursus Constantinopoli recognovi Caesario et Attico conss.

（我，萨卢斯提乌斯，在罗马愉快地阅读并校正此文本，于奥利布里乌斯和普罗比努斯执政之年，在战神广场从修辞学家恩德莱基乌斯学习之际。复校于君士坦丁堡，于恺撒利乌斯和阿提库斯执政之年。）

文中有关年份是 395 年和 397 年，任修订之事的萨卢斯提乌斯
（Sallustius）出身名门望族，该家族与西马库斯（Symmachus）颇 41
有渊源。这项工作是在塞维鲁斯·桑克图斯·恩德莱基乌斯[①]的指导下，在奥古斯都广场进行的。这个广场与毗邻的图拉真广场一起，容纳了修辞学校和语法学校，类似于大学校园，其保存一直延续到古代世界的结束。马提雅尔抄本的三支谱系中有一个支系可以追溯到一个古代汇校本，这个古代汇校本也是在这同一个广场由托尔夸图斯·根纳迪乌斯（Torquatus Gennadius）于 401 年校正的。

在李维《罗马史》第一部各卷中发现了一组著名的跋识：

Emendavi Nicomachus Flavianus v.c. ter praef. urbis apud Hennam.

（三任罗马市长尼科马库斯·弗拉维亚努斯校正，于

---

① 塞维鲁斯·桑克图斯·恩德莱基乌斯（Severus Sanctus Endelechius），4 世纪罗马修辞学家，诗人，基督徒。奥古斯都广场，罗马皇帝奥古斯都为祭祀战神而建，故又称“战神广场”。

恩纳。）

Nicomachus Dexter v.c. emendavi ad exemplum parentis mei Clementiani.

（我，尼科马库斯·戴克斯特，用我族人克莱蒙提亚努斯的范本校正。）

Victorianus v.c. emendabam domnis Symmachis.

（维多利亚努斯校正，西马库斯主其事。）

尼科马库斯对李维《罗马史》第一部各卷的汇校，是尼科马库斯家族和西马库斯家族之间的一次合作，他们雄心勃勃地计划校勘李维的全部作品。尼科马库斯·弗拉维亚努斯是那位世俗领袖[①]的儿子，尼科马库斯·戴克斯特则是其孙子；这里的塔斯基乌斯·维多利亚努斯（Tascius Victorianus）是西马库斯家的帮手，校理了弗拉维亚努斯校本中的一部。李维著作的校订工作，有一部分是在尼科马库斯家族在西西里岛恩纳（Enna）镇的庄园里进行的。

家族传统的延续，可以从西塞罗《西皮翁之梦》（*Somnium Scipionis*）马克罗比乌斯注后的跋识中看出来：

Aurelius Memmius Symmachus v.c. emendabam uel distinguebam meum (*sc.* exemplar) Ravennae cum Macrobio Plotino Eudoxio v.c.

（我，奥勒留·迈密乌斯·西马库斯校正并标点了我的拉文纳范本。马克罗比乌斯·普劳提努斯·乌多克西乌斯亦与

① 这个世俗领袖，指原书第 37 页提到过的维里乌斯·尼科马库斯·弗拉维亚努斯。

其事。）

这里我们看到，出现在《农神节》一书中的西马库斯的重孙在校正马克罗比乌斯的另一本书，而帮手就是该书作者的嫡孙，按理说能看到权威本子。就这样，这个跋识链一直延续到中世纪的开端，因为这里的这个西马库斯，就是波爱修斯（Boethius）的岳父，485年的执政官。当图书生产由教会接手之后，隶属于修道院和大教堂的抄经坊，就用他们自己的一套抄本的抄制和校正的监管系统，取代了这样的私人经营。

这些饶有意思的跋识引发了许多讨论。4世纪末，世俗文学文 42
本中跋识的突然再现，促使人们认同以下观点：当时研究兴趣明显增强，最初应当与异教的抵抗以及元老院贵族想要汇集整理、刮垢磨光、推出一个世俗文学正典的愿望有关。参与其中的一些人和家族，正反映了《农神节》一书中所描绘的那个群体，而且显然都与世俗抵抗运动有所关联。他们研究整理的一些作家，如维吉尔和李维，是罗马昔日辉煌的纪念碑，而如阿普列乌斯，内容是无益世道人心的历险和一个异域邪教的信奉者，也符合这种观点。虽然一方面来说，无可否认，西马库斯家族和尼科马库斯家族在整理李维作品中得到了特别的满足；但是另一方面来讲，（1）从我们拥有的证据来看，从2世纪到6世纪，其传承延续不断，（2）异教文学更像是一个中立区，（3）在这一过程中有基督徒积极参与；故而这些整理活动不可能是短命的异教抵抗运动的重要组成部分。早在395年就参加了对阿普列乌斯的校勘工作的恩德莱基乌斯就是一个基督徒。在下一个世纪里，校勘维吉尔的阿斯特里乌斯也负责塞杜利乌斯①《逾越节之歌》（*Carmen paschale*）的出版。维提乌斯·阿戈里乌斯·巴西利乌斯·马沃提乌斯（Vettius Agorius Basilius Mavortius），这个伟大世俗家族的后裔，既研究整理贺拉斯，也研究整理普鲁登提乌斯的早期抄本（Paris lat. 8084）。修辞学教师菲力克斯（Felix），曾帮助马沃提乌斯研究整理贺拉斯，“在基督的帮助下”（*Christo adiuvante*），欣然校正了马尔提亚努斯·凯佩拉（Martianus Capella）的著作，尽管后者的书中不乏异教神秘主义。可能更加接近事实的解释是，文献从卷轴到册叶的转移，作品被收集起来，交给一种新的、更加恒久的形式来承载，这给这个过程以特殊的影响和推动。即使在这个过程结束了之后，跋识仍然在继续，而且，无论其原本的动机为何，都已成为一种传统做法。

跋识所记录的研究整理活动，其文献学意义和历史学意义同样也存在争议。得出统一的结论显然是不可能的。有些文本的校勘是学生训练的一部分。有些似乎不过是在自己拥有的副本上校
43 勘，仅供个人使用而已。佩尔西乌斯（Persius）的著作被一个名叫弗拉维乌斯·尤利乌斯·特里丰尼亚努斯·萨宾努斯（Flavius Julius Tryphonianus Sabinus）的年轻军官校过两次，当时他在巴塞罗那和图卢兹服兵役；他告诉我们，他的校勘工作是“在没有范本可参考”（*sine antigrapho*）、“没有老师指导的情况下竭尽所能”（*prout potui sine magistro*）进行的。这样的声明并不能增强人们对其所校文本质量的信心，但却也表明，参考范本、寻求专业帮助

① 塞杜利乌斯（Sedulius），或称作“科琉斯·塞杜利乌斯”（Coelius Sedulius），5 世纪前半叶基督教诗人。

是人们的合理期待。其他项目则要严肃得多：西马库斯本人、两个尼科马库斯，还有维多利亚努斯，都曾参与过对李维作品的校勘，瓦勒里亚努斯也对这个工作感兴趣（Symmachus, *Epist.* 9.13）；而普莱特克斯特图斯在文本校勘方面的工作被认为值得写进他的墓志铭。对于法律文件来说，精确复制原本极为要紧，而对教会文本的小心复制和订正，常常用令人懔然生畏的誓言戒绝的方式予以要求：这说明在文学文本中所看到的类似的宣誓书，可能有时候是为了表明更为严肃的目的。至于这些行为是否大大提升了古典文学的存世机会，尚可存疑，而这些跋语对于我们的价值则更多是在历史认识方面。它们为文本传承提供了时间和空间的定点，否则传承就成了凭空出现，而且它们向我们展示出，古代晚期的知识阶层，贵族和学者，异教徒和基督徒，对于流传中的书籍的精确性和可读性有着积极的研究兴趣。劫余跋识中所记录的那些人之显赫尊崇，明确告诉我们：我们今天所看到的许多文本，在进入修道院和大教堂以保障其流传之前，曾经摆放在他们堂皇的书架上。

第二章　东方希腊文化

第一节　罗马帝国的学术与文学

44 在罗马帝国初期几百年间，希腊以及希腊化的东地中海各省的文化生活处于衰落状态。尽管高等教育机构如哲学学校、演讲学校在雅典、罗得岛等地都还存在，但在文学创作与学术研究方面却几乎没有什么突出的成就。亚历山大城的缪斯宫仍然存在；虽然随着埃及王朝失去独立，其对学术研究的官方资助也宣告结束，但这种情况很快就得到扭转，因为我们看到斯特拉波写道（17.1.8），罗马皇帝如今资助缪斯宫，而且有明确的资料表明有些学者被给予特殊待遇。但是似乎并没有推出引人注目的学术著作。只有图书馆作为一个领先的资料渊薮继续向学术界开放。传统认为亚历山大图书馆的意外焚毁应当由当时来到埃及（前48—前47）的恺撒负责，这一说法得到了广泛的接受，不过损毁程度究竟如何，文献记载却并不完全一致，似乎图书馆只是局部被焚，或者是这些损失得到了安东尼的弥补——据说他将帕伽马图书馆的藏书移到了亚历山大城（Plutarch, *Antony* 58）；完全被毁之说也与斯特拉波在亚历山大城进行地理学研究这一明显事实不相符合。文学研究难以稽考。在奥古斯都时期，阿里斯特罗尼库斯（Aristonicus）对关于荷马的注进行了选萃，而特里丰[1]则对修辞方法进行了分类和研究（冠以其名留传于今的那本论著其实经过了后来整理者的修订）。在提比略统治时期，文学研究又有了一些活动的迹象。狄翁（Theon）对多个诗歌文本做了注，尤其是 45
希腊化时期的诗人，例如忒俄克里托斯（Theocritus）、罗迪乌斯（Rhodius），以及卡利马库斯；他为品达《皮托颂》（*Pythians*）所做的注最近有残篇出土（P. Oxy. 2536）。阿皮翁（Apion）编纂了一部荷马词典，见于赫西基乌斯（Hesychius）及尤斯塔修斯（Eustathius）所引（吉光片羽存于 P. Rylands 26）。黑留都勒斯[2]为阿里斯托芬的格律做了传注，存世集注本仍可见其部分。但就我们所知，所有这些研究，没有哪一个是突出的，可以算得上是研究方法和校勘理论的进步。2 世纪和 3 世纪情况也都差不多——除了文法学家阿波罗尼乌斯・狄斯考鲁斯及其子赫罗狄安[3]在他们自己的研究领域内较为重要以外，他们有些著作不依赖集注也留存了下来。阿波罗尼乌斯是第一个用接近现代意义上的方法对句法进行研究的；据说他得到"狄斯考鲁斯"（Dyscolus，"难搞"）这个诨号是因为其论题之难。值得一提的是，他将希腊语的完成时态概括为对于现在状态的描写；他还首次阐明了不用直陈式而用现在和过去不

---

① 特里丰（Tryphon，约前 60—约前 10），古希腊文法学家，生活于亚历山大城，其著述涉及词类、方言、音韵和正字法，存世著作有《论格律》（*On Meters*）和《论修辞》（*On Tropes*）。注意不要与前面提到的罗马书商特里丰相混。

② 黑留都勒斯（Heliodorus），古希腊文法学家，大约生活于公元 1 世纪。

③ 阿波罗尼乌斯・狄斯考鲁斯（Apollonius Dyscolus），生于亚历山大城，生活于 2 世纪的古希腊学者，被认为是最伟大的古希腊文法学家之一。阿波罗尼乌斯是科学语法的奠基人，注重词类研究。其子赫罗狄安（Herodian），生于亚历山大城，移居罗马，受到罗马皇帝马可・奥勒留的赏识，其论韵律的著作献给奥勒留。

定式所表示的语气的不同。这两个问题，他都是在前人研究基础上向前进一步推进——此前斯多噶学派已经发展出一套关于时态的十分有用的术语。

古典研究与校勘的这次中衰，并不应当看成整体上的衰落；事实上2世纪前半叶常常被认为是罗马最兴盛的时期。有一些更为具体的影响在起作用。虽然学校教育的课程有对荷马以及其他诗人作品，特别是悲剧和喜剧的阅读，但是越来越强调对修辞的研究。结果就出现了许多关于演讲术的手册，而雅典的演说家，特别是德摩斯梯尼，得到了前所未有的重视。从一定程度上讲，人们的兴趣已不在诗作本身。也许是由于希腊贫穷并且全方位明显落后于罗马，导致了教育上更为根本的变化。很容易感受到一种对古典时代成就的怀旧式的崇拜；即便人们不能再重现过去的
46 辉煌，至少可以尝试在文学风格上追攀逸韵。这种感觉的增长在奥古斯都时期已可见其端倪，在2世纪变得尤为显著。这一时期，希腊语经历了相当大的改变，这一点可以通过比较古典文本中的语言和《新约》圣经或者出土纸草书信和文书中的语言看出来。想要用古典风格进行写作的愿望立即产生了有关指导手册的市场需求，于是雅好文学者的精力就被转移到这类教材的写作上了。哈德良时期（117—138）由埃利乌斯·狄奥尼修斯和保萨尼阿斯[①]编纂的词典，现有残篇留存；马可·奥勒留（Marcus Aurelius，

① 埃利乌斯·狄奥尼修斯（Aelius Dionysius），出生于今土耳其的哈利卡尔那索斯（Halicarnassus），生活于罗马皇帝哈德良统治时期，是一位研究希腊修辞的学者，撰有五卷本《阿提卡词典》，弗提乌斯（Photius）对其实用性有高度评价。保萨尼阿斯（Pausanias），又称“文法学家保萨尼阿斯”（Pausanias Grammaticus），与埃利乌斯·狄奥尼修斯生活在同一时期，按字母表顺序编有一部阿提卡词典（Ἀττικῶν ὀνομάτων συναγωγή）。

161—180年在位）和康茂德（Commodus，180—192年在位）时期，波卢科斯和佛律尼库斯①所编写的书，现全部存世。这些书给将要成为古典阿提卡散文作家的人提供指导。一般说来，它们列出日常生活中会用的一些词句结构，然后配上正确的古典成语。任何有文化的人如果在他的散文中露出不见于伟大的雅典作家笔下的现代表述方式，将会被看成是严重地败坏了他的风格，十分可耻地展示了他的无知和品味低下，这从佛律尼库斯《词典》（*Ecloge*）的题记以及标题即可看出。这些古典希腊文专家的推荐并不总是一致，也不都是严格遵守他们所提出的作文法则。有些人，譬如佛律尼库斯，对诗歌和散文措辞的不同未能加以区分，所推荐的用法只见于希腊悲剧中；对于中学生和大学生来说，他们的指引并不可靠。这些学者之间产生了一定程度的分歧。有一个问题是，在古典作品中只出现过一次的词是否可以成为通行的用法，我们看到，佛律尼库斯在《词典》一书中前后凡三次（206，258，400）指出，他不想推荐这一类词语，因为他希望遵从广泛接受、广为使用的古典希腊文的用法。纯正论者（purist）的不正确指导也引起一些争议；所谓“反阿提卡主义者”的一部著作证明，许多被禁止使用的表述方式其实可以上溯到公元前200年之前的一些雅典文本。

尽管这种风尚极不自然，对于各种文学写作都有一些不良影响，但是这种阿提卡主义持续了很长时间：不仅在罗马帝国时 47

① 波卢科斯（Julius Pollux），生活于2世纪的希腊文法学家和修辞学家，所撰《希腊古辞辨》（*Onomasticon*），保存了古典时期社会生活的许多珍贵信息，也引证了许多业已亡佚的古代著作。佛律尼库斯（Phrynichus Arabius），生活于2世纪的希腊文法学家，撰有《阿提卡词典》（*Ecloge atticorum nominum*）。

期，而且一直到拜占庭时期，所有意在写出好文章的作家都必须遵守这一原则。一般说来，拜占庭时代的作家在模仿古代典范方面比不上第二智者时代（Second Sophistic age）的作家如琉善（Lucian）、雅里斯底德（Aristides），但是他们的目标无疑都是相同的，因为后来的学者也编纂了阿提卡措辞词典，例如 9 世纪的弗提乌斯、14 世纪的托马斯 · 麦吉斯特[①]；一直到 15 世纪我们还看到历史学家克利托布罗斯（Critobulus）在叙述 1453 年土耳其人攻陷君士坦丁堡时，其风格很明显是在模仿古典作品；修昔底德和阿利安[②]是其采撷汲引的主要来源。拟古（Stylistic archaism）到这种规模，可谓世无其匹——中国也许是个例外，毛泽东可能会认为用 8 世纪诗人李白的风格写诗是不错的选择。

阿提卡主义还有一个十分重要而且相对较好的影响结果。要求只能使用黄金时期的阿提卡措辞，这使得在学校里，雅典文学的经典一直是必修课程，这反过来就意味着，主要作品文本的新副本有持续稳定的生产，有足够的数量保证它们绝大多数可以留传下来；只有米南德的喜剧堪称例外。即使在东罗马帝国陷入低潮的时候，在学校阅读古典文学的传统仍然没有取消。

对阿提卡文本语言的仔细研究产生了其他结果。如果在一个

---

① 弗提乌斯（Photius，810—893），君士坦丁堡大主教，是当时最重要的学者之一，著有《群书评要》等，编纂了一部古典希腊文辞典，对以前的同类辞典多有继承，许多已亡佚的古代作品，赖之得见片羽吉光。1959 年在一个修道院发现了这部辞典的全本。托马斯 · 麦吉斯特（Thomas Magister），生活于 14 世纪初期的拜占庭学者，文献学家，编纂《阿提卡词语汇释》，对于前代学者佛律尼库斯等的著作多有取资，以为希腊文写作之助。

② 阿利安（Arrian，约 86—约 146），古罗马历史学家，军事指挥官，政府官员。生于希腊尼科米底亚（Nicomedia），被称为“尼科米底亚的阿利安”。撰有《亚历山大远征记》（*Anabasis Alexandri*）。

被认为是来自古典时代的文本中出现了非阿提卡词语，将会令人对其真实性产生怀疑；事实上我们发现，佛律尼库斯认为德摩斯梯尼文集中的《反对尼亚拉》（*Against Neaera*）演说辞应当认定为伪作，部分依据就是其语言不纯（*Ecloge* 203）。但是学校教育对语言的辨析入微，其结果并不全然是好的。它们将阿提卡方言的词形和变化灌输到学生的头脑中，其影响如此之深，以至于当一个受过教育的人抄写一个文本时，会倾向于用他所熟知的阿提卡词形替换其他希腊方言的词形。在包含多利安（Doric）方言的作
品中尤其明显，例如悲剧中的抒情诗或者忒俄克里托斯的《田园 48
诗》（*Idylls*）；在文本的许多地方，原本中的多利安词形被连续几代的抄工所消除。色诺芬的文本也遭此一厄。佛律尼库斯告诉我们（*Ecloge* 71）色诺芬背离了他的母语阿提卡方言，将“嗅”这个词写成 *odmē* 而不是 *osmē*；同样地，弗提乌斯在他的《词典》（*Lexicon*）中也说，“黎明”一词色诺芬在诗歌中写成 *ēōs* 而不是阿提卡式的 *hĕōs*；但是在这两个地方，保存下来的色诺芬抄本中却都规范地显示为阿提卡标准形式。这里抄工的影响也是显而易见的。

第二节　基督教会和古典研究

这里必须考量一下基督教会的发展对教育和文学研究的影响。在古代早期，宗教宽容是常规而不是例外，不同信仰的人可以和谐相处，但是基督徒和异教徒的互相憎恨仇视带来了实质性的永久变化。许多有影响力的神职人员不喜欢不信教的人，同样也不喜欢他们热情研究的希腊古典文学，所以基督教会成员被告

诫不得读这些书。如果这种态度被所有神职人员接受，那么过不了多久，当新的宗教在5世纪一统天下的时候，它势必会对古典文学施加审查；毫无疑问，古典文本亡佚的一个主要原因是绝大多数基督徒对之不感兴趣，因而没有抄制足够的新抄本以保障其在战火和毁坏的时代得以留传。不过古典作家的文学品质又足以诱惑一些基督徒来阅读它们，至少在早期是这样，相对而言很少有基督教文学经典可以作为差强人意的替代品以取代学校教育中的传统文本。对基督徒的品味有所冒犯的特定段落，会采用寓意式的阐释。另一个重要因素是为了使基督教对受过良好教育的异
49 教徒有吸引力，实现这一目的的一个手段是证明这种新信仰的一些重要概念可以用借自古典哲学家，特别是斯多噶派和柏拉图的概念加以讨论。查士丁和革利免[1]融合希腊思想和基督教思想，是这种态度的表率。

早期教会最有权威的教父对基督徒在受教育过程中读一些异教文献是表示首肯的。233—238年格里高利·陶马图尔古斯[2]在该撒利亚奥利金（Origen）的学校学习时，发现老师鼓励学生阅读古典作品，特别是哲学家的作品；只是要避开那些否认神和天意的作品（Migne, *PG* 10.1088A, 1093A）。应当注意的是，奥利金愿意学

① 查士丁（Justin，100—165），史称“殉道者查士丁”（Justin Martyr），早期基督教护教者，将耶稣解释为逻各斯（Logos），认为苏格拉底也是基督徒。亚历山大的革利免（Clement of Alexandria，约150—215），基督教神学家，熟悉希腊古典哲学和文学，撰有《对异教徒的劝导》（*Exhortations to the Greeks*）、《导师基督》（*Instructor*）等著作。

② 格里高利·陶马图尔古斯（Gregory Thaumaturgus，约213—270），基督教主教，生于新该撒利亚（Neocaesarea，即今土耳其Niksar），故又被称为“新该撒利亚的格里高利”。在该撒利亚从奥利金学习，后被按立为该撒利亚主教。“陶马图尔古斯”（Thaumaturgus）的意思是“奇迹缔造者”。

习异教文化的态度也延伸到了文本校勘领域。因为《旧约》七十士译本[①]与其他一些古希腊文译本之间时见分歧，对《旧约》的训释就成为一个有争议的问题，当需要对某一处文字进行准确训释时，难题就出现了。奥利金将亚历山大城校勘家所用边白记号系统略加改造，应用于对《旧约》文本的校勘中；将希腊文本中有但希伯来文本中没有的文字标上横杠号，在希伯来文本与七十士译本以外的其他译本相一致的地方标上星号。在《圣经六种经文合参》中，奥利金更进了一步，发明了一种方法将希伯来文本与各种译本用平行的几栏对照排列。这些栏依次是希伯来原文、用希腊字母转写的希伯来语本、阿奎拉（Aquila）的希腊文译本、西马库斯[②]的希腊文译本、七十士译本、迪奥多蒂翁（Theodotion）本。所形成的书，相当于现代汇校异文（apparatus criticus）的一个狼犺前身，篇幅一定非常巨大，无疑部分是由于这个原因，其原始形式才没有留传至今，只有一些五栏本（删掉了希伯来文字本）残卷保留了下来，见于一个米兰重写本[③]的底层文字（Ambros. S.P. 11.251, *olim* O. 39 sup.）。

4 世纪的教父们在自由开明方面亦不遑多让。圣巴西尔（Saint Basil）曾写过一个短篇论著，向年轻人推荐从希腊文学中汲取知

① 七十士译本（Septuagint），是《旧约》最早的希腊文译本，流传于亚历山大城讲希腊语的犹太人中间。据传说托勒密二世组织了七十二名学者翻译摩西五经以及其他相关文献以充实亚历山大图书馆的藏书，故名曰“七十士译本”。

② 西马库斯（Symmachus），大约生活于 2 世纪后期，撒马利亚人，改信犹太教，曾将《旧约》译为希腊文。

③ 重写本（palimpsest）是将已经写过的卷轴或者册叶的页面文字擦除或者清洗掉以后重新书写，此前所书写、后来被擦除或者清洗掉的文字称作底层文字（lower script）。

50 识的最佳方法。纳西昂的格里高利[1]批评大多数基督徒，说他们不应该全盘拒绝异教徒作品，其中有些作品他认为是有益的（*PG* 36.508B）。他自己用传统语言和格律写了许多诗，使事用典多及于异教古典作品。总的来说并没有改变学校课程，排除古典作家的作品。362 年皇帝朱利安曾一度迫害过基督徒，这促使阿波利拿里（Apollinaris，约 310—390）构建出一个完全的基督教课程体系，为此他和父亲用荷马风格撰写了一篇关于犹太古代史的长诗，以及对《诗篇》的意译，也是用六步格诗律。他还用柏拉图对话录的形式改编了福音书和使徒书信（Sozomen, *Hist. Eccl.* 5.18, Socrates, *Hist. Eccl.* 3.16）。但是迫害很快就结束了，异教徒和基督徒继续用同样的教育体系，没有严重的问题或纷争。有些修辞学教师是基督徒，但他们并没有把异教徒拒之门外：在 4 世纪的雅典，基督徒普罗海来修斯（Prohaeresius）赢得了他的死硬派异教徒学生尤纳皮乌斯（Eunapius）的爱戴。同样 6 世纪初在加沙，领军人物普罗柯庇乌斯（Procopius）和索里希乌斯（Choricius）一起从事古典研究和基督教研究。

主要的古典文本，稳固地存在于课程中，信教和不信教的人都在读；但是其他文本的传承随着基督教一统天下就变得岌岌可危，因为大众在完成教育后，就不再有阅读异教书籍的兴趣。或曰教会曾正式对异教书籍实施审查，并予以焚毁。即便真的曾经有过这种政策，那也得过很长时间才能达到想要的效果；7 世纪的

① 纳西昂的格里高利（Gregory of Nazianzus，约 329—390），又被称为“神学家格里高利”，曾为君士坦丁堡牧首，在神学阐发中对古典文学多有汲引，与圣巴西尔、“金口”约翰并称为“三圣主教”（Three Holly Hierachs）。

埃及仍在读萨福的诗（P. Berol. 5006）。焚毁异教书籍之事偶见载籍；据说 363 年至 364 年之间皇帝约维安（Jovian）曾烧了他的前任皇帝朱利安在安条克所建的一个图书馆（*Suda*, s.v. Iobianos）。但这只是孤立的报复事件：这种破坏的激情往往是针对基督徒叛教走向异端的作品，在 4—5 世纪曾有过几次焚烧异端书籍的仪式性篝火。

整个拜占庭时期，教会的态度基本保持不变。古典作家继续 51
保持其在学校教育中的地位。高层神职人员中的杰出成员历来都是古希腊文的优秀学者。没有可靠的证据证明曾经有过图书审查制度。人文主义者佩特鲁斯·阿尔居欧尼乌斯（Petrus Alcyonius，1486—1527）的那个非常有名的说法——大意是教会当局造成了异教诗人文本的烧毁——并没有其他证据的支持；这个说法源于拜占庭流亡者德米特里·卡尔孔狄勒斯（Demetrius Chalcondyles，1423—1511）的一个评论，没有理由认为他有什么特别的信息来源。所提到的作品有许多在黑暗世纪结束前极可能就已经因为其他原因亡佚了。拜占庭教会着意要毁掉的只是异端所写的书籍；例如 1117 年当大主教尼西亚的优斯德拉提乌斯（Eustratius of Nicaea）在检查与亚美尼亚使徒教会的观点相反的言论的时候，发现圣西里尔（Saint Syril）的著作中似乎包含有异端倾向，而当圣西里尔的著作开始发行的时候，他向教会当局提出这一问题；教会当局下令，四十天之内所有的副本都必须送到圣索菲亚大教堂（Santa Sophia）销毁。又如 1140 年牧首听说有一个修士的异端著作在流传；经搜检后，找到了三个副本，付之一炬。反过来讲，还没有发现教会针对某一篇古典文本采取极端措施的实例；即便深恶痛绝的叛教皇帝朱利安的著作也保存了下来。最接近图书审查的措施是在11世纪末出现的，当时哲学家约翰·伊塔卢斯（John Italos）极其热情地宣讲柏拉图，以至于教会当局发布了一条教令，要求所有信教的人，应当将他们对柏拉图的兴趣限定在其文体上，不要去理会对话录的哲学内容。

第三节 拜占庭时代早期

古代世界总体状况急剧衰落之际，罗马帝国东部的高等教育
52 却前所未有地繁荣。在亚历山大、安条克、雅典、贝鲁特、君士坦丁堡和加沙都可考见学校；它们实际上就是古代世界的大学。它们各具特色，地位也各不相同：在亚历山大，亚里士多德是一个主要的研究课题；在贝鲁特，主要的课程则是法律。4世纪时罗马吏治的迅猛发展催生了对这些教育机构的需求。政府需要接受过通才教育而且善于属文的人作为行政管理人员，正如皇帝君士坦提乌斯（Constantius）360年在一条谕令（现存于《狄奥多西法典》[14.1.1]）中所明确宣布的那样。对古典诗歌和讲演术的学习和研究仍像以前那样是学校的课程；并特别注意培养阿提卡古文风格，为此需要掌握许多修辞技巧。2世纪的早期阿提卡主义古文运动的作家诸如琉善和雅里斯底德的作品也像古代雅典的经典一样被当作范文；这种同样重视阿提卡古文和阿提卡主义者古文的做法一直持续到拜占庭时期结束。文学教育面对更为实用的学科似乎坚持了一段时间；可是在4世纪末我们发现里巴尼乌斯（Libanius）——一个著名的文学学校校长——抱怨说学生们被吸引去学习法律和拉丁文，这些显然也是对成为公务员有用处的

（*Autobiography* 214，234）。这些学校一个接一个衰落、关闭，到了 6 世纪中叶，只有君士坦丁堡和亚历山大城还继续保有：529 年查士丁尼钦命关闭了雅典的哲学学校，其他城市的学校则因为战争和天灾而被大大缩减。

对修辞和古文运动的重视，并不怎么鼓励现代意义上的学术研究。不过，可能属于这一时期的一个成就，是将古代的注（commentaries）转化为集注（scholia）的形式——不再是另外成书，而是抄写在文本的边白处（图版 II 和图版 III）。尤其有理由相信，对德摩斯梯尼和其他演说家的作品的集注工作是在加沙的学校进行的。这项工作本质上是汇编和筛选，要求了解采自前代训诂著作的材料并加以别择；但实际上所有作品的集注都难免被愚蠢的 53
或者了不相干的注文所败坏。通常认为这种活动是在 4 世纪或 5 世纪进行的，但难以指实，因为编纂者究竟为谁还不能确定。虽然说将大量的注文汇集抄写在文本的边白处可能发生在册叶本成为标准书籍形式之后的任何时期，但是直到 9 世纪才发现有写在边白处的大量集注。

在这里也许应当提一下加沙的普罗柯庇乌斯（约 460—530），据说他发明了一种与集注（scholia）相类似的文献形式，即串注（catena），也就是针对《圣经》某卷书的一连串注文，并列几个前代注释者的观点，通常是对其论述的逐字引用。这种发明标志着《圣经》研究的一个新阶段；但是，究竟该将串注看作古典文献集注的前驱，还是学步，仍然是一个没有解答的问题。串注的一个重要特点应当注意：每段节引文字的前面都冠以作者的名字，以为常例，这在集注中并不常见。

这一时期最后一个值得讨论的特点是，大众阅读的文学作品的范围在持续收窄。3世纪之后，受过教育的人的知识逸出流传至今的文本之外的情况越来越少见。为了解释这一现象，维拉莫维茨提出了一个假说：在2世纪或3世纪，由一位著名校长为学校选定一个教学大纲，这个大纲影响甚大，所有学校都予以采用。随着文化总体上的衰落和帝国的贫困，在这个大纲之外的文本没有人读，没有人抄，其数量就不足以保证其留存。举例来说，埃斯库罗斯和索福克勒斯各有七部戏剧入选，因此其他剧作就没有传到今天；欧里庇得斯有九部或十部戏剧被选为学校读物，但这里拜好运气所赐，有一个包含有若干其他戏剧的孤本传了下来。虽然这个假说很有吸引力，但它将文本历史表述得太过概略了。首先是没有确切证据证明这位校长究竟是谁。有可能是尤金尼乌
54 斯[1]，他在5世纪时曾有著述论及十五部戏剧的节律（colometry）。如果这个数字是正确的话，那么就已经意味着选了欧里庇得斯的九部戏，其余两位戏剧家各选了三部；但是将指定书的数目减到三，更像是拜占庭后期修订过的学校课程。无论怎样，既然有这么多未知数，那么只强调我们不知道指定书目选择之源起，就是错误的。更为重要的是，关于古代晚期对教学大纲以外文本的阅读，我们碰巧有些证据：今有5世纪所抄欧里庇得斯《法厄同》（*Phaethon*）残卷（Paris gr. 107B）、《美拉尼珀》（*Melanippe Desmotis*）残卷（P. Berol. 5514），以及更为晚近的萨福残卷（P. Berol. 9722）和卡利马库斯残卷（P.Oxy. 2258），而且这四个文献中

---

① 尤金尼乌斯（Eugenius），来自小亚细亚佛里吉亚（Phrygia）的奥古斯都堡（Augustopolis），5世纪时在君士坦丁堡讲授文法学，事载《苏达辞书》。

有三个来自埃及的乡村地区，以前认为在这些地方人们阅读不太常见的异教作品的兴趣早就灭绝了。与此形成对照的是，虽然到6世纪时，米南德仍然是学校的指定读物，但却在中世纪之前就已失传。最后也是最重要的，古代文学作品的亡佚显然并不是都发生得如此之早。在9世纪时弗提乌斯能读到大量的随后就消失了的散文文本，我们对于这些文本的知识仅限于他的叙述。由于以上这些原因，我们最好还是摒弃那种认为某个人有意识的选择是决定文本存亡的首要因素的说法。

6世纪后叶，学术与文化的衰落更趋严重。狄奥多西二世（Theodosius II）大约在425年在君士坦丁堡所重建的帝国大学以及主教指导下的一所新的神学院，是帝国主体部分仅有的大的教育机构；亚历山大城的学校继续存在，不过是孑然孤存。帝国衰败的境况对于学术毫无促进，未遑有所规复，形势又因为关于圣像崇拜的宗教论争而变得更加糟糕。有将近三百年时间，几乎没有古典文学教育或者研究的任何记录。反对崇拜圣像者直到843年才被彻底打败，当时有一个教会会议正式恢复圣像崇拜这一传统
做法。几乎看不到这一时期有写本存世，也几乎没有关于古典研 55
究的外部证据。这一时期唯一值得一提的著述是“牧猪汉”乔治的著作（他是一位教堂执事，可能曾经在君士坦丁堡神学院讲授过文法）和狄奥格诺斯图斯的《语文衡准》[①]——9世纪早期关于正字法的一个大部头著作；由于希腊语语音的历史变化，其拼写

① “牧猪汉”乔治（George Choeroboscus），9世纪早期拜占庭教父，文法学家，大概因支持“毁坏圣像运动”而被论敌蔑称为“牧猪汉”。其文法学著述有残卷存世，亦见于弟子记述。狄奥格诺斯图斯（Theognostus），史称“文法学家狄奥格诺斯图斯”（Theognostus Grammaticus），有著作《语文衡准》（*Canons*）存世。

对于当时的学生也构成障碍，一如其对今天英国的学生那样。

第四节　希腊文本在东方

这里有必要暂且离开主题，谈一下文本传播史上被忽视的一个章节，即希腊文本译为东方语言的意义。在古代晚期，希腊文本开始被译为叙利亚语，该活动以尼西比和伊德撒城为中心。一般认为地中海东部地区在罗马帝国治下是通用双语的。但这种观点有些夸大，大多数人可能几乎不讲希腊语。《埃格莉娅游记》（*Peregrinatio Egeriae*）——一部非常古老的朝圣记——的作者大约于公元400年来到“圣地”的时候，注意到在教堂礼拜仪式中，当值教父用希腊语主持，一位助手立即给出教父刚才所说的话的叙利亚语翻译（ch.47）。教堂传教只有通过运用当地土语才能达到目的。

首先被翻译的文本大概是《新约》，紧接着就是一些教父的著作。这些译本最早的抄本可以上溯到4世纪和5世纪，而且如所周知，它们具有神学研究方面的价值。不过令人惊奇的是，我们还发现有其他类型的希腊文献也被翻译。我们知道，尼西比和伊德撒的学校翻译了亚里士多德，而提奥弗拉斯特的《气象学》（*Meteorology*）有一部分只有叙利亚语译本存世。叙利亚人不只是关心哲学和科学而已。他们还翻译了琉善的一些作品以及狄奥尼修斯·特拉克斯的文法书，似乎是想在翻译中给学子们以希腊文
56 学教育的益处。这些较晚的翻译对于现代学者校正希腊文本没有多大价值；甚或至于，叙利亚语译本无助于校正希腊文本，而是需要根据希腊文本加以校正。

古典文本的阿拉伯语译本比叙利亚语译本可能更多一些，而且无疑更为有名；这也许可以归因于存亡的偶然机缘。这些翻译的动机，似乎只是希望利用最好的科学和哲学的知识手册，而且看来《圣经》的翻译并不在古典文本的翻译之前。通常阿拉伯语译本是从现有的叙利亚语译本转译，因而也就有可能存在两个环节，在每个环节中译者的不准确都可能败坏原本的表述。在阿拉伯语译本与希腊文传本骈然并存的情况下，我们不能想当然地认为它对校正希腊文本有实质帮助。不过有一个著名的例子告诉我们，全然悲观也是不对的。亚里士多德《诗学》的阿拉伯语译本，虽然非常难以理解，但却提供了若干异文，其中有一些是整理者必须接受的，有一些则必须加以认真考虑——考虑到这部书篇幅之小，这是一个相当可观的收获。《诗学》居然会被翻译，乍一看令人诧异，但是之所以出现叙利亚语和阿拉伯语的译本，原因可能只是这位“所有学者之师”的所有作品，都被认为足够重要，值得翻译。不过，大体说来，让阿拉伯人感兴趣的首先是哲学和科学。学习得最多的是柏拉图、亚里士多德和提奥弗拉斯特。数学家受到特殊的注意。佩尔格的阿波罗尼乌斯（Apollonius of Perga）《圆锥曲线论》（*On conic sections*）的阿拉伯语译本非常重要，因为希腊文本有几卷亡佚；拜占庭的斐罗[①]的《力学》（*Mechanics*），阿基米德以及亚历山大城的希罗（Hero of Alexandria）的作品也存在同样的情况。我们这一方面的最新斩获，是丢番图（Diophantus）代数学论著所阙部分的发现，见于马什哈德（Meshed）的一个抄

① 拜占庭的斐罗（Philo of Byzantium，约前 280—前 220），古希腊机械学家。

本。希波克拉底（Hippocrates）、盖伦以及迪奥斯科里德斯[①]的医学著作，曾被认真研究过。关于盖伦著作阿拉伯语译本的研究取得了重要成果：人们发现，希腊文祖本中有一叶脱落后被错装导致了两面颠倒，而基于这个发现，一篇现存文本中的一处阙文得
57 以恢复，另外人们发现，在另一篇中以前无法理解的一段也得到了厘正。被提及的译本并非都有阿拉伯文抄本存世；其中有许多我们只是从中世纪阿拉伯类书中得知。不过，既然阿拉伯文抄本的研究仍有很大的进步空间，那么就有希望发现更多的译本。

以上关于当时翻译的总体质量的论断在某一方面还需加以补充。显然在 9 世纪，有一位翻译家，其学术造诣至少达到了拜占庭同代学者的水平。侯奈因·伊本·易司哈格（Hunain ibn Ishaq，809—873 或 877）精通阿拉伯语、波斯语、希腊语和叙利亚语，叙利亚语显然是他的母语。他早在十七岁时就开始翻译，如果他在那个年纪就已经很好地掌握了这些语言，那么看来他一定是在一个多语言的环境下长大的。他似乎生活在巴格达，在那里创建了一个翻译学校，他曾提到，在那个城市，基督徒们会聚在一起，阅读他们的古代文学作品。虽然他没有说明读的是希腊文原版还是叙利亚文译本，但是他说，在希腊社区，可能以修道院为中心，保存了希腊语的使用，而且在整个伊斯兰世界都有可能会发现希腊文抄本。他本人曾在美索不达米亚、叙利亚、巴勒斯坦以及埃及寻找过。一个朋友来信要他给出一个所有希腊文医学著作的附有内容提示的详细目录，侯奈因在回信中详尽陈述了自己

① 迪奥斯科里德斯（Dioscorides，约 40—90），古罗马医生，药学家，植物学家，撰有五卷本《论药材》（*De Materia Medica*）。

工作的方法。他详细讨论了关于盖伦的翻译，论列了哪些文本只被译为叙利亚语，哪些同时也被译为阿拉伯语，译者是谁，题献给谁，还没有翻译的希腊文作品的抄本在哪里可以找到，等等。他关于前辈的评论非常有启发意义。他常常说他们在语言上不过关，或者所依据的是缺损的或者漫漶不清的本子——这个困难侯奈因本人也常常碰到。遇到这样的本子，他竭力找到尽量多的希 58
腊文抄本予以对校，推出一个校订译本。他一再强调自己曾经寓目的希腊文书籍的数量和它们遭损坏的状态。其剖幽析微和对照歧本的方法，至少部分是从盖伦那里得到的教益，盖伦也是用大致相同的方法解决希波克拉底文集中的文本难题。阿拉伯语译本所具有的这种优点可能要归功于侯奈因及其同仁的学术研究。

还有一种语言的译本也值得一提。亚美尼亚语译本最初的目标可能与叙利亚语译本一样是为了教会之用。其最为卓荦者，有亚美尼亚语《圣经》译本。在神学文献领域，斐洛[①]的一些作品，只有亚美尼亚语译本存世，优西比乌[②]《编年史》(*Chronicon*)部分文本，亦是如此。至于古典文本，柏拉图和狄奥尼修斯·特拉克斯的亚美尼亚语译本另处论及。从一篇耐人寻味的记述来看，还有其他一些纯文学的、世俗的希腊图书被译为亚美尼亚语：除了有若干史家的著述以外，还有卡利马库斯的一些没有提到名字

---

① 亚历山大城的斐洛（Philo of Alexandria，约前25—50），又称犹大斐洛（Philo Judaeus），希腊化犹太哲学家。

② 该撒利亚的优西比乌（Eusebius of Caesarea，260/265—339/340），罗马史学家，神学家，巴勒斯坦该撒利亚地区的主教。师事庞非勒（Pamphilus），又称为庞非勒的优西比乌。其历史著作有《编年史》和《教会史》。《编年史》希腊文为*Pantodape historia*，意为“世界史”，希腊文原本已佚，现存一个亚美尼亚语译本。

的著述。一篇对欧里庇得斯《珀利阿斯的女儿》（*Peliades*）的剧情叙述，是来自于亚美尼亚文资料。

第五节 9 世纪的文艺复兴

拜占庭学术第一批真正的成就属于 9 世纪中叶。帝国承平之际，高才者得以最大限度发挥他们的能力。摄政王巴尔达斯[1]重新振兴了由于此前几百年战乱而消失了的帝国大学——大约于 860 年在首都建立了一个学院，院长利奥[2]是一位杰出的哲学家和数学家；同时被任命的其他教授，有几何学家狄奥多（Theodore）、天文学家狄奥德基乌斯（Theodegius）、文学研究家康姆塔斯（Cometas）。康姆塔斯的专业是修辞学和雅典古文，不过他也对荷
59 马史诗进行过汇校。从利奥居于安德罗斯岛（Andros）时的一段经历中可以看出其学术蕲向。在那里他遇到一个有学之人，从其受修辞学、哲学和数学，欲罢不能，于是跨海来到大陆，到修道院图书馆访书。其向学之志，在风气丕变的拜占庭颇具代表性——亚美尼亚人利奥[3]在反对圣像崇拜时期曾广求图书，只是为了给自己在神学论战中寻找文本支持。

此番学术复兴，正值抄本在形制上和生产上发生某种变化之际，可能也受到了后者的促进。迄止此时，图书一般都是用安

① 巴尔达斯（Bardas，？—866），拜占庭贵族，855 年成为外甥米哈伊尔三世（Michael III）的摄政王，866 年被暗杀。在其统治下，颇有文治武功，堪为 9 世纪文艺复兴的先声。

② 利奥（Leo，约 790—869），拜占庭数学家，哲学家，逻辑学家，曾为帖撒罗尼迦主教，号称 9 世纪拜占庭最聪明的人。年轻时在君士坦丁堡接受教育，并曾游历安德罗斯岛，在修道院获取抄本并跟随修道士学习数学。

③ 亚美尼亚人利奥（Leo the Armenian），拜占庭皇帝，813 年至 820 年在位。

色尔或曰《圣经》大写（biblical majuscule）字体抄写，这种字体早在 4 世纪时就已发展成熟，而在随后几百年时间里几乎没有什么变化。尽管看起来很漂亮，但也有严重的缺点：书写缓慢，字大，每一页容纳的文本太过有限。当古代低廉的书写材料供应有缺——纸草种植已竭其力，或者在阿拉伯人 641 年征服埃及之后主要为他们所用——的时候，对羊皮纸的需求必然激增——即使当时对于文学没有太大的兴趣，但是仍然需要神学和礼拜用的文本，而公务活动的用纸也必须得到满足。为了解决这个难题，权宜之计似乎是在图书缮写中采用一度流行于公务文书如信件、文件、账目等的那种字体；这种改造过的字体，现代术语叫作小写体。它在页面上占的空间要小得多，而且训练有素的抄工可以快速书写。第一宗年代确定的实例是写于 835 年，称作“乌斯宾斯基福音书”（St. Petersburg gr. 219）[①]。因为这部书的字体绝非不成熟或者粗糙，所以这种风格字体的采用至少还要再往前推半个世纪。其原创地虽然也不能确知，但是有一些线索让我们认为它是由首都重要的斯图迪乌（Stoudios）修道院的成员推广开来的，后来该修道院成为一个著名的图书生产中心。安色尔字体逐渐被
弃用，到了 10 世纪末，除了一些特殊的礼拜用书外，就不再使 60
用了。新的字体对羊皮纸的使用更加经济，从而促进了图书的抄写，其后不久，由于另一项发明，情势益为改观。751 年阿拉伯人在撒马尔罕虏获了几个中国战俘，从他们那里学到了造纸技术。794 年巴格达已有造纸厂。很快地，阿拉伯造纸由东方渐次延展

① 乌斯宾斯基福音书（Uspensky Gospel），19 世纪由俄国考古学家、神学家波菲琉斯·乌斯宾斯基（Porphyrius Uspenski，1804—1885）发现并带回俄国，故名。

到西班牙，生产已经达到相当大的规模，不久出口到拜占庭。两个帝国之间的敌对状态也许对纸张贸易有不良影响，但是无疑纸张已在拜占庭开始广泛使用，而且在11世纪中叶似乎还用于皇家档案。

将旧的安色尔字体的图书迻写[①]为新的字体，这一工作由9世纪的学者积极开展。在很大程度上正是由于他们的工作，希腊文学才流传至今，因为几乎所有作家的文本穷溯其源最终都是仰赖于一本或者几本在这一时期或者稍晚用小写字体所写成的书，后来所有的本子都是从这些本子传抄而来；以纸草卷和安色尔字体抄本传至今日的作品数量只占总量的一小部分。在迻写过程中，有时会出现一些错误，特别是对安色尔字形相近易混淆的那些字母的误读。希腊文本中有不少地方全部存世抄本都存在着同样的讹误，似乎是有着同样的来源，而这个源头往往是一部被认为写于9世纪的抄本。通常更进一步的推断是，照着安色尔本写成一部小写字体抄本，然后这个安色尔本被丢弃，这个小写字体抄本就成为此后所有抄本的范本。这个推断的合理性，有以下两点支撑：从一种日益生疏的字体进行迻写这项工作，除非万不得已，通常是不会做的；经过此前几百年的毁坏之后，只有一个本子幸存下来的这种可能性至少是存在的。但是这种分析并不等于证
61 据，而且有些情况只能用更为复杂的假设加以解释。在柏拉图的文本传承中，有一个抄本（Vienna, supp. gr. 39）与所有其他抄本在讹误上有着很大的不同，很难相信这个抄本来自于同一个9世纪

① 迻写，原文为transliteration，意思是用另一套字母转写，比如用拉丁文转写希腊文。情势类似于中国古籍传承中的“隶定”，但由于文字性质的差异，又有重要的不同之处。

的范本；它可能来自于对另一个安色尔本的迻写，所以至少有两个古本经过黑暗世纪幸存了下来。可与之相印证的是，当一个希腊文本在早期——可能是在 5 世纪——被译为一种东方语言时，东方语言译本所特有的异文，有时候会有一小部分希腊文抄本恰与之相应。柏拉图《对话录》的亚美尼亚语译本、亚里士多德《诗学》的阿拉伯语译本，以及尼撒的圣格里高利（Saint Gregory of Nyssa）《论童贞》（*De virginitate*）的叙利亚语译本，皆是如此。指向这同一方向的另一个论据，来自于中世纪某些经常被阅读的文本——例如列入学校课程的欧里庇得斯戏剧——其抄本研究中所出现的那个难题。这里抄本之间的关系不能用通常的方法加以确定，因为它们的共同讹误并不是截然以分，泾渭分明。这种情形提示我们，中世纪的学者和学校教师常常将自己的文本与他人对校，并据以改动或者加上异文；这种过程称作“感染”（contamination）或者“横向传播”（horizontal transmission）。在这种情况下，可能不止一个本子经过黑暗时代幸存了下来，从而有过两次或者更多的迻写；或者，只有一个本子得到迻写，但这个本子被存在某个中心地方，有兴趣的读者可以查对，同时将其他本子中发现的异文批注在边白处。不难设想，这种半官方的保存地就是巴尔达斯所建立的学院的图书馆，尽管没有外部证据证明这种设想。类似的本子也有可能保存于牧首学院，因为在一部抄写于 10 世纪早期的柏拉图《法律篇》的抄本（Vat. gr. 1）中，有 11 世纪学者在边白处批注的异文，声称采自“牧首的藏书”；不幸的是，我们不能 62
确定这究竟是一个私人本子，还是学院图书馆的藏本。

巴尔达斯学院在十分有利的条件下建立，大概也聚集了一群活跃的学者，志在恢复和散播各种不同类型的古典文本。但是似乎并没有产生应有的影响，因为后世几乎没有与之相关的记述。其一众教授完全被同时代的弗提乌斯（约 810—893）盖过了风头。弗提乌斯是一个有着很高造诣的人，不但在教会和政府事务中都身居要职，而且竭力提倡学术研究。他曾两度担任君士坦丁堡的牧首（858—867，877—886），期间进行了几次交涉，最终导致东部和罗马教会之间的分裂。分裂的后果之一是，14—15 世纪已式微的帝国企图获取帮助时，两个教会之间的疏离成为了一个严重的阻碍。可是对于我们而言，弗提乌斯一生最有意思的时期却是在他突然超擢为牧首之前（在任命一周之前，他连教士都不是）。作为一个年轻人，他一直是一个兴趣广泛、敏而好学的学生，很早就同时操持两种职业。对他的嫉妒和敌意产生了一种说法，说他像浮士德一样，为了学识与一个犹太巫师进行了一次交易，放弃自己的基督教信仰，以获得成功、学识和财富。他在朝廷非常受宠信；不过除此之外，他还组织了一个私人性的文学社。他的职责之一是出任外交使节——具体时期尚不能确定，可能是 855 年——任务是与阿拉伯政府谈判交换战俘。在踏上这个漫长而又危险的征途之前，作为对其弟塔拉修斯（Tarasius）的一种馈饷和安慰，弗提乌斯对自己长期以来读过的书写了一个提要，删略塔拉修斯应当知晓的一些常见文本。所形成的这部书，名曰《群书
63 提要》（*Bibliotheca*，书名非作者所题），是一部影响巨大的著作；从书中来看，弗提乌斯本人就是书评的发明者。全书共分 280 节，各节长短不一，短的只有一句，长的则有许多页，弗提乌斯对许多异教和基督教文本进行了提要和评论（比例接近对半分，有 122

节是关于世俗文本)。他宣称自己是凭着记忆编纂，但是一般认为这是对他二十年间读书笔记的修订整理。其编排没有规划。弗提乌斯说各书的编排是依他读到的先后为序，他没有时间做进一步的系统整理。文本有阙佚，也有重复。奇怪的是，全书并未写完，这让人怀疑是否那次出使没有成行，以至于弗提乌斯并不曾耗费心力完成他的工作，因为编纂它的最初理由已经消失了。它对现代学者的价值是，弗提乌斯对许多现已亡佚的书做了提要：例如他所讨论过的三十三家历史著作中，有二十家已经亡佚。从这个当时拜占庭杰出人物的兴趣中可以得到很多信息：在世俗文本中，历史学家最多，除此之外，则是演说家、小说家，以及雅典古文词典的编纂者。后者尤为重要，因为它们证明了作者对于风格因素的关切，这从他时常对作家的风格所进行的概括中也可以看出来；希望用雅典古文风格进行写作和欣赏从来不曾远离拜占庭文学界的思想。弗提乌斯的兴趣十分广泛。这样一个虔诚的人，未来的牧首，居然会去阅读希腊小说，令人诧异；他欣赏它们的语言，却无法赞同它们的内容。另外值得注意的是，他也阅读异端和反基督的书；这无意间成为反驳教会企图实施出版审查那种说法的一个有力证据。哲学在《群书提要》中没有很好展示，但在弗提乌斯的其他著作中有他对于这一领域的知识的证据。这本书所显示出的最严重的趣味局限是其中几乎没有提到诗。人们怀疑在这一方面它是否真的就是弗提乌斯本人的阅读记录。从他的书信中我们知道他读过阿里斯托芬的《普鲁特斯》(*Plutus*)和
埃斯库罗斯的《被缚的普罗米修斯》(*Prometheus Vinctus*)；这些 64
以及其他一些学校教材中收录的文本他有意加以忽略，因为这些

学校规定的参考书其弟已经知道了。但是看起来其他诗作似乎并没有令他感兴趣，而且可能对他那一代的知识分子都没有什么吸引力。

另一部值得一提的著作是他的《词典》(*Lexicon*)，第一个完整的本子是 1959 年在马其顿的一个偏远的修道院里发现的。它是这类书的一个典型代表，对今已亡佚的古典文本的简短引用非常有价值。其主旨是对已有的同类书进行合并和修订；在《群书提要》中弗提乌斯提到，这样一本书将是何等有用。在雅典古文运动方面他是温和的，愿意接受来源于诗人的词语，只要它们看起来是传达某一种概念的最有表现力的方式。这些从诗作中的引用并不意味着读过了整个文本，很可能是从他的资料中原样照录。除了这本《词典》外，他还与他人一起编写了另外一部词典的补遗，并纠正朋友书信中的用法，由此进一步展示出其在风格上的学究气。

弗提乌斯关于《圣经》疑难文字的讨论，显示出他对文本校勘的重视。他指出，区区一个字母的不同，或者一个标点符号的错置，都足以引发异端的思想。他举了一些例子，补充说道，在古典文本中也存在同样的问题（*Amphilochia* 1, *PG* 101.84 ff.）。

在中衰许久之后突然出现这样一个杰出人物实在非同寻常；更为奇怪的是，他的老师究竟是谁，他对这么多珍稀文本的了解究竟来自何处，我们都一无所知。自此以往，作为弗提乌斯文学沙龙和各种学校活动的结果，在拜占庭实际上就形成了一种持续的古典研究的传统。文学文本得到了不断的复制，而更为技术性的著作，特别是数学和医学，得到了广泛的研究，在很大程度上也是因为它们总体上仍是最好的教科书。对学术研究的这些新的促进因素，第一个重要成果见于阿里萨斯（Arethas，约 860—约 935），他成为卡帕多细亚该撒利亚（Caesarea in Cappadocia）的大主教——又一个对学术有着浓厚兴趣的教士。

弗提乌斯本人的图书没有留存下来，或者至少我们还没有发 65
现；但是阿里萨斯藏书中有一些却仍然存世，其他有一些虽然已经亡佚，但其过录本仍能看到，所以关于他的藏书我们可以知其大概。保存下来的各卷帙，乃精工缮写于高质量的羊皮纸之上，而且其中有些原来的主人还在上面标注了价格。他的欧几里德集（D’Orville 301, A.D. 888），花了 14 个金币；他的大开本柏拉图集（E.D. Clarke 39, A.D. 895, 图版 III），则是 21 个金币。对照当时的收入，这是相当高的书价：公务员的最低年薪是 72 个金币，在非常情况下最高可达 3500 个金币。藏书非穷乏者所能嗜好。

阿里萨斯从专业的抄工——主要是修道院的一些经常接商业订单的修士——那里订制书籍，然后亲手在边白处写上许多注文（图版 III）。尽管他不是功力很深或者原创性的考据家，但这些批注仍然很有价值，因为它们引自好的资料；他的柏拉图抄本和琉善抄本上的批注即是其例。他的藏书留传下来的有柏拉图、欧几里德、亚里士多德的《工具论》、雅里斯底德、琉善以及一些基督教作家。揆诸各种证据，还有保萨尼阿斯[1]、“金口”狄奥[2]以及

[1] 保萨尼阿斯（Pausanias，约 110—180），生活于哈德良至马可·奥勒留时期，旅行家，撰有《希腊地理志》。注意不要与前面提到的编写辞典的文法学家保萨尼阿斯相混。

[2] “金口”狄奥（Dio Chrysostom，约 40—约 115），希腊演说家，哲学家，在皇帝维斯帕先（Vespasian）统治时期来到罗马，后来成为皇帝涅尔瓦（Nerva）的朋友。有八十多篇演说辞存世。

马可·奥勒留；其中最后一种大概是该文献赖以传后的范本。这里再一次显示出对诗缺乏兴趣，而雅典复古派作家的作品则有充分的展现；不过阿里萨斯与弗提乌斯也有明显的不同，即他对历史著作一点都不感兴趣。

阿里萨斯的藏书得自何处，尚不得而知。柏拉图和欧几里德的抄本是他在任执事时得到的。那时他大概生活在首都，想必曾有一度几乎所有作家的本子都可以在那里买到。较为珍稀的本子可能必须远求，但是阿里萨斯的搜求过程究竟如何，我们对当时图书业所知甚少，无从明悉。不过，既然大约公元 800 年时史家乔
66 治·辛斯勒（George Syncellus）曾提到，珍本古书来自卡帕多细亚该撒利亚，故而我们不妨推度，当阿里萨斯视察其教区时，或有斩获于焉。

第六节　拜占庭时代晚期

随着阿里萨斯卒于 10 世纪 30 年代，一个新的时期开始了，在这一时期，杰出的学者和藏书家更难见到。博学的皇帝君士坦丁七世波菲洛吉尼图斯（Porphyrogenitus，913—959）曾有举措鼓励学术研究。在漫长的被迫处于半退休状态的时期，他编纂了各种各样的治国手鉴，有部分流传至今。这些书取材于十分广泛的历史资料，形式是类书，对古典学者有重要意义，因为许多文本除此之外别无传本。毫无疑问，君士坦丁这一伟业一定不是他一个人完成的，但合作者是谁，我们一无所知。此后不久，可能是在约翰·提米斯[①]统治时期，学者们合作完成了一部著作，由于

① 约翰·提米斯（John Tzimisces，约 925—976），拜占庭帝国皇帝，969 年至 976 年在位。

与君士坦丁之书同样的理由也很有价值——这就是《苏达辞书》（*Suda*）[①]，或讹作 Suidas（似乎变成了一个专名），最准确的描述应当是辞典和初级百科全书的结合。它有许多关于古典人物和话题的条目，尽管有些材料尚可存疑或者有误，但却留下了许多有用的信息。其所取资的源头文献有些还可以找到；其中最常用到的是阿里斯托芬的文本和集注，《苏达辞书》实际上是阿里斯托芬文本的一个非常重要的佐证。然而赋予其价值者，端在于其所取资之源头文献的亡佚，有些现在难以找到。尽管其编纂者的水平并不是很高，但他们的工作的确标志着进步，因为它远不止是一个雅典古文辞典，它是最早堪称百科全书的著作之一，可能也是最早按字母顺序编排的百科全书。

不能因为这一时期的具体学者我们未知其名，就想当然地
认为弗提乌斯给予文学研究的推动已经完全止息。现存古典文学 67
抄本清楚表明，即便是在 10 世纪早期，荷马之外的诗人和戏剧家的作品仍然有人在读；特奥格尼斯的最早抄本（Paris supp. gr. 388）和缪塞俄斯的最早抄本（Barocci 50）[②]，几乎可以肯定属于这一时期。其他诗人的文本在该世纪中叶或者稍后仍得到阅读，实际上存世抄本中最有价值的一批，就是仰赖于这阅读活动而幸存；可以举出的例子如希腊诗选的文本，有时称作《帕拉廷诗选》

---

① 10 世纪拜占庭希腊文关于地中海世界的历史百科全书，共有三万辞条，许多采自古代的今已亡佚的资料。书名“suda”，来自拜占庭希腊语，意思是“要塞”“据点”。尤斯塔修斯（Eustathius）讹为 Suidas，误以为是作者的名字。

② 特奥格尼斯（Theognis），古希腊诗人，大约生活于前 6 世纪，是作品传抄保存情况较好的古代作家之一。缪塞俄斯（Musaeus），古希腊诗人，大约生活于 6 世纪初期，有叙事诗《海洛与利安得》（*Hero und Leander*）存世。

（*Palatine Anthology*），以区别于后来由普拉努得斯（Planudes）所编的诗选（Heidelberg gr. 23 + Paris supp. gr. 384）；威尼斯的《伊利亚特》（Marc. gr. 454，图版 II），其注文比正文更显重要；拉文纳的阿里斯托芬（Ravenna gr. 429），是唯一囊括所有十一部戏剧的中世纪抄本；Laur. 32.9，除了是唯一囊括埃斯库罗斯所有七部戏剧的中世纪抄本之外，对索福克勒斯和阿波罗尼乌斯·罗迪乌斯的文本也有非常重要的意义。散文作家也没有被忽略，我们可以举出的例子如波利比乌斯[①]最主要的抄本，大约 947 年由修士以法莲（Ephraem）抄写（Vat. gr. 124），以及德摩斯梯尼的两个抄本（Paris gr. 2935，Laur. 59.9）。这三个本子的抄工笔迹，在其他地方也可以得到确认，因而我们就可以对某一个抄工所抄图书的范围形成一个大概的印象，即便他们通常是受雇抄写，故而并不代表抄工本人的兴趣。有三个抄本的抄工可以确认是以法莲，它们是：Venice, Marc. gr. 201, 亚里士多德的《工具论》（*Organon*），954 年；Athos, Lavra 184,《使徒行传》和《使徒书信》，年代不详；Athos, Vatopedi 747,《福音书》，948 年。德摩斯梯尼巴黎抄本基本上是由前面提到过的柏拉图集的那个抄工所抄（Vat.gr.1），而德摩斯梯尼的另一个抄本大概与阿里斯托芬集的拉文纳抄本出自同一个抄工之手。拜占庭时代不同时间所抄写的许多古典作家的抄本可以通过对抄工笔迹的识别联系起来。虽然幸存下来的抄本只是所抄写的很小一部分，但是能大体识别抄工身份的抄本数量却提

① 波利比乌斯（Polybius，约前 200—前 118），古希腊历史学家，后成为罗马公民，撰有《历史》（*Histories*）四十卷（已散佚），记述了罗马共和国兴起的历史。其所提出的政府“分权”的概念，为孟德斯鸠《论法的精神》所引用，影响深远。

示我们，对古代文本的抄写掌握在一小部分学者、学校教师以及专业抄工的手中。

11 世纪古典研究和教育一如既往。这一时期的一大变化是 68
帝国大学的重新改组——这是否由于巴尔达斯所创立的机构形式的衰落所致，尚不得而知，但是这新举措增加了法学学院和哲学学院。这次改革大约是 1047 年在君士坦丁九世莫诺马赫（Monomachus，“单独战斗者”）的支持下进行的。法学院不是我们这里关心的重点，只提一句：它的建立比著名的博洛尼亚法学院还要早若干年，而后者是现代法学院所式法的最早源头。哲学学院，也开设语法、修辞和文学科目，院长是米迦勒·普塞罗斯（Michael Psellus，1018—1078），是其所处时代最博学多才的人、杰出的官员、几任皇帝的资深顾问、历史学家和学院哲学家。他的文学创作证明了他广泛的古典阅读，不过他的研究兴趣更在于哲学，他授课教学之高明，重新激发起人们对柏拉图、其次是亚里士多德的兴趣。然而哲学学院并非一帆风顺。半是由于政治原因，半是由于学术原因，普塞罗斯一度失宠于朝廷，被迫退隐于修道院；不过不久他又重回要职，而哲学学院大概也就继续运转。

虽说普塞罗斯的绝大多数文学作品不在本书的讨论范围之内，但仍有半打论札，除了一篇极短的之外，都显示出他是一个对异教和教父著作都有着浓厚兴趣的文人，这大概比拜占庭作家的自我表白更能说明问题。像弗提乌斯一样，他对古希腊小说感兴趣，曾对黑留都勒斯和阿基里斯·塔提乌斯做过一番不乏智趣的比较[1]。在对自己文章的一次分析中，他承认自己曾学习过并受到的几位古典模范的影响，提到在德摩斯梯尼、伊索格拉底、雅里斯底德、修昔底德、普鲁塔克以及吕西阿斯中最能打动他的风格品质；同时提到的教父作家只有纳西昂的格里高利。他对卡
69 帕多西亚诸教父和“金口”约翰各自风格的概括[2]，作为文学批评而言，并不出众，但是其中有一段描写，显示了一位教养有素的拜占庭读者对正规散文音韵的敏感性。普塞罗斯曾坦承其读纳西昂的格里高利的感受，“每当我读他的时候——我时常翻阅他的书，主要是为了教义的教诲，但同时也因为其文学的魅力——我感受到一种无法描述的美丽和优雅；我常常丢弃自己的目标，忘记神学的意涵，沉醉在其文辞的玫瑰花园里——被自己的感觉带走了；而意识到自己不由自主、神驰物外，我喜爱、崇拜那个带我神驰物外的作家”。我们会倾向于认为，就其领略正式散文修辞之美的这种能力而言，普塞罗斯在文学精英中具有代表性。对于他或者其他任何拜占庭人是否可以从古典诗歌中获益良多，我们必须保持高度怀疑。这些论札中最短之一，极为认真地讨论了下面的问题：欧里庇得斯作为韵文作家是否优于皮西狄亚的乔治

① 黑留都勒斯（Heliodorus），古希腊小说家，大约生活于 3 世纪或 4 世纪，有小说《埃塞俄比亚》（*Aethiopica*）存世。注意不要与前面提到的文法学家黑留都勒斯相混。阿基里斯·塔提乌斯（Achilles Tatius），古希腊小说家，大约生活于 2 世纪，有小说《琉喀珀与克利托丰奇遇记》（*The Adventures of Leucippe and Clitophon*）。

② 卡帕多西亚诸教父（Cappadocian Fathers），包括圣巴西尔（Saint Basil the Great）、圣巴西尔的胞弟尼撒的格里高利（Gregory of Nyssa）以及他们的朋友纳西昂的格里高利（Gregory of Nazianzus）。卡帕多西亚在今土耳其境内，是基督教早期中心之一。卡帕多西亚诸教父在基督教神学上贡献卓著，极受尊崇。“金口”约翰（John Chrysostom，约 349—407），君士坦丁堡牧首，布道时辩才无碍，人称“屈梭多模”，意思是“金口”。“金口”约翰与圣巴西尔、纳西昂的格里高利并称为“三圣主教”（Three Holly Hierachs）。

（George of Pisidia）——该氏在7世纪时曾用古典式短长格写作韵文称颂皇帝希拉克略（Heraclius）的功绩论及一些神学题目。尽管这篇文章的文字不易诠解，但似乎可以确定的是，普塞罗斯未能区分戏剧韵文和叙事韵文，未能明了拜占庭上述这位作家缺乏原创的凡庸。

对于哲学的进一步复兴，也许可以追踪到12世纪初，这一次主要的研究对象是亚里士多德。安娜·康尼娜（Anna Comnena），这位被幽禁在修道院的公主，曾撰写过一部著名的《历史》，与两位为亚里士多德做注的学者——尼西亚的优斯德拉提乌斯和以弗所的米迦勒（Michael of Ephesus）——有某种联系。关于他们做注一事最有意思的是，他们不但为《政治学》和《伦理学》做注，而且也为动物学诸篇做注；后者此前还没有人做过注，尽管在古代和拜占庭时代早期对亚里士多德有过大量研究。似乎是安娜注意到了这个空白，因而决定委任学者做注予以填补。还有两部《修辞学》注，可能也是由她促成其事。

从12世纪开始，故事又可以用名人传的方式往下讲了。 70
这一时期学术界最杰出的人物无疑就是尤斯塔修斯（约1115—约1195），他在首都的牧首神学院担任修辞学教授之后，大约于1175年被任命为帖撒罗尼迦（Thessalonica）大主教。想必是在首都任教期间，他完成了自己的大部分学术著作。几乎可以肯定，君士坦丁堡的那些图书馆，仍还有一些没有被学人利用的宝藏，或者至少自弗提乌斯之后就再也没有人读过；无怪乎人们揣度尤斯塔修斯并没有为这次擢升而感到高兴，因为他要迁往另一座城市；尽管很重要，但是帖撒罗尼迦似乎并不是当时知识生活的一个中心。他对古典文学的兴趣并不妨碍他认真履行教士职责，今天我们仍然拥有他所写的一部关于修士生活革新的论著。该书的内容之一是表明大多数修士对于图书或者学问没有兴趣，有负他们的誓言。而在讲述一个修道院长的奇闻时，则显示出尤斯塔修斯身上的恋书癖——这个院长卖掉了纳西昂的格里高利著作的一部缮写精美的抄本，因为他的修道院用不上它！论著这一部分的作用在于提醒我们，尽管有很多高级教士用其深湛的学问树立榜样，可是学术研究的传统仍然与许多教会人员的精神格格不入。尤斯塔修斯本人曾经寓目许多文本，这些文本从那之后就亡佚了，否则今天对我们会非常有用。这一点从他在注里所引用的不见于其他来源的资料中就可以看出。有一个著名的段落，他曾从其所谓的“善本”（ἀκριβῆ ἀντίγραφα）引用索福克勒斯《安提戈涅》中的几行，给出了1165—1168行的全文，而索福克勒斯的所有其他抄本都漏掉了其中一行，从而导致不连贯。尤斯塔修斯显然注意到文本有阙，从他的注文中我们得到这样一个印象：他曾比对过其他许多抄本，直到发现正确的文本。然而阿忒纳乌斯（Athenaeus）——尤斯塔修斯所知晓的一位作者——也给出了索福克勒斯这一段文字的全文，如今对两处引用的细微差异的仔细研究表明，尤斯塔修斯的认识可能完全来自于阿忒纳乌斯。不过，
71 他对疑难段落的感知，证明他也具有很高的学术水平。从他的品达序言中的一处论述来看，他所读到的《凯歌》（*Epinicia*）似乎比今本要更多一些。

尤斯塔修斯的主要著作是为古典作家所做的注。他为品达所做的注，除了序以外，都没能留存下来，为阿里斯托芬所做的

注，只有吉光片羽见于后来的抄本之中。但是我们有他对旅行者狄奥尼修斯[①]所做的注，这是一个没有多少价值的晚近的诗人，用了大约 1000 行六步格诗对地理进行了描述。这些诗句保留下来这么多抄本，想必它们是拜占庭学校的地理教材。更为重要、部头也更大的是他对荷马所做的注；其《伊利亚特》注，1827—1830 年莱比锡大开印本共有 1400 页之多。但是这两部注基本上都只是编纂，几乎没有尤斯塔修斯本人的贡献。注的规模，特别是荷马注的规模，非常庞大；关于《伊利亚特》第一行的讨论就有 10 页。即便拜占庭教师只讲这些内容中很小的一部分，结果也一定是用一大堆无关紧要的学问令学生困惑，同时使之不能以足够产生阅读快感的速度阅读。尤斯塔修斯非常喜欢寓意式阐释，对阿里斯塔克斯不肯采用这种阐释进行了批评。这种工作有时对现代学者有用，但对于他同时代的读者来说就显得过于大而无当了；就注文的切题程度而言，在古代世界所推出的注文中其当属中下。

尤斯塔修斯同时代还有两个稍逊一筹的人物值得一提。约翰·泰泽（John Tzetzes，约 1110—1180）并非教士，但似乎在君士坦丁堡办了一所学校。除了显示其个性、透露其日常生活消息的若干书信之外，其著作包括：为阿里斯托芬三部戏、赫西俄德以及荷马史诗的一部分所做的注。其学识不及尤斯塔修斯，却
对自己的造诣无端自负——他在对阿里斯托芬的一条注（*Plutus* 72
677）中宣称，如果不是因为书的这一页留有许多空白，他就不会拉长他的注文；对于这样一个人，很难保有敬意。不过，从他的

① 旅行者狄奥尼修斯（Dionysius Periegetes），又称"亚历山大城的狄奥尼修斯"（Dionysius of Alexandria），来自亚历山大城，生活于哈德良统治时期。

书信中的用典来看，他有着十分广泛的阅读，而且我们知道他曾经参加过关于古典文本训释的学术研讨会——可惜没有更多关于这个文献学沙龙的信息。像尤斯塔修斯一样，他也曾寓目若干我们所看不到的书，包括卡利马库斯和希波纳克斯（Hipponax）的一些作品。迈克尔·蔡尼亚提斯（Michael Choniates，或讹作阿克米纳图斯［Acominatus］）也是如此，他比尤斯塔修斯稍微年轻一些，曾与之书信往还，也像其一样曾被擢任为远离首都的某一地区的主教，在他则是雅典。他在书信中哀叹自己的命运，把未遭毁坏的巴特农神庙作为自己的教堂，并不能弥补其离开受过教育的社交圈的缺憾，而由无知农人所组成的会众，也不能领略其文言弥撒华丽之美。但是他十分自豪地拥有卡利马库斯《赫卡勒》（*Hecale*）的一个非常珍贵的本子（今已亡佚），并在书信中得意地加以引用。我们可以断言有些拜占庭学者能够读到比我们所能看到的更多的古典诗作，而尤斯塔修斯和泰泽，是其中最为晚近者。

究其原因，正在于迈克尔·蔡尼亚提斯生年得见的一个重大事件，即 1204 年第四次十字军东侵对君士坦丁堡的占领和洗劫。破坏极烈，藏书无疑也受损严重。对于文学史家来说，这次洗劫的灾难比更为有名的 1453 年事件更为酷烈。1204 年，前面提到的那些珍本被毁；至少 1261 年随着拉丁王国的覆亡君士坦丁堡政权得以恢复之际，难觅其踪。假如没有 1204 年事件，这些文本很有可能就会藉由众多从希腊带回抄本的意大利游客和图书收集者的力量流传到西方。当这个城市落入土耳其人手中之际，图书收集者几乎找不到什么劫余。唯一重要而且确实的损失，见载于君士坦丁·拉斯卡利斯（Constantine Lascaris）之记述，说一套完整的狄奥多罗斯·西库卢斯《通史》（*Universal History*）抄本为土耳其人所毁。

当首都被法兰克人占领之时，希腊的绝大部分也被西方贵族 73
瓜分，拜占庭朝廷在尼西亚岌岌可危地存在着，保有着帝国在小亚细亚的财富。尽管播迁于尼西亚之际，帝国的财富和力量都已大大缩减，但在文学研究方面却绝不是最糟糕的。皇帝约翰·瓦塔特泽斯（John Vatatzes）和皇帝狄奥多·杜卡斯·拉斯卡利斯（Theodore Ducas Lascaris）念兹在兹于推进学校和图书馆的建设，最终建立起一个相当好的中级教育（secondary education）传统。其细节已不可知，因为几乎没有可以被认定为抄于尼西亚时期的抄本。不过似乎可以肯定的是，人们仍在研读诗人和演说家的作品，而狄奥多本人的书信也展示出一种受过文化甄陶和学术训练的素养。其他学术著述则是由修士尼塞福鲁斯·布莱米德斯（Nicephorus Blemmydes，约 1197—约 1272）所完成，他的撰述涉及多个领域，包括逻辑学、物理学以及地理学，他还曾游历当时被拉丁王国所占领的旧帝国地区，去寻找在小亚细亚看不到的书籍。这是文学研究兴盛于首都之外的几个短暂时期之一。13 世纪可能也是位于意大利"后跟"部位的拜占庭边远省份文化相当繁荣的时期。在中世纪，西西里岛和意大利最南端大部分地区讲希腊语，而且那里的众多希腊修道院自 10 世纪以来的历史，我们知之已详。这个区域与君士坦丁堡联系最为密切的地方是奥特兰托（Otranto）地区，那里有著名的圣尼古拉斯修道院，有一个学校还有一个大的图书馆。那里以及毗邻的纳尔多（Nardò）和加利波里

（Gallipoli）等市镇所抄写的许多图书，说明那里的学校教育一度十分兴盛。可以确定抄写于这些中心地区的图书有荷马、赫西俄德和亚里士多德的抄本，还有其他一些图书，包括一些词典，也有可能是在那里抄写的。但是看不到任何高级学术研究或者试图为古典作家做注的迹象。

1261 年，君士坦丁堡和希腊的拉丁王国被终结，希腊皇帝再
74 一次发号施令于其传统旧都，但是国步日蹙，威权渐削：一方面有土耳其进犯于东边，另一方面有意大利商业城邦如热那亚、威尼斯等的蚕食，它们在首都以及其他地方都建立了据点；被雇佣来维护帝国的雇佣兵常常为害过于辅益，比如一帮加泰罗尼亚人在雅典建立起一个独立城邦之前进行了极大的破坏。可是 13 世纪末和 14 世纪初却出现了拜占庭学者关于古典文本的一些最好的研究著作。尽管其教育是如何组织的我们未知其详，但似乎在君士坦丁堡和帖撒罗尼迦曾经有几个学院，由若干饱学之士主其事。限于篇幅，这里仅举其中两人。第一个是修士马克西姆斯·普拉努得斯（Maximus Planudes，约 1255—约 1305），任职于首都，在短短一生中取得了很多成就。除了一度掌管一个学院以外，他还作为外交使节被派往威尼斯，或是在此之前，或是在此期间，他基本掌握了拉丁文，这在拜占庭是一种罕见的本领（除他之外似乎仅限于一些律师和译员）。他阅读了大量的拉丁文本，显然很有兴趣，因为他翻译了许多著作，其中有奥古斯丁《论三位一体》、波爱修斯、马克罗比乌斯为西塞罗《西皮翁之梦》所做的注，以及非常值得注意的奥维德的《列女志》《变形记》和关于爱的系列著作。可以肯定的是，他对神学著作的翻译使得希腊神学家对拉

丁教父有所了解；希腊文学语言的保守性，使得普拉努得斯的译
本今天仍然可以理解，没有太多困难。这是拜占庭学者在达成商
业合同、解决宗教纠纷等事项之外第一次尝试与西方接触，没有
立即产生影响；不过在接下来的一个世纪里，修士德米特里·西
多内斯（Demetrius Cydones）继续这项翻译工作，译了阿奎那的
一些著作，而逆向的思想交流，则由一些来到君士坦丁堡学习希
腊文的意大利人在继续着（早在 12 世纪时就有一两个意大利人前
来东游）。普拉努得斯关于希腊文本的研究具有更为切实、更为
直接的重要意义。他还组织编写了一部大书（保存在佛罗伦萨，
Laur.32.16），内容包括一个古典诗集，其中收入若干学校作家，还 75
有珍稀得多的诺努斯（Nonnus）的《狄奥尼西卡》（*Dionysiaca*）。
他的兴趣绝不局限于学校教科书的泛常范围：我们发现他对普鲁
塔克作品的搜罗极为成功，为此他编了一个目录；他还编辑整理
了一部《希腊诗选》的校订本，其中颇多短诗未见于帕拉廷本；后
面这部书，其稿本现藏于威尼斯（Marc. gr. 481）。他处理文本的方
法招致两点批评。他任意删改奥维德，改动诸如 amor 或者 Venus
等词语，结果十分可笑甚或更糟；他还从《诗选》中删掉自己认
为不合适的诗作。他的另一个缺点表现在对阿拉图斯（Aratus，约
公元前 315—约公前 240）关于天文学的理学诗——如果学校教天
文学这门课的话，大概是用其作为教材的——的文本处理上。他
的稿本现已找到（Edinburgh，Advocates' Library 18.7.15）。对于
文本中事实不准确的地方，普拉努得斯抑制不住修改的冲动。他
不是将认识上的进步简要记在注文里，而是用自己的改写替换了
481—496 行、501—506 行以及 515—524 行（图版 VI）。关于其研

究兴趣的更多信息，可以从他的书信中披拣。他提到深奥难解的数学家丢番图著作的几个抄本，而且我们知道，他还对诸如托勒密[1]、欧几里德等科学家的著述感兴趣（但是托勒密《地理学》中的地图可能就是他重新绘制的这一推断已不复可信）；他还写了一个小册子介绍阿拉伯数字（一般希腊人仍在用颇为不便的字母数字系统）。他的书信值得注意的另外一点是，他常常要求在小亚细亚的朋友为他觅得一些羊皮纸，当朋友只能找到一些驴皮时，他会大为光火。一个在首都或者靠近首都工作的人居然会缺书写材料，非常令人讶异。顺便值得一提的还有，虽然他曾被皇帝派为使节，而且显然是一个出色的学者，但是没有迹象显示他的学
76 术研究曾经得到过朝廷的资助或支持。拜占庭的学者一般都是如此，只有在尼西亚工作的一部分学者算是例外。

普拉努得斯兴趣面如此之宽，令我们不禁悬揣，“七艺”中的每一科，他大概都略知一二。这反过来又提出一个问题：拜占庭教育是否接受了西欧的“三科”（*trivium*）、“四科”（*quadrivium*）之分。虽然拜占庭不同时期的作家都零星提到过“四科”，但是这些证据并不足以得出一个明确的答案。

德米特里·崔克利纽斯（Demetrius Triclinius）的兴趣不及普拉努得斯广博，但重要性却毫不逊色。他是一位学校教师，据悉大约1305—1320年生活于帖撒罗尼迦。他在教科书中诗歌的标准文本整理方面的工作，一部分可以通过其留存下来的稿本考见，一部分则见于后世书中冠以其名的注文（图版VII）。他在学术史

① 克劳狄斯·托勒密（Claudius Ptolemy，约100—约170），古希腊数学家，天文学家，地理学家。在亚历山大城接受教育并在那里生活和工作。

上占有一席之地，因为他是第一个掌握了古典诗歌的格律并加以运用的拜占庭学者。之前的所有学者或者忽略了格律问题，或者没有认识到这一知识对于古典诗歌研究者的潜在功用。但是崔克利纽斯偶然读到一本由赫费斯提翁[1]所写的关于古典诗歌格律的论著，立即抓住了其中的精髓，并用来校正古典文本中许多可疑的甚或显然是错误的文字。大概是他或比他稍长一些的那些同辈首先开始系统地校正文本，而崔克利纽斯则留下了足够多的文献，让我们对他的工作有一个全面的认识。虽然他对格律的认识绝对称不上完美，但他可以校正长短格（iambics）；他的有些校正得到了现代校勘家的普遍赞同。可是他经常采用简单化的办法，如加上衬词以解决不合格律的问题，而且显然他对古典诗作中的语言风格问题是缺乏敏感的。对于比长短格更为复杂一点的格律，他就有点没把握；不过他有一个致命武器：他知道悲剧和喜剧中的合唱一定有严格的格律照应，而从欧里庇得斯抄本中崔克利纽斯
的亲笔校正（Laur. 32.2）来看，他为了达到所希望的结果宁愿截鹤 77
续凫（参看第 232 页）。尽管他在运用知识时犯了许多错误，但是在当时处理诗歌文本方面，这却是一个很重要的进步。于是校勘学再次回复到古代世界曾经达到过的水平，但是校勘者所面临的任务却有所增加，因为经过一千多年的抄写，文本中必然又产生了许多新的讹误。

崔克利纽斯另外一项主要工作是对各家文集上的注文进行重新整理。他筛选古注材料，挑出他认为对学校教学最为有用的内

① 赫费斯提翁（Hephaestion），亚历山大城文法学家，生活于 2 世纪，编撰有《希腊文格律手册》（*Enchiridion de Metris*）。

容。所形成的新注本，包含有相当数量的词语解释或者其他普及性注释，这些是他自己增加的；同时会删减部分旧注，而这些旧注对于现代学者来说最有价值——古注中的学问有时候与正文的关联不是很大，现代学者希望加以保存的理由，崔克利纽斯却不会想到。他意识到自己格律学知识的重要性，为许多剧作写了单独的格律注；就阿里斯托芬剧作而言，他有旧注中幸存的黑留都勒斯所作的古代格律注作为参考。在他的稿本中，他将自己所撰的格律注与他所校订的旧注中的格律注分栏排列。

总的说来，崔克利纽斯对文本和注文的整理研究，比他的同侪更彻底、更适切，堪称现代文本整理的先驱。像其他学者一样，他也为了校正文本而努力搜求没有见过的抄本。在注文中他引据自己发现的各种异文，有时候指出它们来自于旧本。他的搜求终获所偿，有一个重大发现：他偶然得到了一部当时拜占庭几乎一无所知的欧里庇得斯九部戏剧的本子；他让自己的学生或者请当地的抄书坊复制了这部书，并在上面加上了许多他的亲笔校改，这是我们关于这些戏剧文本的唯一来源。所以，应当感谢崔克利纽斯，我们对欧里庇得斯存世剧作的认识，泰半来源于他。

78 普拉努得斯和崔克利纽斯算是他们那个时代最重要的代表人物，也是对古典文本有着持久影响的最晚近的拜占庭学者。虽然说是后无来者，但是在当时却也不是并世无匹，其他人的研究成果在现存的抄本中同样也可以看到。这些相对晚近时期的抄本，对于文本的确立有重要意义。它们中间包含了一些好的异文，或是出自于当时学者的敏锐识见，或是代表着已无法考其源的一个传承支系；现在一般认为后一种解释成立的可能性更大一些，因

为即便是最好的学者，也放过了许多明显的讹误，没有加以校
正。古典研究非常受欢迎：不仅文学作品读者甚众，古代所写的
技术和科学著作在当时仍没有过时，得到了应有的重视。这一时
期被称为“帕里奥洛吉文艺复兴”（Palaeologan Renaissance），自
有其道理。这个名字来源于当时掌权的帕里奥洛吉王朝。虽然帝
国的整体状况乏善可陈，但是中等教育似乎得到了实质性的增
长。学校教师对几乎不能列入一般学校教学大纲的文本进行训释
或者校正；例如我们前面已经看到普拉努得斯如何研究整理诺努
斯以及科学著作，而崔克利纽斯对新发现的欧里庇得斯剧作的整
理研究显然也与学校教程没有什么关系，因为没有任何证据证
明它们中有任何部分曾列入标准大纲。当时大纲的构成是：雅
典古文或者复古派的散文作品，修辞学的教材，特别是赫墨根尼
（Hermogenes）和阿弗索尼乌斯（Aphthonios）所写的，以及诗人
的作品，主要是荷马史诗（图版 IV）和悲剧、喜剧选。13 世纪末，
每一个悲剧诗人和阿里斯托芬都选出三部作为代表作，这已经成
为惯例，有时称作“三连剧”；这个习惯可能可以上溯到 12 世纪
或者更早，因为泰泽只对阿里斯托芬的三部喜剧做了全注，后来
成为标准版。这四个作者的绝大多数抄本都只有三部作品；后来
的抄本有些只有一部或者两部，这说明阅读大纲可能有进一步缩
减。在“三连剧”之外的作品极有可能因为忽略而湮灭，但幸运 79
的是它们保存的时间较长，正好赶上文艺复兴时期意大利的藏书
家来挽救；这些文本的最重要抄本在文艺复兴期间都来到了意大
利，许多仍在那儿等待我们的发现。这些戏剧文本只是一般文本
传播过程的一个例子。拜占庭学者的一大优点是，他们对古典文

本有着广泛的兴趣，因而可以守先待后，直到另一个民族的学者来利用和欣赏它们。学术传统由意大利人文主义者继承，他们在许多方面很像拜占庭学者。在拜占庭帝国的最后一百年里，大量抄本从拜占庭带回意大利，在此之后很久，图书收集者一直孜孜以求，以至于今天东方希腊世界图书馆的古典文本已经被剥取净尽。为了保证希腊文学的流传，这个过程无疑是必需的。

第三章　西方拉丁文化

第一节　黑暗时代

公元6世纪，残存于西方的罗马帝国最终崩溃。在从古代向中 80
世纪过渡的历史时期，意大利相对开明的狄奥多里克（Theodoric，493—526）的统治阶段，因出现波爱修斯和迦修多儒这两个当时最著名的人物而彪炳一时；但随之而来的却是东哥特王国为拜占庭所灭和文化的大衰落。外省亦未能差强人意。北非，此时落入汪达尔人之手，那里的西方文化很快就荡然无存；其文学成就的一部分，诸如《拉丁诗选》（*Lantin Ahthology*），及时传到了欧洲，方得垂裕后昆。西班牙，为外患内乱所苦，在6世纪末7世纪初才有西哥特文化的复苏，到塞维利亚的伊西铎[1]时期略有小成，然而在8世纪初同样沦亡于穆斯林的入侵。尽管古罗马文化的孑遗在高卢贵族中不绝如缕，但是法兰克人克洛维（Clovis，481—511）所建立的墨洛温王朝（Frankish Merovingian）却与文化的存亡继绝格格不入。

征服者的劫掠和毁坏使得文化的前景极为黯淡，在日益逼仄的文化世界里，拉丁古典文学的地位岌岌可危。教育和图书保藏

① 塞维利亚的伊西铎（Isidore of Seville，约560—636），曾任西班牙塞维利亚主教逾三十年，被称为古代世界的最后一位学者。

很快就转到教会手里，而在这一时期基督徒根本无暇顾及异教文学。经过了连续的战争毁坏，在新的知识分子手里又面临着敌意和忽略，拉丁古典似乎命悬一线。

81 但是它们留存下来的根本条件仍然存在——书还在。4 世纪时罗马号称有 28 个公共图书馆，此时有多少幸存了下来，我们不得而知；但是至少西马库斯时代的大型私人图书馆有所遗存，在诸如罗马、拉文纳和维罗纳等教会中心有重要的收藏，书籍开始托身于修道院。豪华本维吉尔集证明图书业在 5 世纪末还很活跃，留存至今的 6 世纪意大利修道院所制精美图书证明，制作图书工艺在传到教会之手的过程中并没有丢失什么。从 4 世纪末到 6 世纪初文化和知识的浪潮为书籍和学问奠定了一个坚实的基础，尽管这个基础迭经冲击，经受了颠覆罗马世界的政治动荡，而且随着传统罗马贵族被阅读口味完全不同的新的统治者所取代，又经历了长年的忽视，但在下一个复兴到来之际，仍有大量的文化遗产可以抢救和重建。这一时期许多大写字体的和安色尔字体的抄本保存了下来，有些极其华美。大多数情况下我们只能看到这些书的一些残卷，不过其内容包括了普劳图斯和泰伦斯、维吉尔、奥维德、卢坎、佩尔西乌斯和尤维纳利斯、西塞罗的各种选本、萨卢斯特、李维、老普林尼和小普林尼、塞涅卡的悲剧和散文、弗龙托。大概有许多早期拉丁文献已经亡佚，但从存世图书以及这一时期作家和文法学家的引证来看，在公元 500 年，至少在意大利，还有可能找到大多数拉丁古典作家的文本；罗马世界的其他部分可能也相去不远。晚至 6 世纪，君士坦丁堡的约翰内斯·吕杜斯（Johannes Lydus）所看到的塞涅卡的《自然问题》（*Natural*

Questions）和苏维托尼乌斯的《罗马帝王列传》（*Lives of the Caesars*），比我们今天看到的要更全一些。在非洲，福尔根提乌斯（Fulgentius）可以援引我们今天所看不到的佩特罗尼乌斯（Petronius）的文字；在今天的葡萄牙，布拉加（Braga）主教马丁（Martin），可以剽窃其后即告失传的塞涅卡的一部作品。

拉丁文献的大多数当时仍在；而且，使其传诸后世的机制 82

西欧修道院及其他文化中心

也已经以修道院图书馆和抄经坊的形式建立起来。那些中心修道
83 院，常常虽非出于本心，却注定要在古代异教遗文的保存和传播中起到主要作用。相对次要一点，但有时却很关键的一条传承线索是通过与大教堂相关的学校和图书馆。

这种修道院传统的一个早期而又引人注目的例子是维瓦利姆（Vivarium）修道院，这是迦修多儒于540年之后的某一年在意大利最南端斯奎莱切（Squillace）他自己的产业上建立起来的。这个修道院建立的构想和特色，在很大程度上是那个时代的形势所逼，当时战争和劫掠的破坏，几乎要毁掉文化中心以及学问和文化赖以存在的书籍。迦修多儒在他所创建的修道院里设立了一个很好的图书馆，并且十分强调教育和对抄本的复制。他的教育方案见于他的两部书：《圣俗文学教范》（*Institutiones divinarum et saecularium litterarum*），大约撰于562年。虽然迦修多儒并没有过人的天分，但回过头来看，他是一个有远见卓识的人。他预见到在以后几个世纪里修道院所要扮演的角色，并抓住了关键事实：随着政治生活的解体，这些静修之地为知识的延续提供了主要的希望。但他同时也具有务实和细心的个性，从而能在东哥特王朝长期优游宦海。他认识到需要将希腊解经学、哲学和科学的权威著作翻译为拉丁文，对以拉丁外衣包裹的希腊学问的增长和散播有重要影响。他喜欢单卷本的便利，只要有可能就将相关文本合订在一起。他的一个合集包括西塞罗的《论开题》（*De inventione*）、昆体良和福多纳提亚努斯[1]的《修辞艺术》（*Ars*

[1] 阿提利乌斯·福多纳提亚努斯（Atilius Fortunatianus），古罗马文法学家，生活于4世纪。所撰《修辞艺术》，对格律问题进行了讨论。

rhetorica)，9 世纪时费里埃的卢普斯（Lupus of Ferrieres）曾到处寻找这本书，良有以也。他强调仔细复制书籍的重要性，非常重视文本的正确拼写和呈现，并雄辩滔滔地给抄工加上了一个新的尊荣："其志获佑，其忱可嘉，用手向众人布道，用指头摇唇鼓舌，默默给予凡人以救恩，并用笔和墨抵御魔鬼的非法诱惑。"（felix intentio, laudanda sedulitas, manu hominibus praedicare, digitis linguas aperire, salutem mortalibus tacitum dare, et contra diaboli subreptiones illicitas calamo atramentoque pugnare. *Inst.* 1.30.1）

迦修多儒对古典传承的贡献很容易被夸大；事实上，他的 84
要务之一就是要侵夺世俗社会对高等教育的垄断。他的图书馆和教育方案中都有异教作者的作品，但是它们都被降格为教学用书和手册。据我们所确知，他放在自己书架上的古典作品只有西塞罗的《论开题》、塞涅卡的《世界志》(*De forma mundi*)（今佚）、科路美拉（Columella）、昆体良、伪阿普列乌斯（pseudo-Apuleius）的《训诂论》(*De interpretatione*)、亚里士多德的一些著作，以及若干科技著作；而那些诗人，他在行文中加以援引、在成长中受其甄陶的那些诗人的作品，显然一本都没有。例如乃曾祖为演说家的那个西马库斯[1]，对于异教文化就有更加积极的态度，他的藏书大概是完全不同的风格。维瓦利姆在古典文本的传播方面好像也没有发挥直接作用。似乎这个修道院随着创始人的死亡而关闭，而那种说该修道院的藏书被及时移转到博比奥

① 指罗马贵族昆图斯·奥勒留·迈米斯·西马库斯（Quintus Aurelius Memmius Symmachus），卒于 526 年，是世俗学问的赞助者，485 年担任执政官。其曾祖父为昆图斯·奥勒留·西马库斯（Quintus Aurelius Symmachus，约 345 — 402），罗马政治家，演说家，曾演讲呼吁恢复此前从元老院移除掉的胜利神坛。

（Bobbio）修道院（614 年建于意大利北部）因而得以传到中世纪的推测，早已被推翻。那些可能出自这批藏书的图书，似乎主要流入罗马，有可能就是拉特朗（Lateran）图书馆[①]，而由于连续几任教皇的慷慨，从那里散播开来。一些抄本被认定为或是在维瓦利姆抄写，或是其祖本可以追溯到迦修多儒藏书，其中就有著名的武加大阿米亚提努斯抄本（codex Amiatinus，参看第 261 页），但是其中没有一点古典文本。迦修多儒的重要性体现在多个方面，绝非只是为我们提供了 6 世纪图书馆这唯一的例子；不过，一定还有其他的藏书——从古典文献的角度看应当是更好的藏书，只是我们无从考知。

所图者小，所成者大，这就是大约 529 年由圣本笃[②]所创立的卡西诺山隐修院。圣本笃所颁行的规则，成为后来几百年间西方修道院生活的制度基础。除了规定每天有一定的时间用于阅读——是属灵的而不是属智的活动——圣本笃规则对于知识之追求并无一语，抄书在修道目标中也没有明确规定。不过，虽无一
85 语及之，一旦时机成熟，却为人文影响之发挥留下了道路，而在任何情况下，阅读都离不开图书。

6 世纪上半叶意大利已是其复兴的后期，而西班牙西哥特文化的勃兴则要到 6 世纪末 7 世纪初才到来。这次复兴在古典文化史上的地位主要得益于当时最伟大的作家塞维利亚的伊西铎的成就。随着其著作在欧洲极其迅速的传播——这是加洛林时期之前

① 圣若望拉特朗教堂，被君士坦丁送给罗马教皇，其图书馆是教皇图书馆。

② 圣本笃（Benedict of Nursia，约 480—543），基督教圣徒，生于意大利翁布里亚的诺西亚（Norcia）。

令人惊叹的成就——伊西铎成为传播和阐释古代学问的最有影响力的代表人物。他的《词源》（*Etymologies*）是罗马百科全书传统的殿军，同时也是大多数中世纪编纂的发轫；其最为经常被抄写的部分，即前三册，主题涵盖了“三科”（*trivium*）和“四科”（*quadrivium*），对中世纪教育体系的巩固一定贡献良多。这部系统编排的百科全书，囊括了从天使到马鞍部件所有话题上的知识与谬误，常常沦为牵强附会和对琐碎细节的不加别择的展示，令人失笑。但是伊西铎为知识而知识的鲜明态度，却赢得了人们的尊敬，甚至爱戴。在他的一些公开声明中对异教文学有着明确的敌意，而且比起古典文本本身，集注者和编纂者的黯淡文字更让他自在。对于古典文本，除了少数例外，他一般都是二手转引；但是他的求知欲却没有边界，而且他认为世俗文化自有其独立的价值。他从教父著作里披拣出其中所包含的古典诗歌和异教学识的只言片语，并将它们放回传统知识谱系中正确的位置，这位主教以一种再世俗化的吊诡方式，再造古代学识的基础结构。

然而，为我们保存拉丁文献的那个过程不可能开始，除非人
们对古典作家有更加同情和更为积极（相比于黑暗时代欧洲大陆
普遍持有）的态度。基督徒仍然生活在异教文学的阴影之下，自 86
己的文学相形见绌，而且异教文学对道德和教义的确存在威胁。当拉丁文化被移植到遥远的土地上的时候，情形将发生改变，那里的人们急于学会教会的语言，从而可以毫无自卑感、毫无畏惧感地亲近古典文献，因为敌对已不再成为一个问题，而人们一般说来由于对拉丁语言的无知，故而远离了古代异教思想的危险。但是这种精神还没有滋长于欧洲大陆，那要到8世纪后期加洛林

复兴（Carolingian Revival）之际才开始；而在此期间，许多古典文献遭到了毁灭。

虽说很少有哪个时代黑暗到透不过几许光亮，但是对于欧洲大陆的拉丁古典文本来说，从 550 年到 750 年却几乎就是彻底的黑暗；古典文本真的停止了传抄。这一时期传下来大量的教父著作、《圣经》、礼拜文本的抄本，而古典作家的文本却可谓绝无仅有：我们有 6 世纪传下来的尤维纳利斯两个抄本的残篇，老普林尼残卷和小普林尼残卷各一，不过其中至少有两种属于 6 世纪早期；从 7 世纪传下来的，我们只有卢坎的一个残卷；从 8 世纪，就什么也没有。

漂亮的古代图书的通常遭际，从幸存的重写本中得到了凄凉的展示。所谓重写本是指清除掉原来的文字，再写上当时更为需要的作品。许多在西方帝国崩溃时逃过劫难的文本在修道院的四堵墙内任其蠹蚀风化；其中有些当再次需要时已坏烂不复可读，而当时没有对断烂之物的尊重，无论其多么古旧。重写的做法在 7 世纪和 8 世纪早期达到顶峰，尽管许多中心修道院都有重写本留存下来，但其中绝大部分是来自爱尔兰人所建立的吕克塞（Luxeuil）和博比奥（Bobbio）修道院。文本澌灭，不是因为异教作家受到攻击，而是因为没有人对它们有阅读兴趣。而羊皮纸非常宝贵，不能任其承载过时的文本。基督徒的著作，如果是异端或者有多余，同样也会落败，而古代文法学家的著作，由于爱尔兰人对其
87 有特别的兴趣，常常占据上风。但是古典作家的损失非常之大：在那些被刮除重写覆盖的文本中，我们发现有普劳图斯和泰伦斯、西塞罗和李维、老普林尼和小普林尼、萨卢斯特和塞涅卡、

维吉尔和奥维德、卢坎、尤维纳利斯和佩尔西乌斯、格利乌斯和弗龙托。弗龙托有三个重写本留存，注定了居于下风的命运。在那些只以这种受损形式留存下来的文本中，有些非常重要，例如西塞罗《论共和国》（*De republica*，Vat. lat. 5757, 图版 X），4 世纪或 5 世纪用安色尔字体书写，7 世纪在博比奥被奥古斯丁论《诗篇》的文字所覆盖；塞涅卡《论友谊》（*De amicitia*）和《父亲行状》（*De vita patris*）的一个 5 世纪抄本（Vat. Pal. lat. 24），6 世纪末或 7 世纪初被《旧约》所覆盖；萨卢斯特的《历史》（*Histories*）的一个 5 世纪抄本（Orleans 192 + Vat. Reg. lat. 1283B + Berlin lat. 4° 364），在法兰西，大概是在弗勒里（Fleury），9 世纪初被哲罗姆的著作所覆盖。其他重要的重写本有安布罗斯本普劳图斯（Ambros. S.P. 9/13-20, *olim* G. 82 sup.）和维罗纳本李维（Verona XL，38），两者都是抄于 5 世纪。

第二节　爱尔兰和英格兰

一场新的文化运动，一场将古典文本的价值置于其载体羊皮纸的价格之上的运动，已经在基督教世界的一个偏远地区开始。这就是爱尔兰，早在 5 世纪末就拥有了拉丁文化，注定要在欧洲文明史中扮演一个关键角色。在加洛林时代之前，爱尔兰已知古典文献的数量究竟如何，仍然聚讼纷纭，但实际上似乎是比较少的；其主要文学人物科伦班努（Columbanus，约 543—615）所显示出的对拉丁诗作的熟稔，和他在欧洲大陆生活的那个阶段相关，其文化语境与其说是爱尔兰修道院，不如说是属于古典文化晚期。故而他们文化的重要特色，不是在于其古典的内容，而是

在于他们对自己所拥有书籍无所顾忌地潜心研读、他们对学问的热忱和接受能力（不管有时候这些学问有多奇怪有多假），还有
88 那种勤奋——在 7—8 世纪推出了数量惊人的文法学和解经学著作。爱尔兰人还有惊人的艺术天赋：他们从 5—6 世纪时得自高卢的半安色尔抄本中发展出了自己的漂亮的半安色尔字体——其最精美的形式见于《凯尔经》（*Book of Kells*，Dublin, Trinity College 58）——和更为实用却同样独具特色的小草体。当爱尔兰人在传教热情的推动下离开爱尔兰之时，便开始了他们对古典文本传播的重要工作，影响极为深远。大约在 563 年，科伦巴将爱奥那确立为爱尔兰之外的凯尔特基督教中心[①]，这标志着苏格兰皈依基督教的正式开始，并促成几个重要修道院的修建，如诺桑比亚[②]的林迪斯法恩（Lindisfarne）和西南部的马姆斯伯里（Malmesbury）。更令人赞叹的是科伦班努在欧洲大陆的传教行动，所建重要修道院连为一线，横贯欧洲：勃艮第的吕克塞（590），一个世纪后由该修道院建立了科比修道院（Corbie）；意大利北部的博比奥（Bobbio）修道院（614），以及圣高尔（Saint Gall）修道院——这是由他的学生高尔（Gallus）613 年在瑞士所建立的一个静修处发展而来[③]。"爱尔兰行者"（*Scotti peregrini*）成为 8—9 世纪欧洲大陆一道亮丽的风景，并且做出了巨大的贡献，萨尔茨堡的圣维琪尔（Virgil of

---

① 圣科伦巴（Columba，521—597），爱尔兰传教士，修道院院长。爱奥那（Iona）是苏格兰西海岸的一座小岛。

② 诺桑比亚（Northumbria），中世纪的一个盎格鲁王国，在今英格兰北部和苏格兰东南部。

③ 圣高尔（Gallus，约 550—约 646），爱尔兰传教士，跟随科伦班努到欧洲大陆传教。注意不要与伽卢斯（Gallus）相混。

Salzburg)、顿戈(Dungal)、塞杜利乌斯·斯科特斯[1]、约翰·司格特·爱留根纳(John Scottus Eriugena)皆为其例。尽管这些学者在很大程度上成为加洛林复兴的一部分，但是他们的学问仍旧保持着强烈的爱尔兰特色。他们中有些人一定从故乡带了或者后来采购了书籍，存世有一些包含有文法学和计算学内容的抄本，似乎就是从爱尔兰来到欧洲的。

当爱尔兰的拉丁文化在英格兰北部扩散的时候，一个与罗马及其过往更直接的联系在南部重新建立起来——597 年，大格里高利[2]派遣奥古斯丁到英格兰，让盎格鲁—萨克逊人皈依基督。坎特伯雷成为罗马基督教的中心，而奥古斯丁就是第一任大主教。668 年由塔尔色斯的狄奥多和尼里达努姆的哈德良所率领的第二 89
次传教[3]，更为重要，也更有成效，他们成功地在整个国家建立起了罗马教会。狄奥多是一位希腊人，哈德良生在非洲，两个人都非常博学。与罗马重新建立的这种关系的一个重要方面就是书籍的流入。大格里高利给奥古斯丁送去了进行礼拜所必需的法衣和圣器“以及很多抄本”(*nec non et codices plurimos*)(Bede, *Hist. eccl.* 1.29)。这些应当就是《圣经》、礼拜书等，不过它们绝大多数无疑是用安色尔字体书写的，正是这些书促成在英格兰发展出一

① 塞杜利乌斯·斯科特斯(Sedulius Scottus)，爱尔兰文法学家，教师，生活于 9 世纪，从事《圣经》注释。注意不要与前文提到的《逾越节之歌》的作者塞杜利乌斯(Sedulius)相混。

② 大格里高利(Gregory the Great，约 540—604)，590 年至 604 年担任教皇，又称为教皇格里高利一世(Pope Gregory I)。

③ 塔尔色斯的狄奥多(Theodore of Tarsus，602—690)，生于西里西亚(Cilicia)的塔尔色斯，拜占庭希腊人，坎特伯雷第八任大主教，又称“坎特伯雷的狄奥多”(Theodore of Canterbury)，曾进行英格兰教会改革，并建立了一个学校。尼里达努姆的哈德良(Hadrian of Niridanum，？—710)，北非柏柏尔人，曾担任那不勒斯附近的尼里达努姆修道院的院长，后担任坎特伯雷的圣奥古斯丁修道院院长，又称“坎特伯雷的哈德良”(Hadrian of Canterbury)。

种漂亮的安色尔字体，经过两个世纪的辉煌，在 8 世纪让位给从爱尔兰传入诺桑比亚的小草体。狄奥多和哈德良前来传教还有一个教育和文学方面的规划；他们一定带了大量图书，拉丁文的和希腊文的，大概既有基督教的也有异教的，只是我们不知其详。在爱尔兰和罗马合力影响下所发展出来的盎格鲁拉丁文化形成了对各种书籍的需求；有些书来自法兰西和西班牙，但主要来自意大利罗马以及南部。约克郡主教暨里彭（Ripon）修道院院长威尔弗里德（Wilfrid，约 634—709）数度造访罗马，想必不会空手而回。奥尔德赫姆[①]也是如此。但是当时最伟大的旅行者却是威尔茅斯（Wearmouth）、贾罗（Jarrow）两座修道院的创建者（分别于 674 年和 682 年）本笃・波斯哥（Benedict Biscop），他曾到访意大利不下六次。其中最重要的可能是第五次："他带回了数量众多品类齐全的图书。"（*Innumerabilem librorum omnis generis copiam adportavit*）（Bede, *Hist. abbatum* 6）本笃・波斯哥和他的门人、修道院长西欧弗里德在英国历史上应当拥有显赫的地位[②]，他们让一位显然足迹不出诺桑比亚的本地男孩，比德（Bede），可以获取当时欧洲无有匹敌的广博学识，并跨过横亘在他的世界与后期罗马帝国之间那似乎无法逾越的鸿沟。我们知道 8 世纪有更多的图书输入，其结果可见于在坎特伯雷和约克成长起来的藏书丰富的图书馆。

---

① 奥尔德赫姆（Aldhelm，约 639—709），生于韦塞克斯，英国马姆斯伯里修道院院长暨谢伯恩地区主教，拉丁诗人，盎格鲁 - 萨克逊文学研究者。

② 西欧弗里德（Ceolfrid，约 642—716），英国圣徒，被圣本笃委任为威尔茅斯（Wearmouth）和贾罗（Jarrow）修道院院长，曾推动《圣经》拉丁文阿密亚提努斯本（Codex Amiatinus）的抄制。他也是圣比德的老师。

我们对 7—8 世纪英格兰学者阅读的广度有所了解，端赖奥尔
德赫姆（Aldhelm，约 639—709）、比德（673—735）之著述，前者 90
成长于韦塞克斯（Wessex）和肯特（Kent），后者则成长于诺桑比亚。他们征引的范围的确非常大，但都是取资于英格兰学者所能够得到的书籍。所提及的或者引用的古典作家的书单之长令人惊异，但这显示出的是对古典传统的向慕，而非稔知，因为它大多得自于马克罗比乌斯和伊西铎以及文法学家们的著作。或许这个书单有必要做进一步压缩，不过奥尔德赫姆似乎了解维吉尔和卢坎、佩尔西乌斯和尤维纳利斯、老普林尼、一些西塞罗，可能还读过奥维德，而比德则对许多书有第一手的知识：大量的文法学家、维吉尔、老普林尼的一些书、马克罗比乌斯、尤特罗庇乌斯以及维吉提乌斯（Vegetius），可能还有奥维德和卢坎。这令人惊叹的书单，得到了稍晚一些的文献证据的支持。关于这个证据，我们应当感谢阿尔昆（Alcuin，740—804）的雅兴，写了一首诗歌颂约克，留下了那个伟大图书馆的一个掠影。说到列举书目，一首诗远逊于卡片索引：有些作者和书名因格于韵律而被排除，以至于书目模糊且不全。不过，在众多神学书目中，我们看到了不少“古典作家”（*auctores*）：维吉尔、斯塔提乌斯、卢坎、西塞罗、普林尼和庞培乌斯。西塞罗被赋予“修辞学家”（*rhetor*）的名号，应该是指《论开题》，而“庞培乌斯”应当是指查士丁为庞培乌斯·特罗古斯（Pompeius Trogus）所做的梗概。从我们所拥有的这些线索来看，在英格兰，人们对基督教和异教文学的了解，比这一时期其他任何地方都要更加广泛，更加系统。

第三节　盎格鲁—萨克逊传教士

繁盛于盎格鲁—萨克逊英格兰的丰富而又充满活力的文化很快就辐射到欧洲大陆。爱尔兰人传递给他们传教的热忱，科伦班努后继者中最为著名的有威利布罗德（Willibrord，658—739），生于诺桑比亚，博尼费斯（Boniface，675—754），长于韦塞克斯。690 年威利布罗德对弗里西人[1]开始其传教活动，就此开启了盎格鲁—萨克逊影响欧洲大陆的时期，这一时期一直持续到 9 世纪。
91 在丕平二世[2]的提议下，他被教皇任命为弗里西的大主教，标志着加洛林朝廷与教廷合作的第一步。博尼费斯最终将日耳曼中部作为传教活动的地域范围；但是其传教事业，在先后几个加洛林赞助者——尤其是查理・马特（Charles Martel）——的积极协助下，在教皇的鼓励下，特别是在他自己巨大的传教组织活动能力的作用下，像滚雪球一样发展，最终促成了法兰克教会的改革，并使日耳曼成为罗马教廷管辖下的一个省。

传教热忱与世俗兴趣相结合的结果之一就是重要教会中心的崛起，如美因茨（Mainz）和符兹堡（Würzburg），以及新一波建立修道院的热潮，这两者都需要图书馆和抄经坊。这些修道院中著名的有富尔达（Fulda）修道院，由博尼费斯的学生斯多米（Sturmi）创建于 744 年，还有与之紧密联系的黑斯费尔德修道院，770 年由

---

① 弗里西人（Frisian）是德国、荷兰滨海地区的一个民族。现代荷兰人称威利布罗德为“派给弗里西人的使徒”（Apostle to the Frisians）。

② 丕平二世（Pippin II，约 635—714），法兰克王国实际上的统治者。

博尼费斯的助手、盎格鲁—萨克逊人卢勒斯[①]建立。但是另外两个重要的修道院——康斯坦茨湖畔的赖兴瑙修道院（Reichenau，724）及其子修道院穆尔巴赫（Murbach，727），却是由皮尔敏（Pirmin）所建，该氏出身不详，一般认为是因为711年阿拉伯人入侵西班牙西哥特王国，避地至此。

与修道院一起，盎格鲁—萨克逊人还带来了一种字体、许多书籍、一种人文主义知识观以及一种认识——认为收藏丰富而且品类平衡的图书馆是教会教育的基础。图书进口一定有相当规模，而且不仅来自英格兰；博尼费斯和卢勒斯的书信中满是索书的请求。盎格鲁—萨克逊的字体，开始流行于受英伦岛影响的教会中心，在同一所抄经坊里与欧陆字体并肩而行。英伦岛字体的流行，一直持续到9世纪中叶，其某些特点，特别是缩写符号，最终融入欧陆字体。

第四节　英伦岛对古典文本的影响

盎格鲁—拉丁文化对欧洲大陆知识重生的推动，至阿尔昆
（Alcuin）终于达到顶峰，再加上图书的供给、抄经坊以及抄工的 92
实际工作，势必对拉丁文献的复兴进而留存至今有着不可估量的影响。然而却难述其详，因为证据支离零散。有三个存世古典抄本来自8世纪，证明其所承载的古典作家的文本传承在这一时段的确经由英格兰。第一个抄本是普林尼《博物志》的第二卷至第六

① 卢勒斯（Lullus，约710—786），生于韦塞克斯，曾是圣本笃马姆斯伯里（Malmesbury）修道院的修道士，737年罗马朝圣时遇到博尼费斯，决定追随其在德国传教，是美因茨大主教，黑斯费尔德（Hersfeld）修道院第一任院长。

卷部分内容（Voss. Lat. F. 4, 图版 XII），抄于诺桑比亚。第二个也极有可能抄于诺桑比亚，是查士丁的一个抄本，现在只剩下两叶（Weinheim, MS. Fischer s.n. and British Library, Harley 5915, f. 10）。正如我们前面看到的那样，这两位作者都列名于据说是约克图书馆所藏书目中。那个查士丁抄本多半是活跃于这一时期的某个盎格鲁—萨克逊传教士带到欧州大陆的。第三个是摘录塞尔维乌斯《〈埃涅阿斯纪〉注》的一个残本（Spangenberg, Pfarrbibliothek s.n.），似乎是 8 世纪上半叶抄写于英格兰西南部；后来归于富尔达修道院，有人推测这是博尼费斯或者他的某个同事带到日耳曼的。三种多纳图斯注，显然都是 8 世纪抄写于英格兰，在公元 800 年之前在欧洲某地被合订为一册（St. Paul in Carinthia 2.1），这是英伦岛对文法学传统的重大贡献的又一标志。

我们还有一些其他作家的抄本，是在欧洲大陆用英伦岛系字体抄写的（十分吊诡地被称为“陆岛系”[continental insular]），这些文本的存世显然要归功于英格兰和爱尔兰的传教活动。有些文本的存世，仰赖英伦岛传教士在欧洲大陆的修道院和教会中心所抄写或者收藏的抄本，同样也应归功于这一活动，尽管从字体上看不出端倪。那些有着“英伦岛症候”的文本——其致误之由，乃肇因于英格兰或爱尔兰字体所特有的字母形体和缩写的抄写讹误——亦当如此论。这些症候表明，文本在其传承历史的早期阶段曾经有过一个英伦岛的传承环节，而不是说现存的抄本
93 就是。不过这个理论必须小心使用：症候——尤其是数量很少的时候——可能是由于误诊，有不少称为有英伦岛祖本的都无法得到证实。存在英伦岛祖本的可能性至少达到相当高度的相

关作家文本及注本，包括阿米亚努斯·马尔凯里努斯[①]、西塞罗的《图斯库兰讨论集》（*Tusculan disputations*）和《论老年》（*De senectute*）、马克罗比乌斯的《〈西皮翁之梦〉注》（*Commentary on the Somnium Scripionis*）、斯塔提乌斯和瓦勒里乌斯·弗拉库斯的叙事诗[②]、以及维特鲁威（Vitruvius）的《建筑十书》（*De architectura*），而且，英伦岛传教活动的主要中心是黑斯费尔德和富尔达，它们对于一些文本的保存起到了主要作用。不过他们的贡献似乎应当属于加洛林复兴的故事，详见后文。

第五节　加洛林复兴

8 世纪末 9 世纪初古典的复兴，无疑是罗马文化遗产传播的最为重要、最为关键的阶段。其展开的背景是一个帝国的重建：一位雄才大略的皇帝，在军事力量和物质财富之外再加上罗马教廷的护佑，一度将从易北河到埃布罗河、从加来到罗马的地方，融合为一个政治和宗教的整体。虽然查理曼（768—814）[③]的政治成就在其后继者手中烟消云散，但是其所推动的文化事业在 9 世纪继续保持其势头，一直到 10 世纪。

一个巨大帝国的世俗统治和教会管理，需要有大量训练有素的神职人员和职官。作为一个人员混杂的国家里的唯一公分母，

---

① 阿米亚努斯·马尔凯里努斯（Ammianus Marcellinus），4 世纪罗马军人，历史学家，其历史著作描写了从 96 年到 378 年的罗马历史。

② 瓦勒里乌斯·弗拉库斯（Valerius Flaccus），“白银时代”拉丁诗人，模仿希腊诗人阿波罗尼乌斯·罗迪乌斯（Apollonius Rhodius）《阿尔戈英雄记》（*Argonautica*）写成同名拉丁诗。

③ 查理曼（Charlemagne），意为“查理大帝”（Charles the Great），又称“查理一世”（Charles Ⅰ）。Charles 的拉丁名为 Carolus，加洛林王朝即查理王朝。

作为此前古典和基督教文化遗产的保存者，教会显然是实施教育以培养训练有素的官吏的一条途径。但是在墨洛温王朝治下，教会陷入黑暗时代；有些牧师对拉丁文极为无知，以至于博尼费斯竟然听到有人在施洗时喊出莫名其妙的 *in nomine patria et filia et*
94 *spiritus sancti*（*Epist.* 68）[1]，对古典世界的知识已销磨殆尽，以至于一位布道文的作者荒唐地以为维纳斯是个男人。在矮子丕平[2]治下，改革已经开始；但是现在需求更巨，查理曼感到一种强烈的个人责任，要提高教士的知识文化水平，并通过他们最终提高臣民的水平：

> igitur quia curae nobis est ut nostrarum ecclesiarum ad meliora proficiat status, oblitteratam paene maiorum nostrorum desidia reparare vigilanti studio litterarum satagimus officinam, et ad pernoscenda studia liberalium artium nostro etiam quos possumus invitamus exemplo.
>
> （我们亟望改进教会的现状，故而极其热情地承担起复兴文学研究的任务，这一研究由于前人的忽略，几近灭绝。我们号召所有臣民尽其所能学习人文艺术，并将其树为榜样。）（*Epist. gen., MGH, Legum sectio II, Capit. Regum Francorum I* [1883], p. 80）

---

[1] 所引拉丁文有文法错误，应为“in nomine patris et filii et spiritus sancti”（以圣父、圣子、圣灵的名义）。

[2] 矮子丕平（Pippin the Short，714—768），法兰克国王，加洛林王朝的创建者。是前文提到的丕平二世的孙子，是查理曼的父亲。

要从一无所有的状态创造出一个有教养的阶级，盎格鲁—萨克逊人就是先师，而查理的一个英明之举就是于786年到约克，当时英格兰同时也是整个欧洲的教育中心，将其学院院长阿尔昆延至宫中担任自己的教育事务顾问。

阿尔昆首先是一个能干的教师。他移植到欧洲大陆并加以改进的教育体系并没有什么雄心远图：只是初级的、实用的，目标在于扫盲而不是提高文学修养，而古典文本的内容，被删减压缩，完全服务于基督教目的。加洛林的教育体系未及推广便告衰落，但是奉敕在修道院和教会所建的学校，却保证了未来境况好转时，欧洲至少有几个地方可以保持基本的读写能力，以期化茧成蝶。不过加洛林的文化并不限于学校教育。只要愿意，阿尔昆可以取得更高的成就，而宫廷则成为从整个欧洲慕名而来的诗人们和学者们的富有成果的交流场所，包括许多富有想象力、优雅而且博学的人，诸如比萨的彼得[①]、来自意大利的保罗执事、爱尔兰学者顿戈、来自西班牙的诗人泰奥德夫（Theodulfus）。从这个圈子里涌出一股更为高明、也更为世俗化的文化溪流；我们发现有一些人超越了加洛林王朝思想和文学的停滞局限，带着纯粹的好奇心和真诚的美学欣赏，去涉猎古代经典。这一上自朝廷、下 95
到修道院和教堂的快速发展并且高度组织化的教育规划有一个重要结果，就是对图书的需求。这些图书以前所未有的规模通过一系列活动生产出来，为我们抢救了很大一部分拉丁文献。

---

① 比萨的彼得（Peter of Pisa，744—799），意大利文法学家，诗人，教堂执事，是查理曼的拉丁文教师。

第六节　加洛林小写体的发展

为了保持这个新秩序的彻底性和统一性，普遍采用了新的字体，即加洛林小写体（图版 XIII）。虽然它的发源比查理曼和阿尔昆都要早得多，但是它的广泛接受和改进，无疑是要归功于他们的倡导与鼓励。7 世纪末和 8 世纪，人们都在探索新的书法形式，其动因在于当时需要一种更为经济、更为适时的字体。爱尔兰人和英格兰人从半安色尔体发展出一种小写体，而欧洲大陆也出现了其他的小写体。这些小写体的出身更为卑贱：不是从安色尔字体发展而来，尽管有时受到它们的影响；而是从罗马草体（以前一直是商行伙计和衙门书隶所使用的字体）发展而来。脱胎于这种不堪造就的字体，人们锻造出一种艺术化的“字体”，在不同的地域有各自的发展路线，形成了多个“民族体”（national hands）——西班牙的西哥特体（Visigothic）、南意大利的贝内文托体（Beneventan）和高卢的墨洛温体（Merovingian）。

西哥特体，从 8 世纪早期到 12 世纪流行于西班牙，对于我们而言，这种字体最不重要，因为现存抄本很少用这种字体书写，也没有证据证明它曾在古典文本的传播过程中起过什么重要作用。贝内文托字体，得名于贝内文托老公国，与西哥特体很像，成为罗马以南的意大利和达尔马提亚（Dalmatian）海岸部分地区的规范字体（图版 XIV）。这种漂亮的字体，完全建构在草体元
96 素基础之上，在 8 世纪形成，在 11 世纪达到颠峰，其存在一直延续到 16 世纪，不过在 13 世纪时，其作为文学文本载体的地位被当时标准的小写体所取代。卡西诺山是其重镇。有大量的古典抄

本——其中有些极其重要——是用这种极为精致、乍一看极为繁难的字体所抄写。

高卢及邻近地区的早期小写体在古典文本的传播方面表现并不突出——尽管有些用前加洛林小写体抄写的抄本保存了下来，而且还有一些抄本显示出曾经经历过这样一个阶段。不过，各种形态的墨洛温体作为加洛林小写体的先声，有其重要意义。因为正是从这种字体，从这种比意大利和西班牙字体更加流畅的字体中，书法家由熟生巧，不断摸索，最终形成一种小写体，成为西欧的规范字体。法兰西最早的小写体书法形成于爱尔兰传教士所建的著名的吕克塞修道院，故而从其得名；在 700 年达到顶峰。8 世纪，风水转到了科比（Corbie），在这个世纪的后半叶，有不少于三种字体同时在使用，术语称作 en 体、ab 体和莫尔德拉姆恩体。在院长莫尔德拉姆恩（Maurdramn）所住持（772—780）的科比修道院抄制的《圣经》中，我们看到了从前加洛林字体中出现了第一个加洛林小写体的例子。这个过程中的关键因素似乎是向半安色尔体回归。连笔被取消，字母变得圆转、独立、规整，其结果就是一种无与伦比的优雅和明朗；而用一种易识且悦目的形式呈现古典文本，对于其幸存一定起到了非常重要的作用。数十年之内，它风靡加洛林帝国，10 世纪跨海来到英格兰，12 世纪末独霸天下。

第七节　加洛林图书馆与拉丁古典

近来的研究证明，藏于柏林的一个抄本（Diez. B Sant. 66）中
所载的一个作家目录——数量极为丰富，品类极为繁多——不是 97

别的，正是790年查理曼宫廷图书馆馆藏图书目录的一部分，由此我们可以窥见加洛林古典复兴的核心。这个书目包括卢坎、斯塔提乌斯的《忒拜》（*Thebaid*）、泰伦斯、尤维纳利斯、提布卢斯、贺拉斯的《诗艺》、克劳狄安、马提雅尔、西塞罗的一些演说（《反对维勒斯》[*Verrines*]、《反对喀提林》[*Catilinarians*]、《支持德奥塔鲁斯国王》[*Pro rege Deiotaro*]），以及从萨卢斯特[①]的两部《战争》（*Bella*）和《史林》（*Historiae*）中摘选的一些演说。这个令人惊叹的目录中所列的著作，有些可能就是用大写或者安色尔字体所写的古抄本。从其他证据可以推知，这个图书馆还藏有其他图书。这一时期的宫廷诗中引用了并不常见的著作如格拉提乌斯（Grattius）的《狩猎》（*Cynegetica*）和斯塔提乌斯的《希尔瓦》（*Silvae*），而从阿尔昆一封写给查理曼的信中来看，他手边有一套老普林尼。保罗执事明确地将他为费斯图斯所做的节略本当作给查理曼图书馆的一个礼物，而我们知道，昆塔斯·塞里纳斯（Quintus Serenus）的《医书》（*Liber medicinalis*）是由朝廷下令抄写的。已知在宫廷抄写处所制作的一些图书，其文本之质量和制作之精良都令人赞叹。现存最好的卢克莱修和维特鲁威的抄本（Leiden, Voss. Lat. F. 30; London, Harley 2767）就是800年前后在那里抄制的。

有证据表明，有门路的修道院长或者主教可以通过从宫廷图书馆抄书来扩充他们的藏书。在查理曼死后，其藏书散出过程

① 萨卢斯特（Sallust，前86—约前35），罗马历史学家，政治人物，传世著作有《喀提林战争》（*Bellum Catilinae*）和《朱古达战争》（*Bellum Iugurthinum*），另有残本《史林》（*Historiae*）。

的细节虽不得而知，但最终许多都流入了修道院图书馆。宫廷藏书目录中的藏项与那个世纪中期在科比修道院所复制的作品之间有着重要的联系——内容包括萨卢斯特重要演说、书信选的科比孤抄本（Vat. lat. 3864）就是最具说明力的例子。另一个颇能说明问题的藏项是西塞罗演说合集，该集复见于十分重要的霍尔勘（Holkhamicus）抄本，今藏不列颠博物馆（Add. 47678）。该本 9 世纪早年抄于图尔斯（Tours）——阿尔昆 796 年至 804 年是图尔斯圣马丁修道院（Saint Martin）的院长——毋庸置疑，其祖本一定就
是宫廷图书馆该藏项。又，李维最著名的抄本之一，《罗马史》第 98
三部的普泰努斯（Puteanus）抄本（Paris lat. 5730, 图版 XI），5 世纪抄于意大利，其中 21—25 卷是以后相应部分的所有抄本的祖本：该文本 800 年在图尔斯抄写复制（其抄本是 Vat. Reg. lat. 762, 图版 XIII），9 世纪中叶又在科比复制（Laur. 63.20），这些事实加在一起强烈暗示，普泰努斯抄本曾经藏于宫廷。宫廷抄写处的重要性在查理的后继者虔敬者路易（Louis the Pious，814—840）治下似乎并未稍减，因为被认定属于其统治时期的抄本包括重要典籍如塞涅卡《书信集》（Class. 46）和普林尼《博物志》（Class. 42）的班堡（Bamberg）抄本。

像财富、艺术作品以及繁荣的文化生活所产生的所有东西一样，书籍自然地会被吸引到权力和影响力的中心。有些是征服者额外之利，或者说，被征服者伺察上意，主动奉献；有些是积极而又充满活力的文化活动的结果。其他则是那些致力于推进教育和文化复兴的人积极搜寻的结果。在黑暗时代，对古典文本的抄写复制曾经有过较长时期的中断，故而加洛林抄本所从复制的范

本必定是古本，而这立即就提出了一个根本问题：这些挽救了众多拉丁经典的古本是从哪里来的？从现有的证据来看，爱尔兰、英格兰、西班牙和高卢的贡献加起来，还是比意大利本土的要小，这些古本主要来自罗马和坎帕尼亚（Camapania），特别是被查理曼占领后的拉文纳。古典文本向北欧的大宗转移并没有竭尽意大利的藏书，因为直到文艺复兴以及更晚，意大利仍然时不时地推出一些文本，就我们所知，乃阿尔卑斯山以北所未曾知见者。

99 在整个查理曼帝国，书籍的抄写复制不断加速发展。所有能找到的古代典籍（用醒目的大写体抄写）的抄本，常常被迅速转写为小写体的抄本，而这些抄本又继续被抄写复制，分衍出各种复杂的传承路线，而谱系法理论正是对这一迷人的过程进行梳理。文本从一个地方向另一个地方转移所经行的路径，自然部分地决定于地理因素，如它们沿着卢瓦尔河或者莱茵河流域转移，但更多取决于机构之间复杂的关系以及在这些机构之间流动的人。史阙有间，这个拼图中有太多片已经永远丢失，所以我们不要奢望可以信而有征地重建这一时期的文本散播地图。不过眉目大概还是有些的，文本在南部和西部通过低地国家和法兰西北部，沿着莱茵河，到康斯坦茨湖畔，隐然指向一个丰饶的中心：亚琛地区[①]，而这也将印证，查理曼宫廷在古典文本散播过程中，起到了中心和催化剂的关键作用。

我们对于此时古典文本抄写复制堪称非凡的规模能有一些认识，约略来自该世纪中叶后一小段时期内在科比修道院抄制的

① 亚琛（Aachen），查理曼帝国的首都，位于今德国西端，与比利时、荷兰接壤。

一批图书。其所从出的范本，部分来自宫廷，而这次抄书活动的集中爆发，大概应当归功于科比修道院的图书馆馆长哈多德（Hadoard）：这批图书包括西塞罗哲学著作集、李维的第一部和第三部、萨卢斯特、科路美拉、老塞涅卡、小普林尼、恺撒的《高卢战记》《赫伦尼乌斯修辞学》、马克罗比乌斯为《西皮翁之梦》所做的注、斯塔提乌斯的《忒拜》、马提雅尔、奥维德的《列女志》和《爱情三论》、泰伦斯、维特鲁威以及维吉提乌斯。从存世的加洛林图书馆藏书目录以及其他证据来看，诸如图尔斯、弗勒里、费里埃、欧塞尔、洛尔施、赖兴瑙以及圣高尔等修道中心，显然也存在或者说累积了与科比修道院大致相仿的藏书。

黑森（Hesse）的洛尔施修道院虽然建得比较晚（764），却享
有查理曼的特别资助，很快建立起加洛林藏书量最丰富的图书馆 100
之一。尤维纳利斯和佩尔西乌斯的著名的皮图（Pithoeanus）抄本（Montpellier 125）正是抄写于洛尔施，而且那里还有西塞罗《书信集》的抄本，在当时十分罕见。加洛林时期所获抄本中有一些非常重要的典籍，包括李维第五部 5 世纪孤抄本（Vienna lat. 15），该本早前流传于低地国家；塞涅卡《论恩惠》（*De beneficiis*）和《论怜悯》（*De clementia*）最重要的抄本（Vat. Pal. lat. 1547），800 年前后抄于意大利北部；维吉尔的帕拉廷抄本（Vat. Pal. lat. 1631），5 世纪末或者 6 世纪初用俗大写字体抄写；一个来自意大利的著名重写本（Vat. Pal. lat. 24），是由一些最早的存世古本（包括塞涅卡、卢坎、弗龙托和格利乌斯）的片段组成。

英伦岛传教士所建富尔达修道院和黑斯费尔德修道院的重要意义已见前述。从这两个修道院传下来阿米亚努斯·马尔凯里努

斯（Ammianus Marcellinus）的两个抄本，是其余所有本子的祖本。还有，塔西佗《杂著》（*Opera minora*）和苏维托尼乌斯《语法问题》（*De grammaticis*）文本能够幸存，端赖一个抄写于黑斯费尔德或者富尔达并保存于前者的抄本（Rome, Biblioteca Nazionale 1631）。除了为诸如小普林尼、奥卢斯·格利乌斯、尤特罗庇乌斯和诺尼乌斯·马塞卢斯等古典作家的文本传承提供重要抄本以外，富尔达在其他文本的传承历史上也扮演着决定性的角色：瓦勒里乌斯·弗拉库斯中世纪孤抄本（Vat. lat. 3277）就是在那里抄写的；科路美拉的两个加洛林抄本，一个抄写于科比（Leningrad, Class. Lat. F. v. i），另一个抄写于富尔达（Ambros. L. 85 sup.）；《罗马皇帝传》最重要的源本（Val. Pal. lat. 899）[①]，本身抄写于北意大利，肯定曾归于富尔达，因为它有一个直接抄本（Bamberg Class. 54）源于富尔达；塔西佗《编年史》1—6 卷有一个存世抄本（Laur. 68. 1）抄写于富尔达，藏于科比的子修道院科维（Corvey）；最后，用个轻松的话题来收尾：阿庇西乌斯（Apicius）烹饪书的早期抄本，一个很好地呈现了图尔斯的字体特点（Urb. Lat. 1146），另一
101 个（用一种混合了盎格鲁—萨克逊小写体和欧陆体的字体抄写）则几乎可以肯定地指向富尔达（New York, Acad. Med., MS. Safe.）。

图尔斯是我们最早也是最好的加洛林抄本中一些本子的来源，已见前述。这里可以再加上苏维托尼乌斯存世最早的抄本（Paris lat. 6115）。沿着卢瓦尔和约纳河谷由一串修道院联缀而成的链条——弗勒里、费里埃、欧塞尔——构成了古典学问流通的大

① 《罗马皇帝传》（*Historia Augusta*），4 世纪多名作者所写罗马皇帝传的汇编。

动脉，而图尔斯正立于这个链条的一端。弗勒里在昆体良和恺撒《高卢战记》的文本传播中发挥了重要作用。与欧塞尔一起——两者通过卢普斯（Lupus）和黑里克（Heiric）圈子紧密地联系在一起，以至于它们各自的贡献往往难以区分——弗勒里在佩特罗尼乌斯的文本传承史上举足轻重，而这一群修道院之间富有成果的交流互动，也见于诸如诺尼乌斯·马塞卢斯和马克罗比乌斯《注》的传播之中。卢瓦尔地区丰富的图书储存，为 11 世纪后期的文学复兴和 16 世纪的学术发展，适时提供了动力。

维吉尔古珍本中的两种——奥古斯都本和罗马本（Vat. lat. 3256 + Berlin lat. 2° 416; Vat. lat. 3867）——带有巴黎圣但尼（Saint-Denis）修道院的藏书印，大概早期曾保藏于此。康斯坦茨湖诸修道院，特别是赖兴瑙和圣高尔，毗邻加洛林复兴的中心，同时又能与北意大利有富有成果的接触，为古典文本的保存做出了巨大的贡献。珍稀本如奥维德的《变形记》和《爱的艺术》、西利乌斯·伊塔利库斯（Silius Italicus）以及塞涅卡的《自然问题》（*Natural Qestions*）被记在赖兴瑙或者某个邻近的修道中心的名下，而赖兴瑙的子修道院穆尔巴赫，所藏抄本之富，可敌母院，其中有《维吉尔外集》[①]一个古老而且影响极大的抄本以及维勒乌斯·帕特库勒斯（Velleius Paterculus）已经亡佚的父本。圣高尔的丰富收藏，下文我们看波焦可以从那儿找到什么时自见分晓。

米兰之南的博比奥，情况则完全不同。它在加洛林复兴之前，久已从事古典文本收集，对于大量古代文法著作的保存起到

① 《维吉尔外集》（*Appendix Vergiliana*），诗集，传统上视为维吉尔之“少作”，实际上可能都是伪作。

了关键作用。非但如此，它还藏有一些珍贵的诗歌文本，如卢克
102 莱修、马尼利乌斯和瓦勒里乌斯·弗拉库斯；其瓦勒里乌斯·弗拉库斯抄本极有可能就是我们现存抄本的父本。其曾予以庇护的许多文本，有一些直到 15 世纪才重现，有一些则直到最近才面世。

设若 9 世纪末有人对当时所见古典书籍作一盘点的话，那么将会明了，有些古典作家是如此深植于文学和教育传统之中，在图书馆的书架上副本如此之多，以至于它们的存世已不成问题。我们将以下文献划归这一类：维吉尔、贺拉斯（主要是其《讽刺诗集》和《书信集》，基本上不包括其抒情诗，那在中世纪时不太流行）、卢坎、尤维纳利斯和佩尔西乌斯，泰伦斯、斯塔提乌斯的史诗、西塞罗的某些修辞学和哲学著作（其《书信集》和《演讲集》当时知道的人很少甚至没有），萨卢斯特的《喀提林》（*Catilina*）和《朱古达》（*Jugurtha*），老普林尼、查士丁以及维特鲁威。老塞涅卡和瓦勒里乌斯·马克西姆斯（Valerius Maximus）当时是有的，奥卢斯·格利乌斯以及塞涅卡的《书信集》也是如此；不过，格利乌斯和塞涅卡各自都是分成两半流传的，其中一半比另一半要罕僻得多，而在这一时期，全集本很少见或者根本不存在。昆体良并不像人们设想的那样常见（其地位被《赫伦尼乌斯修辞学》和《论开题》所取代），而且他也没有全集；绝大多数抄本不完整，不过，10 世纪在日耳曼倒是发现了一个全本。马提雅尔和苏维托尼乌斯不常见，不过，艾因哈德（Einhard）《查理曼传》（*Life of Charlemagne*），幸而与富尔达相关联，极好地活用了苏维托尼乌斯的文学方法，是世俗传记发展的一个里程碑。普劳图斯、卢克莱修、李维和小普林尼则更加少见，而奥维德的伟大时代还没

有到来。有些作家的抄本是如此之少——有时是孤本——因而它们的未来仍旧没有保障：西塞罗的《书信集》、塔西佗、科路美拉、佩特罗尼乌斯、阿庇西乌斯、瓦勒里乌斯·弗拉库斯和阿米亚努斯，在这一时期都曾被抄写复制，但规模较小，不足以确保它们可以历经战争、天灾以及虽不那么剧烈但却永远存在的蠹食霉变而幸存下来；要让它们安全的话，还将需要另一个“革新”（*renovatio*）。提布卢斯和卡图卢斯、塞涅卡的《悲剧集》和斯塔提乌斯的《西尔瓦》，它们极少的甚或唯一的抄本事实上处于休眠状态，而普罗佩提乌斯、塞涅卡的《对话录》、阿普列乌斯的《金驴 103
记》、塔西佗的大部分、马尼利乌斯、奈波斯以及维勒乌斯·帕特库勒斯也没有什么活动的迹象。

看到这些，我们不禁惊叹，拉丁古典可谓命悬一线。许多文本只有一个抄本幸存下来进入加洛林时代，而且常常是破旧的本子。当这个复兴的伟大时代结束时，拉丁文献中的一些伟大作品仍然孤本单存。最细微的意外也有可能剥夺掉我们最珍贵的一些文本，如卡图卢斯和普罗佩提乌斯、佩特罗尼乌斯，或者塔西佗。有一些幸存的例子甚为极端：李维第五部的5世纪抄本藏于洛尔施（Vienna lat. 15），作为孤本一直流传到16世纪，其间不曾有过复制。只消一个意外，李维将会再有五卷无迹可寻。

第八节　加洛林学术

加洛林时代更为明显的特色就是其惊人的羊皮纸用量。当时有大量的出版，范围从诗歌创作、历史、传记、圣徒言行录、神学、哲学以及《圣经》解释学，一直到修辞学、辩证法、格律学以及文法学的手册。如此等等，皆关紧要，因为但凡涉及对拉丁语言和文学的更为成熟的研究和利用，都将推进古典传统。不过考虑到本书的主题，如果我们把关注点限定于古典文学研究，并把重点放在学术这个词上的话，那么就只有几个人需要我们加以注意。

加洛林时代对古典文本的学术性整理活动的最早闪现之一，见于极为著名的卢克莱修抄本——长方形抄本（Voss. Lat. F. 30）[①]，公元 800 年左右抄成于查理曼宫廷抄写处。这个本子曾被校正，并且在原本抄工所留空白处，有人间或用英伦岛字体予以
104 补充，该人一度被称为所谓“萨克逊校正者”，后来证明根本不是萨克逊人，而是爱尔兰学者顿戈。他曾在宫廷行走，被查理曼视为天文学权威；他对卢克莱修文本感兴趣，这一点不足为怪。在学术史上占有更为重要地位的，是另外一位爱尔兰学者，塞杜里乌斯·斯科特斯，9 世纪中叶活跃于列日。塞杜里乌斯博学多才，是神学家、诗人，还曾为普里希安以及其他作家的文本做过校注，但最令我们感兴趣的，是他编纂了《文萃》（*Collectaneum*），一个摘抄自多个作家的文集。这基本上是中世纪常见的道德格言碎锦袋，不过，他表现出对所摘抄作家的风格很感兴趣，而且他阅读的范围也十分惊人：他摘抄了许多作品，包括西塞罗的作品（《腓利比克》诸篇、《为封特尤斯声辩》《为弗拉库斯声辩》《斥皮索》）、瓦勒里乌斯·马克西姆斯、马克罗比乌斯、弗龙蒂努斯

---

① 卢克莱修所著《物性论》（*De rerum natura*），认为人们无须惧怕天怒神罚，因为宇宙是由物理规律支配的，故而中世纪时少有读者。该书 9 世纪上半叶至少有过两次抄写复制，今皆存世，藏于莱顿，为便区分，按形状，分别称为“正方形抄本”（codex Quadratus）、“长方形抄本”（codex Oblongus）。

（Frontinus）和维吉提乌斯的军事手册以及《罗马皇帝传》。就西塞罗的《演讲集》而言，他似乎用的是一个今天仍然存世的重要本子（Vat. Arch. S. Pietro H. 25），该本抄写于意大利，大概抄自一个安色尔原本。科比修道院的图书馆馆长哈多德也为我们留下了一部类似的选集，几乎可以肯定是其亲笔稿本（Vat. Reg. lat. 1762，9 世纪中叶）。哈多德对所摘抄作家的原文就没有那么尊重：他的道德格言从其语境扯离，剥掉那些将其与特定地域和时代相联系的名字和历史参照，在必要的时候加以基督教化。不过他的取材范围也值得注意，尤其是西塞罗的作品——《学园派哲学前篇》（*Academica priora*）、《论神性》（*De natura deorum*）、《论占卜》（*De divinatione*）、《论命运》（*De fato*）、《悖论》（*Paradoxa*）、《论法律》（*De legibus*）、《提迈乌斯》（*Timaeus*）、《图斯库兰讨论集》（*Tusculanae disputationes*）、《论职责》（*De officiis*）、《论友谊》（*De amicitia*）、《论老年》（*De senectute*）、《论演说家》（*De oratore*）。他在文本校勘方面的重要性比人们设想得要小，因为他所使用的有些抄本依然存世。更为精彩的一个文献，是瓦拉弗里德·斯特拉波（Walafrid Strabo，808—849）的摘抄本（St. Gall 878）。该氏是位诗人，后来成为秃头查理的老师[①]，也是赖兴瑙修道院的院长。这个摘抄本反映了编纂者的整个生涯和个人兴趣。摘抄材料本身没有透露他的文学兴趣，他选择摘抄的古典时代的世俗作品只有科路美拉集和塞涅卡的《书信集》，鉴于他写过关于其修道院花园的动人诗篇，所以这第一个选择并不令人惊异。不过这个摘

① 秃头查理（Charles the Bald，823—877），三家分加洛林之后，成为西法兰克国王（843—877），后来又成为意大利国王（875—877）、神圣罗马帝国皇帝（875—877，称作查理二世）。

105 抄本的确从侧面展示出，瓦拉弗里德在古典作家文本的传播中表现出比一般摘抄者更为积极的干预，因为它透露出，那个在贺拉斯现存最古老的抄本（Vat. Reg. lat. 1703 = R）上校补多处的漂亮笔迹，正是出自瓦拉弗里德本人之手。

然而真正傲视同侪的学者却是费里埃的卢普斯（约 805—862）。作为“为知识而知识”（*propter se ipsam appetenda sapientia*，Epist. 1）这句名言的作者，在他那个时代，独开文艺复兴之先声。他在费里埃接受教育，并在后阿尔昆时代最伟大的教师拉巴努斯·毛鲁斯（Hrabanus Maurus）的指导下于富尔达完成学业。836 年他回到费里埃修道院，842 年成为院长直至去世。他的书信很值得研究；尽管他对世俗事务颇有介入，但是他的通信大多讲的却是自己的学术兴趣。他求学时，费里埃图书馆藏书有限，因为急于增加费里埃图书馆的资料，他四处写信求书，写信给艾因哈德（此时已离开宫廷，退隐于塞利根施塔特），写信到图尔斯、到约克、给教皇本人。他并不是 9 世纪唯一求购抄本的人，但是他的出众之处在于，某些作品他自己已有抄本，但他仍渴望得到其他抄本，从而可以通过对校来匡正补充自己的本子。利用尤利乌斯·帕里斯（Julius Paris）4 世纪所做的珍贵的纲目，他成功补足了瓦勒里乌斯·马克西姆斯幸存古本中的一些阙文。下面一段话摘自他 847 年写给普鲁姆（Prüm）一个修士的书信，很形象地展示了他的作为（*Epist.* 69）：

> Tullianas epistolas quas misisti cum nostris conferri faciam, ut ex utrisque, si possit fieri, veritas exculpatur. Tu autem huic

nostro cursori Tullium in Arato [the *Aratea*] trade, ut ex eo quem me impetraturum credo, quae deesse illi Egil noster aperuit, suppleantur.

（我将对校你送来的西塞罗书信与我自己的本子，如果可能的话，我将可以从两者中得到正确的文本。不知你能否将西塞罗所译《阿拉图斯》交由我的信差带回，庶几我的本子所阙部分——我们的艾吉尔发现了这一点——可借以补足。）

乐于接受，也乐于给予。卢普斯毫无保留地回答关于文法、韵律或者解经学的问题，从他我们可以生动地窥见加洛林学者圈的知识生涯。他著述不多，他的人文主义的主要成就，除了书信，就是古典作者的抄本——有十几种之多——证明出自他的手笔。其中在某一方面最为重要的是西塞罗的《论演说家》（*De* 106
oratore），今藏于大英博物馆（Harley 2736），由卢普斯亲笔抄写。他批注过的，包括西塞罗的文本，其中有西塞罗哲学作品莱顿全编中最古老的抄本（Vienna lat. 189）、李维（VI—X）、瓦勒里乌斯·马克西姆斯、奥卢斯·格利乌斯、马克罗比乌斯（《〈西皮翁之梦〉注》）以及多纳图斯（《〈维吉尔〉注》I—V，X）。我们得知，艾因哈德曾应卢普斯的要求，将一部格利乌斯借给富尔达，836 年拉巴努斯连忙命人抄留副本（*Epist.* 5）。后来的确发现了富尔达所抄的格利乌斯抄本（Leeuwarden, Prov. Bibl. Van Friesland 55），不过，希望证明它是卢普斯用来校正自己的格利乌斯本子（Vat. Reg. lat. 597）的企图却落空了。他的一些做法如：当确定或者怀疑有阙文时留下空白，标识讹误，记录异文，显示出

一种整理古典文本很好的方法，比他自己差强人意的校勘实践更为重要。在《圣经》研究领域，在卢普斯致力于抄本对校之前，奥尔良主教、弗勒里修道院院长泰奥德夫已经彰明较著地导其先路[①]。在821年去世之前，泰奥德夫整理出了一个武加大本，其中，已经用了许多现代的整理方法：用缩写（sigla）在边白处标注异文来源，如用 ā 表示阿尔昆异文，用 s̄ 表示西班牙汇校。

卢普斯作为一位教师也很重要，在他的弟子中有欧塞尔的黑里克（Heiric of Auxerre，约841—876），而黑里克本人又是下一代的重要人物如兰斯的胡克巴尔德（Hucbald of Reims）和欧塞尔的雷米吉乌斯（Remigius of Auxerre）的老师。如果联想到卢普斯受业于拉巴努斯，而拉巴努斯又是受业于阿尔昆，我们就可以清楚地看到加洛林学术师承的线索之一。黑里克在古典文本传承史上占有重要地位。他将从卢普斯听写过录的瓦勒里乌斯·马克西姆斯和苏维托尼乌斯的摘抄文萃公之于世。卢普斯的瓦勒里乌斯抄本留存了下来（Berne 366）。9世纪早期在图尔斯（Paris lat. 6115）和富尔达都有苏维托尼乌斯的文本，大概卢普斯试图并且最终成功地从富尔达抄得自己的本子。黑里克也是我们所知道的第一个
107 利用佩特罗尼乌斯摘萃的人，该本9世纪开始流行。另外，860年至862年抄写于欧塞尔的一个抄本保存了许多珍贵文本，该本之抄，由黑里克负责，并且亲为批注（Vat. lat. 4929）。这个奇特的小文集极有意思，因为我们既知道其早前的历史，也知道其后来的历史。在其繁杂多样的内容中，有两个文本，尤利乌斯·帕里斯

① 泰奥德夫（Theodulfus，约750—821），奥尔良主教（约798—818），故称“奥尔良的泰奥德夫”（Theodulf of Orléans），加洛林复兴关键成员，查理曼时期宗教改革的重要人物。

为瓦勒里乌斯·马克西姆斯所做的纲要和鲍姆鲍尼乌斯·梅拉的《地理志》(*De chorographia*)，都有跋识曰：儒斯蒂西乌斯·赫皮丢斯·多姆鲁斯(Rusticius Helpidius Domnulus)整理于拉文纳——该氏大约生活于5世纪。如我们所知，拉文纳大概是加洛林的一个重要的书籍来源。正是黑里克将赫皮丢斯的这个微型百科全书传诸后昆：经由一个12世纪的抄本，这个梵蒂冈本(Vaticanus)的部分内容到了彼特拉克手中，从而得以在文艺复兴中广为传播。

第九节　加洛林的黄昏

加洛林复兴的文化生活，与查理曼政治上所达到的和谐统一和安全稳固密切相关。在9—10世纪，查理曼帝国受到维京人、萨拉森人(Saracens)以及匈牙利人四面八方的不断进攻。全境遍遭兵燹，修道院被洗劫，而内部的分歧导致帝国在843年分离为独立的政治实体，今日欧洲各自为政的面貌已隐然出现。然而，由查理曼和阿尔昆所发动的、借由修道院和教会学校开展工作的这架教育机器，仍有足够的动能维持其运行，直到有一个新的时代可以接手古典传统并且更为全面地加以利用。

10世纪基本上是从加洛林时代到11—12世纪经济和文化扩张时代的过渡时期。在这一时期，文化水平整体下滑，古典抄本的生产有所衰退，不过各地区情况不一，有新中心兴起，也有其他
中心败落。古典文本继续得到复制，并且流行坊间的作家中增加 108
了新的文本。这一时期有两位学者，其学识之广博超越前一个世纪，他们是拉忒利乌斯(Ratherius，约887—974)——曾为列日主教，三度为维罗纳主教——和兰斯的热尔贝(Gerbert of Reims,

约 950—1003）。

拉忒利乌斯是动荡年代中最为颠沛流离的人物之一。他广博的古典学识，实际上得益于多次徙居，而他之所以多次徙居，又是由于他暴躁的脾气和尖刻的口才，而这主要来自于拉丁讽刺作家，颇为教士同侪所不耐，使他不得不以近乎流浪的方式往来于欧洲。他对普劳图斯和卡图卢斯两个珍贵文本的了解，特别值得我们注意。大概他是在法兰西——那里是帕拉廷抄本家族的老家——碰到普劳图斯的戏剧文本，卡图卢斯的文本可能也是如此。虽然关于卡图卢斯诗作的最伟大的发现是在维罗纳，但是其历劫不灭的的第一个标志却是 9 世纪后期写于法兰西的《图氏文萃》（*florilegium Thuaneum*，Paris lat. 8071）[1]收入其第 62 篇诗作。见证拉忒利乌斯对古典文本之贡献的，是今仍存世的李维第一部的极为重要的孤本（Laur. 63.19=M），那是在他的指导下复制于维罗纳。批注中较为劲爆的内容泄露了作者的身份。一对孪生抄本，可能是同时复制，进呈奥托一世，后归于沃尔姆斯大教堂（cathedral of Worms）。

加洛林传统可能在日耳曼得到了最好的保持，特别是在奥托王朝时期（936—1002）。奥托三世是一个文化修养很高的人，而由于神圣罗马帝国的复兴，日耳曼与意大利之间的接触日益增加，给北方的古典研究注入了新鲜的活力。作为奥托三世的老师和顾问，热尔贝在这一幕中扮演了中心角色。他是一个伟大的教师，数学研究的先行者，也是一个积极的抄本收集者。他曾先后担任

---

① 曾被法国历史学家雅克—奥古斯特·德图（Jacques-Auguste de Thou，1553—1617）收藏，故名。

博比奥修道院的院长、兰斯和拉文纳的主教，最终成为教皇西尔维斯特二世（Pope Sylvester II）。他知道一些极为罕见的作家文本，如塞尔苏斯[①]和马尼利乌斯（Manilius）——后者他在博比奥发现——现存西塞罗《论演说家》抄本（Erlangen 380）就是为他抄 109
写的。借由热尔贝的帮助，并且通过他在意大利的关系，奥托三世得以重振帝国图书馆的伟大传统，建立起他自己的精良藏书。这些图书有一部分经由他的后继者亨利二世（Henry II），流向班堡大教堂图书馆，至今仍在那里。他在皮亚琴察（Piacenza）成功得到李维第四部的一个5世纪安色尔抄本。如今这个本子只剩下曾被用来加固其装订的若干条板（Bamberg，Class. 35a），不过，从它所抄写的抄本至少有两个，其中一个在11世纪抄于班堡，是该文本的主要源头（Class. 35）。从意大利获取的抄本还有伪托昆体良的《大辩论集》（*Declamationes maiores*）最早的本子（Class. 44）以及一个非常有价值的史学丛书，包括弗罗鲁斯、费斯图斯[②]和尤特罗庇乌斯（Class. 31）。在班堡还有普林尼和塞涅卡的精美抄本，应是"虔敬者路易"（Louis the Pious）的抄经坊所出品。这说明奥托三世还从前几任皇帝的图书馆中获取藏书。

这一时期日耳曼的修道院和学校多有贡献，其中值得一提的，有西塞罗《论至善和至恶》（*De finibus*）存世最早也是最好的抄本（Vat. Pal. lat. 1513），11世纪抄写于洛尔施修道院；还有很重

---

① 塞尔苏斯（Aulus Cornelius Celsus，约前25—约50），古罗马百科全书编纂者，其《医学论》（*De Medicina*）部分留存，亡佚部分包括农业、法律、修辞和军事等。

② 费斯图斯（Festus），又称鲁弗斯·费斯图斯（Rufus Festus），4世纪罗马历史学家，罗马帝国非洲总督，撰有《罗马史纲》（*Breviarium rerum gestarum populi Romani*）。注意不要与2世纪罗马文法学家庞培乌斯·费斯图斯（Pompeius Festus）相混。

要的西塞罗一卷本合集，11 世纪抄写于日耳曼，旧藏于科隆大教堂，今藏于大英图书馆（Harley 2682），其内容包括若干演说辞、书信以及哲学论著，就其中某些文本而言，该本具有很高的文献价值。

在加洛林复兴的全盛时期，以前束之高阁的文本从架上取了下来，得到了阅读和复制，从而使古典文本的数量稳步增加。诸多资料表明，列日地区的复兴尤为强劲。今天藏于布鲁塞尔的一些抄本就是在这一地区抄写复制的，显然是在让布卢（Gembloux）修道院和列日圣詹姆士修道院的院长奥尔贝特（Olbert）的策动之下。其中有西塞罗《为阿基阿斯声辨》（Brussels 5348-52，稍晚由彼特拉克发现）和马尼利乌斯（MS. 10012，来自让布卢）。还有一
110 部很重要的克劳狄安诗集（MS. 5381），似乎抄自某部曾一度藏于加洛林宫廷图书馆的书。距让布卢不远的洛贝斯（Lobbes）修道院，也有一个同样的克劳狄安的本子，还有卢克莱修、提布卢斯和瓦勒里乌斯·弗拉库斯的稀世珍本，今皆不见踪影。这就像是要挖掘自从加洛林时期就埋藏在这个地区的文本一样。

不列颠的古典藏书毁于维京人的劫掠以及 9 世纪的其他扰攘，恢复得非常缓慢。有两个抄于威尔士的抄本，其中一个抄于 9 世纪后期，内容是奥维德《爱的艺术》第一卷（Oxford, Bodl. Auct. F. 4. 32, part IV），另一个大约同一时期抄写，是马尔提亚努斯·凯佩拉的一个抄本（Cambridge, Corpus Christi College 153），这两个抄本说明，当其英格兰的邻居们仍然在混乱中的时候，威尔士人已经用欧陆范本，发动了一次小小的复兴。不过，端赖顿斯坦（Dunstan）和艾瑟渥德（Ethelwold）的修道院改革以及与弗勒里

和科比等修道中心之间联系的建立，10 世纪英格兰开始从欧洲大陆输入书籍，与之一起输入的还有大陆的字体。西塞罗所译《阿拉图斯》（*Aratea*）的最重要的抄本（Harley 647）——加洛林时期抄写于法兰西——在 10 世纪末来到英格兰，很快在英格兰衍生出一大堆后裔。有 10 世纪抄于英格兰的尤维纳利斯和佩尔西乌斯的抄本存世，其中有一个是用英伦岛系字体所写，十分引人注目（Cambridge, Trinity College O. 4.10），无疑是用这种字体所抄写的古典抄本中的殿军之一。

第十节　卡西诺山的重振

在拉丁学术史上 11 世纪最突出的单一事件就是卡西诺山的非凡振兴。这个曾经诞生了本笃规约的修道院，在本笃主义作为一种文化力量在欧洲快速没落之时，曾有过她的辉煌时光。在院长德西德里乌斯（Desiderius，1058—1087 年在任）主持下所达到的
艺术和知识的鼎盛，伴随着对古典的重新勃发的兴趣。11 世纪晚 111
期和 12 世纪早期，在卡西诺山及其联合修道中心，抄写复制了一系列重要的古典及其他作品的贝内文托体（Beneventan）抄本。赖此一举，许多文本得以恢复，否则将永久湮灭。以下抄本的保存，端赖该修道院在这一时期的工作：塔西佗的《编年史》和《历史》（图版 XIV），阿普列乌斯的《金驴记》，塞涅卡的《对话录》，瓦罗的《论拉丁语》，弗龙蒂努斯的《论罗马城的供水》，还有尤维纳利斯第六首讽刺诗的三十多行，不见于其他任何抄本。

第十一节　12 世纪的复兴

前文已略有提及，教育之事日渐从僧侣和修道院转移到教堂里的牧师和城镇中的学校。修道院因其图书馆和抄经坊，同时作为文化中心，仍旧保持着重要地位，但是更为活跃的精神生活则转移到教会学校，这些学校在 11 世纪中得到了快速的发展，后来有一些发展成为最早的大学。那时欧洲的知识版图发生了巨大的变化。博洛尼亚是罗马法复兴的中心；萨勒诺（Salerno）建成了第一个医学院；意大利南部和西西里岛的诺曼王国酝酿了科技著作从希腊文到拉丁文的翻译，并且随着从穆斯林手中夺回西班牙，托莱多（Toledo）成为将阿拉伯科技与学术带入西方视野的翻译重镇。在北方，知识活动的主要场所转移到了诺曼法兰西和诺曼英格兰，以拜克（Bec）和坎特伯雷（Canterbury）为代表，尽管英格兰的学校还需要一段时间才能赶上法兰西。古典复兴在文学方面主要开展于奥尔良和沙特尔（Chartres）的学校，而哲学和辩证法则安家于巴黎，并将巴黎变成整个欧洲的知识首都。古罗马的文学作品仍旧是教育的基本材料，仍旧是文学灵感的主要源泉，不
112 过现在它有了新的角色——用一种对法学、医学、修辞学以及逻辑学等的专业化的兴趣来满足一个复杂社会的特殊需求。这一时期人们感兴趣的图书是欧几里德和托勒密、《法学汇纂》（*Digest*）以及亚里士多德作品和医学文集，很快就有了供应。知识的活力，复兴的自信，学习新知识的渴求，重理旧知识的冲动，再加上教育和社会所发生的根本变化，一种新的研究古代社会的方法于是应运而生。财富和文明的增加，再加上艺术和文学的世俗化

潮流，使得人们对于文学有了比修道院隐修者更加积极的兴趣。12 世纪也是读者大众发展的一个关键时期。随着古代世界的终结，世俗之人的读写能力几尽消失，总的来说只有牧师和统治家族中的成员才识字。但是如今文学复兴的强大生命力以及商业和行政管理中书写文件越来越多的运用，都证明有一个文化变革。读写能力，最初只限于盎格鲁—诺曼贵族，此时开始向其他阶级渗透，到 13 世纪末已经广为散播。饶有意思的是，直到 13 世纪中叶，*litteratus* 一词的定义仍然是拉丁文的读写能力；从那以后，它也指对拉丁文学的一定程度的熟悉，在意思上接近于"有教养""有文化"。

一个自身文学（既有拉丁文学，也有白话［vernacular］文学）快速发展的时代，可以时有会心地探索古代史诗和历史的个中技巧。情诗与讽刺作家的道德说教文字，最为亟需——古代文学既提供了理性，也提供了良知。在这一过程中古代文学被改头换面：维吉尔被寓意化，奥维德被道德化，而讽刺作家作品上批满的注与评，很少依准作者的原始意图。结果是五花八门。里沃的艾尔雷德（Aelred of Rievaulx）在《论友谊》（*De amicitia*）一书中，用基督教的概念重新思考人类的关系，以一种既毫无违和于原型，又不稍减其自身魅力和原创性的方式，重写了西塞罗的对话录。塞涅卡的作品，与基督教作家的材料进行巧妙的混合，可 113
以写成一些高雅的文章，比如在圣蒂埃里的威廉（William of Saint Thierry）笔下，尽管这一过程泯灭了塞涅卡的个性；而在圣维克多的戈蒂埃（Gautier of Saint Victor）笔下，经过适当的变化，塞涅卡可以被用来谴责对于异教作家的研究。这一时期挽歌体喜剧最为色情的场景中，闪耀着借自奥维德的一些语句，不过奥维德通常被用作一种道德手册以及其他许多用途，他的语调和意图被古怪地加以歪曲，以至于《爱药》（*Remedia amoris*）可以成为学校教材，甚至诗人的鼻子，因为显而易见的原因，号称很大[①]，变成了具有超级能力的一种器官，可以区分德行与恶行。

维吉尔、贺拉斯、奥维德、尤维纳利斯、佩尔西乌斯、西塞罗、塞涅卡和萨卢斯特，是 12 世纪的主要文学食粮；斯塔提乌斯（除了《希尔瓦》）和泰伦斯颇受欢迎，昆体良也为人所知但用得不多，马提雅尔越来越受喜爱，而普劳图斯的一些作品（前八个戏剧）和李维开始流传。这应当是最喜欢卡图卢斯、提布卢斯和普罗佩提乌斯诗作的时代，但是这些诗人当时尚存的珍本甚或孤本，却迟迟未见反响；提布卢斯和普罗佩提乌斯刚刚浮现，卡图卢斯仍不为人所知。塔西佗仍然尘封架上，而卢克莱修则很好地展示了一个文本如何可以流行于 9 世纪，然后却在中世纪余下的时间里完全从视线中消失。复兴对古典文本的重视可以从存世的重写本中看出消息：古典作家开始比较多地成为上层文本——局面虽已逆转，但对将古典作品用为教材的攻讦却仍未止息。

当时最顶尖的知识分子对于拉丁文学的熟悉，我们可以从两个英国人的著作中见其一斑，他们是马姆斯伯里的威廉（William of Malmesbury，卒于 1143 年）和萨里斯伯里的约翰（John of Salisbury，约 1110—1180），前者是这一时期最伟大的历史学家，后者则是 12 世纪文学复兴的最佳代表。作为马姆斯伯里的图书馆

① 奥维德（Publius Ovidius Naso，前 43—18），姓名中的 Naso，拉丁文中的意思是鼻子，大概因祖上有人鼻子大而得名。

长，威廉有极为丰富的藏书（他自己增益颇多）供其支配，并且可以方便地接触利用整个图书世界。除了通常所用的学校教材以外，他还读过恺撒的《高卢战记》、奥卢斯·格利乌斯、苏维托尼乌斯、马提雅尔，还有在当时极不寻常的文本如塞涅卡的《变瓜记》（*Apocolocyntosis*）；他还是中世纪第一个援引整部的塞涅卡 114
《书信集》的人。作为一个真正的研究者，对于历史和考古有着浓厚的兴趣，威廉在古典学术史上占有一席之地。他尤为在意的是，搜集相关文本并将之合在一处，他所编纂的合集有一部分，常常是手稿本，还有存世。他的历史合集之一，内容包括维吉提乌斯、弗龙蒂努斯和尤特罗庇乌斯（Oxford, Lincoln College, Lat. 100），就是一个很好的例子。他曾编过一个单卷本西塞罗，这个令人印象深刻的本子仍旧有后来的抄本存世（Cambridge, University Library, Dd. 13.2）；里面有他对自己的古典兴趣的清楚辩解，还有可能是第一次对《霍尔腾西乌斯》（*Hortensius*）和《论共和国》片段的整理，是从奥古斯丁的著作中细心辑出。萨里斯伯里的约翰，在沙特尔和巴黎接受教育，是中世纪并世无双的文体专家。他不但吸收了大量教父文学、中世纪文学以及古典文学，而且可以将其运用到当时的实际问题中去。他最喜欢读西塞罗、塞涅卡和瓦勒里乌斯·马克西姆斯的《典范》（*exempla*）[1]，不过在对古典文学强烈兴趣的引领下，他也读了一些不太常见的作家：他利用了弗龙蒂努斯的《谋略》（*Strategemata*），而且知晓佩特罗尼乌斯整部现存文本，这一点非比寻常。他在考据苏维托尼

[1] 指瓦勒里乌斯·马克西姆斯所撰《嘉言懿行录》（*Facta et dicta memorabilia*）。

乌斯文本时运用了黑里克的摘抄文萃，有时也依据其他作品集锦（*florilegia*）。他对辩证法侵蚀的切齿痛诋表明纯粹的文学复兴已经在衰落。

当然，威廉和约翰属于鹤立鸡群，他们同时代有许多人喜欢从类书、考据家著述以及作品集锦中摭拾掇采，给自己的文字一种假冒的学问光环：二手学问，于是在焉。克里克莱德的罗伯特（Robert of Cricklade）编纂了一部九册的《老普林尼撷萃》（*defloratio* of the Elder Pliny），献给亨利二世，马姆斯伯里的威廉编纂了一部“博览”（*Polyhistor*），鲁昂的艾蒂安（Étienne of Rouen）编了一部昆体良的节缩本。编纂者曾寓目大量图书而杂取旁收的这些“集锦”（*florilegia*），有些有着相当重要的文本价值，因其所采资料是不同于存世抄本的另一个文本传承，而且时代更早。12 世纪在
115 法兰西北部编定的《高卢文萃》（*florilegium Gallicum*）就是一个很好的例子；它包含了从许多作家作品中节选的片段，对提布卢斯、佩特罗尼乌斯、瓦勒里乌斯·弗拉库斯等人文本的校定贡献良多。13 世纪初期的一部主流古典作家的《集锦》（*florilegium*，Paris lat. 15155，部分藏于他处），内容包括普罗佩提乌斯的摘萃和《皮索赞》（*Laus Pisonis*）。曾先后担任斯塔沃洛（Stavelot）修道院和科维修道院（1146—1158）院长的维巴尔（Wibald），像在他之前的马姆斯伯里的威廉一样，也曾雄心勃勃地企图将所有的西塞罗作品合为一集，而且大致说来获得了成功，因为几乎无可怀疑最全面的西塞罗作品集抄本，就是 12 世纪抄写完成于科维的这一卷（Berlin lat. 2° 252）。包括演说集和哲学论著、范围广泛的谈话录，以及《致友人》（*Epistulae ad familiares*）的一部分，它是一

个非常重要的文本考据资料，也是见证 12 世纪人文主义的一个令人印象深刻的证据。

如果要问 11 世纪后期、12 世纪的文艺复兴对于古典文本的传播有着怎样的影响，答案似乎是，它巩固了加洛林复兴的成果。被中世纪教育倚为核心或者符合当时口味的作家，其作品抄本简直是从抄写坊倾泻而出。受欢迎的作家如奥维德和塞涅卡，12 世纪传下来的抄本，是此前所有世纪传下来的抄本总数的四五倍之多。这些抄本大多无益于文本考据，并没有包含什么有价值的东西，超越于更早抄本中的更为纯洁的文本形式。不过，12 世纪传承的扩大常常也给文本带来益处。西塞罗《致友人》最好的抄本属于 9 世纪（Laur. 49.9）；但是文本中的讹误和阙损必须用另一传承支系的本子加以修正，这一支系源于加洛林时期，主要由 12 世纪诸抄本所代表。其他文本则只有这一时期的抄本存世：如塞涅卡的《自然问题》的加洛林时期的本子已经灭失，正是抄写复制于 12—13 世纪的这一系的裔本为我们保存了这一文本。

第十二节　经院哲学时代

12 世纪后期和整个 13 世纪，学校和大学主要是忙于吸收和 116
梳理由于近期知识发酵而浮现出来的材料和观点，而不是致力于新的发现。将所获取知识加以系统化和将教条加以一体化，运用的是辩证法和逻辑的方法，而这些微妙的方法，不仅统治着哲学、神学和专门的知识领域，而且还统治着文法学和文学解释学。在古典遗产被吸收进当时的思想体系之际，因当时十分强烈的附会和发挥的倾向，注定会遭到歪曲。它还受到其他方面的不利影响。当时有如此多的其他事情要占据心灵，故而对古代作家的广泛阅读，让位给了对更为实用的便览手册的阅读，“作家”（*auctores*）让位给“方法”（*artes*），而开始使用的新的文法学和修辞学，常常带有经院哲学的特点。古典作品仍然是道德说教小故事的宝贵矿藏，为一个充满好奇的时代提供各种各样的信息；不过古典作品的形式和风格不再具有吸引力，如果作品缩为节要和示例可能更便于吸收。同时，12—13 世纪的作家与古代的作家等量齐观，虽然并没有取代他们，但是古代的垄断已然被打破。

由于这些原因，这个见证了中世纪在许多方面的最终胜利的时代，对于古典学者而言并不特别具有吸引力。抄本充斥市场，但是作家的文本经过历代传抄，益滋讹误；谷子相对于糠的比例不断变小，而这些抄本本身，由于其浓重的哥特面貌，不像以前几个世纪的本子那么吸引人。尽管如此，古典文学在经历经院哲学浪潮之后，却出人意料地取得了很大的进展。这一时代的英雄乃是哲学与神学之宏大体系的建造者，而在这群志在整合知
117 识的英雄中间，有些人给予异教文学以重要地位。博韦的文森特（Vincent of Beauvais，卒于 1264 年）是中世纪最重要的百科全书编纂家；他的《大镜》（*Speculum maius*）试图将所有的知识纳入一部书中。像其他许多人一样，他原则上是反对异教的，但是他看到了俗世文本的价值，并且持正公允地加以应用。他对古典作家颇多汲引；奥维德和塞涅卡尤为其最，维吉尔相形失色。他对古典的引用很大一部分是来自二手资料，而罕僻作家如提布卢斯之见于征引，则是依据前代编纂的类书，特别是《高卢文萃》。

1250 年前后，在《大镜》出版几年后，理查德・富尔尼瓦

（Richard of Fournival）——亚眠（Amiens）人，后来成为亚眠大教堂的学监——开始编纂他的《书目》（*Biblionomia*）。在这个目录中，他罗列这个世界的文学和智慧以指引时人，其形式就像一个详细分明的花园，知识的每一个枝系在其中皆有圃畦。这个迷人的比喻很快就凝缩为图书馆的一幅图画：图中书籍按照主题摆放桌上。这个系统化的目录并不像有人所认为的那样是出自某个藏书爱好者的设想，而真的就是富尔尼瓦本人精心收藏的图书的编目。所录图书应有三百卷之多，其数量和范围皆足以挑战当时修道院和大教堂的藏书。其中颇有古典珍本，最值得注意的有三种诗人作品集（*opera poetarum*）：提布卢斯、普罗佩提乌斯和塞涅卡的《悲剧集》。其所藏提布卢斯的本子，可能是一度藏于查理曼宫廷图书馆的那个抄本的裔本，因为在最早的《集锦》（*florilegia*）之一（提布卢斯时见其中）中也包含了加洛林宫廷圈的诗作合集。他的这个抄本与他的全部藏书一起于 1272 年归于索邦图书馆，不过现在已经亡佚；如果幸存下来的话，那将是提布卢斯的最早的抄本，甚至可以证明是文艺复兴时期大多数传承的源头。不过富尔尼瓦所藏普罗佩提乌斯和《悲剧集》真的幸存了下来，而且现已得到确认。塞涅卡的《悲剧集》有本子传播之迹；若干摘录见于 9 世纪写于法兰西的《图氏文萃》（Paris lat. 8071），而现存最早的全 118
抄本即埃特鲁斯科斯抄本（codex Etruscus）（Laur. 37.13=E）可以上溯至 11 世纪，不过这个剧集在当时几乎无人知晓。直到 13 世纪，另一系同时也是传承主流（称作 A）的诸抄本才开始出现；该本重现于北法兰西，尽管其最早的代表抄本（Cambridge，Corpus Christi College 406）似乎抄写于英格兰。这个抄本，整理者称之为

P 本（Paris lat. 8260），就是为理查德·富尔尼瓦抄写的。其所藏普罗佩提乌斯抄本，由以上塞涅卡抄本的同一抄工所抄写，称作 A 本（Voss. Lat. O.38），是这个文本第二古老的本子，也是人文主义者传承的两个父本之一。这个最伟大的罗马诗人之一，还须等待很长一段时间才能重见天日；为了这个诗人的诗作以及即将到来的许许多多的发现，我们应当隆重感谢一种新的现象——富有的私人图书收集者。

《悲剧集》并不是这一时期在北欧获得传播的塞涅卡的唯一文本。其《对话录》在 13 世纪上半叶进入巴黎的学校，经由卡西诺山北传。早在 1220 年时就已经为加兰的约翰（John of Garland）所知晓，五十年后，罗杰·培根（Roger Bacon）未免有些迟滞却极为兴奋地宣布其“发现”。尽管这一文本也是在北法兰西重新开始传播的，但首先加以利用的是罗杰·培根和威尔士的约翰，两个人都是圣方济会的，而且都是既属于巴黎，也属于牛津。他们让我们注意到英格兰游方修士在推进古典研究方面所做出的贡献，虽不那么惊天动地，但也绝非无足轻重。实际上一些英格兰圣方济会修士在 13 世纪编过一部《英格兰图书登记册》（*Registrum librorum Angliae*），一部英格兰图书馆的联合目录，在这个非同凡响的目录学编纂项目中收入了一些古典作家。编纂者计划调查 185 个图书馆，却只完成了 90 个，他们著录了 99 个作者的文本凡 1400 种。威尔士的约翰[①]的论著，如《布道手册》

① 威尔士的约翰（John of Wales，？—1285），生于威尔士，1258 年之前在牛津大学获得神学学位，随后在牛津任教，1270 年迁至巴黎，遂终老焉。写过几部颇有影响的拉丁文著作，以为传教布道之助，特别崇尚古典文学，著述中多有引据。

（*Communiloquium*）和《哲学史纲要》（*Compendiloquium*），充满了对古代典籍的引证，打开了一扇宽广喜人的古典窗口；它们 119
的作用不但是要为教师和牧师提供帮助，而且也是高雅谈话的手册。稍晚一些，尼古拉·特勒韦（Nicholas Trevet）——多明我会修士，却也基本与牛津和巴黎都有关系——因其博学和诠解古代文本（他曾接受意大利的委任为李维和塞涅卡的《悲剧集》做注）获得了广泛的声誉。这为受古典熏染的游方修士团体铺平了道路，这个团体在 14 世纪早期的英格兰显得十分活跃。这个松散团体，其中最重要的学者大约是托马斯·威尔士和罗伯特·霍尔科特[①]，他们通过引入古典文学中的典故来阐明他们的《圣经》注解和布道，通过培养对古代历史和神话感兴趣的受众，为普及古代世界的知识做了许多工作。以托马斯·威尔士的古典学问（其完成于 1332 年的《上帝之城》前十卷的注文中极好地展示了这一点）、以他对古代的崇尚、以他对珍稀文本的了解，他已非常接近成为一个人文主义者，他这些特殊品质无疑可归因于他在博洛尼亚和阿维尼翁生活的那段时期。他声称曾寓目阿普列乌斯《变形记》的一个抄本，并且因蒙摩德纳（Modena）主教出借一册故得以引用李维的非常罕见的第四部。如果环境略有不同，这个团体对古典学问的普遍热爱或许可以演化为人文主义；但是他们的不熟谙文本风格、他们的中世纪思维方式、他们的职业，以及缺乏与悠然自得的高雅圈子的接触，使得这不可能发生；这场运动走到了

---

① 托马斯·威尔士（Thomas Waleys），14 世纪牛津大学神学家，多明我会游方修士，生于威尔士彭布罗克郡（Pembrokeshire）。曾因发表与阿维尼翁教廷观点相左的布道文而被判入狱，后获释，回到英格兰。罗伯特·霍尔科特（Robert Holcot，约 1290—1349），英国圣多明我会经院哲学家，神学家，《圣经》研究家，生于北安普顿郡的霍尔科特。

另外一个方向，终至澌灭。

就这样，经过几个世纪的累积，古典书籍数量和学问不断增长。古典研究得以生存和发展，并成功地适应新的趣味和形势，但是在这个环境中它们永远不可能真正得到解放，不可能点燃新思想。这要留给文艺复兴时期的人文主义者，他们接过这一中世纪的伟大遗产，却几乎没有什么受惠负债之感，以一种新的充满活力的方式对已经获得的成果加以运用。

第十三节 中世纪西方的希腊文本

120 在罗马帝国治下，意大利实际上是一个双语国家，但是随着帝国的覆亡，希腊文不再使用，除了南部和西西里岛，那里许多城镇本来就是希腊聚居地，保留着希腊的语言和文化传统，特别是奥特兰托一带今天称之为普利亚（Puglia）的地方。据说在卡拉布里亚（Calabria）斯奎莱切（Squillace）附近的迦修多儒的维瓦利姆修道院收藏了一些希腊文图书，但是没有迹象表明这些图书对希腊语的保存有任何实际的贡献。在西欧的其他所有地方，这种语言从来不曾扎根，甚至根本从来没有真正使用过。在整个中世纪，懂希腊语成了一种极为罕见的造诣。甚至外交联络有时也会因为缺乏合格的翻译而有所延宕。虽然这种语言的重要性也常常被认识到，但是希腊语在拉丁西方的教与学的历史只是一系列短小的片段，从来不曾形成一所持久的学校。

第一个片段，是随着操希腊语的传教士狄奥多（Theodore，卒于 690 年）和哈德良（Hadrian，卒于 710 年）来到英格兰而展开的。大约有半打抄本中的行间注，证明他们曾在坎特伯雷教授希腊文，也印证了比德在《教会史》（*Ecclesiastical History*）中的记载。

9 世纪的加洛林复兴激起了人们对希腊文的兴趣。有一些双语本《圣经》抄本存世，其笔迹证明是拉丁世界的产物；一般认为它们来自圣高尔修道院的抄经坊。827 年拜占庭皇帝送了一部伪亚略巴古之丢尼修给法兰西国王（仍保存，称作 Paris gr. 437）[①]，是这部颇受欢迎的伪作在翻译为拉丁文时的依据。几年后，爱尔兰人约翰·司各特·爱留根纳根据该抄本翻译了这部作品，同时他还翻译了尼撒的格里高利、纳西昂的格里高利和认信者马克西姆（Maximus the Confessor）的一些作品。尽管他的某些译本读者颇众，但是他并没有开创一个希腊学传统，而且，除了波爱修斯 121
为亚里士多德的一些逻辑学论著所做的翻译以及 4 世纪卡尔基狄（Chalcidius）为柏拉图《蒂迈欧篇》所做的翻译之外，当时几乎接触不到其他希腊文本。而在罗马，教廷中一个颇有影响力的人物，藏经阁主事亚那他修（Anastasius Bibliothecarius），为当时能见到的希腊作家书目又增添了若干史学和神学文本。

12 世纪翻译的范围有了很大的拓展。这在很大程度上要归功于比萨的勃艮第奥（Burgundio of Pisa，1110—1193），1135 年至 1138 年他曾在君士坦丁堡担任翻译，后来又回到那里，借机收集图书。他用来作为翻译依据的盖伦的抄本上有他的亲笔批注，可资证明。事迹稍晦的是威尼斯的詹姆斯（James of Venice），他是

① 伪亚略巴古之丢尼修（Pseudo-Dionysius the Areopagite）。亚略巴古是位于雅典卫城的一座小山，意思是“战神山”，古典时期上诉法院位于此。丢尼修是亚略巴古的一位法官，据《新约·使徒行传》17：34，附从保罗，归信基督教。6 世纪初出现了一系列用新柏拉图学派语言讨论基督教神学问题的论著，托名于亚略巴古，史称“伪亚略巴古之丢尼修”。

一位教会法学者（canon lawyer），他所翻译的亚里士多德的《后分析篇》（*Analytica posteriora*），1159年见知于萨里斯伯里的约翰。知之稍详的是1160年前后在亨利古·阿里斯提普斯（Henricus Aristippus）——卡塔尼亚（Catania）的副主教（卒于1162年），据说他得到了拜占庭皇帝赠送给西西里诺曼国王的一些抄本——的主持下，在西西里所进行的对柏拉图、欧几里德和托勒密的鄙俚不文的直译。阿里斯提普斯亲自翻译了柏拉图的《斐多篇》和《美诺篇》、亚里士多德的某些作品，也许还有希罗[1]的《气动学》（*Pneumatica*），该书讨论了蒸汽机、自动贩卖机以及其他听起来非常现代的装置。他还因玉成欧几里德、普罗克鲁斯以及托勒密的译本而受到赞誉。这个圈子里的另一个重要人物是海军上将尤金尼乌斯[2]，他将托勒密的《光学》（*Optics*）从阿拉伯文译为拉丁文（希腊文版已亡佚）。显而易见，这些人的兴趣主要在于科学著作。

这些翻译家的影响或许有点不尽如人意，因为1175年前后克雷莫纳的杰拉德（Gerard of Cremona）曾在托莱多从阿拉伯文本翻译了托勒密的《至大论》（*Almagest*），显然并不知道这些译本的存在。就光大亚里士多德之学而言，西班牙的那些不知道希腊文原版的阿拉伯学者的工作也很重要。阿维森纳（Avicenna）以及其他学者——特别是阿威罗伊（Averroes，卒于1198）——所做的阿拉
122 伯文译本和注释，12世纪中后期在托莱多被译成了拉丁文。亚里

① 希罗（Hero of Alexandria，约10—70），生于亚历山大城，古希腊数学家、机械学家。

② 尤金尼乌斯（Eugenius，约1130—1202），生于西西里的巴勒莫，一般称为“巴勒莫的尤金尼乌斯”（Eugenius of Palermo），12世纪后期担任西西里王国的海军上将，精通希腊语、阿拉伯语和拉丁语，是一位颇有成就的翻译家和诗人。

士多德作品的大部分就此为人所知，并迅速传播到欧洲其他地方。

13世纪有一些杰出学者表现出对于希腊文真正的熟悉。罗伯特·格罗斯泰斯特（约1168—1253）[①]，虽然他很晚才开始学习希腊文，而且总是需要操母语者的协助，却对亚里士多德有所研究，并翻译了《伦理学》；他还翻译了伪亚略巴古之丢尼修（他的这个希腊文本的抄本今藏牛津大学图书馆，Canonici gr. 97）。他的学生罗杰·培根（约1214—1294）写了一部希腊文法（Oxford, Corpus Christi College 148）[②]，尽管他坚持文本研究应当根据原文，而不是根据常常莫名其妙的译文，但是应者寥寥。同时期的佛兰芒人莫贝克的威廉（约1215—1286）[③]翻译了盖伦、阿基米德和亚里士多德的部分作品，其对亚里士多德的翻译可能是应托马斯·阿奎那的要求。他曾在希腊生活过一段时间，1260年在底比斯和尼西亚，可考见其迹；后来他成为科林斯的拉丁主教。在希腊他有幸找到一些新柏拉图学派的论著，这些书今已亡佚或者残阙。另一个重要人物是来自雷焦（Reggio）的希腊人尼古拉（Nicholas，大约活跃于1308—1345），曾供职于那不勒斯的阿维尼翁朝廷，1319年在那里的大学获得博士学位，翻译了许多归名于盖伦的作品。其中有些只有其拉丁文译本存世。

① 罗伯特·格罗斯泰斯特（Robert Grosseteste，约1168—1253），英国林肯郡主教，政治家，经院哲学家，神学家，科学家，是中世纪牛津科学思想传统的奠基人。

② 罗杰·培根（Roger Bacon，约1214—1294），英国哲学家，圣方济会修士，曾在牛津大学教授亚里士多德，强调通过经验方法研究自然，通过原作语言研究文本。有感于当时教授们不学习希腊语，只能通过拉丁语译本研究亚里士多德，故而致力于学习语言。

③ 莫贝克的威廉（William of Moerbeke，约1215—1286），佛兰芒人，多明我会修士，出生于今比利时赫拉尔兹贝亨（Geraardsbergen）附近的莫贝克（Moerbeke），因以为氏，是中世纪极为高产的翻译家，将许多希腊哲学、医学和科学论著译为拉丁文，影响很大。生平难以考详，1260年春天曾在尼西亚，同年秋天在底比斯。

应当注意的是，总的来说，中世纪的翻译是字面直译，当译者面对技术用语或者较为隐微的典故时经常莫名所以。拉丁文也不是传达原作所有精微之处的理想工具。缺乏定冠词使得拉丁文无法表述许多抽象的意思，从 1266 年开始，莫贝克决定用法语中的“le”来弥补这一不足。

第四章　文艺复兴

第一节　人文主义

为了方便起见，我们这个简要回顾将文艺复兴时期界定为从1300年前后到16世纪中期。一场被称为人文主义的文化运动，作为文艺复兴的推动力量，13世纪末期在意大利的部分地区展开；到16世纪中期它已经扩散到西欧大部分地区，改变着许多事情，尤其是对古希腊和古罗马文化的传播和研究。文艺复兴晚期的学者，他们所占有的希腊和罗马文献，与我们现在所占有的相差无几；大多数他们可以读到印本，既易读，也不贵；从希腊文翻译为拉丁文，以及希腊文和拉丁文翻译为各国语文，使得普通大众能接触到古代文学的很大一部分。在学术研究方面，历史考据和文本考据的基础已经牢固确立。

说到人文主义，虽然最终影响了知识和艺术的所有领域，但最初只是一项文学运动，而且与对古典文学的学习和模仿紧密相联[①]。19世纪的“人文主义”（humanism）一词，其源头可以追溯到*umanista*，原来是15世纪意大利大学里的学生切口中所拟新词——相类似的词还有*legista*和*iurista*[②]——用来指称人文学科的

---

① 吕大年《人文主义二三事》（载《外国文学评论》2002年第一期，又收入吕大年《读书纪闻》，浙江大学出版社，2012年）有很好的分析考证，可以参考。

② legista和iurista，大约相当于“法家者流”。umanista，大约相当于“人文家者流”。

专业教师，而 *studia humanitatis*（人文研究），此明确为是指对文法、修辞、历史、诗歌以及道德哲学的研究，这个标准排除了什么和包含着什么都有重要意义。人文主义后来发展出的哲学上的弦外之音，只不过是部分来自于其最初对古典的强调——讲授、研习以及推广古典文学。

124 许多人文主义者，特别是在 15 世纪，是人文学科的专业教师；在这个位置上他们成为中世纪的“为命者”（*dictatores*）[①]，即传授如何撰写书信、讲稿以及其他外交和公共生活中不可或缺之文件的人。不过“为命”（*dictamen*）从根本上讲是一个中世纪现象，繁复，刻板，散发着手册和誊正稿的气息。其风格的培养几乎不依赖古典模式的使用，诗歌被忽视，古典研究在意大利似乎比其他地方更缺乏“人文”气息。因而很难看出人文主义为什么会从这一行当发展出来。似乎并没有简单的答案，不过有人指出，早期的人文主义者很多是公证人或者律师，或者以某种方式与法律专业有所联系。意大利的法学院占有显赫地位，博洛尼亚的罗马法的复兴再造了一个与古代的纽带。“为命者” 在 12—13 世纪尤其活跃，律师在接受法律训练之前的预备教育极其强调文法和修辞，不管其古典意味还剩下几许，至少传授了对拉丁文的良好把握和对风格的良好感觉。其他重要因素有：意大利教育的世俗性质，存在一种成熟的城市文化，存在一个职业阶级，他们受过训练，有途径、有空闲来实现他们对古典的兴趣，然而又与城市生活密切联系，一旦时机成熟，就可以将新的修辞方式

① 为命，撰写政令、盟会的文辞。《论语·宪问》：“为命，裨谌草创之，世叔讨论之，行人子羽修饰之，东里子产润色之。”

付诸实际应用。同时还必须考虑相关个人的性情，例如类似洛瓦托或者彼特拉克的人，拥有将其热情和兴奋的感觉传递给他人的天赋；还必须考虑一个简单事实，即，触手可及的图书，提供了正确的文本，给了人文主义一个新的方向，并且强调与过往的决裂。随着人文主义的影响扩展到其他领域，“为命者”的实用目的并没有被取代，不过人们认识到，通往优雅言谈写作之路，在于对古典模式的运用。拉丁古典得到复兴，不仅作为学术研究，而且作为培养口才的材料。正是对拉丁语言的掌握，使得文艺复兴 125
时期的人们可以邀赏同侪，诘难敌人，捍卫信条，捍卫城邦。反过来这又导致了对古代生活的各个方面进行更为深切更为全面的研究，导致了对古代世界的人和理念的——无论有多虚幻——认同感，这就是新古典主义的标记。

这种企图接近古典精神，用当下的理念再次经历并重新思考过去的尝试，完全超越了中世纪对于古代文学的研究。最后拉丁文学得以从其被贬抑的角色中解放出来，不再从属于宗教；人文主义从根本上来说是世俗的，不绝如缕的意大利世俗教育传统无疑对此起到了十分重要的作用。人文主义者是入世之人，有时是文法学或者文学教师，更为经常地是公证人，教皇秘书，城市长官。他们多数是藏书家，而且常常是大藏书家。私人藏书和商业性图书行业的发展，有助于冲破长期以来教会对学术的垄断。与此同时，这个运动很快在教会中也得以立足，不久就有一些位阶极高的教士成为人文主义者。

第二节　最早的人文主义者

人文主义的兴起，显然是 13 世纪后半叶从一个成长于帕多瓦的文学小圈子开始的。这些萌芽阶段人文主义者的领袖是帕多瓦的一位法官，名为洛瓦托·洛瓦蒂[①]，对于古典诗歌有着极大的兴趣，对于发掘湮没数百年的文本有着非凡的眼光，而且具有将热情传递给朋友圈的能力。他留下来的作品是一些诗集，特别是他的《格律书简》（*Metrical Epistles*）。从这些诗作来看，洛瓦托充其量是个二流诗人，尽管他在努力捕捉古典模式之精神中也有些新意。这些诗作值得注意之处在于，它们所展现出的拉丁诗歌
126 的广度，以及其熔旧翻新的复杂方法。因为其学习经典之迹是模仿（echo）而不是直接引用，所以证据并不总是像我们所希望的那样明晰，特别是拉丁诗人喜欢彼此模仿，而且诗歌语言的特点让我们不能完全排除巧合。有人认为洛瓦托熟知卢克莱修、卡图卢斯、贺拉斯的《歌集》、提布卢斯的全部作品、普罗佩提乌斯、塞涅卡的《悲剧集》、马提雅尔、斯塔提乌斯的《希尔瓦》、瓦勒里乌斯·弗拉库斯以及奥维德的《朱鹭》。上列有几项受到质疑：洛瓦托熟知卡图卢斯和普罗佩提乌斯的证据已经被排除，尽管之后不久卡图卢斯的文本就出现于维罗纳，为稍晚一些的人文主义先驱们所知晓。洛瓦托熟知卢克莱修的证据也不无可疑。不过确切情形已不可考，而且即使承认洛瓦托及其圈子可能不知道某些文本，其重要性也不会因之而稍减。这个群体中的其他成员所熟悉

---

① 洛瓦托·洛瓦蒂（Lovato Lovati，1241—1309），意大利学者、诗人、法官，被有些历史学家认为是意大利最早的人文主义者。

的拉丁诗人，大致仿佛；至于他们所研习的散文作家，已有证据表明，他们对西塞罗有着强烈的兴趣。

关于洛瓦托某些文本之来源的一条线索，见于大英图书馆所藏的一部抄本（Add. 19906），其内容包括查士丁的《梗概》、洛瓦托的诗集以及其他一些文本。在《梗概》末尾，抄工照抄了他在父本中所看到的跋识，跋识显示，其所用抄本恰于1100年前抄写于波河三角洲的庞波萨（Pomposa）修道院。这是修道院院长耶罗尼米斯在扩充其藏书过程中令人抄制的一部。不管是否像有人所说的那样，Add. 19906是由洛瓦托本人抄写于1290年前后，这个本子都证明了洛瓦托与庞波萨之间的联系，这可以得到其他证据的支持。早在1093年时，庞波萨修道院所藏古典文本书目中就有极为珍稀的塞涅卡《悲剧集》抄本，大概就是现今存世的11世纪埃特鲁斯科斯抄本《悲剧集》（Laur. 37.13=E）。其父本可能来自卡西诺山。洛瓦托对E系文本的使用，说明他可以看到埃特鲁斯科斯诸本或者与埃特鲁斯科斯非常接近的本子。因而庞波萨似乎是萌芽阶段的人文主义者可以取资的图书馆之一，维罗纳教堂图书馆显然是另一个，而博比奥修道院——我们知道那里在9世纪 127
就有卢克莱修和瓦勒里乌斯·弗拉库斯的抄本——可能就是萌芽阶段的人文主义者得以知悉其他文本的终极缘由。但是他们熟悉如此体量的诗歌文本这一事实所带来的诸多问题，还没有全部得到解答。当这些文本再次被发现时，它们曝光于法国、瑞士和德国，在这些地方与威内托之间[①]，横亘着阿尔卑斯山。在古典世界

① 威内托（Veneto），位于意大利东北部，前文庞波萨、维罗纳以及后文帕多瓦等城镇皆属该地区。

被重新发现的故事中，帕多瓦是孤立的而且仍然模糊不清的一章。

洛瓦托还留给我们一个关于塞涅卡悲剧格律的短札，值得注意的是，它并没有因袭中世纪的手册，而是对塞涅卡本人作品深入研究的结果。后继者对其做了进一步的发展和完善，这也显示出萌芽阶段的人文主义者对罗马悲剧的浓厚兴趣。他还尝试过考古，曾认定工匠发现的一具骷髅是传说中的帕多瓦创始人——特洛伊的安忒诺尔——的遗骸[①]，这是一个美丽的错误。从所有这些可以看出，有些新的东西开始出现。

与此形成对照的是同一圈子里的另外一个帕多瓦法官，杰雷米亚·德蒙塔农（Geremia da Montagnone，约1255—1321），他在文学上并无开创之志，只是循着淑世选学家（didactic florilegist）的老套路：他的《道德言行选萃》（*Compendium moralium notabilium*），大概编纂于14世纪头十年，广为流行，并于1505年在威尼斯付印。杰雷米亚在那个时代亦属寻常；不过由于几方面的特点，他的《选萃》牢牢确立了他在人文主义者圈子中的地位。他的阅读面很广，他的摘抄经过系统组织，分章分节，而且似乎他是直接从作者原始文本一手引用；他对作品时代先后的理解在那个时代相当不错，他还对古典作家和中世纪作家进行了很好的区分（比如分别称为“诗人”*poeta*和“韵语制作者”*versilogus*）。他对卡图卢斯和马提雅尔的引用，对贺拉斯《歌集》和奥维德《朱鹭》的引用，再加上他对塞涅卡《悲剧集》的大量引用，都清楚

---

① 安忒诺尔（Antenor）是特洛伊战争时期特洛伊国王普里阿摩斯（Priam）的幕僚，主张将海伦送还希腊。特洛伊被毁后，据说安忒诺尔在原地重建了一座城，一说移居利比亚的昔兰尼（Cyrene），一说创建了帕多瓦。

地显示出当地人文主义的影响。

洛瓦托精神上的继承者是他的朋友兼乡党阿尔贝蒂诺·穆萨托（Albertino Mussato，1262—1329）。其职业为公证人，穆萨托在政治、外交以及文学上都有杰出表现。深受洛瓦托的影响，他阅 128
读同样的诗人，对塞涅卡的悲剧进行了更深入的研究；他还模仿李维、萨卢斯特以及恺撒写了《帝王本纪》（*Historiae*）。他文学上最大的成功出现在 1315 年：为了让帕多瓦人意识到落入维罗纳领主康格兰德·德拉·斯卡拉（Cangrande della Scala）之手的危险，他写了一部塞涅卡式的悲剧《埃切利尼斯》（*Ecerinis*），以可怕的笔触描绘了帕多瓦本地以前的暴君埃泽林诺三世（Ezzelino III）的兴亡。他的戏剧，是古代以来用古典格律所写的第一部悲剧，在文学上和政治上都是巨大的成功。帕多瓦人为其作者戴上桂冠，并就此复活了一个罗马传统，这个传统激发着文艺复兴的灵感，同时也是对现代古典戏剧的先行者的一个恰如其分的褒扬。

尽管当时意大利通讯联络不便，政权四分五裂，限制了帕多瓦人文主义的影响，但还是很快就渗透到邻近的城镇维琴察（Vicenza），那儿的公证人本韦努托·坎培萨尼在 14 世纪初期撰写了他著名的谜语诗，以庆祝睽违已久的诗人卡图卢斯再次回到维罗纳[①]。在教会图书馆的滋养之下，维罗纳培植出了一种更具学术性的人文主义。在教会图书馆所藏珍本中，有两个很重要的散文

① 本韦努托·坎培萨尼（Benvenuto Campesani，1255—1323）曾写了一首短诗，题为“维罗纳诗人卡图卢斯的重生”，说的是关于卡图卢斯的文本的故事。诗显然是作为谜语写的，确切含义难以指实。大致讲的是卡图卢斯的一个同乡，很可能就是弗郎西斯（Franciscus），发现了这个本子，或者从其他地方将这个本子购回维罗纳。坎培萨尼是康格兰德·德拉·斯卡拉的支持者，而康格兰德的教名恰巧就叫“弗朗西斯”（Francesco）。

文本：失落已久的普林尼《书信集》的维罗纳抄本（Veronensis），该本拉忒利乌斯曾经寓目；《罗马皇帝传》的9世纪抄本（Vat. Pal. lat. 899），该本适时来到维罗纳，对文艺复兴的历史编纂学产生了巨大影响。两个本子都曾被大教堂管理者乔瓦尼·德马托基斯（Giovanni de Matociis，活跃于1306—1320）用过，该氏除了其主要著作《帝国史》（*Historia Imperialis*）之外，还推出了文艺复兴第一部关于文学史的考据著作，即他的《二普林尼约注》（*Brevis adnotatio de duobus Pliniis*）。依据普林尼的维罗纳本和苏维托尼乌斯的一个文本，他得以将中世纪合在一起的普林尼文本区分为老普林尼和小普林尼。教会图书馆也有自己的选家（florilegist）：1329年，可以接触这些图书的某个人编成《道德箴言撷英》（*Flores moralium auctoritatum*）（Verona CLXVIII[155]），除一部分是引自其他摘抄集锦之外，也有摘自维罗纳所藏珍本中的一些片段，包括卡图卢斯、小普林尼、《罗马皇帝传》、瓦罗的《农事杂谈》（*Res rusticae*），以及西塞罗的《致阿提库斯和昆图斯的信》（*Letters to Atticus and Quintus*）。

第三节　人文主义的巩固：彼特拉克和他那一代人

129　尽管近年来的研究表明，萌芽阶段的人文主义者在通向人文主义的路上可能比我们先前设想的走得还要更远一些，特别是他们获得了一组新的拉丁诗歌作品，但是彼特拉克（1304—1374）横空出世的光辉并不因此而稍显黯淡。他在各个方面都大大超越前辈：作为诗人、作为人，他比前辈中任何一个都要伟大得多；他的视野更加开阔，他的影响从来不局限于一城一省，而是扩展到西欧绝大部分地区；他有识见和能力将当时存在着的两股——文学的和学术的——人文主义合为一体，并将摘星揽月的目标与艰苦细致的研究结合在一起；他竭力在基督教社会的框架内复活古罗马的精神，这一点无出其右。他努力接近过去的伟大人物，其成就可谓匹并先贤，虽然未免迹近虚荣，却也一展热忱与抱负，全面复活古代遗产，使之在当代思想与文学中发挥作用。

对于彼特拉克，甚至对于西方古典传承而言，值得庆幸的是，在 14 世纪的一段关键时期（1309—1377），教廷从罗马移驾到了阿维尼翁。阿维尼翁正好处于南北文化的结合点上，不同国家、不同世界观的人被吸引到教廷，这有着十分重要的历史意义。特别是那些受过教育的教士和律师，随着他们对古典文本兴趣的不断增长，学校教育所提供的关于古代世界的知识已不能满足要求，他们于是开始汲取北方的中世纪遗产。法兰西的修道院和教会图书馆就在附近，伸手可及，而在阅读较为困难的古典文本时，他们则转而求助于牛津大学博学的尼古拉·特勒韦，该氏曾应某教皇和某枢机主教的要求，分别为李维（1318 年前后）和塞涅卡的《悲剧集》（1315 年前后）做注。故而当彼特拉克来到阿维尼翁的时候，他发现老一辈对几百年来几乎无人问津的文本有 130
着蓬勃的兴趣。彼特拉克的成功在很大程度上要归功于这个激发灵感的群体；同时他有想象力和史识，看到了通过中世纪的眼睛去看古代世界这种认识方式的不足，从而有所突破，自出机杼。

阿维尼翁作为联结法兰西和意大利、联结中世纪和文艺复兴的一个枢纽，其重要性可以通过一组文本的传播历史显示出来，这组文本包括：尤利乌斯·帕里斯为瓦勒里乌斯·马克西姆斯所做的纲要和鲍姆鲍尼乌斯·梅拉的《地理志》。正如我们前面（第 107 页）所看到的那样，这一小组实用文本大概是 5 世纪时儒斯蒂西乌斯·赫皮丢斯·多姆鲁斯整理并合为一帙于拉文纳，9 世纪时抄制于欧塞尔修道院的一个抄本留存下来，黑里克批注其上（Vat. lat. 4929）。这组文本在文艺复兴中有一段漫长而又重要的传播经历，所有人文主义者的抄本都是从欧塞尔祖本的一个 12 世纪抄本抄得，该本彼特拉克曾得于阿维尼翁，今已亡佚。我们之所以知道这一点，是因为彼特拉克的批注常常与正文一起被后人抄写，比如我们发现在最早的人文主义抄本（Ambros. H. 14 inf.）中有这么一条很能说明问题的批注 *Avinio. Ubi nunc sumus 1335*（我们在阿维尼翁，1335）。普罗佩提乌斯文本的传播历史也显示出类似的情形：其最早抄本（Gud. lat. 224 = N）抄写于北法兰西，一度藏于梅斯（Metz）地区，似乎直到 1470 年代之后才在意大利得到使用。另一个古本（今已亡佚）是在 1420 年代随着波焦（Poggio）来到意大利的。但是人文主义者传本中的最早抄本却是直线源出于至今仍存世的普罗佩提乌斯的另外一个古抄本（Voss. Lat. O. 38 = A），该本从未离开过北欧。福西厄斯本（Vossianus）与人文主义者诸抄本之间是通过彼特拉克所拥有的一个 A 本的过录本联系起来的。由彼特拉克的本子我们可以上溯到 A 本；而 A 本则将我们经由索邦图书馆——1333 年彼特拉克造访巴黎时曾来到这里——带回到理查德·富尔尼瓦的书籍花园，并由他回溯到北法兰西的中世纪图书馆。流连于教廷阿维尼翁之际，年轻的彼特拉克再一次成为文本传播线路的交汇点，这一点，通过中世纪，上接古代之初，又繁衍分蘖，下启文艺复兴之盛。

有一个抄本所有人都会立即将它与彼特拉克和阿维尼翁联系 131
起来，这就是今藏于大英图书馆著名的李维的本子（Harley 2493，图版 XV）。这一卷，内容原来包括李维 1—10 卷和 21—40 卷，由彼特拉克合为一编；有一部分还是他亲手抄写。其核心部分是李维第三部的一个抄本，大约 1200 年抄写于意大利——与所有留存下来的完整抄本一样，其终极来源是今仍存世的普泰努斯抄本。在这之上，彼特拉克加上了第一部和第四部的抄本。李维的多卷本巨著的各卷，通常是以十卷为一部，在中世纪各有其遭际，将三部的文本合为一册，绝对是个非凡的成就，特别是在彼特拉克时代第四部的文本相当罕见；而李维剩下的各卷（41—45）直到 16 世纪才被发现。彼特拉克本人对这些文本进行了补足、评注和修正；特别值得注意的是他为第三部的 26—30 卷所做的注里记录的异文，因为这是来自于与普泰努斯本无关的一个抄本。显然对于这几卷，和第四部各卷一样，彼特拉克引证过一个施拜尔系的抄本。这一系传承之所以叫这个名字，是因为其早期代表抄本属于施拜尔（Speyer）大教堂，可一步一步上溯到 5 世纪的安色尔抄本，而该本奥托三世得之于皮亚琴察，携至日耳曼（参看第 108—109 页）。于是彼特拉克成功地汇合了——尽管并非第一次——两个伟大的文本传承支系，这两个支系从古代到文艺复兴的历史皆可考实。根据一个广为接受的颇为吸引人的假说，彼特拉克的施拜尔系传本的来源，最终可以追溯到兰多弗·科罗纳（Landolfo Colonna）的一个古抄本——科罗纳家族是彼特拉克的恩主，长期担任沙特尔大教堂的教士，从大教堂图书馆借得该本。但是我们早就知道，与彼特拉克所用本子形式甚为相近的第四部的施拜尔系传本，曾在帕多瓦的早期人文主义者之间流传，因而彼特拉克通过沙特尔的一个古抄本辗转挹取该系传承的假说就显得舍近求远，同时还有其他一些原因，故难以成立。因此阿维尼翁坐拥
132 法兰西中世纪各图书馆的地理位置，在李维文本问题上可能就不像一度看起来的那么重要。彼特拉克得以拼合这样一部非凡的大书，更多应当归因于他自己年轻的才气和热情、阿维尼翁所提供的学术交流以及意大利所藏李维文本已经触手可及。彼特拉克的李维本子后来传到了劳伦佐·瓦拉（Lorenzo Valla）手中，边白处可以看到其著名的理校。

幸得集图书收藏者与学者于一身，故而彼特拉克所获古典藏书范围之广、品质之精当世无有其匹。我们可以大致考见他对西塞罗文本的收集。他把西塞罗看成自己的“另一个自我”（*alter ego*），为了得到西塞罗的文本他搜遍了整个欧洲。所收书目令人印象深刻：几乎所有的哲学论著、大部分的修辞学论著、《致阿提库斯和昆图斯的信》（*Letters to Atticus and Quintus*），还有他终其一生所累积起来的包含极广的演讲录，从《为阿基阿斯声辩》（*Pro Archia*）——他 1333 年发现于列日，亲手抄录副本——到《为克伦提乌斯声辩》（*Pro Cluentio*）——薄伽丘 1355 年从卡西诺山的一个 11 世纪抄本（Laur. 51.10）为之抄录副本。对他来说，《致阿提库斯的信》（*Letters to Atticus*）是一个极其重要的发现，值得他立即给西塞罗本人写信。一如在他之前其他人那样，1345 年他是在维罗纳教堂图书馆发现这些信的。正是在模仿这些书信的基础上，同时更多地也是在模仿塞涅卡的那些书信（其作品他收集已全）的基础上，他形成了自己的书信风格，这是他最有魅力也最有价

值的散文作品。

比其藏书之富更为重要的，是其披览之勤；因为在文艺复兴之际极易沦为一个单纯的图书收集者。其校注文本之矜慎，从哈利父子所藏的李维文本和安布罗斯所藏的维吉尔文本的整理草稿（S.P. 10/27，*olim* A. 79 inf.）中可见其大概——这是他所喜欢作家文本的个人抄本。侥天之幸，在重建彼特拉克藏书之大部、窥见彼特拉克在其图书上用功之勤之外，我们还拥有关于其文学兴趣的真切记录，因为巴黎一个抄本（lat. 2201）衬叶上所载，经过精彩考释，证明是彼特拉克本人所喜图书的一个目录。其所列书目和这些书目的先后次序，以及其所未列书目，皆意涵丰富；不过 133
不要忘记，这个目录属于其早年时期，有些他高度评价的图书，是他后来才发现的。西塞罗不出意外地冠于榜首，并先列其“道德”论著。其次是塞涅卡：《书信集》居先；其次是《悲剧集》，而在同一衬叶的另一个更为精选的目录中就被明确排除在内编之外。第二大类是历史，首列瓦勒里乌斯·马克西姆斯和李维；其中有一小类是“典范”（*exempla*）[①]，马克罗比乌斯和格利乌斯归焉。接下来是诗歌，有维吉尔、卢坎、斯塔提乌斯、贺拉斯、奥维德和尤维纳利斯；贺拉斯之入选“特别因其颂歌”（*praesertim in odis*），恰与中世纪品味相反。最后是技术著作、文法、辨证法和占星学。奥古斯丁被专列目录，以见其爱，再加上波爱修斯《哲学的慰藉》（*De consolatione Philosophiae*），这便是彼特拉克所喜

① 彼特拉克认为，史家的责任是记录德行，而历史就是由各种“典范”（exempla）构成，人们必须选择效仿哪一种典范。Giuseppe Mazzotta, *The Worlds of Petrarch*, Duke University Press, 1993，p.124。

爱的基督教作家的全部。其中唯一的希腊著作是亚里士多德的《伦理学》（当然，是拉丁文译本），但不见于精选目录。关于法律，彼特拉克曾在博洛尼亚接受该学科的正规教育，一卷未列；中世纪作家同样也被排除在外，因为可与古代直接接触而显得多余。

首先风靡于彼特拉克人文主义影响的，有比他年轻一点的同代人薄伽丘（1313—1375）。在安茹君主罗伯特（Robert of Anjou，1309—1343）的庇佑下，那不勒斯在14世纪初期就作为一个重要的知识中心脱颖而出，而正是在那儿，薄伽丘度过了他的青年时光。其早年著作，用意大利文写成，属于中世纪的修辞和演义的传统；在相当大程度上正是出于对彼特拉克的崇拜——1350年他得以亲炙之——使他从意大利语转向拉丁语，从文学转向学术。作为学者，他远不及彼特拉克；他缺乏耐心，甚至连认真过录抄本的耐心都没有。他基本上就是一个古代生活信息和古代文学资料的收集者，而他关于古代传记、地理以及神话的百科全书式的论著，在文艺复兴时期颇为流行，大大促进了人们对古典文学的理解。他对诗歌有着热烈兴趣，这兴趣带他走过拉丁文学的幽
134 径，来到彼特拉克所不知道的诗作，来到奥维德的《朱鹭》和《维吉尔外集》；现存《普里阿匹亚》（*Priapea*）的最早抄本（Laur. 33.31）就是他的手笔。

在他所拥有的散文著作中，有一些显然昭示着，一个中世纪文本传承的暗河涌出了地面成为新的溪流：他对塔西佗《编年史》和《罗马史》、阿普列乌斯《金驴记》以及瓦罗《论拉丁语言》的稔知，只能解释为有人开启了卡西诺山的丰富藏书。这些卡西诺山文本的知识开始溢出修道院的围墙，数年之内，抄本本身也被

偷走，到了佛罗伦萨人文主义者手中。这究竟是何人所为，过程的细节如何，至今仍神秘莫测；当然这也并不奇怪。薄伽丘本人可能曾参与此事；显然1355年他曾造访过卡西诺山，并在那儿抄录或者拿走了Laur. 51.10贝内文托（Beneventan）抄本，该本包含两个人们未曾知见的文本：瓦罗的《论拉丁语言》（*De lingua latina*）和西塞罗的《为克伦提乌斯声辩》（*Pro Cluentio*），因为他在这一年稍晚的时候得以将自己亲笔抄录的这些作品的副本送给彼特拉克。在某个阶段薄伽丘曾得到Laur. 51.10抄本，他的藏书中还包含塔西佗和阿普列乌斯文本的抄本。在写《十日谈》的时候，他可以汲引阿普列乌斯，而他亲笔抄录的《金驴记》（Laur. 54.32）仍然存世。塔西佗和阿普列乌斯的卡西诺山抄本后见于佛罗伦萨，以迄于今；后曾归尼古拉·尼古利所有[①]，辗转至圣马可（San Macro）图书馆，并被合订一起，今天它们共为一册，藏于劳伦佐（Laurentian）图书馆（Laur. 68. 2）。瓦罗和《为克伦提乌斯声辩》的流传路线与之相仿。有人提出，薄伽丘和彼特拉克并皆相熟的一位人文主义者扎诺比·德斯特拉达（Zanobi da Strada），在此番运作中起了重要作用。作为卡西诺山修道院所处辖区主教的秘书，他可以进入这个修道院，并且自1355年至1357年在那儿居住；阿普列乌斯所有三个早期抄本中的批注（包括Met. 10.21.1神秘的“淫秽衍增”[*spurcum additamentum*][②]）都是出自他的手笔，显示了他对这一具体文本的特殊兴趣。

---

① 尼古拉·尼古利（Niccolò Niccoli，1364—1437），意大利文艺复兴人文主义者，生于佛罗伦萨，是科西莫·美第奇（Cosimo de’ Medici）门客中的重要学者，抄写、校对古典文本，为之划分章节，编写目次。

② 在《金驴记》描写夫人与驴子的爱情段落处，传抄中有人在边白处添加了一段淫秽描写。

135 虽说薄伽丘作为学者并非一流，但是他投入自己的天分与热忱去推动人文主义运动，协助划定其未来的发展路线。他让人文主义在佛罗伦萨落地生根，并且首次尝试在这个后来成为西方世界的希腊教学中心的城市开创希腊研究，尽管当时半途而废。

第四节　科卢乔·萨卢塔蒂（1331—1406）

创作天分与人文主义驱动的结合，给了彼特拉克和薄伽丘一种光环，而这是科卢乔·萨卢塔蒂所不具备的。不过他是一个踏实而且持续进取的人，是一个伟大的管理者和公众人物，是一个致力于将异教诗文与基督教伦理、过去与现在结合为一个合谐整体的作家和思想家，是一个对古典研究有着重大杰出贡献的学者。他是人文主义发展过程中强大而又关键的一环，重要性仅次于彼特拉克，对人文主义成为欧洲文化史上最伟大的运动之一起到了决定性的作用。他与晚年的彼特拉克书信往还，与薄伽丘也颇为熟悉，受到这两位极大的影响。受上一辈的启沃，他将火炬传给下面一大批人文主义者，其中有许多都可以说是他的弟子，卓荦者如波焦和列奥纳多·布鲁尼（Leonardo Bruni）。从彼特拉克去世的1374年到他本人去世的1406年之间，萨卢塔蒂一直是人文主义运动的盟主。

虽然其寓意式诠解的学术品味清楚地表明萨卢塔蒂有一只脚还停留在中世纪，但他却具备了人文主义者所有的品质特点。担任佛罗伦萨长官三十余年，他完成了人文主义与政治的强力联姻，用他的拉丁文和他的学识鞭挞敌人，无论是佛罗伦萨的敌人，还是古典文学的批评者。他热切地直接阅读古代作家的作

品，与它们建立起我们曾在彼特拉克那儿见到过的那种亲密关系。与其他人文主义者一样，他将自己对古代文学的热情与一种 136
学术细节上的严谨结合在一起：他是抄本的积极校对者，显示出对文本讹误方式的非凡了解，对文本考据有不少可信的贡献（他将瓦勒里乌斯·马克西姆斯 [6.9.1] 中的 Scipio Nasica 校正为 Scipio Asina，极为有名），被公认为是这一领域的一个先行者。最重要的是，他将赫里索洛拉斯（Chrysoloras）请到佛罗伦萨（参看第 148 页），使得 1397 年西欧希腊研究的真正开始成为可能。

萨卢塔蒂之藏书绝非琐琐；已有超过一百部书得到确认。其中有一部古典文本从头到尾都是由他亲笔抄写，这就是塞涅卡的《悲剧集》（Brit. Lib. Add. 11987），书后他又抄上穆萨托的《埃塞林努斯悲剧》[1]。虽然他的藏书不及彼特拉克那样注意辨章学术，但他这批精良藏书，无论在他有生之年还是在散出之后，都是一笔重要的文化财产。其尤为非凡的卷帙中，有提布卢斯最早的全抄本（Ambros. R. 26 sup. = A）、卡图卢斯文本的三个最早的抄本之一（Ottob. lat. 1829 = R）以及——他的最伟大的发现——西塞罗《致友人》的抄本。对于早期人文主义者来说，西塞罗的《书信集》有着特殊的意义；他们就此感觉自己对西塞罗有了亲切的了解，感觉自己可以穿越时光回到古典时代与他们心目中最伟大的罗马人一起生活。《致友人》是米兰首宰帕斯基诺·卡培利在韦尔切利

---

① 穆萨托（Albertino Mussato，1261—1329），文艺复兴早期意大利政治家、戏剧家和诗人，生于帕多瓦，是人文主义者洛瓦托·洛瓦蒂（Lovato Lovati）的学生，是时代的记录者，根据暴君埃泽林诺三世（Ezzelino III da Romano）的故事写成拉丁诗剧《埃塞林努斯悲剧》（*Ecerinis*），是罗马时代以来第一部世俗悲剧，也是第一部被看作文艺复兴作品的意大利悲剧。

大教堂的图书馆发现的[①]，当时他在萨卢塔蒂的发动下开展了这一次搜寻。萨卢塔蒂其实是在寻找曾为彼特拉克所知的《致阿提库斯的信》，1392 年，当他收到这意外获得的、此前一无所知的书信集，他欣喜若狂。次年他得到了《致阿提库斯的信》的一个抄本，从而成为几百年来第一个拥有两个书信集的人。他的这两个本子今仍存世（Laur. 49.7 和 49.18；后者就是《致阿提库斯的信》十分重要的 M 抄本）。该韦尔切利（Vercelli）抄本最终被带到佛罗伦萨，至今仍然在那里（Laur. 49.9），是唯一幸存的西塞罗《书信集》的
137 加洛林抄本。饶有意思的是，书信集中所展现的西塞罗的更为全面的形象，在彼特拉克和萨卢塔蒂身上所激起的反应大不相同。发现西塞罗放弃哲学，投身于政治和权术，这令彼特拉克十分不快；但正是西塞罗对知识追求与政治生涯的调和，令萨卢塔蒂和后来的人文主义者为之崇拜不已。

第五节　发现的伟大时代：波焦（1380—1459）

从帕多瓦人文主义萌芽时期开始，一直到 15 世纪后叶以及之后，古代文献的逐步发现像一股洪流，流经文艺复兴。为古典作品增添新的书目，使大众可以触及那个时代的作家和思想家，屡有其人，其中尤为卓荦者，有洛瓦托、彼特拉克、薄伽丘以及萨卢塔蒂；不过单就发现失落文本的能力而言，他们皆不及波焦（Poggio）。他是一位引人注目的人，作为教廷秘书，找时间尽情搜求各种文献，从历史和道德说教之文，到纯然粗鄙下流的攻讦和

---

① 帕斯基诺·卡培利（Pasquino Cappelli）是当时米兰大公吉安·加莱亚佐·维斯孔蒂（Gian Galeazzo Visconti）的首辅。

淫猥的作品，无所不包，这表明，古代粗鄙之作被重新发现，并非无因。

为弥平“大分裂”（Great Schism）并解决其他教会问题所召开的康士坦斯会议（Council of Constance，1414—1417），带来了发现古典文本的又一突破的伟大契机。整个教廷移到康士坦斯。正如人之常情，襄赞会务的人文主义者很快认识到，在议程之外有一些有趣的活动；他们将自己的空余时间都用到对古典文本的搜寻中去。波焦有过几次考察，第一次是1415年到勃艮第的克吕尼（Cluny）修道院，在那儿他发现了西塞罗演讲集的一个古抄本，内容包括《为克伦提乌斯声辩》（*Pro Cluentio*）、《为罗斯基乌斯声辩》（*Pro Roscio Amerino*）、《为穆列纳声辩》（*Pro Murena*）、《为米洛声辩》（*Pro Milone*）和《为凯利乌斯声辩》（*Pro Caelio*）。《为罗斯基乌斯声辩》和《为穆列纳声辩》是此前所不知道的。这个抄本，最晚抄于公元8世纪，称作“克吕尼古本”（*vetus Cluniacensis*）。1905年根据过录本和摘抄本对该本所进行的部分重建，或许是英国西塞罗研究者克拉克（A. C. Clark）最伟大的成果。部分抄自克 138
吕尼本的一个抄本最为精确地反映了这个已佚古本的文本面貌，随后被波焦带到了意大利（Paris lat.14749）。这个抄本现在已经被厘清，是出自法国人文主义者尼古拉·克拉芒热[①]的手笔。

他的再次出击是在1416年夏天，这一次是在三位人文主义者朋友巴尔托洛梅奥·德蒙特普尔恰诺、桑奇奥·鲁斯蒂奇和佐敏

① 尼古拉·克拉芒热（Nicholas of Clamanges，1360—1437），法国基督教人文主义者，神学家，曾任教于巴黎大学，后来到阿维尼翁，成为教廷秘书。

诺·德皮斯托亚的陪同下到访圣高尔修道院[①]。结果有三个重大发现：一部完整的昆体良（此前的人文主义者只能用残本 [*mutili*] 来对付）、阿斯科尼乌斯为西塞罗五篇演讲所做的注以及包含瓦勒里乌斯·弗拉库斯《阿尔戈英雄记》（*Argonautica*）之四卷的一个抄本（i-iv.377）。波焦的昆体良抄本没有什么价值，但是对于阿斯科尼乌斯，我们所能依据的只有作为这次考察成果的三个抄本，一个是波焦所抄，一个（是其中最好的）是佐敏诺所抄（Pistoia A. 37），还有一个是巴尔托洛梅奥亲笔抄本的过录本（Laur. 54.5）。失落了的《阿尔戈英雄记》的圣高尔本必须用类似的三个过录本来重建，一个当然是波焦所抄（Madrid, Bibl. Nac. 8514, *olim* X. 81，该本也包含他所抄的阿斯科尼乌斯）；不过对于瓦勒里乌斯，我们有一个得自富尔达修道院的完整的、更加重要的 9 世纪抄本（Vat. lat. 3277），该本最后也被带到了意大利。

1417 年年初，手持官方许可，波焦和巴尔托洛梅奥对圣高尔修道院以及这一地区的其他修道院进行了一次系统考察：他们的发现包括卢克莱修、西利乌斯·伊塔利库斯和马尼利乌斯。他们所找到的古抄本今已毁坏无存，但它们的遗产保留了下来。波焦所抄的马尼利乌斯是其文本的一个很重要的证据（Madrid, Bibl. Nac. 3678, *olim* M. 31）；他的卢克莱修是所有意大利本子的父本，我们现有的西利乌斯的所有抄本都可以追溯到这次考察所产生的

---

① 巴尔托洛梅奥·德蒙特普尔恰诺（Bartolomeo da Montepulciano，1385—1429），意大利基督教人文主义者，诗人，罗马教廷秘书。桑奇奥·鲁斯蒂奇（Cencio Rustici，1380/1390—1445），意大利人文主义者，与波焦、巴尔托洛梅奥师出同门。佐敏诺·德皮斯托亚（Zomino da Pistoia，1387—1458），意大利人文主义学者，精通希腊文，对方法学与修辞学感兴趣，曾从康士坦斯和其他地方共收集拉丁、希腊抄本一百多种，后将这些本子捐赠给故乡皮斯托亚。

几个抄本。与此同时，波焦从富尔达得到阿米亚努斯（Ammianus）的著名抄本（Vat. lat. 1873），并带到了意大利；他还盯上了富尔达的阿庇西乌斯的抄本，该本最终在1455年也被——哈诺克·阿斯科利[1]——带到了罗马（New York, Acad. Med. MS. Safe）。与此同时或者稍晚一些，波焦还得到了科路美拉的一个抄本（当时意大利已经知道这个作家），这个抄本大概就是富尔达的英伦岛系抄本，该本15世纪归于意大利（Ambros. L. 85 sup.）。

1417年夏，波焦在法兰西和日耳曼进行了范围更大的考察。 139
他有两个重要发现。第一个发现是八篇此前所不知道的西塞罗的演讲：《为卡辛纳声辩》（*Pro Caecina*）、《为演员罗斯基乌斯声辩》（*Pro Roscio comoedo*）、《论土地法》（*De lege agraria*）i—iii、《为被控叛国的拉比利乌斯声辩》（*Pro Rabirio perduellionis reo*）、《斥皮索》（*In Pisonem*）、《为拉比利乌斯·波斯图姆斯声辩》（*Pro Rabirio Postumo*）。《为卡辛纳声辩》他发现于朗格勒（Langres），其余大概是在科隆大教堂发现的。他对这些演讲的亲笔抄本今已发现（Vat. lat. 11458），从而免除了繁琐冗长的重建过程。第二个发现是最珍贵的文本之一，斯塔提乌斯的《希尔瓦》（*Silvae*）；这个诗集的现存所有抄本都是来自这个为波焦而复制的抄本（Madrid, Bibl. Nac. 3678, *olim* M. 31）。

康士坦斯会议结束后，波焦在英格兰盘桓了几年，在那儿他发现了他称之为“佩特罗尼乌斯残卷”（*particula Petronii*）的抄本，亦即“俗写节选本”（*excerpta vulgaria*）；所有15世纪抄本都是从

---

[1] 哈诺克·阿斯科利（Enoch of Ascoli，约1400—约1457），教皇尼古拉五世的代理人，负责在全欧洲为新创立的教皇图书馆收集抄本。

这个本子抄写的。1423 年在回国路上，他在科隆发现了佩特罗尼乌斯的第二个抄本，内容包含《特里马乔宴会》[1]，他委托复制的抄本（Paris lat. 7989），是《宴会》全本的唯一来源。在被尼古拉·尼古利借去之后便不见了踪影，幸运的是在 1650 年前后重现于达尔马提亚的特罗吉亚[2]。1427 年他借给尼古利的普罗佩提乌斯，可能是这次考察的另一个成果。

波焦在发掘文献方面的成就是十分巨大的；他对许多重要文本传播历史的个人干预都是决定性的，影响极为深远。他在字体发展史上也占有十分突出的地位；虽然他可能并不像人们一度认为的那样是新人文主义者字体的发明者，但他无疑是这种字体最早、最精良的典范之一（图版 XVI）。随着时间的推移，特别是从 13 世纪初开始，加洛林小写体变得折转生硬、笔划粗肥，美感大大下降，演变为今天所说的哥特体。人文主义者字体是对早先加洛林小写体的一种有意识的回归；大约 1400 年发展于佛罗伦萨，萨卢塔蒂和他的两位弟子尼古拉·尼古利和波焦都有所贡献。似乎是尼古利发展出这种新字体的行草体。随着印刷时代的到来，其楷体脱胎为罗马字体（roman fount），其行草体则脱胎为斜体（italic，意大利字体）。

140　至此，我们今天所知道的拉丁文献大多已被发现。剩下的较

① 《特里马乔宴会》（Cena Trimalchionis）是佩特罗尼乌斯的讽刺小说《萨蒂利孔》（*Satyricon*）的第五、六章，钱锺书《小说识小》译为“暴发户三乐宴客”，并有注曰：“Trimalchio 一名，出希腊文，义为‘三倍享乐’，故借孟子及荣启期语译为‘三乐’。斯人又俱内，盖‘三乐’而兼‘四畏’者。”

② 达尔马提亚（Dalmatia），曾为罗马的一个省，今属克罗地亚。特罗吉亚（Trogir）是该地区的一个城市，是主教教堂所在地。

为重要的发现这里简略提及。1421 年，在米兰东南的洛迪（Lodi）大教堂，杰拉尔多·兰德里安尼（Gerardo Landriani）发现了一批修辞学（*rhetorica*）藏书，包括《论演说家》（*De oratore*）、《演说家》（*Orator*，之前只有残本）以及一篇之前不知道的作品，《布鲁图斯》①。1429 年，尼古拉斯·库斯（Nicolaus of Cues）将一个普劳图斯的 11 世纪抄本带到了罗马（Vat. lat. 3870），其中包括了此前所不知道的十二部戏剧。塔西佗《杂著》（*Opera minora*）（Iesi lat. 8）的孤抄本早在 1425 年就已为波焦所知，几度游说，想从黑斯费尔德赚得，未果——1455 年终于归于罗马，大概是哈诺克·阿斯科利（Enoch of Ascoli）所携。塔西佗剩余未知部分，即《编年史》1—6 卷，从科维窃得，1508 年归于罗马。15 世纪的其他发现包括科内利乌斯·奈波斯（Cornelius Nepos）、塞尔苏斯、弗龙蒂努斯的《论罗马城的供水》（*De aquis*），以及《拉丁颂词集》②。

随着 1493 年在博比奥（Bobbio）大量文法学著作的发现，萨巴蒂尼（Sabbadini）所说的"发现的英雄时代"就此终结。不过仍然继续有重要文本重见天日。1501 年至 1504 年，萨那乍罗（Sannazaro）在法兰西发现了伪奥维德《垂钓》（*Halieutica*）和格拉提乌斯《狩猎》（*Cynegetica*）的原型抄本（Vienna lat. 277）及其同样重要的过录抄本（因为维也纳抄本现已不全），该本还抄有

① 《布鲁图斯》（*Brutus*），西塞罗撰于公元前 46 年，是以对话形式写成的罗马演说史，文中布鲁图斯和阿提库斯请西塞罗对之前的罗马演说家加以评说。

② 《拉丁颂词集》（*Panegyrici Latini*），是由古代罗马（公元 400 年之前）十几篇歌颂皇帝的散文演讲词所组成的一个集子，作者大多佚名。意大利历史学家乔瓦尼·奥里斯帕（Giovanni Aurispa）1433 年在德国美因茨的一个修道院发现古抄本，今已亡佚，有过录本存世。

《图氏文萃》。不过16世纪早期之发现的绝大多数都与以巴塞尔（Balse）为中心的学术活动相关，当时伊拉斯谟、比亚图斯·雷纳努斯（Beatus Rhenanus）以及印刷商如弗罗本（Froben）和克拉坦德尔（Cratander）等人居住在那里。这个学术活动包含了对新抄本的力度更大、可能也更加系统的搜寻。比亚图斯·雷纳努斯1515年在穆尔巴赫修道院发现了维勒乌斯·帕特库勒斯，并于1520年推出首印本。克拉坦德尔利用一个新发现的重要抄本，故而得以在1528年出版西塞罗的一个整理本，其中包括人们以前从未看到过的五封致布鲁图斯的信，克拉坦德尔的书至今仍是这些信的唯一资料来源。1527年西蒙·格里诺伊斯（Simon Grynaeus）在洛尔施修道院发现李维第五部的幸存本。后代学者难得再有这样的发现，不过，由于重写本和纸草本这两种新的文献来源的撑持，发现的轰动仍在继续。

141　这里应当指出的是，人文主义者也有丢失抄本的本事。一旦仔细复制了一个文本，他们往往就对其赖以保存的抄本失去了兴趣。西塞罗的克吕尼抄本和洛迪抄本，卡图卢斯和普林尼的维罗纳抄本就此毁坏无存；塔西佗的黑斯费尔德抄本只留下数叶残卷；《特里马乔宴会》几近再次永远遗失。还有一些未曾知名的抄本幸存到了文艺复兴时期（它们的存在可以从它们的人文主义者裔本中推论出），但却没有传到后世。16世纪这种情况并没有很大的好转。印刷商对抄本往往缺乏爱惜珍重，一旦用过之后，抄本的终身就托付给了出版商，从此前途未卜。有许多不幸发生。《罗马皇帝传》的穆尔巴赫抄本借给伊拉斯谟，只剩下订在一起的一些碎片（Nurember, Fragm. Lat.7）；普林尼《书信集》的5世纪抄本，是第十卷的唯一资料来源，现在只剩下残卷（Pierpont Morgan Lib., M. 462），这个抄本曾历经诸般劫数犹自存在，直到阿尔都斯（Aldus）从巴黎圣维克多（Saint-Victor）修道院借出；比亚图斯·雷纳努斯和格伦尼乌斯[①]在整理李维作品时分别取自沃尔姆斯和施拜尔的两个抄本不见了踪影。不过这两位学者并不像人们一度认为的那样罪责难逃。阿米亚努斯·马尔凯里努斯（Ammianus Marcellinus）的黑斯费尔德抄本，曾被格伦尼乌斯用于印刷弗罗本1533年版，一直保存到16世纪末年，在距离黑斯费尔德不远的地方被拆散用作账簿的封皮（还留下六叶：Kassel Philo. 2°27）；而雷纳努斯曾用过的维勒乌斯·帕特库勒斯穆尔巴赫抄本，似乎亡佚于18世纪后期，最后的消息是1786年曾在某个售卖处。

第六节 15世纪的拉丁古典学：瓦拉与波利提安

新文本接连发现的持续轰动，引发了人们对古代生活和古代文学全方位的高涨兴趣，促成了全面理解古典世界所必需的所有主要学科和技术的迅猛发展。当考古学、钱币学、碑铭学以及对 142
罗马制度的研究在弗拉维奥·比翁多[②]等人的倡导下兴起之际，作为古典文本研究基础的历史考据与文本考据[③]，也由两位被认为代表15世纪最高学术水平的人文主义者——劳伦佐·瓦拉（Lorenzo

① 格伦尼乌斯（Sigismund Gelenius，1497—1554），生于捷克，是一位杰出的希腊学家和人文主义者。与印刷商弗罗本合作，整理出版了若干古典文本。

② 弗拉维奥·比翁多（Flavio Biondo，1392—1463），意大利文艺复兴时期人文主义历史学家，是最早的考古学家之一。

③ 清代段玉裁《与诸同志论校书之难》："校书之难，非照本改字不讹不漏之难也，定其是非之难。是非之难有二，曰底本之是非，曰立说之是非。"可与此同参。"文本考据"（textual criticism）旨在定底本之是非，"历史考据"（historical criticism）旨在定立说之是非。

Valla，1407—1457）和安吉洛·波利提安（Angelo Poliziano，1454—1494）——独领风骚地发展起来。在集中讨论这两个人物之前，应当强调一下，他们属于超群绝伦。那个时代的一般学者没有达到这么高的水平，尽管有证据表明在这一时期关于拉丁文本有许多精审之作。只要扫一眼许多古典文本的校勘记（apparatus criticus）——卡图卢斯是一个很好的例子——就会发现这一时期的学者每每可以校正传承中的讹误。而今天的校勘者，尽管有时十分气恼地发现他们的校正其实早就被某个无名学究抢了先，却不应总是将前人得到答案归结为运气而非识断。不过也有一些半吊子学者，在校勘训诂古典文本方面信心有余才具不足，他们随手写的一些札记，尽管没有想过要影响文本传承，却很容易对之产生影响。学者往往被诱惑着要润饰文本，推出读者所期待的可读的、优雅的文本。因而整理者在使用这一时期的抄本时要小心，常常会十分失望地发现，制作精美的图书所包含的文本却甚为低劣或者似是而非。

这时可以更为容易、更为深入地研究拉丁文学作品了。一个极为重要的因素是不断增加的辉煌的图书馆，由一些慷慨而富有影响的赞助人所创立或者充实，举其尤者，如帕维亚的维斯康提（Visconti in Pavia）、乌尔比诺的费德瑞格公爵（Duke Federigo of Urbino）、那不勒斯国王阿尔方索五世[①]、佛罗伦萨的美第奇、罗马的尼古拉五世教皇（Pope Nicholas V）。在这一长串图书馆建

① 阿尔方索五世（Alfonso V，1396—1458），又称阿拉贡国王阿尔方索五世（Alfonso V of Aragon）。1421年那不勒斯女王乔安娜二世（Joanna II）因无子嗣，立阿尔方索五世为继承人。1442年阿尔方索五世成为那不勒斯国王。

造者中，有一位高度组织化的图书企业家韦斯帕夏诺·达比斯蒂奇[1]，当有图书馆订书时，他可以雇佣四十五个抄工；当抄本被印本取代之后，古典文本以及围绕古典文本的学术研究著作就可以 143
无限扩散。印刷术的发明很快将对学术的研究和发展产生深刻影响。古典文本进入公共领域，学者们使用着同样的标准文本，或者予以商榷匡正，或者据以校对他们自己的抄本，而且这时也有了学术辩难与争论的国际论坛。

劳伦佐·瓦拉对勃然而兴的人文主义的考据套路进行了细致的探究。他师从奥里斯帕（Aurispa）和列奥纳多·布鲁尼等当时最好的老师，精研拉丁文与希腊文，并有着非凡的天赋和才能，瓦拉注定要名留史册。但他虚荣与好斗的禀性，使他挑衅所有的权威，卷入一系列充满敌意的论争，特别是与帕诺尔米塔[2]和波焦。如果不是先有阿尔方索，后有尼古拉五世的保护和庇佑，可能会严重阻滞他的事业。尼古拉为这个“无忌孩童”（*enfant terrible*）打开了教廷的大门，在下一任教皇之下，他成为教廷秘书。从1450年起，他在罗马讲授修辞学。

其考据功力锋芒初试的祭品之一是“君士坦丁的赠礼”（the Donation of Constantine）——一个臭名昭著的文件，早在8世纪或9世纪时炮制，该文件通过记述传说中君士坦丁将罗马和意大利各省赠给教皇之事，支持了教皇对世俗权力的主张。1440年，瓦拉通过历史考据与语言考据证明，这个“赠礼”是伪造的。毫

---

① 韦斯帕夏诺·达比斯蒂奇（Vespasiano da Bisticci，1421—1498），意大利人文主义者，书商，藏书家，当时几大图书馆的形成皆有其功。

② 安东尼奥·贝卡德利（Antonio Beccadelli，1394—1471），生于巴勒摩（Palermo），在拉丁文中人称“帕诺尔米塔”（Panormita），意思是“巴勒摩人”。意大利诗人，学者，外交官。

不奇怪，他同样也对自哲罗姆以来颇有市场的塞涅卡与圣保罗之间通信的真实性进行了讨伐。他最著名的著作是《优雅的拉丁语言》（*Elegantiae*），讨论拉丁语的风格、用法和语法。那是他在那不勒斯时所写，首印于 1471 年；至 1536 年，已有 59 个版次，是 15—16 世纪关于拉丁语的标准权威。该书考校精审而又独立不倚的学识，标志着当时拉丁语研究所能达到的最高成就。其次是 1446 年至 1447 年出版的他的《李维六卷校正》（*Emendationes sex*
144 *librorum Titi Livi* [books 21—6]）。这部语文学杰作，用后来这类著作中一再出现的那种犀利才华写成，旨在质疑阿尔方索朝廷中的两位学者，帕诺尔米塔和法齐奥[1]，并且语出伤人地表明，只有最好的学者才能玩时髦的校正李维文本的游戏。他所使用的武器之一是由彼特拉克整理为一集的李维全集，他的亲笔批注仍可见于其边白处（图版 XV）。他敢于校正《圣经》武加大本，他基于对希腊文原本和早期教父文本的研究所做的注文和校正（1449），伊拉斯谟高度重视，1505 年予以印行。他还有精力成为一个从希腊文翻译的多产译者。他无疑属于 15 世纪前半叶，而值得注意的是，直到他的著作印行之后，人们才全面认识到他的天才。

波利提安生于蒙泰普奇亚诺（Montepulciano），在佛罗伦萨接受教育。有夙慧，少时即为劳伦佐·美第奇（Lorenzo de' Medici）邀为西宾，终生都是他的朋友和保护人；年三十，作为教授已享大名，学者从欧洲各地来听其关于希腊文学与拉丁文学的课。除

---

[1] 法齐奥（Bartolomeo Facio，约 1410—1457），意大利作家，历史学家，人文主义者。在维罗纳受业于瓜里诺，后成为阿尔方索五世的史官，并担任王子的教师，该王子即后来的那不勒斯国王费迪南一世（Ferdinand I）。

了是一个影响广泛的教师之外，他还是当时最出色的诗人，既用意大利语也用拉丁语写作；作为一个学者，他常常超越自己的时代，令所有同代人望尘莫及。

波利提安在古典传承史上赢得显要地位，既是由于他精审的学识，也是由于他那种令时人全面领略古代文学的方式。瓦拉倡导对昆体良的研究，但他坚持主张在用拉丁文写作时采用古典规范，未免助长了对西塞罗式拉丁文的风行一时的崇拜。波利提安坚决拒斥西塞罗主义[①]，自创了一种折中的风格，博采所有的拉丁文："*non exprimis' inquit aliquis 'Ciceronem'. Quid tum? Non enim sum Cicero, me tamen (ut opinor) exprimo*"（有人说："你的表述不是西塞罗式的。"那又如何？我不是西塞罗。我还是用自己认为合式的方式表达自己。*Epist.* 8.16）用同样的方式，他成为第一个认真研究白银时代散文与诗歌的人。

波利提安伟大的学术著作是他的《丛札》(*Miscellanea*)，是对各种问题或详或略的研究的汇集。丛札优雅而又独创的形式，
有意与一度流行的对特定文本逐行注释的形式拉开距离，很好地 145
展示了他的学问的多个侧面。其第一部分（第一个"一百题"）1489年出版于佛罗伦萨；其第二辑的草稿近年来刚被发现[②]。其风格近似于奥卢斯·格利乌斯的《阿提卡之夜》(*Attic Nights*)；

① 西塞罗主义，文艺复兴时期的一种文学主张，认为西塞罗的作品是拉丁文的典范，写作时在方法、词汇和风格上都应以西塞罗为准。瓦拉提出，昆体良可能是比西塞罗更好的拉丁文典范。波利提安则自觉地折中众长，汲引其他古典作品。

② 第一个"一百题"(*Centuria prima*)用长短不同的篇幅讨论了一百个文献学问题，出版于1489年。波利提安1494年去世时，其第二个"一百题"还没有完成，直到1961年其草稿才被发现。

亦可见晚近学者之影响。举几个所讨论主题，可见该书的特点：一星期各天名称的来源，“恐慌”（panic）一词原来的意思，布鲁图斯所铸的一枚硬币上他戴着帽子拿着两把短剑的肖像的意义，所论问题，皆此类也。为了解决如何拼写维吉尔名字这一问题，波利提安引证了一些碑铭和一些非常古老的抄本的拼写。他用卡利马库斯的文本来修正卡图卢斯的一处讹误（66.48），即此一例，可见其用希腊文资料来校正和诠释拉丁文本之大概。他在《丛札》（xxv）中指出，1392年为萨卢塔蒂抄制的《致友人》（*Epistulae ad familiares*）的抄本（Laur. 49.7 = P），是从韦尔切利抄本（Laur. 49.9 = M）过录的一个抄本，同时证明，因装订错误而有数叶舛乱的P本，是后来一大抄本家族的父本，该系抄本中有若干书信次序淆乱；如此考证，堪为校勘学发展史上的重要一章。对于瓦勒里乌斯·弗拉库斯的抄本，他也有类似的推断。这种对“剔除过录本”（*eliminatio codicum descriptorum*）原则（参看第211页）的章法井然的运用，直到19世纪我们才再次看到。在《致阿提库斯的信》（15.14.4）中，他依据最好的意大利抄本——M本（Laur. 49.18）中的*ceruia*，将通行本中的*cera*校正为*cerula*。推测性修正必须在可恢复的最古老的传承阶段的基础上进行[①]，这一原则波利提安不止一次使用，其全面的使用一直到拉赫曼（Lachmann）时代才开始。

尽管波利提安认定晚出的抄本都是派生性的，未免过于一

① 即先“对校”（recension），洄溯到“原型”（即找到祖本），然后在“原型”（祖本）的基础上“理校”（conjectural emendation）。

概而论[①]，但是他坚持援引当时所能找到的最古老的抄本，以及他对人文主义者抄本的不信任，必然得出可靠的结果。在这一方面，当时图书馆发展得益趋便利以及印刷书籍时代的到来，对他都有极大的助益；1465 年至 1475 年之间拉丁古典文本大部分都 146
已印行。他充分利用各种图书馆，包括公共图书馆和私人图书馆，在佛罗伦萨以及其他地方，特别是美第奇图书馆；在他离世的时候，所借美第奇抄本不下三十五种之多。他曾经检核或者对校过的许多伟大古典抄本中，有一些重要的本子如泰伦斯之班博本（Vat. lat. 3226，4 到 5 世纪）、维吉尔之罗马本（Vat. lat. 3867，5—6 世纪）、塞涅卡《悲剧集》之埃特鲁斯科斯抄本，还有一个普罗佩提乌斯古抄本——或许就是那不勒斯本（Neapolitanus），亦即可能为波焦所发现的、瓦勒里乌斯 · 弗拉库斯文本的失落了的原型。他所用的抄本有一些已经亡佚，而他的细致对校，通常迻写在他所拥有的早期印刷整理本上（由他所写，或为他所写），也就相当于相关文本的一个重要本子。例如，牛津大学图书馆所藏奥维德文本的帕尔马（Parma）版印本上，就有他过录的《哀歌集》（*Tristia*）已亡佚的马尔恰纳抄本（Marcianus）中的异文，而在他的《农事杂钞》（*Scriptores rei rusticae*）首印本中[②]，则记载了采自科路美拉的一个古抄本（无疑是来自富尔达的 Ambros. L. 85 sup.）的，以及（更为重要的）采自加图和瓦罗农业著作已亡佚的

---

① 以抄本时代的早晚来确定其在文本谱系中的地位，就像以人年龄的大小来确定其在家谱中的辈分一样，有时候会不准确。

② 古罗马加图（Marcus Porcius Cato）、瓦罗（Marcus Terentius Varro）、科路美拉（Lucius Junius Moderatus Columella）以及帕拉迪乌斯（Rutilius Taurus Aemilianus Palladius）等四人关于农事的论著被汇为一集，1472 年由尼古拉 · 让松（Nicolas Jenson，1420—1480）首印于威尼斯。

原型抄本的对校异文。不过，他在自己的《西尔瓦》首印版中所记录的异文，现在一般认为是来自于波焦的过录本（Madrid 3678）而不是其父本，因而也就没有独立的价值。

他对偏技术类的古代著作的强烈兴趣还进一步表现在他对老普林尼文本的一次大规模的整理（罗马，1473），该本今藏于牛津；其中包括波利提安的注释和汇校，汇校采自五种不同的抄本（用 a b c d e 进行了细致区分），以及当时一位学者的十分重要的考据著作——埃尔莫劳·巴巴罗的《普林尼校订》[①]。对于阿庇西乌斯，波利提安校对了其文本倚为基础的两个 9 世纪抄本（E 本和 V 本）——分别来自于富尔达和图尔斯。该富尔达抄本（MS. Safe）今藏于纽约医学院（Academy of Medicine in New York），而波利提安自己的阿庇西乌斯抄本（上面录有他对校 E 本及 V 本的异文），有残卷在俄罗斯重见天日（St. Petersburg，627/1），构成了这部烹饪书引人注目且多姿多彩的历史。他研究并抄录过一些重要的医
147 学文本，其中包括乔瓦尼·拉摩拉（Giovanni Lamola）1427 年在米兰发现的塞尔苏斯的抄本（Laur. 73.1）；他发起对佩拉格尼乌斯[②]（Pelagonius）《兽医学》（*Ars veterinaria*）的一个古抄本的复制，这个复制本现在是该文本的唯一来源（Riccardianus 1179）。其“跋识”，十分典型地展示了波利提安在处理抄本证据方面很好很学术的方法：

---

① 埃尔莫劳·巴巴罗（Ermolao Barbaro，1454—1493），意大利文艺复兴时期学者，政治人物。《普林尼校订》（*Castigationes Plinianae*）是其影响最大的学术著作。

② 佩拉格尼乌斯（Pelagonius）是 4 世纪时在兽医学，尤其是马医学方面颇有影响的一位学者，用拉丁文写作。

Hunc librum de codice sanequam vetusto Angelus Politianus, Medicae domus alumnus et Laurenti cliens, curavit exscribendum; dein ipse cum exemplari contulit et certa fide emendavit, ita tamen ut ab illo mutaret nihil, set et quae depravata inveniret relinqueret intacta, neque suum ausus est unquam iudicium interponere. Quod si priores institutum servassent, mimus multo mendosos codices haberemus. Qui legis boni consule et vale. Florentiae, anno MCCCCLXXXV, Decembri mense.

（安吉洛·波利提安，美第奇家的门人，劳伦佐的宾客，监督这本书从一个非常古老的抄本抄写复制。然后他亲取范本予以校对，并自信地加以订正，但是他的处理方式是对文本不做任何改动，让所发现的所有讹误都依然如故，也从不贸然以己见介入文本。如果前代学者都能遵守这一原则，我们的误本将会少很多。读者，领略吧，祝好。佛罗伦萨，1485 年，12 月。）

第七节　希腊文学习：外交官、流亡者以及图书收集者

人们或许以为，希腊文学习，通过意大利最南端以及西西里岛的希腊语族群的接触，大概很早就顺利进入了意大利中部和北部的城邦。但是这个南端，与意大利半岛其他部分几乎完全隔绝，没有经历北部大城市的财富增长和其他进步，这种情况一直持续到第二次世界大战之后。该地区有能之士偶尔作为外交官出使北部，14 世纪时，其中两位受到当时领军学者和著作家的热烈

欢迎。众所周知，彼特拉克在阿维尼翁教廷遇到修士巴尔拉姆[1]，遂从之学习希腊文。尽管这位修士在神学上最为切齿的论敌也承认他是一个神学和逻辑学大师，但是其教学才能却未臻善境，彼特拉克所学希腊文，迄未足以阅读拜占庭大使所赠的荷马作品（Ambros. I. 98 inf.）。学习希腊文的另一个良机出现于 1360 年，当时巴尔拉姆的弟子莱昂奇奥·皮拉图[2]在北上阿维尼翁的路上被薄
148 伽丘拦截在了佛罗伦萨；他被挽留下来教授希腊文，佛罗伦萨市政府给予年金。但是不安分和不耐心的禀性，使他并没有停留。他为薄伽丘翻译了荷马，还有欧里庇得斯《赫卡伯》（*Hecuba*）约四百行；他还研究过查士丁尼《法学汇纂》佛罗伦萨抄本[3]的希腊文部分。此后不久，又为科卢乔·萨卢塔蒂翻译普鲁塔克的散文。这些译本的语言十分粗糙，对拉丁风格有所感知的人文主义者，包括萨卢塔蒂本人，都竭尽所能予以改进。莱昂奇奥所译《伊利亚特》的开篇如下：

> iram cane dea Pelidae Achillis
> pestiferam quae innumerabiles dolores Achivis posuit,

---

① 巴尔拉姆（Barlaam of Seminara，1290—1348），生于意大利南部塞米纳拉（Seminara），人文主义者修道士，语文学家，神学家，学识渊博，才华横溢，言语犀利，曾与保守派教主格里高利·巴拉马（Gregory Palamas）展开激烈论战。

② 莱昂奇奥·皮拉图（Leonzio Pilato，？—1366），生于意大利南部塞米纳拉（Seminara），是最早的希腊学推动者之一。

③ 佛罗伦萨抄本《法学汇纂》（Florentine Pandects），羊皮纸册叶装，907 叶，用安色尔字体书写，抄于查士丁尼同时期，是《法学汇纂》最为近古存真的官方文本。批注显示，该本曾藏于意大利阿马尔菲（Amalfi），12 世纪归比萨，又称“比萨抄本”（Codex Pisanus），1406 年作为战利品来到佛罗伦萨，成为佛罗伦萨最宝贵的古籍。

multas autem robustas animas ad infernum antemisit...[1]

比与意大利南部接触更为有效的，是与君士坦丁堡的直接接触。希腊帝国式微，必须时常派出使节，请求帮助以阻止土耳其人的入侵；甚至远到英格兰的君王也曾收到过这样的请求。我们已经看到，曾被派驻威尼斯的使节马克西姆斯·普拉努得斯如何让拜占庭对拉丁文学有所了解。几乎整整一百年之后，另一个拜占庭外交官，曼努埃尔·赫里索洛拉斯[2]，成为第一个在意大利开设希腊文课程的人。他于1397年在佛罗伦萨开讲，于是这个时间点对欧洲文化史有着极其重要的意义；直至移居帕维亚做同样短时期的停留之前，他的课程大约持续了三年。他有几个著名的学生，其中包括瓜里诺[3]和列奥纳多·布鲁尼。他教学的重要成果之一是，希腊古典文本有了拉丁译本，他坚持认为，应当摒弃以前那种词对词式的翻译，并且要让译本有一定的文学性。他的教学影响的一个象征是，他的题为《问题集》（*Erotemata*）的希腊文法教材十分流行，最终成为第一部付诸印刷的希腊文法（1471）。后 149

① 参考《伊利亚特》陈中梅译本："歌唱吧，女神！歌唱裴琉斯之子阿基琉斯的愤怒——/他的暴怒招致了这场凶险的灾祸，给阿开亚人带来了受之不尽的苦难，/将许多豪杰强健的魂魄打入了哀地斯……"

② 曼努埃尔·赫里索洛拉斯（Manuel Chrysoloras，1355—1415），生于君士坦丁堡，1390年被拜占庭帕里奥洛加斯王朝曼努埃尔二世皇帝（Manuel II Palaeologus）派驻威尼斯，敦请各基督教大公帮助抵御土耳其的入侵。1396年受佛罗伦萨大学校长科卢乔·萨卢塔蒂的邀请，到佛罗伦萨大学讲授希腊文法和希腊文学。离开佛罗伦萨后还曾在博洛尼亚、威尼斯和罗马任教。

③ 瓜里诺（Guarino，1374—1460），生于意大利维罗纳，称为"维罗纳的瓜里诺"（Guarino da Verona），曾在君士坦丁堡从曼努埃尔·赫里索洛拉斯学习希腊文五年，返回意大利后以教授希腊文为生，翻译、注释希腊古典文献多部。

来著名学者如伊拉斯谟和罗伊希林[①]都曾用过他的教材。

在15世纪，意大利人学习希腊文的条件有所改善。不少拜占庭人移居意大利，拜占庭1453年战败后，大批流亡者，一般是经由克里特岛和威尼斯，来到意大利，他们都急切地想通过教授自己的母语或者抄写文本来维持生计。对于他们来说幸运的是，古典拉丁学的复兴，使得人们对其中时常引用的希腊古典作家文本产生了广泛的阅读兴趣。曼图亚的一所著名的学校——维多里诺·达弗尔特雷[②]1423年至1446年任校长——十分重视希腊文的价值。但是很难说到底有多少意大利人的希腊文学习真的达到了可以轻松阅读文本的标准。人们对于一门新语言的热情，可能会由于缺乏有才能的教师，或者由于不成系统的语法教材诸多令人着恼的缺点，很快就会丧失。即使是伊拉斯谟，也曾抱怨过掌握这门语言太过费力。据说有些意大利人，包括波利提安，依靠一些拉丁译本——例如《圣经》的传统译本或者泰奥多尔·加扎[③]所译的亚里士多德——来自学希腊文，并且将这些拉丁译本作为解读希腊文本的一把钥匙。在既没有老师，也没有令人满意的文法

① 罗伊希林（Johann Reuchlin，1455—1522），人文主义者，希腊文、希伯来文学者，生于日耳曼，行迹涉及今法国、奥地利、瑞士以及意大利等地，致力于推进日耳曼对希腊、希伯来世界的理解。

② 维多里诺·达弗尔特雷（Vittorino da Feltre，1378—1446），意大利人文主义者，生于弗尔特雷（Feltre），卒于曼图亚（Mantua）。曾在帕多瓦（Padua）从加斯帕里诺·巴尔齐扎（Gasparino Barzizza）受业，是文艺复兴时期颇有影响的教育家，他在曼图亚的人文主义学校的名字是La Giocosa。

③ 泰奥多尔·加扎（Theodore Gaza，约1398—1475），希腊人，生于帖撒罗尼迦（Thessalonica），故又被称为“帖撒罗尼迦乌斯”（Thessalonikeus）。故乡被土耳其人攻陷后，流亡到意大利，在曼图亚弗尔特雷的学校学会了拉丁文，从事希腊文教学、希腊古典文献的翻译和研究。

书的情况下，这是非常困难的事情。许多想要成为古典学者的人不得不满足于阅读拉丁译本——当时已经推出了许多拉丁译本，特别是在教皇尼古拉五世（1447—1455 年在位）的支持下，他曾下令要求翻译修昔底德、希罗多德、色诺芬、柏拉图、亚里士多德、提奥弗拉斯特、托勒密以及斯特拉波。少数有精力、有办法的人，可以到君士坦丁堡留学；其中有 15 世纪两个较为知名的人物，费勒夫[①]和瓜里诺。

远游东方的另一个原因是，可以带回来一些很可能包含着新文本的抄本。有些收集者斩获颇为可观，乔瓦尼·奥里斯帕（Giovanni Aurispa）1423 年回到意大利，带回了 238 卷希腊文异教文本（图版 IV）。同样规模的一批现代印本，将会被认为数量巨大，不过我们一定不要夸大奥里斯帕这批书的价值，因为其中无 150
疑有大量的复本。大概费勒夫所收集到的四十种希腊文书籍，更能反映当时私人藏书的一般情况。意大利各省的统治者也在收集图书。佛罗伦萨劳伦佐·美第奇，1492 年派出了亚努斯·拉斯卡利斯[②]，流亡学者之一，到拜占庭各地寻访抄本。教廷的收藏也快速增长。威尼斯的情况则迥然有异，其巨量藏书是 1468 年由于枢机主教贝萨里昂（Cardinal Bessarion）的赠予而获奠基；贝萨里昂从事收集有年，目标是形成一个完整的希腊文献文库，他派人到

① 弗朗西斯科·费勒夫（Francesco Filelfo，1398—1481），意大利人文主义者，据信是达·芬奇的表兄。

② 亚努斯·拉斯卡利斯（Janus Lascaris，1445—1535），生于君士坦丁堡，文艺复兴时期知名希腊学者。君士坦丁堡沦陷后，流亡到意大利，成为贝萨里昂的门人，被送到帕多瓦学习拉丁文。贝萨里昂去世后，前往佛罗伦萨，投奔劳伦佐·美第奇，劳伦佐两度派他搜求抄本，第二次（1492 年）从阿索斯山（Mount Athos）带回了两百多部抄本。

旧帝国的各个地方去搜寻，据说收集到的图书的一部分——包括新近发现的斯米尔纳的昆图斯[①]的文本，也许还有阿里斯托芬的威尼斯（Venetus）抄本（Marc. gr. 474）——得自于奥特兰托的圣尼古拉修道院（Saint Nicholas）。

第八节　15 世纪的希腊古典学：贝萨里昂和波利提安

全面论述 15 世纪的希腊学，势必需要论及几位较为著名的人文主义者；不过这个简短的介绍，我们只能选取两位最著名的学者，来代表这一时期的目标与成就。其中一位反映希腊人的学问，另一位则表明意大利人可以从他们的先生那里学到什么。

两位中较早的一位是枢机主教贝萨里昂（1403—1472）。他生于特拉布宗，在君士坦丁堡乔治·克里索克基斯[②]开办的学校接受教育，在那里他遇到了意大利人费勒夫，终其一生与之书信往还。1423 年他成为修士，1431 年至 1436 年生活于伯罗奔尼撒的米斯特拉（Mistra），加入了自由思想者乔治·杰米斯图斯·普莱东[③]的小圈子，大概受其影响，贝萨里昂开始崇拜柏拉图。他被普莱东引荐给皇帝[④]，并开始供职于朝廷；1436 年皇帝任命他为首都一所修

① 斯米尔纳的昆图斯（Quintus of Smyrna），古希腊诗人，大约生活于公元 4 世纪，撰有《续荷马史诗》（*Posthomerica*）。

② 乔治·克里索克基斯（George Chrysococces），14—15 世纪拜占庭学者，曾在君士坦丁堡经营一所修辞学校。

③ 乔治·杰米斯图斯·普莱东（George Gemistus Plethon，约 1355—1452），拜占庭学者，新柏拉图主义哲学家，被称为“第二个柏拉图”。曾在摩里亚（Morea）首府米斯特拉讲授哲学、天文、历史和地理，被摩里亚君主泰奥多尔二世（Theodore II Palaiologos）任命为米斯特拉行政长官。泰奥多尔二世是拜占庭皇帝约翰八世的弟弟。

④ 即拜占庭帕里奥洛加斯王朝约翰八世皇帝（John VIII Palaeologus，1392—1448），是曼努埃尔二世皇帝（Manuel II Palaeologus）的儿子。

道院的院长，次年擢升为尼西亚的主教。1438 年他作为代表团的 151
一员参加佛罗伦萨和费拉拉（Ferrara）会议，商谈希腊教会与罗马教会的联合事宜。重新统一教会的努力曾有过数次，这时由于拜占庭帝国（其统治范围只是其原有疆域很小的一部分）快速瓦解，结束这种分裂的要求就更为迫切了。在教会统一之后，希望中的西方军事援助就有可能实现。这个会议拖了很久，不过最终双方还是达成了协议，这在很大程度上应当归功于贝萨里昂的强有力的论辩——他不得不克服己方代表团内部的固执反对意见。统一最终并未实现，因为希腊帝国大多数人在许多教士的鼓动下，拒绝只是作为一种妥协来接受统一。少数接受统一的人成为一个单独的宗派，被称为“希腊统一教会”①，其存在端赖贝萨里昂。尽管这次会议并没有持久的政治影响，但是贝萨里昂为教会效力，仍然被教皇注意到了；于是他成为枢机主教，常驻意大利，在教会事务中发挥了重要的作用，曾不止一次几乎被选为教皇。

枢机主教在罗马城的署邸是文学活动的中心，希腊人和意大利人在那里自由交流。希腊人中最著名的两个人是泰奥多尔·加扎和格奥尔格·特拉布宗②，他们将许多典籍译为拉丁文；意大利人中最为著名的两个人是波焦和瓦拉。贝萨里昂学识广博并精通拉丁文，因而瓦拉称之为“最希腊的拉丁人，最拉丁的希腊人”（*Latinorum Graecissimus, Graecorum Latinissimus*）。他的藏书极其

① 这个原来为东正教，后来成为天主教的教派，最初被称为“希腊统一教会”（Greek Uniate Church），后来这个名称逐渐有了贬低的意味，于是改称为“东仪天主教”（Eastern Rite Catholic），言下之义是，这个希腊教派与拉丁天主教的区别只在于外在仪式。

② 格奥尔格·特拉布宗（George Trapezuntios，1395—1472），希腊哲学家，生于克里特岛，祖籍特拉布宗，因以为氏。

丰富；至其暮年，单是希腊文书籍就有大约五百卷，而且其中包括许多古典文本的重要抄本，因为他的兴趣并不局限于神学和哲学。他对这些藏书十分爱惜，这从藏记、架号以及他在衬页上所写的其他注记可以看出来。他并非向来都是一个热忱的书籍收集者，因为他曾依赖君士坦丁堡的书商来提供图书；不过他在一封
152 信中说，1453 年希腊帝国的覆亡，使他形成一个计划，打算尽可能建立一个完整的希腊典籍文库，想要让那些希腊帝国流亡到意大利的遗民最终支配这些图书。他陈述的这个计划，揭示了他为何在有生之年（1468）将自己的藏书交给威尼斯市以为公共图书馆之基础，因为威尼斯是希腊流亡者的主要聚集地。

贝萨里昂本人的著作，主要有一部亚里士多德《形而上学》的拉丁文译本，还有针对格奥尔格·特拉布宗颇受争议的一本书（该书多方攻讦柏拉图，包括指责其对同性恋的态度）的长篇回应。许多小册子和书信也流传了下来。有两本小册子与我们现在所讨论的问题有关。第一本是因谈判教会统一而写。希腊人和拉丁人争议的焦点是关于圣灵所由出：它在性质上是与天父同一，还是只是相似？贝萨里昂的最大成功在于，他发现圣巴西尔的小册子《反欧诺米乌斯》（*Against Eunomius*）有一段文字，清楚地阐明了拉丁教会的观点，从而构成了和解的基础，因为圣巴西尔在希腊教会中的权威地位是无可辩驳的。贝萨里昂在会议上的论敌——希腊代表团中那些一心只想完全按照他们的想法达成结论的成员——宣称这一段文字并非真的出自圣巴西尔之手，而是由某个早期希腊教会改革者或者意大利人所伪造，而且他们找到了一些抄本，其中没有这些文字。尽管贝萨里昂很自信，却一时无

法证明自己的观点，只能用其他非决定性的证据来说服对方。但是，当他短暂回到君士坦丁堡时，他决心彻底解决这个问题，开始检核他能够找到的该文本的所有抄本。在会议期间，所能找到的这部书的六个抄本中，只有一本支持贝萨里昂对手的观点，而且各种迹象表明，这一本曾经被篡改过，因为关键文字被删，取而代之的是其他文字。考察首都修道院中的藏书，很快找到这一 153
文本的两种古本，一种是纸本，时代大约是12世纪中期，另一种是羊皮纸本，时代更早。两个本子的文字都支持贝萨里昂的观点，而支持对方观点的抄本都是非常晚近的本子，或者抄写于会议期间，或者抄写于会议结束后不久。贝萨里昂用这两个古本的时代作为他的决定性论据；它们都早于那些愿意与西方教会统一的前代希腊教士，因而不可能由他们伪造。至于它们是出于意大利人伪造的说法，其地道的希腊文已足为反证。

在这个用学术方法反驳那不择手段操弄文献的例子之后，我们来看贝萨里昂的另一个显示其学术优点的短篇著作，这里的语境还是神学。在其罗马署邸中，在礼拜仪式上读了一段《约翰福音》之后，关于该文21：22的文字的正误展开了热烈的讨论。读的是拉丁文武加大本，该本误将*si*（希腊文作 ἐάν）写为*sic*。贝萨里昂在讨论中指出，这不过是一个抄写者的笔误，只涉及一个字母。他的听众并没有被完全说服，于是他写了一个小册子来论证自己的观点。这里，有几个重要原则得以阐明，而整个问题是用我们看起来自然而然的常识加以讨论，但那些认为圣哲罗姆译本每一个词都是神圣不可更易的狭隘的保守主义者，却难以接受。贝萨里昂论述说，希腊文本是原本，必然优先于拉丁文译本，而且圣奥古斯丁已持此观点。他还证明，先前奥利金、西里尔和“金口”约翰（Chrysostom）著作中所引希腊文本[1]，都是同样的文字。接下来他证明，这段文字的上下文语境与武加大本的文字不相契合。这部著作非常重要，在认为希腊文本是《新约》唯一合适的诠释基础这一观点上，他比伊拉斯谟还要早。这也许是得益
154 于瓦拉，他与贝萨里昂常常见面，以前还写过一本题为《新约注》（*Adnotationes in Novum Testamentum*）的小册子，但没有出版，书中他对武加大本的准确性提出了质疑。

贝萨里昂作为定居在意大利的希腊主教，其学术活动主要围绕着神学与哲学，波利提安（1454—1494）的情况与此形成鲜明对照。他是一位著名的诗人，既用白话文写作，也用拉丁文写作，可是作为学者也同样杰出。尽管他的兴趣主要在古代文学方面，但是他对许多次要学科也颇有了解——诸如碑铭学和钱币学，这些也对我们全面认识古代世界有所贡献。波利提安集诗人和学者于一身，正和希腊化时代形成有趣的对应——同样的描述也适合卡利马库斯和埃拉托色尼，而且，波利提安成为第一个认真关注希腊诗歌的学者，也许并不全然是一种巧合。

他作为一个拉丁学家的才华以及他对古抄本之重要性的认识已见上述。值得顺便一提的是，他鼓励对后古典时代作家作品的研究，就此改变了希腊学和拉丁学的方向。在拉丁文学方面，他指出昆体良、苏维托尼乌斯以及白银时代拉丁诗人的价值所在，

---

① 奥利金（Origen，185—254），基督教神学家，哲学家，文本校勘家，编定《六种经文合参》，对《圣经》文本的校勘整理贡献巨大。西里尔（Cyril of Alexandria，376—444），亚历山大城牧首，著述颇丰，是 4 世纪末 5 世纪的基督教义论辩中的主要人物。

而在希腊文学方面，他讲到了卡利马库斯和忒俄克里托斯。作为一个希腊文研究者，他是第一个被公认为在语言学知识方面可以媲美希腊人的意大利人。他的著述里有这样一个说法。在一封写给匈牙利国王马提亚斯·科韦努斯（Matthias Corvinus，*Epist.* 9.1）的信中（他曾以写作为国王效力，职司古典文本的翻译或者国王功业的颂扬），他声称自己对希腊文的了解与希腊人一样，是一千年来第一个达到如此水平的意大利人。在他关于荷马的就职演讲开篇部分，也表达了同样的自负。不管在这样的说法中有怎样的虚荣，那都是正当的。波利提安是文艺复兴时期第一个在整理希腊文本方面取得了永久价值的意大利人，所以他的名字仍可在现代整理本的校勘记中看到（瓦拉对修昔底德文本的贡献，反映的是他所用抄本质量之高，而不是像人们一度认为的那样，是他自
己的创获）。波利提安语言天赋的另外一个证明是，从十七岁开 155
始，他就用希腊文撰写短诗。大约有五十首各种韵脚的诗留存了下来，虽然其节奏和韵律存在不少错误，但还是显示出他对这门语言的稔知，特别是广泛的词汇运用。

他的著作中，有数种是对希腊文本的翻译。包括晚期历史学家赫罗狄安以及爱比克泰德[①]和普鲁塔克的一些短篇文章的流畅的译文。不过由于最重要的散文作家都已经被翻译过了，所以波利提安可以将他的精力投向其他方向。最好地展示出他多方面学识的是《丛札》。大多数内容是关于拉丁古典学的讨论，不过有许多希腊作家的作品被援引来证成某个观点或者加强论证。前面已经

① 爱比克泰德（Epictetus，55—135），古希腊斯多噶学派哲学家。其著作对罗马皇帝奥勒留有重要影响。

提到的一个例子是他援引卡利马库斯来校正卡图卢斯的一处讹误（66.48）。可能最有意义的一则，是给出了卡利马库斯第五首赞美诗（*The bath of Pallas*）的文本，并附以优美的哀歌形式的译文。这里他在自己的希腊文本中没有加标重音符号，以存其旧（这种学术上的讲究，后来几代学者并没有效法），并极好地完成了这首赞美诗的首次整理。

第九节　希腊文本的首印本：阿尔都斯·曼纽修斯和马库斯·穆苏鲁斯

自 15 世纪 70 年代以来，当新的印刷工艺很快形成了一波拉丁古典文献整理出版热潮之际，希腊古典文献的情况却完全不同。部分原因可能是由于很难设计一种适合的活字字体，其活字数量不会因字母与重音符和送气符的各种结合而大大增加。有些早期印刷者奢望用印刷来原样呈现当时的希腊文手写字体，所设计的活字在使用上很昂贵，在形式上也不能令人满意。即便是后来很
156 长时期内被字体设计者倚为模范的著名的阿尔都斯字体，在这两点上也不无可讥。不过并不是所有的早期印刷者在这方面都是失败的；在威尼斯工作的著名的法国人尼古拉·让松[1]所设计的字体就堪称杰作，特别是在印刷波利提安《丛札》中的希腊文的时候，尤其出色——略掉了重音符与送气符，避免连字，所以印刷文本

① 尼古拉·让松（Nicholas Jenson，1404—1480），法国字体设计师，曾任法国皇家造币厂设计总监，后从古登堡学习印刷技术，1470 年在威尼斯开办自己的印刷作坊，其所设计的罗马字体，被认为是早期最精美的字体之一。

与手写文本并不非常相像，但却远为清晰可读。令人奇怪的是，这样简便的字体并没有立即被确立为标准。

比字体设计上的困难更为严重的问题是，希腊文本市场需求不足，其数量不足以支付出版费用。懂希腊文者极为有限，而印行拉丁文译本，其数量则足以有利可图。一个突出的例子是，一直到1513年才印刷了柏拉图的希腊文本，而马尔西利奥·费奇诺[①]的译本则早在1484年就已印了1025册。这个版本不但发行量大得异乎寻常（当时所有出版物的平均印数只有250册或略多一点），而且在六年之内就已经售罄，于是再次印刷。而与此形成鲜明对照的是伊索格拉底希腊文本的首印本，1493年已见于米兰，卖得很慢，以至于1535年积压的书换了封皮重新发行。在阿尔都斯出版社成立之前，所有希腊文印刷的书加起来不过十来种。其中有几种是赫里索洛拉斯和君士坦丁·拉斯卡利斯所撰的语法书，除了伊索格拉底之外，仅有的几种重要古典文本是荷马、忒俄克里托斯、欧里庇得斯四部戏、卡利马库斯、阿波罗尼乌斯·罗提乌斯、琉善和《希腊诗选》[②]。

阿尔都斯·曼纽修斯（Aldus Manutius，1449—1515）有意创立一个出版社，主要印刷希腊文典籍。产生这个想法的时候，他在摩德纳（Modena）附近的一个名为卡尔皮（Carpi）的镇上，是镇长之子的家庭教师。有鉴于佛罗伦萨在知识界的显赫地位，

---

① 马尔西利奥·费奇诺（Marsilio Ficino，1433—1499），意大利学者，天主教教父，是文艺复兴时期最有影响的哲学家之一。他致力于复兴新柏拉图主义，首次将柏拉图全集译为拉丁文。

② 《希腊诗选》（*Greek Anthology*），公元前1世纪米利迦（Meleager of Gadara）撷取四十六位希腊诗人的诗作，都为一编，题曰 *Anthologia*。其后迭有增益，遂有今本之规模。

这似乎应该是出版社选址最适合的地方，但是劳伦佐·美第奇之死，却使该地失去了学术与文学最有影响力的资助人和庇护人。而在威尼斯，幸赖贝萨里昂的影响，拥有比美第奇家族所搜集到
157 的更多的希腊典籍藏书，当时阿尔都斯可能希望能够利用这批书，但后来未能如愿。最重要的考虑因素可能是因为威尼斯是最负盛名的出版业中心；1500 年之前所出版的书，超过一半是在这里出版的。新的出版社不难觅得有经验的熟练工人。

从 1494 年到 1515 年，阿尔都斯出版社出版了一系列古典文本整理本；1515 年阿尔都斯去世，出版社从此走向衰落。由于拉丁古典文本已印行殆遍，故而阿尔都斯出版社所印拉丁古典文本只有一个初次整理本，而且是一个不重要的文本。但在希腊文本方面，他几乎承担了所有重要作家作品的首印工作，而且在其二十年从业生涯中，他几乎垄断了希腊文本的整理工作。在威尼斯及其所属地区，他拥有政府所赋予的特权，相当于拥有他自己设计的或者委托他人设计的活字字体的专利使用权。

阿尔都斯伟大计划的实现，离不开许多学者朋友（既有希腊人，也有意大利人）的帮助。承担了大多数最重要学术工作的人是克里特人马库斯·穆苏鲁斯（Marcus Musurus，1470—1517）。阿尔都斯本人也称得上是一个有相当造诣的学者。但是这些工作究竟有多少是由他本人做的，有多少是由穆苏鲁斯做的，有多少是圈子里的其他成员做的，却往往很难判定。阿尔都斯版的书，在书名页和由阿尔都斯所写的献辞中常常不具文本整理者之名。在这种情况下，问题最有可能的解答是，是由出版者的几位朋友共同完成的。最晚到 1502 年，书名页上就已提到“阿卡德米”

（Academy）或“新阿卡德米”（Neakademia），这是一个由阿尔都斯组织的旨在推进希腊文研究的学社。学社有一套用希腊文所写的规则，其中一条是，开会时只许说希腊语。可以数得出的成员有三四十人。成员并不要求是威尼斯的永久居民，因为曾在帕多瓦和卡尔皮任教的穆苏鲁斯也是成员之一。学社也欢迎国外来的访问学者，最著名的例子就是伊拉斯谟。

该出版社在最盛时期所推出的首校初印本，见证了合作者参与的热情与印刷组织的高效。第一本希腊文图书是一个短文本， 158
缪塞俄斯（Musaeus），无疑是选来先进行难度不大的试验，然后再进行难度更大的项目。此后是忒俄克里托斯和赫西俄德的比已有印本更加完整的本子。再然后出版社致力于亚里士多德和提奥弗拉斯特的文本整理这项艰巨工作，从 1495 年到 1498 年推出了五卷对开本。出版社的工作仅有一次中断，是因为康布雷同盟对威尼斯的战争[①]，1505 年至 1507 年和 1510 年至 1512 年无法出版希腊文图书。重要古典文本出版最辉煌的年份是 1502 年至 1504 年，推出了索福克勒斯、欧里庇得斯、希罗多德、修昔底德以及德摩斯梯尼的首次整理本。但是阿尔都斯并不局限于主要作家：他还出版了赫罗狄安的《历史》（*History*）[②]、波卢科斯（Pollux）、拜占庭的斯特潘努斯（Stephanus of Byzantium）以及菲勒斯特拉特斯

① 教皇尤利乌斯二世（Pope Julius II）为了扼制威尼斯共和国在意大利北部的影响，与法兰西、神圣罗马帝国等结成“康布雷同盟”，从 1508 年到 1516 年连年争战。“康布雷同盟”后因尤利乌斯二世和法兰西瓦卢瓦王朝路易七世反目，于 1510 年解体。

② 赫罗狄安（Herodian，约 170—约 240），又称“安条克的赫罗狄安”（Herodian of Antioch），用希腊文撰写了一部史书，记述了从皇帝奥勒留去世（180）至戈尔迪安三世登基（238）罗马帝国的历史。注意不要与前面提到的文法学家赫罗狄安相混。

（Philostratus）的《阿波罗尼乌斯传》（*Life of Apollonius*），仅举数例，以概其余。在《阿波罗尼乌斯传》的整理前言中，他以一种出版家很少见的坦率直白地表示，他认为这部书是何等无用（*nihil unquam memini me legere deterius*）。几乎所有阿尔都斯出版的书都是古典文本；基督教作家只是偶尔出现。阿尔都斯似乎曾计划推出一部《旧约》的希伯来文、希腊文以及拉丁文的本子，并加上《新约》希腊文和拉丁文本，但在其有生之年未有结果。

当时整理者的工作充满了困难。首先要获取抄本作为排字工所依据的底本，如果（常常会发生）文本有讹误，整理者会或者试着修正，或者寻找更好的抄本。整理前言对这些困难有所揭示。阿尔都斯告诉我们，遍寻意大利，他只找到了一个提奥弗拉斯特的抄本。这个说法证明，他还不能利用贝萨里昂的丰富藏书。他在自己为修昔底德所写导言的末尾说道，他本想在这一本中再加上色诺芬以及杰米斯图斯·普莱东的文本，但因为缺乏抄本只好俟诸来日。穆苏鲁斯在一部尺牍指南（epistolographi）的整理前言中说，阿尔西夫龙[①]的文本有几处讹误太甚，他无法修正，恳请读
159 者包涵其所印文本无法通读。穆苏鲁斯的工作流程从他整理出版的其他一些书中可以更清楚地看出来。确切无疑是由他负责整理的第一个大部头的书是1498年出版的阿里斯托芬（图版VIII），可以肯定，他在整理过程中至少参考了四种抄本。其中之一今藏于摩德纳（Estensis a. U. 5.10）。必须根据这四种抄本形成一个这些喜剧的文本，交付排印。注文的编排也同样重要，其位置在边白

① 阿尔西夫龙（Alciphron），古希腊尺牍家，生平不详，今存其模拟尺牍百余封，见1499年阿尔都斯初印于威尼斯的《希腊尺牍选》（*Greek Epistolographers*）。

处，与中世纪抄本中注文的位置一样。穆苏鲁斯所拥有诸抄本中的注文不尽相同，他的一项艰巨任务就是对这些注文进行选择和梳理以便排印。除了任钞胥之劳以外，更需校正文本，而他的确校正多处。若干年后，当他整理赫西基乌斯[①]语汇，一部 6 世纪编纂的词典时，他又遇到了类似的钞胥之劳。这部词典只有一个抄本存世（今为 Marc. gr. 622）。穆苏鲁斯并没有重新抄写一份以为排印底本，而是亲笔在原抄本上标注所有必要的修正和排印指示。抄本中有许多缩写，穆苏鲁斯则在行间或页边注出缩写单词的全拼。他还校正了许多错误，这部书最近的整理者说，每一页都有一些校正，显示出穆苏鲁斯的技艺和语言学知识。关于其技艺，在整理另一个文本时出现了一个饶有意思的例子，显示出他会比现代校勘家所认为的校勘本分要走得更远，这个文本就是莫斯霍斯[②]的第三首田园诗。这首诗的文本在第 92 行和第 93 行之间有阙，于是穆苏鲁斯填上了自己写的六句六步格诗。虽然这几句大体上只是对忒俄克里托斯[③]类似诗作的模仿，想要表示的大概不过是上下文所要求的大致意思，但有时候它们却被看成是这首诗原有的句子，被认为是穆苏鲁斯从某个今已亡佚的孤本中发现的。

穆苏鲁斯对古典学的贡献，难以准确评判，因为大多数情况下他交付印刷的抄本都已经亡佚，从而最好的证据资料就此与我 160

---

① 赫西基乌斯（Hesychius of Alexandria），希腊文法学家，生活于 5 世纪末期，编纂了收词最多的希腊生僻疑难语词，约 5 万个词目，题为《音序词语大全》（Συναγωγὴ Πασῶν Λέξεων κατὰ Στοιχεῖον）。有 15 世纪孤抄本存世。

② 莫斯霍斯（Moschus），古希腊田园诗人，生活于公元前 150 年前后，是阿里斯塔克斯（Aristarchus）的学生。

③ 忒俄克里托斯（Theocritus），古希腊田园诗人，生活于公元前 270 年前后。

们睽隔。但是，如果他负责印刷的版本中首次出现的好的异文都是他个人所校，那么毫无疑问，他是该民族历史上最有天分的古典学者。

第十节　伊拉斯谟（1469—1536）

这里我们有必要转而考量一下一个北欧人所能达到的学术水平。这个夺人眼目的人物就是伊拉斯谟。他本来是豪达（Gouda）附近的斯泰恩（Steyn）的一个修士，不过后来设法永远离开了修道院，并在巴黎开始学习希腊语。他发现这种语言很难，从那位名为乔治·埃尔蒙尼穆斯[①]的希腊流亡者的辅导中获益不多。为了增进对这门语言的了解，1506 年他来到意大利，因缘际会认识了阿尔都斯。当时，伊拉斯谟在学术圈子里已小有名气，出版了《箴言集》（*Adagia*）——一部附有评注的格言汇编——的首次整理本，以及《基督骑士须知》（*Enchiridion militis Christiani*）——书中他关于宗教虔诚的鲁莽表述对教会当局有所冒犯。1505 年，伊拉斯谟又火上浇油，监制出版了另外一部不受教会团体欢迎的书，劳伦佐·瓦拉的《〈新约〉注》（*Adnotationes in Novum Testamentum*），该书没有把《新约》当作神圣之物，而是看成与其他文学经典一样。因此伊拉斯谟才得以与阿尔都斯有所联系，当时他正好访问威尼斯，作为客人在印刷作坊待了几个月。在他后来的一部题为《富裕的吝啬鬼》（*Opulentia sordida*）的对话录中，他对那儿糟糕的饮食起居进行了穷形尽相的描写，不过我们有理

① 乔治·埃尔蒙尼穆斯（George Hermonymus），来自斯巴达的希腊文抄工和学者，又称“斯巴达的埃尔蒙尼穆斯”，是巴黎索邦神学院的第一位希腊文教师。

由相信这是伊拉斯谟的夸大其辞，意在对卡尔皮的阿尔伯特·比奥[1]恶语相向的争论进行反唇相讥。在威尼斯，他自然就有机会学到他所需要的所有的希腊文知识，阅读了阿尔都斯私人藏书中的许多文本。他这次短暂停留的一个直接后果就是《箴言集》增补版的出版，从他开始熟悉的希腊文献中补充了许多材料。

在其学术生涯的晚期，伊拉斯谟写了一本关于希腊语正确 161
发音的小册子，形成了所谓伊拉斯谟发音法，并得到了广泛的接受。通常希腊流亡者讲授古典希腊语，用的都是当代的发音，当然与古代的发音有很大的不同。这一点，西班牙学者安东尼奥·内夫里哈[2]以及阿尔都斯圈子里的一些成员已经有所考论，故而“伊拉斯谟发音法”之称未免有掠美之嫌；不过话说回来，伊拉斯谟本人也并没有宣称自己就是这个新的发音系统的发明人——大概是他从阿尔都斯交游之际，方始见识于焉。

尽管伊拉斯谟与阿尔都斯的联合富于成果而且十分重要，但是更加播腾众口的却是他与北方一个伟大的印书坊——巴塞尔的弗罗本的长时期的合作。伊拉斯谟发现人地甚相宜，遂颇预其编辑整理之事，与弗罗本缔交，这对于推动基督教人文主义有着非常重要的意义。这个联合最早、最壮观的成果就是1516年出版的《新约》希腊文本。巧合的是，与此同时在西班牙的阿尔卡拉（Alcalá）也有希腊文本《新约》排印（这一版还包括《旧约》的

---

① 阿尔伯特·比奥（Alberto III Pio，1475—1531），意大利文艺复兴时期的卡尔皮大公（Prince of Carpi），对人文主义感兴趣，与教皇利奥十世关系亲密，在关于宗教改革的辩论中，是教会的捍卫者，与伊拉斯谟争论不休。

② 安东尼奥·内夫里哈（Antonio Nebrija，1441—1522），西班牙文艺复兴学者，教师，历史学家，诗人，著有一部西班牙语语法，被认为是罗曼语族第一部公开出版的语法书。

希腊文本和希伯来文本）；但格于形势，迟至1520年才发行[①]。如所周知，尽管康普路屯多语版的主编希梅内斯枢机主教主张根据《圣经》的原始语言文本进行研究，但是他的观点并没有得到合作者的一致同意；至少在一篇序言里隐约提到，拉丁文本比其他语言的文本更加得到倚重。相比之下，伊拉斯谟在他的意识里对于确立《新约》原始文本的重要性是十分清楚的。他的整理流程人们知之颇悉。1512—1513年他在英格兰盘桓之际，就认真地开始着手进行这一筹之已熟的整理项目，有四个希腊文抄本可供参考；其中之一据信为莱斯特抄本（Leicester codex）——一个15世纪的抄本。1515—1516年在巴塞尔的印刷过程中，他拥有五个抄
162 本，其中一个标有记号，显示其被用为排印底本，今仍存世（Basle AN iv.i）。这是一个12世纪的抄本，没什么特别的价值。似乎伊拉斯谟也知晓真正古抄本会有什么样的价值，但是他在古字体学方面的学识不足敷用。在这一方面，他显然不如波利提安，甚至也肯定不如贝萨里昂。总之，他依据的是时代很晚、无太大价值的抄本，尽管他只要在所交游的朋辈中寻求，很可能就会发现更好、更早的抄本。虽然他正确认识到抄本B（Vat. gr. 1209）之古

① 即西班牙希梅内斯枢机主教（Cardinal Ximénez，1436—1517）主持编印的康普路屯多语版（Complutensian Polyglot）《圣经》。希梅内斯枢机创办了阿尔卡拉大学——拉丁文名字是"康普路屯大学"（Universitas Complutensis）。康普路屯多语版是《圣经》第一部多语译文印本，凡六卷，前四卷为《旧约》，每页分三栏，分别排印希伯来文本、拉丁文武加大译本（由安东尼奥·内夫里哈校订）和希腊文七十士译本。摩西五经部分，每页页面底部缀以亚兰文本和相应的拉丁译文。第五卷是《新约》，是希腊文和拉丁文武加大本对照排列。第六卷是希伯来文、亚兰文和希腊文的词义解释。其中《新约》卷于1514年排印完毕，等着其他部分排印完一起发行。当时伊拉斯谟也正在鹿特丹排印《新约》希腊文本，闻知此事，从神圣罗马帝国马克西米利安一世和教皇利奥十世那里申请到四年期（1516—1520）的独家发行权。希梅内斯枢机1517年在康普路屯多语版整个排印完毕后去世，未及见该书之出版。

老[①]，在一次重印整理本时，从一个朋友那里要到了该抄本的部分校对异文，但似乎并没有就整个文本加以系统利用。而另一方面，他对《启示录》的一个抄本的重视却极为夸张，他认为那个本子甚至可能早到使徒时代；现代学界认定该本是12世纪的抄本（Schloss Harburg, I 1,4°,1）。他整理工作值得肯定的一个方面是，他似乎已经认识到“难的异文更可取”（*difficilior lectio potior*）这一原则（参看下文，第六章第七节）。

他这个整理本有不少问题，这里提两个。《启示录》部分，他所依据的唯一抄本阙最后几行，另外还有一些地方无法识读。伊拉斯谟决心要出版一个希腊文本，在这些残阙漫漶之处，他参考拉丁文武加大本，补上自己翻译的希腊文本。这样做，他就超越了现在所理解的整理者的职责，并且在他的希腊文译本中还犯了一些错误。在《约翰一书》（5：7）伊拉斯谟依据希腊文本删掉了所谓“约翰短句”（*comma Johanneum*），即拉丁文武加大本中所见到的关于三位一体教义的陈说。这引起了一些争议，在争执中伊拉斯谟十分不智地提出，只要找到一个希腊文抄本有这些句子，他将在重印时加到他的整理本中去。毫不奇怪，立即就有一个抄本因为这个目的被炮制了出来（Trinity College Dublin 30）[②]，于是伊拉斯谟的承诺不得不兑现。不过伊拉斯谟也就此表示了对该本

① 梵蒂冈抄本（Codex Vaticanus），格里高利（Gregory）《〈新约〉希腊文抄本目录》（*Die griechischen Handschriften des Neuen Testaments*）将其标注为B或03，大约抄写于4世纪。现藏梵蒂冈图书馆。

② 伊拉斯谟称之为“不列颠抄本”（Codex Britannicus），抄写于16世纪，其父本为牛津林肯学院所藏的一个10世纪抄本，其中并没有“约翰短句”，是抄写者根据拉丁文本所增。因曾藏于托马斯·蒙特福德（Thomas Montfort）之手，故又称之为“蒙特福德抄本”（Codex Montfortianus）。今藏于都柏林三一学院，MS30。

真实性的怀疑。这段插曲表明，由于缺乏一套鉴定抄本的严谨方法，学者们面对那些甘愿突破底线去作伪的对手时，是何等束手无策。贝萨里昂在佛罗伦萨会议上也有过类似的经历，但对于他
163 来说，反驳论敌还较为容易，因为他的目标是通过考证某一段文字所出现的抄本比所谓的伪造者时代要早从而证明其真实性；而伊拉斯谟却没有同样有力的论据，只能诉诸古抄本的权威性。

尽管在这些问题上有不足之处，伊拉斯谟所整理的《新约》希腊文本仍是学术史上一个非常大的进步。这个整理本力排众议，确立了文本研究必须依据原始文本而不是译本这一原则，以及经文文本要按照与其他文献同样的逻辑规则和常识加以讨论。瓦拉和贝萨里昂的工作终于结出了果实。

伊拉斯谟之所以被吸引到巴塞尔，首先是因为那儿已经是一个教父著作的出版中心。在他的《新约》整理本出版之后，紧接着就出版了他对哲罗姆著作的首次整理本，再接着是很长一个系列的教父著作整理本，或者是他独自校理，或者是与他人合作校理，而且常常对同一作者的文本进行反复修订。这个系列包括居普良（Cyprian）、希拉里（Hilary）、安布罗斯以及奥古斯丁，堪称伊拉斯谟勤勉和学识的巍然丰碑——一是由于所涉及的工作量十分巨大，二是因为此前的整理者对教父著作的校勘甚少留意。在从事这些庞大工作的同时，伊拉斯谟还挤出时间整理古典文本，这是他的人文主义计划的一个重要组成部分。尽管在希腊古典方面他也推出了几个译本，整理出版了亚里士多德和德摩斯梯尼，但他在这一方面的贡献相对较小；他出版的唯一的希腊古典作家的首次整理本（*editio princeps*）是托勒密（1533）。他对拉丁

文献的贡献则要大得多；他所整理的作者包括泰伦斯、李维、苏
维托尼乌斯、老普林尼和塞涅卡。塞涅卡他校理过两次（1515，
1529），公认最能反映他的优长和不足。第一次校理是典型的急就
章。在排印过程中整理者并不在场，当时他的哲罗姆整理本和《新
约》整理本都到了最后阶段，忙得不亦乐乎。整理者、技术编辑
以及校对员的角色区分变得模糊起来，很多工作都推给了他人， 164
事后伊拉斯谟又责怪这些人无能甚至更糟。这种新的校理方法给
文本的好处已不少，但伊拉斯谟清楚它本应该好到什么程度，于
是在 1529 年重新整理以挽回自己的面子。这第二次的整理本，
整理前言是一篇关于塞涅卡的详略得体而又颇有见解的论文，举
出了对第一次校理本的两个成功的修正，并且提出了显示出整理
者的学识和判断的极有说服力的证据。可是这一次印刷仍是在匆
促间完成，在已经开印之后，有些抄本才陆续得到。伊拉斯谟对
自己所能搜罗到的抄本进行了很好的利用，但是这些本子似乎
都没有多大分别，只有一个例外。他有机会参考《论恩惠》（*De
beneficiis*）和《论怜悯》（*De clementia*）（参看第 100 页）的洛尔
施抄本——此实乃所有传本之祖本——的异文。但是囿于那个时
代的校勘方法，他没有把这个最早的本子作为他的底本，而是时
作时辍地据之修正他面前的本子，因此错失了一个绝好的机会。

第五章　文艺复兴以来学术研究的几个方面

第一节　反改教运动与意大利文艺复兴盛期

165 持续不断的宗教论争，阻碍了16世纪学术研究的发展。尽管贝萨里昂曾在这种论争的激发下撰写了两本小册子，对于校勘方法的发展具有非常重要的意义；但是伊拉斯谟那一代以及下一代的宗教论争，却难以找到类似的成果。伊拉斯谟本人虽然在整理《新约》文本的过程中对瓦拉和贝萨里昂的研究成果多有取资，对波利提安作为学者的杰出之处也十分清楚，但却没有掌握将学术研究进一步向前推进所需要的鉴定抄本的方法；同时由于定居在巴塞尔，而致力于抄本收藏的那些最好的图书馆，还都位于阿尔卑斯山以南，所以他也不能奢望在鉴定抄本方面增加许多经验。宗教论争占据了他晚年大部分的时间和精力，我们发现他在1524年抱怨（*Epist.* 1531），路德与论敌之间的斗争成为知识界的头等大事，图书业也被波及，在欧洲德语地区几乎不可能卖其他主题的书。在其他地方特别是在意大利，文人的精力被花在另一项论争上，而伊拉斯谟也再次成为领导人物。这次争论的问题是：是否应当把西塞罗当作拉丁散文唯一的典范。虽说这个讨论从波焦和瓦拉时代起就断断续续在进行着，但是伊拉斯谟1528年在巴塞尔出版题为《西塞罗主义》（*Ciceronianus*）的对话录，成功地给

这讨论注入了新的活力，书中他对那些西塞罗狂热崇拜者的荒唐 166
言行进行了嘲讽。伊拉斯谟并不是争论的终结者，他温和的观点没能赢得广泛的接受。在 16 世纪中叶，极端的西塞罗主义者似乎占大多数，不过后来有一个口味的转变，这对阅读习惯和散文风格产生了影响。文人们对塞涅卡和塔西佗作品的兴趣渐渐超过了对西塞罗作品的兴趣，并让这种兴趣影响到他们用文言（拉丁文）和白话（本民族语言）写作的方式；这个新的运动最为重要的代表人物就是古典学者尤斯图斯·利普修斯①。

古典文献研究与《圣经》文献研究的前景并没有因为反改教运动而得到改观。特伦托大会②决议意味着对学术自由的禁止，不鼓励对古典学问的自由追求。武加大译本作为《圣经》权威文本的地位得到了再次确认。伊拉斯谟的书被列为禁书，尽管教会并没有系统地加以销毁，但天主教国家知识界的氛围并不利于古典研究的开展。天主教与新教之间的激烈争论一直持续到 17 世纪初叶，在这种干扰下，有些本来可以思考更为有益问题的优秀学者转而驰心旁骛，例如卡索邦（Casaubon）就曾花了两年甚至更长的时间来驳正巴罗尼乌斯枢机主教③所编纂的一部教会史。

① 尤斯图斯·利普修斯（Justus Lipsius，1547—1606），南尼德兰（比利时）古典学家，人文主义者，撰写了一系列论著，试图以基督教允许的形式，复兴古代的斯多噶哲学。其成名著作是《读书杂记三卷》（*Variarum Lectionum Libri Tres*, 1567），多逞臆理校，后来出版的《古书校读五卷》（*Antiquarum Lectionum Libri Quinque*, 1575），已开始通过对校来修正。

② 特伦托大会（Council of Trent），1545 年至 1563 年，罗马教廷因应马丁·路德的新教改革运动，在意大利北部的特伦托召开大公会议，被称为反改教运动，也是罗马天主教会的自我改革运动。会议决议包括：《圣经》的最终解释权归于教廷，重申哲罗姆的武加大译本是《圣经》的权威文本，等等。

③ 巴罗尼乌斯枢机主教（Cardinal Baronius，1538—1607），意大利枢机主教，教会史家，撰有《教会编年史》（*Annales ecclesiastici a Christo nato ad annum 1198*）十二卷，记述了从基督诞生到到 1198 年凡十二个世纪的教会历史。

不过，也不能夸大当时形势的不利一面。虽然当时大多数拉丁文本都有了印本，但在伊拉斯谟逝世之际，仍有一些重要的希腊古典著作的希腊文本没有出版，在这一个世纪中才陆续面世。1544年约瑟夫[1]和阿基米德在巴塞尔出版。有理由相信，人们由此才开始全面理解古代数学以及其他学科的成就。值得注意的是，接任马库斯・穆苏鲁斯在威尼斯的希腊文教席的维托・法奥斯托（Vettor Fausto）将大部分时间花在造船厂，忙于设计新的舰船；作为一个造船工程师，他得享大名，并且宣称（极可能是冒称）
167 他最好的创意之一来自于古代的资料[2]。与此同时，在巴黎，国王的印刷商罗贝尔・艾蒂安[3]非常活跃。其印刷坊印行了优西比乌的《教会史》、狄奥尼修斯的《罗马史》以及狄奥・卡西乌斯的《罗马史》的首次整理本[4]。他于 1531 年出版自己的拉丁词典已经获

① 约瑟夫（Josephus，37—100），罗马犹太人，历史学家，曾提出数学史上的“约瑟夫环”问题。

② 维托・法奥斯托（Vettor Fausto，1490—1546），威尼斯人文主义者，圣马可学校希腊文教授。16 世纪初叶，威尼斯东面受到奥斯曼苏丹苏莱曼二世的威胁，西面受到神圣罗马帝国皇帝查尔斯五世的威胁，为了整顿海防，威尼斯共和国广泛征集舰船设计，年轻的希腊文教授维托・法奥斯托于是成为这次海军计划的关键人物。作为造船工程师，他设计出“五列桨战船”，声称其设计来源于“最古老的希腊抄本”。据史载，“五列桨战船”是公元前 4 世纪意大利西西里岛叙拉古的希腊专制君主狄奥尼修斯一世（Dionysius I of Syracuse，约前 405—前 367）组织研发的。

③ 罗贝尔・艾蒂安（Robert Estienne，1503—1559），法国古典学家，出版商，是著名的人文主义印刷商老亨利・艾蒂安（Henri Estienne，1470—1520）的第二个儿子。1539 年，得到“国王的希腊文出版商”的称号，但王室的认可并不能缓解教会对他的审查和迫害，1550 年，他被迫离开巴黎，在日内瓦建立自己的出版社。原本信天主教，后来改信新教。

④ 哈利卡尔那索斯的狄奥尼修斯（Dionysius of Halicarnassus，约前 60—前 7），希腊历史学家，修辞学教师，生于今土耳其的哈利卡尔那索斯（Halicarnassus），后迁至罗马，生活于屋大维统治时期，撰有《罗马古代史》（Ῥωμαϊκὴ Ἀρχαιολογία）。一般认为他是埃利乌斯・狄奥尼修斯（Aelius Dionysius）的先祖。狄奥・卡西乌斯（Dio Cassius，155—235），罗马执政官，历史学家，用希腊文写作，撰有《罗马史》（Ῥωμαϊκὴ Ἱστορία）。

取了名声，又通过出版一系列《圣经》整理本增加了自己的名声，同时也加深了索邦神学院对他的嫌恶。从1532年到1540年，他努力寻找武加大本好的抄本，并在1551年版（这一版非常有名，它将全部文本分节标号，为之后所有本子所沿用）的序言中对武加大译本的价值进行了很有意思的评价。他不失公允地指出，就《新约》而言，武加大译本可以看作是对希腊文本在其文本史上非常早期的文本状态的反映。尽管其整理本所附校勘记汇列了十五个抄本的异文，但在其他方面却乏善可陈。

1549年，当时意大利最好的学者皮埃罗·维托利[①]，正确地论断了时代相对较早的译本的价值。他在整理亚里士多德《修辞学》的时候，参考了莫贝克的威廉的中世纪拉丁文译本，引证译文凡300来处。他在整理前言中指出：直译的、不雅驯的译文，可以用来准确揭示译者所依据的希腊文本；其价值主要在于，因为时代早于诸希腊文抄本，故而还没有后来迭相传抄中无可避免产生的那些讹误。维托利注意到，莫贝克的译本常常与最古老的、最好的希腊文抄本[②]（Paris gr. 1741，他可以利用其异文）相一致。虽然没有证据表明维托利知道谱系法理论，而且显然他也没有认识到巴黎抄本比莫贝克译本的时代更早（不过也不能因此就推定其早于莫贝克所依据的希腊文原本），但是他在处理这类间接的或者说第二手的传承时所用的方法却是十分正确的，即使是在最简略的回顾中也值得写上一笔。

---

① 皮埃罗·维托利（Piero Vettori，1499—1585），意大利人文主义者，作家，古典学家。整理多种古典作品，并出版《读书杂记》（*Variarum lectionum*）三十八卷。

② 巴黎抄本（Parisinus graecus 1741）大约抄写于10世纪。

维托利与艾蒂安[①]家族有接触。在罗贝尔被迫离开巴黎在日内瓦建立其印刷坊之后，维托利与罗贝尔的儿子亨利合作出版了一
168 个埃斯库罗斯整理本，第一次收入《阿伽门农》全本（此前的本子缺 323—1050 行）。亨利在历史上的地位不亚于他的父亲，不过就古典学方面而言，其主要成就是在 1572 年完成了由他父亲所开始的一个出版项目，《希腊语辞典》（*Thesaurus linguae graecae*）。他出版了一个《阿那克里翁体诗集》（*Anacreontea*）[②]，在当时诗人中颇为流行，但是几个尚未出版的古典作家的希腊文首校本却并非出自其手，最著名的有普罗提诺（1580）、弗提乌斯的《群书评要》（1601）、塞克斯都·恩披里柯（1617），以及数学家丢番图（1621）[③]。

与维托利同一时期，意大利最有才、同时也最活跃的学者是

---

① 亨利·艾蒂安（Henri Estienne, ？—1598），法国古典学者，印刷商，是罗贝尔·艾蒂安（Robert Estienne）的长子。

② 历代以欢宴与爱情为主题的短诗汇编，其风格与主题效仿阿那克里翁，且常常嫁名于他。

③ 普罗提诺（Plotinus，204—270），新柏拉图主义学派的代表人物，著有《九章集》（*Enneads*），1492 年马尔希里奥·费齐诺（Marsilio Ficino，1433—1499）的拉丁文译本在佛罗伦萨出版，1580 年意大利出版商彼尔特罗·佩尔纳（Pietro Perna，1519—1582）在巴塞尔出版希腊文本并配以费齐诺的拉丁文译本。弗提乌斯（Photius）《群书评要》（*Bibliotheca*）的首印本，1601 年由德国学者大卫·赫舍尔（David Hoeschel，1556—1617）整理出版于奥格斯堡（Augsburg）。塞克斯都·恩披里柯（Sextus Empiricus，约 160—210），医学家，哲学家，可能生活于亚历山大城，或者罗马，或者雅典。从其医学著作来看，他属于经验主义学派，正如其名号 Empiricus 所反映的那样。其哲学著作是现存对古希腊罗马怀疑主义哲学的最全面的论述。1562 年亨利·艾蒂安出版了塞克斯都·恩披里柯的首个拉丁文译本，1621 年塞克斯都·恩披里柯的希腊文首印本由 Typis ac Sumptibus Petri & Jacobi Chouet 在日内瓦出版（版权页印的出版地为“奥尔良”，涂掉后，上面盖着“日内瓦”的戳印。原书将出版时间记为 1617 年，经与原书作者威尔逊先生核对，此处应为 1621 年）。丢番图（Diophantus）的希腊文首印本 1621 年由 Sumptibus Sebastiani Cramoisy 在巴黎出版。

乌迪奈的弗朗塞斯卡・罗伯泰罗[1]。他广为人知的是为朗吉努斯《论崇高》所整理的首印本（1552）以及为亚里士多德《诗学》所做的一个重要整理本（1548），但是这里之所以要提到他却是由于另外一个原因。1557年他写了一部简短的论著，题为《古籍异文理校法》（*De arte critica sive ratione corrigendi antiquorum libros disputatio*），显然是对文本校勘方法进行论列的第一次尝试。罗伯泰罗宣称自己首次提出了一种文本修正理论。他首先对古抄本的价值进行了简略讨论，从中可以看出，他认识到用“伦巴第字体”所写的拉丁文本的价值，其所谓“伦巴第字体”，大概不是贝内文托字体[2]，而是指前加洛林小写体（pre-Caroline minuscule）。然后他转入对理校艺术基本原则的讨论。他认为，校勘家要根据古字体学、风格以及对于主题内容的总体理解来检验自己的校勘设想。接下来他将文本修正分为八个条目，并各举若干实例予以说明。他的分类不尽明晰，不过讨论了一些基本现象，如注文阑入并取代原来的文字，以及词语的不正确切分所引发错误的可能性。例子大多采自拉丁古典文本，但也有一些是采自普鲁塔克的作品，以及亚里士多德的《修辞学》——这一部分可能是摭拾自维托利。论述中没有谱系法理论的任何苗头，而且他在古字体学方面的学识也非常令人失望（考虑到当时他可以接触到许多好的

---

① 弗朗塞斯卡・罗伯泰罗（Francesco Robortello，1516—1567），意大利文艺复兴时期人文主义者，出生于意大利东北部的乌迪奈。对重新发现的古代作品进行整理，先后在多所大学任教，讲授哲学、修辞学、拉丁文和希腊文。因好辩而获得“文献狗”（*Canis grammaticus*）的诨名。

② 关于贝内文托字体（Beneventan script），请参看本书第三章第六节。因为这种字体起源于之前的统治者伦巴第人，故又称为伦巴第字体（Langobarda）。

抄本）。不过，他尝试着对校勘家为了完成其将古典文本恢复到原
169 始状态这一任务所应遵循的途径进行了系统的阐述，仍然非常值得称许。

在这一时期，意大利对古典时代更为全面的研究，代表人物是富尔维奥·奥尔西尼[①]。虽然顶着一个显赫姓氏，但却作为私生后裔而遭弃，奥尔西尼兴趣和志向首先来自于真蒂莱·德尔菲尼（Gentile Delfini），圣约翰·拉特兰（Saint John Lateran）教堂一位饱学教士，在那儿，奥尔西尼开始是一个唱诗班歌手，后来蒙法尔内塞家族[②]的眷顾，其三个枢机主教都用奥尔西尼掌管图书。作为身处文艺复兴传统之核心的一位学者和藏书家，他出版了许多重要的、原创性的图书，例如他的《维吉尔校释》（*Virgilius illustratus*，1567），填补了关于维吉尔希腊文学背景研究的空白；又例如他关于圣像画研究（*Imageines et Elogia*，1570）和钱币学研究（*Familiae Romanae*，1577）的著作，以及波利比乌斯大部分残卷的首个整理本（1582）。他的兴趣极其广泛，兼该整个古代艺术世界：雕塑、碑铭、钱币，以及宝石，这框定了他对古典研究的贡献。他占据了有利的位置，可以与外国学者进行富有成果的接触，因而他认识利普修斯，帮助过格吕特，款待过但尼尔和德图[③]。他重要的考古收藏最终归于那不勒斯，而他的图书和手

① 富尔维奥·奥尔西尼（Fulvio Orsini，1529—1600），意大利人文主义者，历史学家，考古学家。

② 法尔内塞（Farnese）是意大利文艺复兴时期一个非常有影响的家族，重要成员包括教皇保罗三世（Pope Paul III，1468—1549）、枢机主教亚历山德罗·法尔内塞（Cardinal Alessandro Farnese，1520—1589），等等。

③ 让·格吕特（Jan Gruter，1560—1627），生于安特卫普，古典学家。皮埃尔·但尼尔（Pierre Daniel，约1530—1603），法国法学家，古典学家，曾整理过普劳图斯文本。雅克—奥古斯特·德图（Jacques-Auguste de Thou，1553—1617），法国历史学家。

稿则成为梵蒂冈最重要的早期收藏之一。其中包括从彼特拉克以来一些伟大的人文主义者的亲笔手稿，还包括一些非常古老的本子，维吉尔的奥古斯都抄本（Vat. lat. 3256）[1]，乃克劳德·迪皮伊[2]所赠，但也并非全无需索；其他则是经过长时间的讨价还价得自于彼得罗·班博[3]的遗产，包括品达的一个重要抄本（Vat. gr. 1312）、维吉尔的梵蒂冈抄本（Vat. lat. 3225），以及泰伦斯的最为重要的俗体大写本，我们今天仍然称之为“班博本”（Bembinus，Vat. lat. 3226）[4]。不过，奥尔西尼在当时文物运动中心的作为，其重要性绝不亚于在文学领域的成就。

在16世纪后半叶，对教父著作的整理研究也取得了一定的进步。1550年出现了亚历山大的革利免的首个整理本，由维托利整理，在佛罗伦萨印刷，却题献给枢机主教切尔维尼，亦即后来的教皇马塞勒斯二世[5]。切尔维尼枢机有意在罗马设立一个印刷所， 170

① 维吉尔的奥古斯都抄本（Augusteus of Virgil），大约抄写于4世纪，因其古老，最初人们认为是在罗马皇帝奥古斯都（屋大维）时期所抄，故名。今仅有七叶存世，四叶藏于梵蒂冈图书馆（Vat. Lat. 3256），三叶藏于柏林国家图书馆（Lat. fol. 416）。15世纪前藏于巴黎圣德尼修道院。后来归于梵蒂冈的四叶，原来为巴黎藏书家克劳德·迪皮伊收藏，1574年、1575年分两次将四叶书都送给了富尔维奥·奥尔西尼。

② 克劳德·迪皮伊（Claude Dupuy，1545—1594），法国人文主义者，法学家，藏书家，收藏了大量的抄本。后由其子彼埃尔·迪皮伊（Pierre Dupuy，1582—1651）和雅克·迪皮伊（Jacques dupuy，？—1657）继承。雅克去世后，归于皇家藏书，今藏于法国国家图书馆。因迪皮伊绰号“*du puits*”（“井栏”），拉丁文中称为“*Puteanus*”，故其藏本记作“*Codex Puteanus*”（普泰努斯抄本）。

③ 彼得罗·班博（Pietro Bembo，1470—1547），意大利天主教枢机主教，学者，作家，文学理论家，对意大利语言的发展有重要影响。

④ Vat. lat. 3226是泰伦斯文本的最重要的抄本，称作“Codex Bembinus”，大概抄写于4世纪或5世纪。

⑤ 教皇马塞勒斯二世（Pope Marcellus II，1501—1555），原名马塞勒斯·切尔维尼，1555年被选为教皇，旋即去世，在位仅22天。之前为枢机主教。

用以出版神学文本的整理本，旨在与伊拉斯谟所整理的文本相竞争，如果有可能的话取而代之。伊拉斯谟为《圣经》和教父著作所做的注被认为是危险的，甚至是彻头彻尾的异端。1558 年禁书目录[①]的创列，几十年间力图借以确保整理出版图书完全符合正统，但是其结果无论在品质上还是在数量上都参差不齐。攻治异端对于学术而言不可能全是利好，1587 年学术上就有一个倒退：当时教皇西斯督五世在梵蒂冈印刷所建立之际[②]，颁令曰，对于文本整理者而言，文本校勘问题太过困难，无法凭他们自己的力量解决，必须提交教皇本人来解决。而事实却是，如果委诸他们，这些工作人员是可以仔细而又高明地胜任这些工作的，这一点，可以从依然存世的与圣奥古斯丁新整理本有关的若干论文中看出。

西斯督五世作为教皇的最著名的文学事件，就是在 1590 年出版拉丁文武加大本（Latin Vulgate），并威胁说，此后如果有人胆敢改动其文字或者根据抄本印行异文版本，将要被逐出教会。尽管面对这样的威胁，他的继任者克来孟三世仍然在 1592 年收回了未售出的书，出版了另外一个颇多相异的整理本[③]，并成为罗马天主教会的官方文本，直到 1926 年取而代之的本笃会整理本

① 禁书目录（*Index Librorum Prohibitorum*），由罗马教皇保罗四世（Pope Paul IV）颁布，罗列异端、反教权以及色情图书的目录，加以禁绝。15 世纪古登堡印刷术的发明大大加快了信息的扩散，而宗教改革运动中的思想交锋产生了大量的争议作品，故而教会竭力对图书出版进行控制。

② 西斯督五世（Pope Sixtus V，1521—1590），1585 年至 1590 年担任教皇。1587 年建立"梵蒂冈使徒印刷所"（Typographia Apostolica Vaticana）。曾下令对《圣经》拉丁文本进行重新整理，主要是在罗贝尔·艾蒂安武加大本的基础上，校以希腊文本，形成所谓"西斯督武加大本"（*Vulgata Sixtina*），因匆促而成，颇多印刷错误。

③ 称作"西斯督—克来孟武加大本"（Vulgata Sixto-Clementina），或"克来孟整理本"（Clementine edition）。

（Benedictine edition）[①]在罗马开始出版。

这一时期在教父文本研究方面的最好的成就要稍晚一些，来自于一个完全不同的地方。在牛津，托马斯·詹姆士（Thomas James，1573—1629），牛津大学图书馆的第一任馆长，以展示和证明欧洲大陆天主教学者所整理的版本的不足之处为乐趣，从1610年至1612年组织了一群助手来校对格里高利、居普良以及安布罗斯的抄本。他们在印本中发现了数量极多的错误和可疑文字，詹姆士把自己的工作比作打扫奥革阿斯的牛厩[②]。据说他和他的团队校对过的抄本超过五十种，他还计划依据最好的抄本出版一个教父文本系列，可惜未能实现。圣莫尔[③]的本笃会教士接续了他的工 171
作，利用了他的一些材料。更为重要的是由牛津大学默顿学院学监、伊顿公学教务长亨利·萨维尔爵士（Sir Henry Savile，1549—1622）所整理的“金口”约翰，1612年出版于伊顿，对开本凡八卷。这个在所有用希腊文和拉丁文所写的教父著作中最受欢迎、影响最大的作家之一的整理本，在相当大程度上可以说至今仍未被超越。萨维尔为整理文本所写的研究长编有将近16000页之多，而这绝非他在多个学术领域一生辛勤的唯一成果。关于他的勤奋，从他妻子对他的评价中可见一斑：“亨利爵士，我宁愿自己成为一本书，那样的话你还更尊重我一点。”

① 1907年教皇委任本笃会修订武加大本，在罗马建立了一个名为“圣哲罗姆”（Pontifical Abbey of St Jerome-in-the-City）的本笃会修道院，专司其事，1926年出版第一卷。

② 希腊神话中赫拉克里斯的十二英雄伟绩之一。奥革阿斯的牛厩有超过一千头牛，三十年没有打扫过。

③ 圣莫尔（Saint Maur）是法国本笃会的一个教团，以学术优长而闻名。

第二节　法兰西人文主义和古典学的开端

人文主义在意大利生根开花的速度和活力，是其他地方无法比拟的。法兰西虽然也受到意大利的影响，特别是自 14 世纪初以来，通过阿维尼翁传来的影响，但是其古典学却仍然较为因循守旧，没有意大利那样巨大的飞跃。然而法兰西中世纪文化的生命力，意味着它无需过于依赖意大利，但可从意大利吸收自己所需要的养分，并在自己的传统框架内沿着自己的道路自成一格。法兰西学者在这个问题上的敏感以及常常可以看到的对意大利学术的反动迹象，反映出他们一方面受惠于意大利人文主义，另一方面自豪于自己成就的原创性。

皮埃尔·贝尔叙尔（Pierre Bersuire，卒于 1362）是最早从阿维尼翁所促成的文化交流中获益的人之一，而且他还与彼特拉克本人有私人接触，获得了后者的友谊以及在古典研究方面的帮助。他为李维所做的法文译本，是推动这位历史学家新近流行的重要一步，而他的《道德化的奥维德》（*Ovidius moralisatus*），则显示出来自彼特拉克的一些影响。但是他的中世纪思维定式太过顽强，即使是彼特拉克也无法扭转，他远不是一位人文主义者。不过到 14 世纪末，一个当之无愧的人文主义蓬勃群体在法兰西出
172 现，其中有让·德蒙特勒伊（Jean de Montreuil，1334—1418）和他的亲密朋友尼古拉·克拉芒热（约 1360—1437）。虽然他们对古典作家特别是西塞罗广泛深入的了解得益于与意大利人文主义者的接触以及输入的文本，但是他们的人文主义却扎根在北方，而且他们完全可以依靠自己发现新的文本。特别是克吕尼，蕴藏

尤富。如果没有人告诉到哪儿找，即便是波焦也不能每次都发现新的文本；而让·德蒙特勒伊出席康士坦斯会议，也许有着十分重要的会外效果。波焦在朗格勒发现《为卡辛纳声辩》（*Pro Caecina*），而尼古拉·克拉芒热，西塞罗演讲辞研究的权威，正好是这个城市的天主教教堂的教士和司库，这很难说是一种巧合。虽然波焦声称是自己发现了这些演讲辞的克吕尼古本（vetus Cluniacensis），而且也的确将其送到了意大利，但是这个失落的抄本的最好、最矜慎的复制本却是在其送往意大利之前由尼古拉·克拉芒热抄写的。

法兰西人文主义的发展，明显时断时续，到 15 世纪后半期因为两件事而得到了加强，一是第一批希腊文教师的出现，二是法兰西第一个出版社的建立。早前试图在巴黎组织希腊研究的尝试以失败告终，格雷戈里奥·蒂费尔纳忒[①]1456 年来到巴黎，只待了几年。斯巴达的乔治·埃尔蒙尼穆斯 1476 年来到法国，作为比代（Budé）和伊拉斯谟的无所助益的老师而见知于世。但是随着 1495 年亚努斯·拉斯卡利斯、1508 年吉罗拉莫·阿莱安德罗[②]先后来到法国，希腊学开始兴盛起来，成为法国人文主义的一个重要因素。第一位印刷商是德国人，所印的第一本书是意大利人文

① 格雷戈里奥·蒂费尔纳忒（Gregorio Tifernate，1414—1462），意大利人文主义者，希腊语言学家，曾在巴黎大学讲授希腊文。

② 吉罗拉莫·阿莱安德罗（Girolamo Aleandro，1480—1542），威尼斯学者，枢机主教，曾与伊拉斯谟和阿尔都斯相过从，1508 年应法国国王路易十二（Louis XII）邀请来到巴黎讲授“纯文学”（*Belles-lettres*），担任巴黎大学的文理科学长（rector）。他是最早的希腊文教授之一，曾整理过一些希腊古典文本。

主义者加斯帕里诺·巴尔齐扎[①]的尺牍范本，但是促成第一家印刷所在法国运作的推动者却是巴黎大学图书馆馆长、神学大师纪尧姆·菲谢[②]，1470 年他获准在巴黎大学设立一家印刷所。这是人文主义的正式亮相：它只用罗马字母，所出版的第一批书，或者直接就是古典拉丁文本，如萨卢斯特、西塞罗、尤维纳利斯、泰伦
173 斯等，或者是关于拉丁文风格之培养的著作，例如瓦拉的《优雅的拉丁语言》(*Elegantiae*)以及菲谢本人的《修辞学》(*Rhetorica*)。在法国印刷的第一部希腊文图书出现于 1507 年。

法国第一个伟大的古典学家是纪尧姆·比代(Guillaume Budé，1468—1540)。他出身于一个富裕的家庭，早年对上流社会的传统风尚并不反感，直到二十多岁以后才开始认真学习，主要靠自学。多年的刻苦学习终于有了成果。1505 年他推出了自己对普鲁塔克三部论著的拉丁文译本，1508 又推出了一部非常重要的著作，确立了自己作为法律科学奠基人的地位。这就是他对《法学汇纂》部分内容所做的注，即他的《汇纂疏义二十四卷》(*Annotationes in XXIV libros Pandectarum*)，力图对中世纪累积的注解删繁汰冗，重新确立罗马法的文本和精神。无论是外交和行政的繁重公务，还是他的庞大家累，又抑或是他的可怕头痛，都不能让他在坚持不懈的学术研究道路上稍作停留。1515 年他出版

---

① 约翰·海恩林(Johann Heynlin，1425—1496)，生于德国，人文主义学者，神学家，将印刷机引入巴黎，是法国第一个印刷商。其于 1470 年出版的《加斯帕里诺尺牍》(*Epistolae Gasparini*)是法国第一本印刷书。加斯帕里诺·巴尔齐扎(Gasparino Barzizza，约 1360—约 1431)，意大利人文主义者，文法学家，修辞学家，教师，揣摩西塞罗作品，撰成拉丁尺牍范本。

② 纪尧姆·菲谢(Guillaume Fichet，1433—1480)，法国学者，1467 年被选为巴黎大学文理科学长(rector)，参与了法国第一家印刷所的创立。

了《钱币》(*De asse*)，是一部关于古代钱币及度量的研究论著，
极其难读，同时也是古典研究作为一门严肃学科得以确立的一座
里程碑。由于对古代资料有着全面透彻的了解，同时实勘的习惯
也让他使用天平并咨询当地的面包师傅，他能够迈越该领域以前
的论文，推出那个世纪的学术研究杰作之一。他的《希腊语辞汇
释》(*Commentarii linguae graecae*) 更像是一部词典，其大部分内
容后来也被收入亨利·艾蒂安[①]的《希腊语辞典》(*Thesaurus*)。
他后来的著作，例如《论古典语文学》(*De philologia*) 和《从
希腊文化到基督教文化的嬗递》(*De transitu Hellenismi ad
Christianismum*)，试图界定古典研究特别是希腊古典研究在当时
基督教社会中的地位，同时为基督教人文主义者仍然有些尴尬的
地位进行申辩。他对古典研究贡献良多，其中一个纪念碑依然矗
立，这就是法兰西学院 (Collège de France)；主要是在比代的坚持
不懈努力之下，弗朗索瓦一世 (Francis I) 最终才在 1530 年建立
其前身“皇家学院”(Collège des Lecteurs Royaux)，这给了古典语
文学一定的独立性，将它们从成见和大学陈陈相因的课程设置中
解放了出来。比代认为，古典学更应关切内容上的人文主义而不
是形式上的优雅；通过对这一观点的具体阐发，比代在这一时期 174
法兰西的古典学术中开创了一股强劲的风气：注重扎实的学问，
注重对古代生活进行全方位的透彻理解。虽说初衷在于解释古代

① 亨利·艾蒂安 (Henri Estienne，1528 或 1531—1598)，法国出版商，古典学家，又名亨利·斯特方 (Henricus Stephanus)，是前面提到的罗贝尔·艾蒂安的长子，是后面将要提到的伊萨克·卡索邦的岳父。注意不要与罗贝尔·艾蒂安的父亲老亨利·艾蒂安相混。亨利·斯特方 1578 年出版的柏拉图，将每一页等分为几个部分，分别标注 a、b、c、d，学者引述时可以用页码加 a、b、c、d 来精确标识出处，称为“斯特方页码”(Stephanus pagination)。

文本的内容，但是比代明白，这有赖于对资料本身进行仔细的鉴别，譬如他的钱币学研究，就对老普林尼文本相关部分的读解留下了久远的影响。

相比于比代被卷入关于西塞罗主义争论的无奈，老斯卡利杰[①]却在迟暮之年主动写了两篇针对伊拉斯谟《西塞罗主义》的毒舌演讲，名噪一时。虽然生于意大利（究竟出身名门还是寒门，引发了激烈的国际争议），但他在 1525 年就离开家乡，成为阿让（Agen）地方主教的医生，并定居焉，娶了一个法国妻子，生了十五个孩子，其中一个甚至成为跨灶之子。他研究的范围很广，从因医学专业兴趣为亚里士多德和提奥弗拉斯特的植物学和动物学著作做注，到文献考据和文学批评。他的《拉丁语推原》（*De causis linguae latinae*，1540）旨在对拉丁语的原则进行科学分析，在当时非常著名，不过让他获取了他所渴求的名声的著作，却是 1561 年在他身后出版的《诗学》（*Poetice*）。在这本书中，他以明晰而又条贯的方式，提出了一种关于拉丁文学的诗学理论，将拉丁文学看成一个历史连续统，从古典诗人一直延续到同时代的伊拉斯谟和多雷[②]；同时，这本书在实证考据方面也毫不逊色。

比代和斯卡利杰最感兴趣的并不是文本校勘。但是在他们身后，却跟着一系列学者，对古典文本整理的标准和方法都有非常

---

① 老斯卡利杰（1484—1558），全名为尤利乌斯·恺撒·斯卡利杰（Julius Caesar Scaliger），古典学家，医生，生于意大利，其职业生涯的大部分时间是在法国。父亲博尔多纳（Benedetto Bordone）是一位抄本装帧匠，少时以父姓被称为博尔多纳，后来坚称自己是统治维罗纳一百多年的斯卡利杰家族的子孙。第十个孩子约瑟夫·尤斯图斯·斯卡利杰（Joseph Justus Scaliger，1540—1609）后来成为杰出的古典学家。

② 艾蒂安·多雷（Étienne Dolet，1509—1546），法国学者，翻译家，印刷商。

显著的推进。第一个是阿德里安·蒂尔内布（Adrianus Turnebus，1512—1565），他曾在图卢兹和巴黎执教，从 1547 年起一直到去世他是皇家学院的希腊文教授。作为皇家出版社的主编（1552—1556），他出版了一系列希腊古典文本，包括埃斯库罗斯、斐洛和索福克勒斯。他也整理过若干拉丁作家的作品，推出了西塞罗《论法律》（*De legibus*）的一个十分重要的整理本，其中包括对其希腊文渊源的重建。他最重要的工作是三十卷本的《杂俎》（*Adversaria*），是对古代典籍进行校释的杂录。约瑟夫·斯卡利杰 175
批评说它像个“未足月的胎儿”（*abortivus foetus*），但这并不是因为内容——斯卡利杰发现内容颇可赞赏——而是因为其沿续了波利提安和维托利所倡导的意大利的“杂俎”风尚。蒂尔内布因其敏锐、识断和推测天赋而受到赞叹。他对埃斯库罗斯的文本有着深远的影响。他的索福克勒斯整理本（1553），同时也是崔克利纽斯[①]集注的首个整理本，处处透露出崔克利纽斯的影响；不过，他也指出了崔克利纽斯对校的问题，对索福克勒斯的文本提出了新的看法，给当时的集注资料增加了新的内容。尽管他的整理方法是他那个时代通行的“依据本子修正”（*emendatio ope codicum*）[②]的方法，但是他已经认识到，想要对先前的印本有所改进，就需要采用比通常所用的抄本更早、更好的抄本，而且，对于古本（*codex vetustus*）能够做到一见即识。普劳图斯一个很重要的抄本——所谓“桑斯残卷”（*Fragmenta Senonensia*），更多地被称为

① 德米特里·崔克利纽斯（Demetrius Triclinius），14 世纪前后的拜占庭学者，曾对埃斯库罗斯、索福克勒斯和欧里庇得斯的著作进行过整理研究。

② *emendatio ope codicum*：比较几个抄本或印本（不是全部的本子），选择其中之一。

“蒂尔内布抄本”（codex Turnebi）——其见知于世，端赖蒂尔内布。这个残抄本原来藏于桑斯（Sens）的圣科隆布修道院（Sainte Colombe），蒂尔内布曾暂借过一段时间，可能在1567年加尔文教徒焚烧这个修道院时被毁。除了其《杂俎》中引用的一些异文之外，1897年在牛津大学图书馆还发现法学家弗朗索瓦·杜阿伦①在当时一个普劳图斯校注本（8°D 105 Linc.）边白上过录的一部分蒂尔内布的校对异文。蒂尔内布的抄本或者他的校对异文，拉姆宾努斯（Lambinus）和斯卡利杰曾经寓目；而过录了其校对异文的那本书，本身也是关于这一段的一个注本，从杜阿伦传到诗人塔布洛特和贝洛②，然后再传到斯卡利杰和但尼尔·海因修斯。

蒂尔内布在拉丁古典学界的对应人物是德尼斯·拉姆宾（Denys Lamin），又称拉姆宾努斯（1520—1572）。在1561年被任命为皇家学院教授之前，拉姆宾努斯已在意大利盘桓许久，认识了费尔诺、米雷图斯③等学者，并趁机对意大利图书馆所藏抄本进行了对校。这些阅历终结硕果，后来他出版了自己的拉丁文本系列，其中最著名的是贺拉斯（1561）、卢克莱修（1563）和西塞罗
176 全集（1565—1566）；可注意者，这些整理本之间时间间隔很短。

① 弗朗索瓦·杜阿伦（François Duaren，1509—1559），法国人文主义法学家，任教于布尔日大学（University of Bourges），曾从比代学习。

② 艾蒂安·塔布洛特（Étienne Tabourot，1549—1590），法国文艺复兴诗人、法学家。雷米·贝洛（Rémi Belleau，1528—1577），法国文艺复兴诗人。

③ 加布里埃莱·费尔诺（Gabriele Faerno，1510—1561），意大利学者，诗人。生于克雷莫纳，拉丁文中又称为“克雷莫纳的费尔努斯”（Faernus Cremonensis）。身后出版的《寓言百篇》（*Centum Fabulae*，1564），主体部分来自伊索寓言。马克·安托万·米雷（Marc Antoine Muret，1526—1585），法国人文主义者，生于米雷（Muret），拉丁文名字为米雷图斯（Muretus），致力于复兴西塞罗式的拉丁文，是文艺复兴时期最好的拉丁文体学家之一。才高遭忌，因同性恋受到追诉，流徙不定，曾在意大利漂泊过一段时间。

拉姆宾努斯对黄金时代的文学极为熟稔，才思敏捷，对于语言也有很好的感觉——他自己精致优雅的拉丁文风格堪为其例。他尤其偏爱卢克莱修，他杰出的整理本在拉赫曼之前通行学界。他所用的五个抄本，其中之一为9世纪的正方形抄本（Leiden，Voss. Lat. Q.94=Q），就是现在仍然倚为准据的两个抄本之一[①]——当时藏于毗邻圣奥马尔修道院（Saint Omer）的圣伯丁修道院（Saint Bertin），而且他还可以看到为蒂尔内布所做的校对异文。关于西塞罗的书信，他采用了一个优点突出的抄本，该本归里昂出版商让·德图尔内斯（Jean de Tournes）所有，1580年后亡佚，其文本情况我们只能从这一时期的三位法国学者拉姆宾努斯、蒂尔内布和博西乌斯（Bosius）的引述中见其大概[②]。

这个时期的抄本收集者，本身常常是学者和整理者，对古典研究做出了显著的贡献。其中尤为引人注目的是皮埃尔·但尼尔（Pierre Daniel，约1530—1603），奥尔良的一位法学家，他的平生得意事是在1562年胡格诺教徒洗劫弗勒里之后成功地从那里收购抄本。他收集到的抄本，现在主要藏于梵蒂冈和伯尔尼，包括该地区非常重要的学术遗产的实物，如瓦勒里乌斯·马克西姆斯的卢普斯抄本（Berne 366）。他还出版了《抱怨者》（*Querolus*）的首个整理本（1564）以及塞尔维乌斯的加长本（longer version）（1600），现在仍然以“但尼尔本塞尔维乌斯”（Servius Danielis）之

① 卢克莱修9世纪抄本传至今天有两个，按照其形状分别被称为“长方形抄本”（codex Oblongus）和“正方形抄本”（codex Quadratus）。

② 称作“图尔内斯本”（*Tornaesianus*），大概来自于克吕尼修道院，拉姆宾努斯、蒂尔内布和博西乌斯曾用为校本。博西乌斯全称为西梅翁·博西乌斯（Simeon Bosius，1536—1581）。

名时见称引[1]。其次是皮埃尔·匹陶[2]，他出版了《维纳斯节不眠夜》（1577）以及费德鲁斯《寓言集》的（1596）首个整理本，都是依据 9 世纪抄本，至今没有发现比那更好的本子。他采用好的抄本，从而得以推出佩特罗尼乌斯的重要整理本。他第一个利用尤维纳利斯和佩尔西乌斯的洛尔施抄本，也就是著名的匹陶抄本（codex Pithoeanus），现如今与他的其他许多抄本一起，藏于蒙彼利尔（Montpellier）。同样重要的还有雅克·邦加尔[3]，他的非凡藏书，部分得自于但尼尔和屈雅斯[4]，如今皆归于伯尔尼，包括著名的贺拉斯的爱尔兰抄本（Berne 363）以及我们所能见到的最好的佩特罗尼乌斯抄本（Berne 357）。16 世纪后半叶佩特罗尼乌斯文
177 本的复杂历史，集中体现了这一时期法国学者的学术活动，他们包括皮埃尔·但尼尔、匹陶兄弟[5]、邦加尔、斯卡利杰，以及为他们授业，而且可能是启发他们这方面兴趣的伟大法学教授——雅克·屈雅斯。复杂的文本史意味着，要把这一时期人与人之间以及抄本与抄本之间所形成的复杂网络拼合在一起将会何等困难（即使是核心典籍也不例外），对这种学术研究穷端竟委将还有许多有

---

① 塞尔维乌斯的《维吉尔注》（*In Vergilii Aeneidem commentarii*）有两个版本。一个版本较短，据抄本跋识和内部证据，归于塞尔维乌斯名下。另一个版本注文大大增加，多出来的部分与第一个版本原有部分风格不一致，且未具名，故一般称为“加长本塞尔维乌斯”或“但尼尔本塞尔维乌斯”。

② 皮埃尔·匹陶（Pierre Pithou，1539—1596），法国法学家，古典学家。《维纳斯节不眠夜》（*Pervigilium Veneris*），拉丁诗作，撰写年代不详，大约在 2 世纪到 5 世纪。费德鲁斯（Phaedrus），罗马寓言作家，大约生活于公元 1 世纪，用拉丁韵文改写了伊索寓言。

③ 雅克·邦加尔（Jacques Bongars，约 1554—1612），法国学者，外交官，生于奥尔良。

④ 雅克·屈雅斯（Jacques Cujas，1522—1590），法国人文主义法学家，致力于罗马法原典的校释工作。

⑤ 皮埃尔·匹陶（Pierre Pithou）的弟弟弗朗索瓦·匹陶（François Pithou）也从事古典研究。

待我们去发现。

16 世纪末，执欧洲古典学之牛耳者是两个伟大的胡格诺派教徒：约瑟夫·尤斯图斯·斯卡利杰（Joseph Justus Scaliger，1540—1609）和伊萨克·卡索邦（Isaac Casaubon，1559—1614）。与卡索邦的恶星照命恰成对照的是斯卡利杰的幸运。在被乃父提携进入拉丁学界之后，斯卡利杰有三十年时间都得到一位法国贵族的眷顾，而当莱顿大学以利普修斯退休所出缺的讲席相邀之际，他作为学者的声望是如此尊崇，居然被允许接受这个席位，却可以拒不履行所附带的惯常义务[①]。他的学问的优长之处在于对许多领域都有扎实的了解，并能够将一个作家或者一个主题当作有机整体来加以研究。这一点极好地展现在他对马尼利乌斯的伟大整理本（第 1 版，1579）之中，该本为本特利和豪斯曼导夫先路；也展现在 1583 年至 1606 年他的系列研究中，在这些研究中他重建了古代世界的时间体系[②]，对历史研究做出了根本性的贡献。他早年对上古拉丁文的研究兴趣体现在为费斯图斯所做的整理本（1575）中，针对这个残损而又难读的文本，他不仅可以施展他推测的才华，而且还能发挥他从屈雅斯那里所接受的法学和古文物学的训练，并且利用诸如“但尼尔本塞尔维乌斯”等新近发现。由于过于聪明，或者由于对自己的学识和方法过于自信，常常导致他对文本传承不够尊重，过于随意。尽管如此，他对所整理过的文本还是留下了深远的影响，尤其是马尼利乌斯，同时对文本整理的科学

① 1590 年利普修斯退休，莱顿大学力邀斯卡利杰来接任。斯卡利杰拒绝了，因为他不喜欢讲课。一年后莱顿大学再度邀请，声称斯卡利杰无需讲课，可以自由支配自己的时间。

② 斯卡利杰是年代学的先驱，他提出研究古代历史不能仅限于希腊和罗马，而是要将波斯、巴比伦、埃及和犹太的文献也囊括进来，对其年代加以比较和考证。

方法贡献良多。在他对卡图卢斯的整理中，他试图通过抄本中讹误的性质（如开口的 α 与 u 相混淆，长 i 与 l 相混淆）证明它们都
178 是来自他称之为“伦巴第”字体的共同祖本；他似乎是用这个术语指称他在整理奥索尼乌斯（Ausonius）[①] 时所碰到的“西哥特”（Visigothic）字体。尽管他错了，但在试图重建一个失落了的原型的细节以及让特定文本的历史成为校定文本的重要参照等方面，他比任何人都走得更远。

虽然斯卡利杰对于当时宗教的困扰亦未能幸免[②]，但是 16 世纪宗教纠缠学术研究最为严重的例子却是他的朋友，比他略年轻的卡索邦。卡索邦出生于日内瓦，父母是避难于此的新教教徒，不得不躲在法兰西的山洞里学习希腊文，因为他是个出色的学者，故而无可避免地卷入了纠缠，被迫将许多时间和才华都浪费在无益的纷争之中。这个伟大的法兰西学者，最终入籍英国，在威斯敏斯特修道院找到了安宁。随着他的离去，这一时代的法国学术戛然而止，一如其突然而来。他极为勤奋，极为渊博，但作为一个注释者却有一种少见的品质，这就是用他的学识来阐明而不是炫耀。似乎他有意选择能够最大限度利用他广博知识的文本加以整理，比如第欧根尼·拉尔修、斯特拉波和阿忒纳乌斯。他选择的多是艰涩而又冗散的文本，大多数古典学研究者浅尝辄止，这就意味着他的贡献常常不为人所知。卡索邦仍然与我们在

---

① 奥索尼乌斯（Decimus Magnus Ausonius，约 310—395），出生于今法国波尔多，拉丁诗人，修辞学教师，曾教过罗马皇帝格拉提安（Gratian）。

② 斯卡利杰是新教教徒，其历史考证方法，威胁到天主教争辩者，他们没有能力从学术上回应，于是转而攻击斯卡利杰的为人，但这殊非易事，因为斯卡利杰的人品没有什么可以指摘的。

一起。他对阿忒纳乌斯所做的《校注》(*Animadversiones*)构成了施魏格霍伊泽尔[①]1801年注本的核心，他的斯特拉波校本仍然常常见诸引用，而他的佩尔西乌斯注在科宁顿[②]的注本中占据相当大的篇幅。身为亨利·艾蒂安的女婿并曾一度是德图在皇家图书馆的副手，卡索邦在图书和抄本的世界如鱼得水，可以找到自己所需要的资料，也可以为整个欧洲的学者提供服务。他对抄本材料的使用至今没有得到恰如其分的评价，不过他似乎也不曾突飞猛进，除了他对提奥弗拉斯特的《性格》(*Characters*)的第二次整理(1599)，在当时已知的之外又增加了五种性格(24—28)。他最杰出工作的一部分长期以来一直尘封在他未完成的埃斯库罗斯注中。

第三节　16—17世纪的荷兰

尽管伊拉斯谟可以深恶痛绝地提到自己年少时荷兰的蒙昧状 179
态，但是总体上来讲当时荷兰的识字人口比其他地方还是要多一些。这在很大程度上要归功于14世纪末肇建于代芬特尔(Deventer)的“共同生活兄弟会”(Brothers of the Common Life)，该会成员将很大一部分精力投注于教育与印制图书。当时有许多学校因之而存在，甚或因之而卓越，其中就有伊拉斯谟在代芬特尔和海尔托亨博斯(Hertogenbosch)所上的学校。普遍的识字水平和商业城镇的繁荣，为荷兰学术事业的后来居上准备了很好的条件。

---

① 约翰·施魏格霍伊泽尔(Johann Schweighäuser，1742—1830)，法国古典学家，生于斯特拉斯堡，曾任教于斯特拉斯堡大学，以整理希腊古典文本而闻名。

② 约翰·科宁顿(John Conington，1825—1869)，英国古典学家，其佩尔西乌斯校注本附有散文翻译，出版于1872年。

荷兰强劲的古典传统，主要得益于大学和印书坊，这两者往往密切关联，一起发生作用。鲁汶大学创立于 1425 年，号称当时北欧最大的知识中心，而 1517 年在同城成立了研究拉丁语、希腊语和希伯来语的“三语学院”（Collegium Trilingue），使这个称号更加名副其实。荷兰北部的莱顿大学也同样取得了统治地位。莱顿大学创立于 1575 年，是为了纪念其居民对围城的西班牙军队的英勇抗击[①]。正像北部的新教和南部的天主教各有其高等教育中心那样，它们也有着同样赫赫有名的印书传统。尽管荷兰印书业的早期历史已漫漶不清，不过值得注意的是，像多纳图斯《小艺》（*Ars minor*）这样的通行教科书早在 1470 年就已经在荷兰地区印刷了，而南部的鲁汶，威斯特法利亚的约翰[②]也早在 1475 年就印行了若干古典作家的标准版。其生意上的后继者蒂里·马腾斯[③]，本身就是一位学者，还是伊拉斯谟的朋友。自 1512 年起，他开始出版古典书籍，以应大学之需，并在这一地区首先印行了希腊文书籍。
180 16 世纪后期以及 17 世纪，在尼德兰印书业的黄金时期，南有普朗坦，北有埃尔策菲尔。印刷商克里斯托夫·普朗坦[④]1550 年在安特

---

① 16 世纪，荷兰人反抗西班牙天主教国王腓力二世的经济压榨和宗教迫害，爆发了革命，在奥兰治的威廉（William of Orange，1533—1584）的率领下，展开了旷日持久的尼德兰独立战争，莱顿保卫战是其中一场著名的战役。1575 年奥兰治的威廉创立了莱顿大学。

② 威斯特法利亚的约翰（John of Westphalia），生年不详，卒于 1498 年，是鲁汶甚至整个法兰德斯的第一个印刷商。

③ 蒂里·马腾斯（Thierry Martens，1454—1534），法兰德斯印刷商，作家，与伊拉斯谟相过从，伊拉斯谟曾住在马腾斯家里。

④ 克里斯托夫·普朗坦（Christopher Plantin，1520—1589），生于法国，最初从事书籍装订，先后在巴黎和安特卫普开业，后来从事图书印刷，是文艺复兴时期影响广泛的人文主义者，出版家。

卫普开业，1589年去世，生意传到女婿扬·穆伦托夫（莫雷图斯）[①]手中。这家店从未迁址，在同一个家族内传承了三百年之久，今被改成“普朗坦—莫雷图斯博物馆”（Musée Plantin-Moretus）。他出版的最著名的图书是八卷本“多语版《圣经》”（1568—1573），不过，在他所出版的数量巨大、种类繁多的图书中，包括了为数颇巨的古典整理本，其中有些出版得相当精美。1566年普朗坦出版的贺拉斯，由泰奥多尔·珀尔曼[②]校理，首次以现代模式使用缩略出处（sigla）[③]。他与坎特、利普修斯等学者过从甚密，先后出版了一些希腊古典作者的首印本，包括诺努斯（1569）和斯托拔厄斯（1575）。路易斯·埃尔策菲尔[④]1580年开业于莱顿，最初只是开了一家书店。他出版的第一本书，尤特罗庇乌斯的文本（1592），预示着其将侧重于古典书籍，幸运的是，恰逢荷兰学术的黄金时代，因而推出了一系列高质量的学术整理本。特别是由他的儿子于1629年开印的迷人的小十二开古典作家丛书，影响尤为巨大。该丛书一荷兰盾一卷，对于学生颇有吸引力，将埃尔策菲尔的名头和一种好的学术传统传遍整个欧洲，就像从1824年开始，希腊、拉丁古典文本丛书让托伊布纳（B.G.Teubner）出版社家喻户晓，同时也为现代学术研究提供了良好的基础那样。

---

① 扬·莫雷图斯（Jan Moretus，1543—1610），也写作约翰·穆伦托夫（Johann Moerentorf），法兰德斯印刷商。生于安特卫普，1557年开始在普朗坦的印书坊工作，1570年与普朗坦的二女儿结婚，后来继承了普朗坦的印书坊。

② 泰奥多尔·珀尔曼（Theodore Poelman，1510—1580），荷兰古典文本校注者，出身微贱，勤学成为古典学家，校理了许多古典文本，在普朗坦出版。

③ 校注中用系统的简称（sigla）来标注所援引文字的出处（来自某个抄本，或者出自某个抄工）。

④ 路易斯·埃尔策菲尔（Louis Elzevir，1540—1617），又称“洛德韦克·埃尔策菲尔”（Lodewijk Elzevir），生于鲁汶，是埃尔策菲尔出版社（House of Elzevir）的创始人。

16 世纪荷兰出现的最伟大的古典学家无疑是尤斯图斯·利普修斯，不过，还有其他一些学者值得我们注意。一个是威廉·坎特①，其专业是希腊文本校勘。他的名声主要来自于他对三位悲剧作家文本的整理，不过除此之外，他还为普朗坦出版社整理了斯托拔厄斯《短诗集》（*Eclogae*）的首印本。他对自己处理抒情诗的方法有一个特别的说明，而他所整理的欧里庇得斯，1571 年由普朗坦出版，首次特别注意到“呼应”（responsion）及其在理校中的作用。他还写了一个关于文本校勘的简短手册，题为《希腊文本校勘条理纲目》（*Syntagma de ratione emendandi scriptores Graecos*），附于他的埃利乌斯·雅里斯底德演说辞的拉丁译本书
181 后（1566）。这是对希腊文本不同讹误类型的系统分类，所列条目如特定字母的混淆、错误的词语切分、脱文、衍文和舛倒，以及因涉上下文同化而讹或因误读缩略语而讹等，并附以几乎完全是采自雅里斯底德文本中的例子。他对抄写者的讹误提出了一个简短的就事论事的指南，虽然他所说的对于当时伟大的校勘家来说并没有多少是新鲜的，但有一个清晰表述出来的修正原则，仍是一个进步，即便在细节上还需要进一步完善。弗朗茨·莫迪乌斯②虽然也整理了若干拉丁文本，但是比起他的学识来，更值得注意的是他坚决主张：单有推测是没有用的，甚至是危险的；在抄本权威与修正之间应当有一个恰当的平衡；对校是文本整理的基本前提。基于这一信念，同时也是因为荷兰政治动荡而四处奔

① 威廉·坎特（Wilhelm Canter，1542—1575），生于鲁汶，希腊古典文本校勘家。

② 弗朗茨·莫迪乌斯（Franz Modius，1556—1597），荷兰语读作 François de Maulde，法兰德斯人文主义者，古典学家，生于乌登堡（Oudenburg，今属比利时）。

波，从法兰西北部，经过低地国家，到富尔达和班堡，他系统地调查了相当大地域范围内所收藏的抄本。他这项活动的非凡之处在于其规模，也在于其所辑录的抄本异文，见于其《新见古籍异文》(*Novantiquae lectiones*，1584)。在这些抄本本身被毁之后，他的辑录便拥有极为重要的价值，比如西利乌斯·伊塔利库斯的科隆抄本。西利乌斯科隆抄本仅有的另一个第一手异文辑录出自莫迪乌斯当时的朋友、后来的敌人卢多维克斯·卡里奥[①]之手，该氏也在从事同样的活动，只是规模略小。雅各布·克鲁奎厄斯[②]只做贺拉斯文本，其名声一方面来自其杜撰的鬼魂般的"克鲁奎'注者曰'"(commentator Cruquianus)，今已被祛除，另一方面来自其对布兰丁山圣彼埃尔修道院(the monastery of Saint Pierre au Mont-Blandin)所藏四种贺拉斯抄本的及时校录，随后在1566年这些抄本即被毁。其中有一种即"最古老的布兰丁本"(*Blandinius vetustissimus*)，虽然未免还存在一些争议，但却非常重要；贺拉斯曾自信预言自己将不朽，该抄本使布鲁日这位教授也分享了一点点不朽的名声。

侥天之幸，莱顿大学甫一成立就吸引到那个世纪最卓越的一位拉丁学家。尤斯图斯·利普修斯(Justus Lipsius，1547—1606)

---

① 卢多维克斯·卡里奥(Ludovicus Carrio，1547—1595)，又称"路易斯·卡里翁"(Louis Carrion)，法兰德斯人文主义者，古典学家。

② 雅各布·克鲁奎厄斯(Jacob Cruquius，？—1584)，又称Jacob Cruucke或者Jacques De Crucque，1520年之前生于梅森(Mesen，今属比利时)，人文主义者，古典学家，任教于布鲁日(Bruges)，是上文提到的弗朗茨·莫迪乌斯的老师，专注于贺拉斯文本的整理研究，在当时影响极大。他是唯一一个有机会参考圣彼埃尔修道院(位于今比利时根特市)所藏的几种贺拉斯抄本的古典学家，这些抄本旋即毁于1566年"破坏圣像运动"。克鲁奎厄斯在自己的整理本中罗列了据说摘自这些抄本的注文，冠以"注者曰"，但是对这些注文的可信度，现代学界存有疑议。

182 接受天主教教育，早年任职于鲁汶大学，不过他后来改信新教，故而得以受莱顿大学历史学讲席之邀，自1579年至1591年任教于焉，后又信回天主教，得以于1592年回到鲁汶，成为鲁汶大学的历史学教授和三语学院的拉丁学教授。他的成就，是基于对罗马历史和考古的透彻了解（表现在他的专著和讨论中，主题从战争到燕谈，十分广泛）以及对文本的仔细阅读，两者结合，造就了第一流的注释家和校勘家。虽然他对普劳图斯、普罗佩提乌斯以及塞涅卡《悲剧集》也都有很好的校理，但是他的主要贡献却是对帝国时代各家散文的校理，最为人称道的，是对塔西佗（1574，屡次修订）和塞涅卡（1605）的整理。致力于这一时期文学的研究，也导致他自己文风的改变，从最初的西塞罗式的风格转变为直接了当的风格，对拉丁文写作和语体文写作都有非常重要的影响。他最大的成就是对塔西佗的整理，随便看一眼任何一种现代整理本的校记，其名字随处可见，这表明他对文本的影响是何等之大，尽管他对修正采取了一种相当审慎的态度。年轻时他曾在意大利生活过两年，做一些流行之事，研究古代文物，搜访图书馆，结识米雷图斯……不过，他在抄本方面的运气不如在碑铭方面的运气。他未能检核塔西佗的两个美第奇抄本，只能依靠过录本，只到最后一次修订版才有所改观。这一版1607年在其过世后出版，修订中他使用了1600年出版的库尔齐奥·皮凯纳（Curzio Pichena，一位十分重要却备受忽略的学者）的校对异文，十分高兴地发现，他以前的推测频频得到这些异文的印证。他整理的塞涅卡是精美大气的对开本，像他的其他著作一样，由普朗坦出版。因为所依据的抄本本子比较差，所以总的来说，他所整理的塞涅卡没有塔西佗那样好，但仍然可以说是人力所能达到的极致——在整理过程中利普修斯对斯多噶主义进行了十分透彻的研究，甚至在荷兰那个艰难日子里将其作为一种活的力量加以复兴。他的《斯多噶主义哲学引论》（*Manuductio ad Stoicam philosophiam*）和《斯多噶主义生理学》（*Physiologia Stoicorum*）（1604），首次对斯多噶主义进行了全面的描述，而他自己的《论 183
坚定》（*De constantia*）（1584），在思想和文风上都得益于塞涅卡，已出过三十二版，并被译为多种语言。

在 17 世纪，古典学的整体水平在下降，但荷兰与其他国家截然不同，并没有受到影响。它保持着繁荣的势头一直到 18 世纪，其时本特利的影响，通过赫姆斯特赫斯[①]，促成了希腊研究的一次辉煌复兴，大大补偿了老布尔曼的死用功和哈弗坎普[②]的力不胜任。莱顿从国外吸引来了一些学力深厚的学者，荷兰的学术水平因其影响而得到提升。1593 年，约瑟夫·斯卡利杰在利普修斯离任后来到莱顿接替了他的教席，直至去世。1609 年后，这一教席出缺，直到 1631 年，再次从国外延揽到广博却又未免有些肤浅的萨尔马瑟斯（Salmasius，又名 Claude de Saumaise，1588—1653），令福西厄斯叹恨不已。萨尔马瑟斯因与弥尔顿争执而闻名，拥有

① 提贝利乌斯·赫姆斯特赫斯（Tiberius Hemsterhuys，1685—1766），荷兰古典语文学家，校勘家。十五岁上大学学习数学，二十岁即被阿姆斯特丹聘为数学和哲学教授，后转而研究古典语文，1706 年完成波卢科斯（Pollux）《希腊古辞辨》（*Onomasticon*）的校理，得到国人的赞许，同时也受到本特利的批评。后担任弗拉纳克大学和莱顿大学的希腊文教授，是荷兰考据学派的奠基人。

② 彼得·布尔曼（Pieter Burman，1668—1741），荷兰古典学家，为了与其侄子相区分，被称为“老布尔曼”，曾担任莱顿大学图书馆馆长，校理古典文本多种。总的说来，他与其说是一个校勘家，毋宁说是一个编纂家，其注文摭拾极广，但缺乏识断。西瓦尔特·哈弗坎普（Siegbert Haverkamp，1684—1742），荷兰古典学家。

《拉丁诗选》（*Latin Anthology*）著名的萨尔马瑟斯抄本（Paris lat. 10318），在推广《希腊诗选》（*Greek Anthology*）著名的海德堡抄本（Heidelberg gr. 23+Paris suppl. gr. 384）的过程中起到了一定的作用（实际上比人们数度论及的要小得多）；不过，在来到莱顿之前，他的辉煌期已经过去了。

杰拉德·福西厄斯（Gerard. J. Vossius，1577—1649）对主题范围很广的文献进行了系统的、百科全书式的整理，从而进一步拓展了荷兰古典学的基础。他担任莱顿大学修辞学教授凡十年，直到 1632 年接受新成立的阿姆斯特丹大学的历史讲席时为止。他还是坎特伯雷的外地受薪牧师。关于修辞学，他撰写了题材十分广泛的一系列论著，后来又撰写了影响更大的《诗学教程》（*Poetic institutions*，1647）；对于拉丁文法和习语，他有两项重要贡献，即《阿里斯塔克斯》（*Aristarchus*）和《论言语错误与拉丁外来词语》（*De vitiis sermonis et glossematis latinobarbaris*）；而他的历代（从古代到 16 世纪）历史学家辞典《希腊历史学家》（*De historicis graecis*）和《拉丁历史学家》（*De historicis latinis*，1624，1627），又将他带进了此前被忽略的文学史领域。他的《异教神学》（De theologia gentili），尽管有些错误认识还停留在中世纪的水平上，仍
184 可称为最早的古典神话学著作之一。与福西厄斯一样，同时代的但尼尔·海因修斯（Daniel Heinsius，1580—1655）对诗学理论也很有兴趣。海因修斯是斯卡利杰的忠实门徒，曾于 1611 年出版了亚里士多德《诗学》的一个整理本，并写了一个短篇论著《论悲剧情节》（*De tragoediae constitutione*）。后者是亚里士多德关于悲剧的观点的一个简明而权威的重申，再加上对贺拉斯《诗艺》的

引用，以及采自希腊悲剧和塞涅卡作品的一些例证，对新古典戏剧（neoclassical drama）特别是法国戏剧有着十分重要的影响。他是一位风格优雅的诗人，也是一位循循善诱的教师，不过作为校勘家他却是毁誉参半，而他对这一学科领域最伟大的贡献是他的儿子。

荷兰古典学继续将拉丁古典作家作品的整理作为中心工作，17 世纪后半叶在这一方面做得尤为出色的是一对伟大的朋友，J. F. 格罗诺维乌斯（J. F. Gronovius，1611—1671）和尼古劳斯·海因修斯（Nicolaus Heinsius，1620—1681）。二人各自称雄于散文领域和诗歌领域。格罗诺维乌斯生于汉堡，在定居莱顿之前，曾游历英国、法国和意大利。在游历过程中，他趁机到处检校拉丁抄本。1640 年在佛罗伦萨，他邂逅了文艺复兴以来一直被忽略的塞涅卡《悲剧集》的埃特鲁斯科斯抄本：他立即认识到它的价值，并在自己 1661 年整理本中，牢固地树立了这个本子的权威地位。在拉丁诗歌方面他还做过其他一些有益的工作，但他最为著名的，则是整理了帝国时代多个作家的散文作品，包括李维、老普林尼、两个塞涅卡、塔西佗以及格利乌斯。这规模巨大的整理成果，以及他的《杂识》（*Observationes*），都因其广博的知识、良好的判断和平衡的学养而杰然出众。海因修斯天分更高。他没有学术职位，只能在外交和公务之余进行学术研究。衔命出使让他有机会调查欧洲许多抄本收藏，而他所拥有的大量的精确的校对异文，令他颇受裨益。不过，他真正的强项在于对拉丁文诗歌优雅之处的细腻感知（部分来自他自己诗歌创作的技巧），对遣辞造句精妙之处的准确理解，这使他成为一个感觉敏锐、神乎其技的校勘家。

185 结合了推测的技巧、仔细的校对以及广泛阅历所带来的丰富的常识，使他成为拉丁诗歌最伟大的校勘家之一。他的主要整理工作包括奥维德、维吉尔、瓦勒里乌斯·弗拉库斯，以及克劳狄安和普鲁登提乌斯[1]晚期的诗作，除此之外，他还在其他一些作家的文本中留下一些注，这些在他身后得以出版，还有他对白银时代的拉丁散文也做了一些研究整理。

伊萨克·福西厄斯（1618—1689）最为知名的是作为一个藏书家，或者作为一个思想开放的英国归化者，胆敢在圣乔治教堂的礼拜过程中读奥维德。他于1670年来到英格兰，得到牛津大学的博士学位、温莎地区的牧师薪俸，成为查理二世时期伦敦社会的一位十分有名但却也有点古怪的人物。其广泛涉猎的渊博学识并没有留下多少永久的印记，不过他对我们今天一些最为重要的抄本收藏起到了关键作用。像萨尔马瑟斯、海因修斯和笛卡尔一样，他也曾被那位非同寻常的君主——瑞典的克里斯蒂娜女王[2]邀请到斯德哥尔摩，从1649年到1652年，圣眷优隆。除了辅导女王希腊语外，他还帮助她建起了一个可与欧洲其他宫廷图书馆相媲美的图书馆。在他为女王所取得的抄本中，有他父亲杰拉德·福西厄斯和法国法学家保罗·皮陶的藏书，而皮陶本人又曾购得皮埃尔·但尼尔的部分藏本。女王所藏抄本的大部分如今藏于梵蒂冈，构成所谓“皇家本”（Reginenses）。不过福西厄斯也积极运用所学专长为自己营求，留下了极为可观的藏书。“福西厄斯本”曾

① 普鲁登提乌斯（Prudentius，348—413），罗马基督教诗人，曾担任行省总督，后退出公共事务，持斋静修，专心于诗歌与卫教撰述，曾编定同时期基督教诗作。

② 克里斯蒂娜女王（Queen Christina，1626—1689），瑞典女王，1632—1654年在位。女王天资过人，雅好艺文，精通希腊语、拉丁语。曾邀请多名学者来访，讨论学问。

有意卖给牛津图书馆，本特利虽也曾竭力促成收购，但最终却归于莱顿，其中有两种卢克莱修的重要抄本。如果在那个关键的历史时刻本特利没有失之交臂的话，那么相关文本研究的历史进程也许就会大为不同。

第四节　理查德·本特利：古典学和神学研究

在文本校勘学历史上，接下来的一个泰斗级人物是理查
德·本特利（1662—1742），自 1699 年开始担任剑桥大学三一学 186
院院长。他在这一职位上的大部分时间都忙于打笔仗，这在 17—18 世纪的剑桥和牛津甚是流行。但是他令人惊叹的自制力使他并没有全然偏离学术，而他的著述目录，比许多心无旁骛的学者的工作更为可观。1691 年他因发表《致约翰·米勒的信》（*Epistula ad Joannem Millium*）而崭露头角。这是对约翰·马拉拉斯（John Malalas）——6 世纪拜占庭一位平庸的编年史家——的首印版文本的校读札记。本特利的非凡学识令他可以对该文本进行多处修正，顺带对其他更加著名的若干作家的文本也提供了一些解释和修正。可能就是因为这个原因，再加上他活泼动人的拉丁文写作风格，使得这部著作风靡一时，而他的名声，也传播到了专业学者之外。我们发现，1697 年时，他已经成为包括牛顿、雷恩、洛克和约翰·伊夫林在内的小圈子中的一员[①]。

---

① 指被选为皇家学会（Royal Society）的会员。克里斯托弗·雷恩爵士（Sir Christopher Wren，1632—1723），英国著名建筑师，英国皇家学会创始人之一。约翰·洛克（John Locke，1632—1704），英国启蒙思想家，被誉为古典自由主义之父。约翰·伊夫林（John Evelyn，1620—1706），英国作家，园艺师，英国皇家学会创始人之一。

数年后，本特利因其关于法拉里斯[1]书信的研究工作而再度名重一时。这次令他竭尽所能的，又是一个没有什么文学价值的平庸文本，不过，我们不能指责他沉溺于研究琐细作家文本的学究式快乐。这些书信据称出自古代这个阿克累加斯的暴君之手，实际上却是撰写于第二智者时代，而且没有确切证据证明其存在早于 5 世纪约翰·斯托拔厄斯（John Stobaeus）的文选。本特利并不是怀疑其为伪作的第一人：波利提安已经提出质疑。不过仍有一些学者信以为真，于是当新版整理本出现的时候，争论再次开始。它是当时崇古派与厚今派之间论争的一小部分，有些人认为，如果不考虑法拉里斯书信伪作的嫌疑，那么它们算是古代最好的文学作品之一。本特利的《考论》，尽管其结论在很长一段时间内并没有得到普遍接受，但却极为专业地证明了这些书信是低劣的没有价值的造假，充斥着各种各样的时代错误，其撰写所用
187 的语言，其所冒称的作家根本不懂。从本特利用以证明其结论所展示的学识可以看出，作为校勘者、注释者，整个欧洲未有其匹。

作为文本校勘家，本特利最为著名的是他后来对拉丁作家文本的研究整理。他热衷于理校，这在保存情况恶劣、好的校勘家尚未注意到的文本中，相对容易，但在整理像贺拉斯这样的作家的文本时，却让他误入歧途。在狐狸于谷仓中被捉的寓言（*Epistles* 1.7.29）中，他提出了十分滑稽的校改建议，令他声名狼藉。本特利坚持认为狐狸不吃谷物，所以要改为田鼠（将 *vulpecula* 改

---

① 法拉里斯（Phalaris），公元前 6 世纪时西西里的阿克累加斯（Acragas）的僭主，以凶狠毒辣闻名。

为 *nitedula*）[①]，殊不知寓言的作者正是要违背自然史的真实，选择这种动物作为狡猾贪婪的化身。一味强调逻辑，不考虑诗歌以及其他文学形式的破格运用，这使他对一流作家的文本——贺拉斯（1711）和泰伦斯（1726）——的整理贡献大为减色，而在整理弥尔顿文本时益形如是：他想当然地以为有人窜乱这位盲诗人的文本，于是通过一系列改动，试图将文本恢复到所谓窜乱之前的原初状态。但另一方面，在文本需要确凿事实的情况下，比如马尼利乌斯那部关于星象的诗作，本特利的天才就得到了很好的施展，专家们认为，对这首非常难读的诗中最难部分的训释，本特利做出了最为卓越的贡献，他的整理本 1739 年出版面世，不过整理工作早在多年以前就已完成。另外应当一提的是，在整理泰伦斯时，他表现出对诗的格律有极好的掌握；不过他承认，在这一方面，他对 16 世纪的意大利前贤加布里埃莱·费尔诺[②]多有借重。

本特利对其他许多作家的文本进行了修正，其中很大一部分为后来的整理者所接受或加以认真考虑。但是，他最有价值的工作中有两项却始终未能完成，这就是对荷马和《新约》的整理。
他在荷马文本整理方面最著名的发现是，许多诗行的格律问题，188
可以通过推定存在字母叠伽马得到解决[③]，这是对理解荷马文本最重要的发现之一。

---

① 贺拉斯《书信集》1.7.29 描述了这样一个寓言故事：一只瘦瘠的小狐狸通过一个狭小的洞眼钻进谷仓，吃饱后钻不出去。黄鼠狼说，只有挨饿瘦回原来的身形，才能逃出来。*vulpecula*，小狐狸。*nitedula*，田鼠。

② 加布里埃莱·费尔诺（Gabriele Faerno, 1510—1561）对校理泰伦斯文本，贡献极多，其所整理的《泰伦斯喜剧集》(*Terentii Comoediae*)，在其身后由朋友皮埃罗·维托利补充完成，于 1565 年出版于佛罗伦萨。

③ 叠伽马（digama），古希腊文字母，字形为两个伽马（Γ）相叠，亦即后来的罗马字母 F。在上古希腊语中读音为 /w/，在古典时代之前就因为这个读音的消失而废弃。

本特利通常被认为是一位纯粹的古典学家（因为他在这一领域的显著成就），其实他也是一位出色的神学家，1717 年被任命为钦定神学教授（Regius Professor of Divinity）。三年后，他出版了一本很薄的小册子，题为《整理〈新约〉刍议》，书中他明确表示，整理本将依据最古老的希腊文抄本和武加大本。本特利知道，在英国的图书馆里，他可以使用的一千年以前的古抄本不止一种，同时，他还派人对外国图书馆所藏同样古老的抄本进行对校。借助这些资料条件，他认为可以将文本恢复到尼西亚会议（Council of Nicaea，325）时期通行的最好本子的状态。值得注意的是，他并不奢望将作者的文本恢复到手稿的状态。另外值得一提的是，他最著名的后继者之一拉赫曼，在 1830 年写道，他的目标是将文本恢复到 380 年时的样子。本特利已经开始对校，虽然这项工作一直没有太大的进展，但却不妨碍他在《刍议》中用一贯的自信写道："我发现，从教皇武加大本中祛除掉 2000 个讹误，同时从'新教教皇'斯蒂芬斯[①]的版本中也祛除掉同样多的讹误，我可以排出一个两者分栏对照的整理本，所依据的都是九百年以前的本子，对照本将完全一致，所有的文字都一样，而且令我惊异的是，顺序也完全一样，若合符节。"（这里的顺序是指有些抄本的异文表现为词序不一致）他继续写道，用与以往完全不同的作风保证，"如果没有这些古老本子的证据支持，我绝不臆改一个字"，这与他整理世俗作家文本时所采用的法则可谓大相径庭。

---

① 斯蒂芬斯（Stephens），即前面提到的巴黎出版商罗贝尔・艾蒂安（Robert Estienne）。艾蒂安的名字在拉丁文里作 Stephanus，18—19 世纪英美学者称之为 Robert Stephens。斯蒂芬斯出版的《新约》是当时的通行本，颇具权威，本特利调侃道，"似乎使徒本人就是其排字工"，谑称斯蒂芬斯为"新教教皇"。

由于他的整理工作根本没有完成，所谓“通行本”（*textus receptus*），亦即伊拉斯谟和艾蒂安所校定的本子，一直持续印行。只有在非常罕见的情况下，才有一两个大胆的校勘家显示出 189
独立的思考，冒着冒犯教会的危险，发表其他的异文和他们自己的推测。直到 1881 年，在 B. F. 韦斯科特和 F. J. A. 霍特[①]的整理本中，才将对校和文本考据的各项原则严格运用于《新约》文本的校理。

如此说来，本特利似乎超前于他自己的时代一个半世纪，不过公允起见，也必须指出，他的《刍议》比起好辩的法国教士理查德·西蒙[②]的工作，几乎没有什么推进。西蒙的主要成果是他的《〈新约〉文本校勘史》（*Histoire critique du texte du Nouveau Testament*），1689 年出版于鹿特丹（出版审查和宗派仇恨使他不能在本国出版），同年被译为英文。这似乎是历史上第一部关于一部书的传播的专著，尽管它并不起眼，还存在争议，但在关于抄本的几章里，却有着校勘原则的重要示例——本特利想必已经知道并且同意这些原则。西蒙指出，在《新约》希腊文本传播史上，并没有相当于《旧约》希伯来文本的马索拉体系（Masoretic system）以保证文本的稳定，然后他提出自己考察希腊文抄本、各种译本以及旧注的原则。再然后是对自瓦拉以降《新约》文本

① 韦斯科特（Brooke Foss Westcott，1825—1901），英国主教，神学家。霍特（Fenton John Anthony Hort，1828—1892），生于爱尔兰，神学家。两人合作校理《〈新约〉希腊文原本》（*The New Testament in the Original Greek*），前后近三十年，1881 年完成出版，开创了校勘学的新纪元。

② 理查德·西蒙（Richard Simon，1638—1712），法国教士，是影响广泛的《圣经》校勘家，东方学家，被称为“高级考据之父”。

发展历史的概述，对各印刷整理本进行评说，主要关注它们有没有成功地给出一个令人满意的校勘记异文列表。他知道抄本时代的古老并不能自动保证其文本的正确性，他遵从以前校勘家的观点，认为希腊文本应当通过与早期教父作品中的引用文字的比较来加以检验，因为这些引用是在希腊和罗马教廷分裂之前——有些学者认为，这次分裂导致希腊文本被有意窜改。他对译本的令人叹服的运用，见于他对《约翰福音》7：39 的讨论。为了论证对这一处文字的看法，他运用了武加大本和叙利亚语译本。由此他得出一个非常现代、非常成熟的结论，认为晦涩、模糊的文字附有注文，当注文较短时，很容易阑入正文。至于对早期希腊文
190 抄本的运用，他绝大部分时间都花在伯撒抄本（codex Bezae）上（Cambridge，University Library，Nn.2.41，通常用符号 D 表示），其文字与大多数其他本子很不一样，对考据提出了最令人头疼的问题。不过他也清楚梵蒂冈抄本 B（Vat. gr. 1209）和亚历山大抄本（British Library，MS. Royal I D viii）的重要性。

第五节　古字体学的起源

一直到 17 世纪末，才迈出在坚实基础之上建立抄本之学[①]的第一步。贝萨里昂和波利提安可能已经对古字体学有所认识，至少前者发现在佛罗伦萨会议上古字体学对于反驳对手很有用。在文艺复兴后期以及随后的那个世纪里，虽然编辑整理的技术与文本校勘的艺术稳步向前发展，但是对于校勘整理工作中所用到的

① 所谓“抄本之学”（the study of manuscripts）就是古字体学（palaeography），而“印本之学”是书志学（bibliography）。

古典文本和基督教文本抄本的时代与来源却几乎没有什么关注。这时，宗教论战再次推动进步。当时在耶稣会和本笃会之间爆发了论战；1675 年一个名为丹尼尔·范帕彭布罗赫的耶稣会士撰文指出[①]，据称是 646 年墨洛温王达高拔（Merovingian king Dagobert）所颁的给予本笃会特权的特许状是伪作。法国的本笃会，当时刚以圣莫尔教团[②]的名义复兴并且致力于各种学术事业，将范帕彭布罗赫的论著当作一个挑战来应对。其能力最强的成员之一，让·马比荣大师[③]，花了数年时间研究各种特许状和抄本，首次系统地总结出检验中世纪文书真伪的一系列标准。其成果就是《文书学》（*De re diplomatica*，1681），而“文书学”（diplomatic）一词，就是由此而来，通常用以指称对法律文书和官府文书的研究。马比荣的著作也用了一些篇幅讨论抄本，不过仅限于拉丁文抄本。该书甫一出版，就被认为是杰作，甚至范帕彭布罗赫本人也这样认为，他与马比荣进行了推心置腹的通信，承认自己试图证明所有墨洛温特许状皆为伪造，是过度怀疑。另一方面，他对自己关 191
于 646 年特许状的论点则仍予以坚持。

在圣莫尔教团的研究项目中包括一些希腊、拉丁教父著作的新整理本。一大群修士在巴黎圣杰曼德佩修道院[④]工作。关于

① 丹尼尔·范帕彭布罗赫（Daniel van Papenbroeck，1628—1714，又称 Papebroch），生于安特卫普，是法兰德斯的耶稣会士，致力于研究圣徒言行录，将历史考据引入天主教圣徒研究。

② 圣莫尔教团（the Congregation of Saint Maur），法国本笃会的一个教团，成立于 1621 年，因高水平的学术研究而闻名。圣莫尔（Saint Maurus）是圣本笃的弟子，首次将本笃会规引入高卢。

③ 让·马比荣大师（Dom Jean Mabillon，1632—1707），法国本笃会修士，学者，古抄本学和文书鉴别学的奠基人。

④ 圣杰曼德佩修道院（Saint-Germain-des-Pres），法国本笃会修道院，建于 6 世纪。

中世纪特许状的学问，适用范围很有限，不过马比荣关于抄本的论说，激发了他的一个年轻同事对希腊文抄本进行更进一步的研究。伯纳德·蒙弗贡大师（Dom Bernard de Montfaucon，1655—1741）1676年因病从军中退役后被按立为神甫。从1687年开始，他一直致力于希腊文教父文本的整理，特别是阿塔那修（Athanasius）的文本。在马比荣去世的次年，蒙弗贡出版了《希腊古字体学》（*Palaeographia graeca*），在这里，他的书名也发明了一个新的名词，沿用至今。在这个领域里，从某些方面来说，它是比马比荣的书更大的一个成就，因为两百年间它一直是关于这一问题最好的论著，而且首次试图理解单个字母形体的历史演变，这是古字体学的根本。这本书的考察范围迥异前者，因为蒙弗贡能看到的中世纪希腊文特许状以及其他文件非常少（这些文件大多数隐藏于阿索斯山的修道院，有待发掘，而蒙弗贡从未到过这个地方），而且无论怎样这些文件的真伪对于蒙弗贡和他的同代人来说并没有太大的意义。因而他得以致力于抄本研究，他仔细研究了一些样本，发现可以从抄写者本人的跋识中几无可疑地看出其抄写年代，这一点具有永久的价值。他对古字体学的另一个贡献《夸斯兰藏书目录》（*Bibliotheca Coisliniana*，1715），是最早的对特定古抄本收藏的全面系统的描述之一。具体讲，这个约有四百个抄本的精藏是梅斯（Metz）的采邑主教夸斯兰（Coislin）从法国路易十四的首席检察官塞吉尔（Séguier）那儿得到的。值得顺便一提的是，蒙弗贡并不是一个除了古抄本什么都不关心的视野狭小的专门家。他的其他著述包括一个十卷对开本的古典文物词
192 典，后又增补五卷。1719年以《文物通解》（*Antiquité expliquée*）

之名再版；10 个月之内 1800 册即告售罄，第 2 版又印了 2200 册。

虽然马比荣和蒙弗贡著述极丰，但还是可以找到时间游历，特别是在意大利，以寻访其他的抄本收藏，为他们的研究搜集材料。维罗纳教区图书馆藏书之富在文艺复兴时期的人文主义者之间广为人知，但 17 世纪末期的访书者被告知这些书已经找不到了。这种启人疑思的情况引起了当地一位贵族文物收藏家——希皮奥内·马费伊侯爵（marquis Scipione Maffei，1675—1755）[①] 的关注。马费伊曾因撰写意大利戏剧复兴的里程碑悲剧《墨洛珀》（*Merope*）而闻名，1712 年，他写了一本反对弗朗切斯科·法尔内塞公爵 [②] 的小册子，这时，他发现自己卷入了一场关于历史的论战。法尔内塞被人诱骗买了一个据说是君士坦丁大帝组建的圣约翰教团的大师的头衔。教皇和奥地利皇帝也都上了当，而根据委任状，法尔内塞可以使用位于帕尔玛的美丽的斯提卡特圣母教堂。马费伊证明那个委任状是伪造的，因为所有这样的委任状都是中世纪的，尽管这是事实，但无法挽救他的书被列为禁书的命运。

马费伊传话给维罗纳大教堂藏经阁主事，说他非常想知道曾一度收藏于焉的抄本的最终归宿。在 1712 年的一天早上，这位藏经阁主事找到了这些抄本：原来它们被堆在了一个碗柜的顶上，以免为洪水浸湿，事后就被忘在那儿了。这个消息立即报到马费伊府上，马费伊穿着睡衣，趿着拖鞋，冲向教堂。当他看到这些

① 希皮奥内·马费伊（Scipione Maffei，1675—1755），出身维罗纳名门望族，意大利作家，剧作家，学者，文物收藏者。

② 弗朗切斯科·法尔内塞（Francesco Farnese，1678—1727），帕尔马公爵，从 1694 年至 1727 年统治帕尔马公国。

精彩纷呈的藏书，绝大多数都非常古老，他以为自己是在作梦。事实却是美梦成真。很快他就在自己家中研究这些抄本了。其研究成果对于理解拉丁文字体的历史演变是一个非常重要的理论进步。马比荣将拉丁文字体分为彼此独立的五类，分别是歌特体（Gothic）、伦巴第体（Langobardic）、萨克逊体（Saxon）、墨洛温
193 体（Merovingian）和罗马体（Roman）。但他对五者之间可能存在的关系却只字未提。马费伊正确地指出，中世纪早期拉丁文之所以有这么多字体，其原因就在于，古代晚期的基本字体类型诸如大写、小写和草体，随着罗马帝国的分崩离析，开始各自歧变演化。这些洞见使得古字体学有了一个清晰的理论基础。其后仅有的大的推进记在路德维希·特劳贝[①]名下，其重大贡献在于证明了古抄本，除了是承载古典文学和中世纪文学的基本资料以外，还可以看成是显示中世纪文化的证明文件。一个抄本也许在校勘某个作家文本方面确实毫无用处，但在另一方面却依然可能有非常重要的价值，因为，如果来源地可以确定，或者更进一步，如果抄写者可以确定的话，那么它将告诉我们一些关于中世纪文化史的信息。

第六节　文艺复兴以来文本的发现

（一）重写本

任何一个以前所不知道的文本的发现，都会引起轰动。但是这种轰动，在文艺复兴之后，知识界就很难再经历了。可是当人

① 路德维希·特劳贝（Ludwig Traube，1861—1907），德国古字体学家，任教于幕尼黑大学。

们意识到有些古典文本仍然隐藏在重写本的下层时，一个新的系列发现就此开始，虽然不是那样辉煌，但价值却未见逊色。虽然这些重写本早就存在于巴黎、罗马、米兰和维罗纳等地欧洲著名的图书馆里，但是其利用却是从 19 世纪才开始的——梅（Mai）和尼布尔（Niebuhr）的伟大发现给这些寒俭的重写文字加上了浪漫的光环，使其成为通往古典学问领域的一条引人入胜的通道。

第一个引起公众注意的重写本是一本古老而又重要的希腊文 194
《圣经》抄本，即 5 世纪的以法莲本（Paris gr. 9，下层文字）[①]，是巴黎皇家图书馆副馆长让·鲍文于 1692 年发现的[②]。从重写本中发现的第一部新的古典文本也是希腊文，同样也是在巴黎发现的，由 J. J. 韦特施泰因[③]于 1715 年至 1716 年发现，尽管当时他有些张冠李戴：保罗书信（Pauline Epistles）这个 6 世纪的青山抄本（codex Claromontanus，Paris gr. 107B）在某个阶段进行过补苴，曾将欧里庇得斯《法厄同》一个 5 世纪抄本的一部分重新用为书写材料，插补了两叶。这一抄本残叶，可以用纸草本和间接传承加以补足，为我们提供了欧里庇得斯戏剧的重要片断。后来的发现中有一些其实 18 世纪其他学者已经先看到了，但是他们或者不懂得后来所采用的恢复褪色字迹的化学方法，或者有所迟疑不愿采用这些辅助措施，这也就意味着，他们对于自己发现的意义并没有全面认识。希皮奥内·马费伊已经发现了维罗纳的一些重写本，包括盖尤斯《法学阶梯》（*Institutes*）被重写了的部分以及还

---

① 该重写本上层文字抄的是叙利亚人以法莲（Ephrem the Syrian，约 306—373）的论著，故名。

② 让·鲍文（Jean Boivin，1663—1726），法国学者，作家，翻译家，皇家学院教授。

③ J. J. 韦特施泰因（Johann Jakob Wettstein，1693—1754），瑞士神学家，《圣经》校勘家。

未重写的一叶（Verona XV[13]），不过，直到1816年，这些文本出自谁人之手才得到确定。在18世纪中叶，莫尔会修士学者塔辛大师所撰的相当于马比荣著作的修订、改进版的《古字体学新论》（*Nouveau traité de diplomatique*）指出[①]，有一本在科比重写的重写本（Paris lat. 12161）下层，包含一个前所未知的作家弗龙托的文本。他的发现要早于梅，同样令人吃惊的是，他发现的这个6世纪残卷，迄未得到准确的理解，直到1956年，几乎是整整两个世纪之后，伯纳德·比肖夫（Bernard Bischoff）才判定其为弗龙托的一封书信（《致维鲁斯》，*Ad Verum* 2.1）的残篇。1772年，P.J. 布伦斯（P. J. Bruns）发现Vat.Pat.lat.24的下层文字，是相当多的古代抄本的拼凑，他从中整理出了一部李维第91卷的残卷。次年G. 米格里奥雷（G. Migliore）从同一抄本的下层字迹中整理出两个残篇，他认为是西塞罗的文字，其实是塞涅卡的《论友谊》和《父亲行状》的残存，后来尼布尔和斯图代蒙德重新进行了整理。

195　在浓墨重彩的19世纪20年代到来之前，在抢救重写本文本方面已经走出了许多步，尽管有时未免踉跄。然后因缘际会，有了一次大的跨跃。其中主要推动因素是安吉洛·梅那不知疲倦，甚至近乎无情的干劲，以及他的好运气：他先后被任命为安布罗斯图书馆和梵蒂冈图书馆的馆长[②]，这两个图书馆收藏了特别丰富的

① 塔辛大师（Dom Tassin，1697—1777），法国历史学家，圣莫尔本笃会修士。与一众修士一起，在圣杰曼德佩修道院为证明本笃会的特许状的真实性，在马比荣大师研究（1681）的基础上，继续对古代文书展开研究。

② 安吉洛·梅（Angelo Mai，1782—1854），意大利枢机主教，语文学家。安布罗斯图书馆（Ambrosian library），位于意大利米兰，为纪念米兰历史上的大主教安布罗斯（Saint Ambrose，340—397），故名。1609年由枢机主教费德里科·博罗梅奥（Federico Borromeo，1564—1631）创建，从西欧甚至希腊、叙利亚各地广泛搜求图书及抄本。

来自博比奥的重写本。他首次成功运用化学试剂，显现被覆盖的文本，使得文字更加清晰可读，易于辨认；其成功在很大程度上必须归功于此。从 1814 年开始，在数年间，他出版了一系列新的文本，包括一些西塞罗的演说辞和博比奥注文（*scholia Bobiensia*）的若干残篇（Ambros. S.P. 11.66，*olim* R.57 sup.）[①]，弗龙托的书信（S.P. 9/1-6，11, *olim* E. 147 sup.），以及从普劳图斯的安布罗斯重写本中发现的、迄至当时还不为人所知的《行囊》（*Vidularia*）的残篇。1819 年他从米兰来到梵蒂冈，当年年末就完成了自己最伟大的发现——罗杰·培根和彼特拉克等人狂热搜寻，后来即使是最乐观的学者也都早已放弃希望的西塞罗的《论共和国》（图版 X）。1822 年他出版了初印本。

其他人很快也进入重写本领域，其中很多是比梅更细心更好的学者。梅比较草率，不加鉴别，也不够矜慎，可是他已经刮取了这些藏书的精华。在这些其他的学者中就有德国伟大的历史学家尼布尔（Barthold Georg Niebuhr，1776—1831），他作为普鲁士的大使 1816 年来到罗马，在前往都城的路上有了唯一堪与梅的更为壮观的发现相颉颃的一次发现。在维罗纳，他用化学试剂成功读出盖尤斯重写本的下层文字，其中有部分是三层文字（*ter scriptus*），最终得以在 1820 年出版《法学阶梯》（*Institutes*）的全本。尽管他更为优长的才智令他与梅的关系有点紧张，但是他仍然参与了梅对《论共和国》的整理。

① 博比奥注文（*scholia Bobiensia*）是 7 世纪时博比奥修道院的一位佚名注家为古典文本所做的注文，因所援引文献大多亡佚，故而成为古罗马人物生平、历史事件细节等重要信息的唯一来源。

196 任何关于重写本的释读和出版的概述，无论怎么简短，都不能略过威廉·斯图代蒙德[①]这个名字，他多年致力于烦细耗神的重写文本的释读，以致最终目力受到很大的损害。最著名的是他对盖尤斯的释读（1874）和对普劳图斯安布罗斯本的释读（1889）；后者包含来自卡图卢斯第14首诗那一句动人的箴铭：*ni te plus oculis meis amarem*（如果我没有像爱自己的眼睛一样爱你）。早期学者对化学试剂的使用会对后来学者的工作造成障碍，它们会沾污、有时会蚀损皮纸，其后果往往是灾难性的。已知最早的反应剂是鞣酸，梅使用的就是这个，有时下手很重；后来的学者使用硫酸氢钾或者都灵的一个名叫吉尔伯特（Giobert）的化学家的配方，包括交替使用盐酸和氰化钾。这些反应剂在一定程度上都是有害的（不过这些致命化合物的危害要比人们所想象的要缓慢得多），其结果就是，如此处理过的抄本，对于今天可以使用的更为安全、更为先进的技术，很少会再做出反应——尤其是紫外线照相技术，阿尔班·都德在德国西南部的比尤农修道院（Abbey of Beuron）的重写本研究所使其臻于完善[②]，厥功尤伟。在现代的电子照相技术和图像处理技术得出更为重要的成果之前，19世纪的整理和释读将继续保持它们的价值。

在20世纪早期，J. L. 海伯格在君士坦丁堡发现了一份阿基米德的重写本[③]，从中得出了两个札记（Metochion of the Holy Sepulchre，MS.355）。其中之一，《论浮体》（*On floating*

① 威廉·斯图代蒙德（Wilhelm Studemund，1843—1889），德国古典学家，1864—1868年曾在意大利致力于重写本的释读。

② 阿尔班·都德（Alban Dold，1882—1960），本笃会修士，学者。

③ J. L. 海伯格（Johan Ludvig Heiberg，1854—1928），丹麦古典学家，历史学家。

bodies），此前已有莫贝克的威廉的拉丁译本，但是另一个，《方法》（*Method*），却完全是前所未见的，对于数学史有着非常重要的意义，因为它显示，阿基米德已经发明了一种类似于积分的方法。另外两个最近发现的重写本也值得一提。一个是在耶路撒冷（Patriarchate MS.36），包含了几部欧里庇得斯剧作的部分内容，大概是 11 世纪中叶抄写的。这是欧里庇得斯作品的有一定篇幅的抄本中最早的之一，不过，尽管其抄写时代很早，但对校勘现存文 197
本，意义并不太大。另一个是在莱顿（B.P.G.60 A），从中得出了索福克勒斯剧作的一些片断。这是著名的劳伦佐抄本（Laurentian codex，32.9）的孪生兄弟，显然是出自同一个抄工之手。

（二）纸草本

直到 19 世纪末，我们对于古代文本的认识还几乎全部依赖中世纪所写的抄本，而古代末期所写的抄本只占已知文本总数的微乎其微的一部分。文艺复兴以来，新文本的发现，或者更经常出现的情况是，已知文本的更好抄本的发现，主要是一些被忽视的中世纪抄本重见天日。唯一重要的例外是从赫库兰尼姆古城[①]中所发掘出的纸草古卷烬余；其绝大部分是伊壁鸠鲁学派哲学家斐洛德谟斯的晦涩文字[②]。由于它们保存的状态非常糟糕，很难利用，直到最近，技术的进步才使得我们可以相对容易地阅读它们[③]。可是，当考古学家在埃及发掘出相当数量的古代文本（一般统称为

① 赫库兰尼姆（Herculaneum），古罗马城镇，毁于公元 79 年维苏威火山爆发，遗址在今意大利那不勒斯附近的埃尔科拉诺（Ercolano）镇。

② 斐洛德谟斯（Philodemus，约前 110—前 40 或前 35），伊壁鸠鲁学派哲学家，诗人。

③ 1990 年代研发的“多波段成像”（Multispectral Imaging）技术，用红外线、紫外线等波段的光线，来辨识炭化纸草上的墨迹。

纸草本，其实一小部分是写在羊皮纸上的）时，情况就有了很大的变化。其中最重要的是由 B. P. 格伦费尔和 A. S. 亨特[①] 在上埃及奥克西林库斯（Oxyrhynchus）的发现。学者们第一次可以参阅大量的古本图书，这比起他们之前所依据的本子平均都要早一千年以上。文本的发现和出版自此不绝如缕。虽然各种档案文件大大超过文学文本，比例大概是 10∶1，但是仍有许多已知文本的古抄本，还有相当数量的前所未知的文本加入到希腊文献之中。这些文本并非都是全本的或者高水平的文学作品，但是其中有一些重
198 要的书，如亚里士多德的《雅典政制》（P.Lit.Lond.108），巴基里德斯（Bacchylides）的《颂诗》（*Odes*）（P.Lit.Lond.46），索福克勒斯的羊人剧《追踪羊人》（*Ichneutae*，P.Oxy.1174），欧里庇得斯的《许珀茜伯勒》（*Hypsipyle*，P.Oxy.852），米南德的《恨世者》（*Dyscolus*）完整本（P.Bodmer 4）、《公断》（*Epitrepontes*）和《萨摩斯女子》（*Samia*，P.Cairo inv.43227），以及《西科扬人》（*Sicyonius*，P.Sorbonne 72,2272,2273）。纸草文本中出现最多的是学校教材所收录的作家，真正令人感兴趣的纸草本屈指可数，保存下来的荷马史诗纸草本却有成百上千。其他引人入胜的发现包括：许多重要的《圣经》纸草本，最引人注目的是一个面积约为 2.5 乘 3.5 英寸的《约翰福音》的残片，其时代早到 2 世纪（P.Rylands 457），以及令人厌恶的古代种族偏见的文件，称作《外教殉道记》（*Acts of the pagan martyrs*）。还有一部旨在阐明摩尼教异端理论的迷人的袖珍

---

① B. P. 格伦费尔（Bernard Pyne Grenfell，1869—1926），英国考古学家，纸草学家，牛津大学纸草学教授，是奥克西林库斯纸草的发掘者和整理者。A. S. 亨特（Arthur Surridge Hunt，1871—1934），英国考古学家，纸草学家，与格伦费尔一起发掘、整理了许多埃及纸草，包括奥克西林库斯纸草。

抄本，如今藏于科隆（P.Colon.inv.4780）。

几乎所有的纸草本都来自埃及，只有很少一些来自幼发拉底河畔的杜拉—欧罗普斯（Dura-Europos）以及内盖夫（Negev）沙漠的奈撒拿（Nessana）[1]。所发现的埃及纸草本，都是在距离首都有若干路程的地区。所发现的文学文本的数量和种类令人吃惊，人们很难设想在外省地区竟有这样的广泛阅读的证据。这些纸草本之所以可以幸存下来，是因为在这些村子里，包括废纸在内的垃圾都被扔进了巨大的垃圾堆，堆得很高，使得中间部分免于被每年的洪水和灌溉所浸。由于当地气候干燥，纸草本也避免了进一步的损坏。其中有些并不是直接来自垃圾堆，而是来自坟墓，例如提摩泰乌斯的《波斯人》（P.Berol.9875）[2]，或者来自木乃伊盒——包覆木乃伊的壳子。这个东西是一层一层的纸草粘在一起做成的，很像纸塑，显然是买了大量的废纸草来做它。其中许多是毁坏了的，对于主人而言已经没有用处了的书，我们今天看到的米南德的《西科扬人》，欧里庇得斯的《安提俄珀》（*Antiope*）的一百行（P.Lit.Lond.70），以及他的《厄瑞克透斯》（*Erechtheus*）的结尾（P.Sorbonne 2328），就是得益于古埃及殡葬业的这种习惯。考古学家最近挖掘出一些非常有意思的拉丁文本，有诗人伽
卢斯的九行（参看第 248 页），还有似乎是李维第十一卷的一个片 199

① 杜拉—欧罗普斯（Dura-Europos）是古希腊、帕提亚以及罗马边界的古城镇，在今叙利亚境内。奈撒拿（Nessana）是纳巴泰人（Nabataeans）古城镇，位于今以色列内盖夫沙漠靠近埃及边境处。

② 提摩泰乌斯（Timotheus，前 450—前 360），古希腊诗人，音乐家。其诗作大部分亡佚，约二百五十行《波斯人》（*Persae*）纸草卷 1902 年在埃及阿布西尔（Abusir）古墓出土，书写年代为公元前 4 世纪，是流传至今最古老的希腊文献之一。

断[①]；后者是在后来一度作为古科普特修道院的废墟里发现的。

（三）其他古抄本的发现

自从文艺复兴结束以来，除了纸草本中所见以外，再也没有未知文本的大批量的发现。但是有很长一段时间，对于古抄本收藏的研究，远远谈不上系统，因而就有这样一种结果——时不时地，会有某个幸运的学者揭示出一个较为重要的古本，其中最著名的例子，值得记录于此。

1743 年，在梵蒂冈图书馆工作的普洛斯波·佩特罗尼乌斯（Prosper Petronius），发现了提奥弗拉斯特《性格》一书独一无二的一个抄本（Vat.gr.110），至今仍是第 29、30 种性格的唯一证据，从而补足了这部引人入胜而且影响巨大的小书的文本。1777 年，C. F. 马特伊发掘出一个古抄本，《荷马颂诗》中的《得墨忒尔颂》才得以重见天日[②]，该本今藏于莱顿（B.P.G.33H）；最早它是在莫斯科的帝国档案馆，马特伊声称他是在一间农舍里发现的，多年来那个抄本就躺在猪和鸡之间；并不是所有的人都相信他的话。此后不久，在威尼斯有更大的发现。1788 年，维洛伊森（Villoison）[③]出版了在今天称之为“威尼斯 A 本”（Venetus A）的抄本（Marc. gr.454）中所发现的《伊利亚特》的批注文字。这其中包含了亚历

① 约有四十个单词，1980 年代出土。

② 克里斯蒂安·弗里德里克·马特伊（Christian Frederick Matthaei，1744—1811），德国古字体学家，古典学家，先后任教于威登堡大学和莫斯科大学。《荷马颂诗》（*Homeric Hymns*）是由三十三首歌颂诸神的赞美诗所组成的诗集，格律与《伊利亚特》和《奥德赛》相同，故被归于荷马名下。绝大多数流传下来的拜占庭抄本都是从第三首颂诗开始的，缺第一首《酒神颂》和第二首《得墨忒尔颂》，1777 年马特伊在莫斯科发现了这两首颂诗。

③ 维洛伊森（Jean-Baptiste Gaspard d'Ansse de Villoison，1750—1805），古典学家，生于法国，1781 年受法国政府资助到威尼斯访书，最为重要的发现就是《伊利亚特》威尼斯 A 本。该本抄写于 10 世纪。

山大城荷马考据家们的大量新信息，正是这些信息促使 F.A. 沃尔夫撰写了《荷马导论》（*Prolegomena ad Homerum*，1795）——整个古典学历史上最为重要的著作之一。而从罗伯特·伍德（Robert Wood）的《论荷马的原创天才》（*Essay on the original genius of Homer*）可以看出，早在 1767 年他就认识到，把荷马史诗设想为由一个会写字的荷马撰写这样的通常理解，并不能够完全解释荷马诗作目前的形态，这个问题，就留给了沃尔夫。借助新发现的批注文字，沃尔夫证明，荷马的文本问题与其他作家的文本问题不是同一个类型，对于这种状况的解释之一就是推定荷马史诗直到梭伦或者庇西特拉图时期才用文字书写下来。沃尔夫的书，标 200
志着传统上所谓的“荷马问题”（Homeric Question）开始了真正的讨论。

19 世纪的希腊古典研究史上值得一提的发现是巴布里乌斯的韵文寓言，是由米纳斯·米诺伊德斯在阿索斯山上的一个抄本中发现的，该抄本今藏于大英图书馆（Add.22087）①。同样是这个学者，还发现了以前所不知道的盖伦的散文（MSS.Paris supp.gr.634 及 635）。不过，发现的希望，有时也会被误导。1823 年，意大利著名诗人同时也是当时意大利最优秀的古典学家贾科莫·利欧帕迪（Giacomo Leopardi），在梵蒂冈发现了一篇似乎是阿提卡散文的古典文本。但是抄本上没有书名，也甚少引用典籍，两者结合起来误导了他的希望；这个文本后来被证明是相对平常的教父文学作

① 巴布里乌斯（Babrius），大约生活于 2 世纪，汇编了所谓“伊索寓言”。1842 年希腊人米纳斯（Mynas）又称米诺伊德斯（Minoides）发现的巴布里乌斯抄本，是用变体抑扬格（Choliambic）写成，按字母顺序编排，字母 O 之后残缺，包含原本《伊索寓言》160 篇中的 123 篇。

品，极好地模仿了阿提卡亦即雅典式的希腊语；是圣巴西尔在给侄子们讲述阅读古典文学的价值。最近一个值得注意的发现是盖伦的《解忧论》(*On avoiding grief*)，为我们提供了许多关于作家与其藏书的精彩信息（Salonica Vlatadon 14）。同一抄本也首次提供了盖伦《关于我的观点》(*De propriis placitis*）的全本希腊原文。

拉丁文献中值得记述的就要少一些，因为近现代最伟大的发现是在重写本里，已见上述。一个重要的例外是佩特罗尼乌斯的《特里马乔宴会》(*Cena Trimalchionis*）[1]，虽然在文艺复兴时期一度为人所知，但1664年才在帕多瓦首次印行。1899年一个牛津大学的本科生在检校尤维纳利斯的一个11世纪用贝内文托字体所写的抄本（Canonici Class.Lat.41）时，发现第六首讽刺诗多出了三十六行，虽然该文讹误极多，但是持平而论，它们可能是真的。值得一提的是，前不久在Holkham lat.121发现了圣居普良（Saint Cyprian）的一封以前不知道的信[2]，虽然这封信本身并不重要，但是这个抄本可能近乎直接地（只差一个中间环节）抄自卡西诺山，这种可能性再次证明了教区对于文本传承的重要性。另一个重要发现是一部拉丁诗集，称为“博比奥隽语”（Epigrammata
201 Bobiensia），因为那个抄本是博比奥抄本（Bobbio codex）在文艺复兴时期的一个影写本（Vat.lat.2836）。所收录的作者有些是奥古斯都时期或者公元1世纪的，而第二首至第九首的作者是瑙凯琉斯（Naucellius），4世纪末一位杰出的文学家。更为晚近的发现有卢提

① 佩特罗尼乌斯（Petronius，27—66），古罗马作家，作品有《萨蒂利孔》(*Satyricon*)，是一部小说，反映罗马帝国时代的市井生活，其中有一部分是《特里马乔宴会》。

② 霍尔勘堂（Holkham Hall）位于英国诺福克郡，藏有图书和抄本。

利乌斯·纳马提安努斯[①]的一些诗句，是从一条用来捆扎的羊皮纸上发现的，也是来自于博比奥；以及奥古斯丁的尚未整理的书信不少于29封，默默地存在于两个抄本之中，一个在巴黎，另一个在马赛。

（四）铭文

希腊人、罗马人所留下的大量文学遗产，主要是以各种形式的图书为载体流传，与此同时，大量的并且还在不断增加的铭文本身就是数量庞大的文本遗存，镌刻在铜器、石头以及其他材料之上，传至我们。早在文艺复兴时期，人们就已经认识到金石学和钱币学对于我们了解古代社会的重要价值，对于这些价值，本书难以尽述。不过有一些以这种方式保存下来的文本值得在这里介绍，在特定情况下，它们极为重要或者有用，因为它们扩充了、补足了或者修正了单纯的文学文本传承。

一个显而易见的例子是《奥古斯都行述》（*Res gestae Divi Augusti*），它是研究奥古斯都和早期元首统治的关键文件。这是对奥古斯都一生功绩的记述，奥古斯都留下此文，表示希望镌在青铜版上，表于自己陵墓前。奥古斯都放置在维斯塔处女社（Vestal Virgins）的原写本以及原初的镌版已经毁灭无痕了，但是在各省所立的副本却有一些保留了下来，有些附有希腊译文，以便当地人民阅读。其文本的大部分可以根据在加拉太（Galatia）发现的三个残本予以恢复，其中最大的一个残本，是在安卡拉（Ankara）一个神庙的墙上，早在1555年就已经发现了。虽然这是个十分特殊而

① 卢提利乌斯·纳马提安努斯（Rutilius Namatianus），罗马帝国时期诗人，生活于5世纪。

且浮夸的例子，不过《行述》（*Res gestae*）属于“行赞”（*laudatio*）
202 或者“讣告”这个更大的传统，由于显而易见的原因，这种体裁的文本一般都是以铭文形式保存的，包括从浮夸的演说辞到谦谨动人的个人感情记述。有名的如所谓《图里亚赞》（*ILS* 8393）——公元前1世纪末期一位罗马夫人的悼辞，是一篇重要文章[①]。不过，就像古人不厌其烦地告诉我们的那样，海枯石烂终有时，这个丰腴夫人德行彪炳的事迹，如果最终没有笔来协助凿子，可能早已经湮灭无闻了。因为，17世纪以来在罗马各地出现过的六块残碑中，有三块已经不见踪影，只有誊抄本保存了下来，这要感谢耶稣会士学者雅克·西尔蒙（Jacques Sirmond）[②]和巴尔贝里尼枢机（Cardinal Barberini）的藏经阁主事J.M. 苏亚雷斯（J.M.Suárez）（Paris lat.9696，Vat.lat.9140）。

里昂的铜匾（*ILS* 212）上所保存的皇帝克劳狄乌斯公元48年在元老院所发表的鼓吹接纳高卢贵族的演说辞，在文学上和历史上都有重要意义。因为1528年所发现的这个文本，让我们得到了一个绝无仅有的机会，可以将克劳狄乌斯的东拉西扯而又卖弄学问的真实演说与塔西佗提供给我们的那个惜字如金的文学改编（*Ann.*11.24）加以对比。科马吉尼（Commagene）安提奥库斯一世（Antiochus I）的碑，19世纪末在东土耳其的内姆鲁特山（Nemrud Dagh）一个死火山的高峻斜坡上发现，在文学史上占有非常重要

① 《图里亚赞》（*Laudatio Turiae*）是罗马贵族、后来的执政官昆图斯·卢克来修·维斯彼劳（Quintus Lucretius Vespillo）为妻子图里亚（Turiae）所写的悼辞，镌刻在墓碑上。这篇文章结合图里亚的一生，对公元前1世纪末期罗马社会进行了多方位的描写。

② 雅克·西尔蒙（Jacques Sirmond，1559—1651），法国学者，耶稣会士，曾长期在罗马生活。

的地位。其华丽的文本，格调之超拔，一如其保存地之高峻，填补了我们知识上的一个关键断裂——提供了演说辞的“亚细亚式”华美风格绝无仅有的例子，这种风格曾是西塞罗时代关于修辞的论战中的一大焦点。

幸亏有奥伊诺安达的第欧根尼[①]的嘉惠之举，一个重要的哲学文本方得以留传至今。由于对伊壁鸠鲁哲学的效用极为服膺，第欧根尼于公元 200 年把自己对伊壁鸠鲁哲学理论的概述刻石立于吕基亚（Lycia）奥伊诺安达（Oenoanda）的街市之上，以惠及乡党。这个独一无二的文本的残片，长达四十米，将近一百片，仍在不断地被发现，散布在奥伊诺安达的废墟中，给整理者提出了一个规模巨大的拼图难题。这个刻石值得注意的一点是，其分栏刻写和方便读者的考虑，是对当时图书常规的放大复制。已知最 203
早的用拜占庭典型的格律形式所写的基督教赞美诗，有着同样出人意料的出处——克里米亚（Crimea）克赤（Kertsch）的墓壁刻石，其年代早至 491 年。这是浸礼的一部分。在那不勒斯的一座苏格拉底雕像上刻着来自柏拉图《克力同》（46b4-6）的一句话；这句话与传世抄本有异，而伯内特和尼科尔在“牛津古典文本”（Oxford Classical Text）中采用了石像上的异文。

颇不正式的墙壁题写也为我们保存了一些古代遗文。包括一些数量不多的原创题壁诗，但更为常见的涂鸦则是对已经通过正常途径传至我们手中的一些文本的引用。有时校勘学家会将这些文字当作间接传承的证据。一个公元前 2 世纪的陶片（Berlin

---

① 奥伊诺安达的第欧根尼（Diogenes of Oenoanda），奥伊诺安达是安纳托利亚吕基亚省的一座古城，在今土耳其境内。第欧根尼生平不详。

ostrakon 4758）就这样被列进了欧里庇得斯的校勘记（*Hipp*.616ff.），而在庞培城的墙上常常出现的涂鸦 *arma virumque cano*（我歌唱剑戟英雄），作为旁证证明了《埃涅阿斯纪》的真正开头是这一句，而不是 *ille ego qui quondam*（我是那个曾经……）。还有一个值得注意的例子是在庞培一个廊柱上发现的普罗佩提乌斯的一个对句题壁（3.16.13f.）。最早的抄本作

> Quisquis amator erit, *Scythicis* licet *ambulat* oris,
> nemo *deo* ut *noceat* barbarus esse volet

题壁（*CIL* iv.1950）作

> Quisquis amator erit, *Scythiae* licet *ambulet* oris,
> nemo *adeo* ut *feriat* barbarus esse volet

在与直接传承文本相歧异的四个词语中，至少有两个是正确的[1]。

第七节　余论

204　对于从文艺复兴结束到 19 世纪现代古典学（这一称谓庶几名副其实）开始之间的学术进展，我们进行了极为简要的叙述，这里做一个总结。本书的宗旨是要阐明，古典文本的存在，既系于物质因素——比如图书的形制和书写材料的供应——又系于思想

① 校正后这句话的意思是：只要是真爱者，即便行于斯基台之滨，/ 也没有人会如此野蛮去伤害他。adeo，副词，竟至于此。deo，神，在这里读不通。noceat，伤害。feriat，杀害。ambulet，行走。题壁中的 adeo 和 ambulet 是正确的，有人认为 feriat 也是可取的。

运动和教育的演化。另外也想阐明，学术方法的逐渐进化，是如何促进古典研究的存续与提高。在印刷作为传播文本的方法得以确立（有些人如乌尔比诺公爵费代里戈[①]进行了抵制，宣称他的藏书里绝不掺入印本）之后，我们的故事就此告一段落，因为文本的传承得到了保证。不过似乎有必要再进一步探究学术研究方法（至少是文本研究的方法）的发展史，以凸显其中几个重要的发展，正是这些发展使得我们可以更好更全面地运用以往的遗产。早期印刷整理文本的品质整体上非常低劣，这表明，文本校勘理论仍旧任重道远，抄本资料的筛选工作才刚刚起步，对将古典文明作为一个整体加以研究（*Altertumswissenschaft*）的复杂性缺乏足够的认识，将会阻碍文本的整理工作。

从文艺复兴到反改教运动，物质方面的进步使得这一时期的先进国家比以前大大富足，原则上讲可以在学术研究方面投入更多的资源，但是仍有许多困难需要克服。在一些国家，学术自由受到限制。印刷还比较贵，出版高度专业化的书仍然无利可图。学者之间的合作，常常是力图建立一个“艺文共和国”（republic of letters）的光荣宣示（英语中这个表述是阿狄森 [Addison，1672—1719] 所使用，见于《智者杂志》[*Journal des Sçavans*]1665—1666 的扉页）。以学界巨子如伊拉斯谟之广阔交游，如果想要产生实际效益，仍需要更进一步的支持。学术团体和大学应当提供这种支持，可是尽管它们有时会有一些值得称赞的努力，但最终结果

① 费代里戈·蒙泰费尔特罗（Federico da Montefeltro，1422—1482），从 1444 年起担任乌尔比诺的领主，直至去世。费代里戈是意大利文艺复兴时期最成功的领主之一，在乌尔比诺建起了很大的图书馆，在其抄写坊有自己的抄工队伍。

总体来讲令人失望。文艺复兴时期的学人也结成学社。在这为数
205 众多的学术俱乐部中，我们要满怀敬意地提到一个群体，这就是与阿尔都斯·曼纽修斯一起工作的那群人。其他许多学术群体，就我们所讨论的这个学术分支而言，根本不值得注意。很长一段时间，各大学也没有能协同努力，经营自己的出版社。而牛津和剑桥，虽然从16世纪以来有大学出版社在运营，但是两校的宗旨与其说是致力于学术的推进，不如说是努力为英国教会培养新的教士，这一状况直到19世纪中叶改革时才有所改观。非常令人遗憾的是，最杰出最多产的学术组织，皇家学会，迟至1660年才创立，而且是在没有大学的伦敦。在当时，“有用知识”的概念（是其全称的一部分）[①]，深深受到了科学革命的影响，还将进一步受到所谓古今之争的影响。艺术与科学成就的古今对比，在15世纪就已经成为一个话题，而近代科学的发展至此时也已是彰明较著。即使是在医学方面，盖伦的权威也开始被贝伦加里奥·卡尔皮和维萨里[②]所蚕食。结果就是，皇家学会《哲学学刊》（*Philosophical Transactions*）早期各卷没有任何可称之为古典文献学研究的内容；后来有时也有例外，如天文学家哈雷[③]关于恺撒在

① 1826年“有用知识传播会”（Society for the Diffusion of Useful Knowledge）在伦敦创立，主要致力于出版科学与其他高等学问的普及本。

② 贝伦加里奥·卡尔皮（Berengario of Carpi，1460—1530），意大利医生，解剖学家，1535年其所著《卡尔皮解剖学》出版。维萨里（Vesalius，1514—1564），医生，解剖学家，生于布鲁塞尔，是科学革命的代表人物。1543年其所著《人体构造》出版，他被认为是现代人体解剖学的奠基人。

③ 埃德蒙·哈雷（Edmund Halley，1656—1742），英国天文学家，地理学家，将牛顿定理运用到彗星运动研究，正确预言了哈雷彗星的回归。

英国登陆地点的学术札记，又如图书管理者汉弗莱·万利[①]的题为《抄本的年代》(The age of MSS)的论文。令人高兴的是，《智者杂志》(*Journal des Sçavans*)载文之广，与此恰成对照；他们对古典文学有更多的兴趣，1666年就用了一些篇幅刊登《特里马乔宴会》(*Cena Trimalchionis*)首个整理本的一篇书评，以及一篇由于这部新书的出版而引发的论文。

可是，正如约翰逊博士所说，从皇家学会设立之初所宣称的愿景实现了多少这一点来看，进步自然十分缓慢[②]。如果我们回溯学术界的一项特色传统（如今已视为理所当然）——用统一形式的丛书出版整理过的文本，约翰逊博士的这个论断更见其真。也 206
许这可以追溯到P. D. 于埃[③]——法国王室诸王子的老师。或者是他或者是蒙托西耶公爵[④]，组织了将近六十卷拉丁古典作家文本的“太子御用丛书”(*in usum Delphini*)的整理出版。这个时代之一斑，见于莱布尼茨[⑤]：他当时居住在巴黎，受邀参与维特鲁威文本的整理，他以不具备必要的建筑学知识而予以推辞，但提出代

① 汉弗莱·万利(Humphrey Wanley，1672—1726)，英国古字体学家，先后为英国藏书家罗伯特·哈利(Robert Harley)和爱德华·哈利(Edward Harley)管理图书，是哈利图书馆(Harlein Library)的馆长。

② “皇家学会”全称为“伦敦皇家自然知识促进学会”(Royal Society of London for Improving Natural Knowledge)，成立于1660年，成立之际，理事会宣称要建成一个“推进物理、数学等实验性学问的学院”，终未建成。

③ 皮埃尔－达尼埃尔·于埃(Pierre-Daniel Huet，1630—1721)，法国古典学家，经常被认为是他那个时代最有学问的人，是百科全书式学者的先驱。其研究领域从神学到天文学，极其广泛，也是那个时代杰出的希腊学家、希伯来学家。后来选择宗教作为自己的职业，于1692年被任命为阿夫朗什(Avranches)的主教。

④ 蒙托西耶公爵(Duc de Montausier，1610—1690)，法国国王路易十四的长子和王位继承人。他策划了古典文本丛书——“太子御用丛书”，由博学的于埃主持其事。

⑤ 莱布尼茨(Leibniz，1646—1716)，德国数学家，哲学家，在古典文本整理方面也有所建树。

之以整理艰涩的马尔提亚努斯·凯佩拉。也许正是这套丛书，启发了最有名的一套丛书——在帕索（F. Passow）的策划下，托伊布纳（B. G. Teubner）出版社 1824 年在莱比锡开始出版“托伊布纳丛书”。古典研究，就其关注文献胜过关注考古（该学科在 18 世纪得到很大的发展）而言，必须首先从在古今之争中所受到的打击中恢复过来。1777 年 F. A. 沃尔夫[①] 在哥廷根大学入学注册时，没有选择神学，而是要求注册当时并不存在的文献学（*studiosus philologiae*）并获得了成功，古典研究就此重新焕发生机。

文本整理技术的精细化（直到最近仍然将功劳完全记在拉赫曼名下）[②] 使人们开始设想这门学问的一个新阶段，即古典文本可以在现存证据允许的范围内可靠地加以确立。19 世纪末照相技术的发明，排除掉了通往这一新理想的路上的许多障碍。这些进步，对于关心托伊布纳丛书所蕴含的理念的那些学者来说，可谓适逢其会，如虎添翼。如果不搞清楚抄本传承的性质和证据评价的标准，就不会有真正严肃的文本整理；现在的学者几乎都能严格遵守剑桥大学副校长的建议——此公拒绝了教授前往佛罗伦萨

① 弗里德里希·奥古斯特·沃尔夫（Friedrich August Wolf，1759—1824），德国古典学家，文献学家。通过对古典时代的科学研究，沃尔夫奠定了现代文献学的基础。

② 塞巴斯提亚诺·廷帕纳罗（Sebastiano Timpanaro）用谱系法对“拉赫曼方法”的来龙去脉进行了考察，认为：与谱系法相关的许多方法和意见可以上溯至文艺复兴时期，18 世纪《新约》研究者的贡献尤其巨大；在拉赫曼整理卢克莱修文本时对谱系法的表述（1850）之前，其他学者如聪普特（Zumpt）、里奇尔（Ritschl）、马德维希（Madvig）等已有大致相同的表述，特别是里奇尔的学生伯内斯（Bernays）在 1847 年发表的关于校理卢克莱修的论文中，已经对谱系法有了相当完整的表述；而拉赫曼本人，不但在其以前的文本校理中没有使用过谱系法，而且就在其对卢克莱修的校理中，也没有贯彻始终，存在一些根本性的错误；谱系法的创始之功应当归于施利特尔（Schlyter）、聪普特、马德维希，特别是里奇尔和贝尔奈斯。参看 Sebastiano Timpanaro, *The Genesis of Lachmann's Method*, Glenn W. Most 编译， Chicago: The University of Chicago Press, 2005, pp.102—118。

访书的请求，说：“就让波森先生在国内搜集抄本吧。”[1]有了现代的缩微胶卷之便，有了快捷、舒适的交通工具，我们很容易忘记前辈曾经面对的困难。对于抄本的系统描述也成了一门学问，主要图书馆的馆藏书目是现代学者的基本资料，而这正是前辈所缺乏的。另一个对于古典研究非常重要的贡献是所藏古抄本减少 207
了流动。绝大多数拉丁文和希腊文抄本在一些研究机构中妥为保存，我们可以确定预期，这些机构能够永久保存它们。不过，至少一直到 19 世纪末之前，抄本仍像在中世纪和文艺复兴时期没有安顿下来时那样流动不居。在我们的叙述中，曾间或提及这些流动中的一些情况，另外还有一些，在抄本索引的注中予以解释。它们构成了文化史和学术史次要的但却绝非毫无意义的一个侧面。为古代作品提供可靠文本的第一手资料的累积工作已经得到长足的进步，与此同时，相关文物的收集与考量工作也得到相应的进步，铭文、纸草文书，或者艺术品，由考古学家发掘出来，为我们认识古代世界的历史、艺术和物质文化提供新的线索。这些不同领域之间互动的加强，是 19 世纪德国古典学的一大贡献，是将古代世界作为一个整体加以研究的现代理念的基础，将为作为一门知识学科的古典研究提供丰富的、用之不竭的主题。

① 理查德·波森（Richard Porson，1759—1808），英国古典学家，剑桥大学教授。剑桥大学出版社计划出版托马斯·斯坦利的《埃斯库罗斯》整理本的新版，让波森负责整理。波森不愿意重印斯坦利讹文颇多的文本，特别想校以佛罗伦萨的美第奇抄本。剑桥大学副校长约翰·托金顿（John Torkington）拒绝了波森亲自前往佛罗伦萨校书的请求。

第六章　校勘学

第一节　引言

208 前面几章试图对希腊和拉丁古典文本经中世纪传至现代的来由做一说明，对影响文本传承较为重要的历史和文化现象予以勾勒。从某种意义上讲，校勘是对这一过程的逆反，回溯传承线索，尽可能切近地将文本恢复到其原初的形式。

由于没有古典作家的亲笔手稿传世，我们对于他们所写文本的认识只能依赖抄本（有时是印本），这些抄本（或印本）与原本之间不知隔了多少次辗转传抄。这些抄本作为原始文本的证据，其可靠性千差万别；在传承过程中都曾受到不同程度的伤害，或来自物理上的损坏，或来自抄写者的失误，或出于有意的窜改。显而易见，任何力图恢复原始文本的努力，都要运用一个困难而又复杂的程序，而这个程序又可以分为两个步骤。

第一个步骤是“对校”（*recensio*）。对校的目标是从现存诸抄本的证据中重建隐身其后的可以恢复的最早文本形式。除了抄本传承是孤本以外，都要（1）确立存世抄本相互之间的关系；（2）剔除完全来源于另一存世抄本因而没有独立价值的抄本（“剔除过录本”，*eliminatio codicum descriptorum*）；（3）利用所确立的剔除后的抄本之间的关系（最好是以抄本谱系 [*stemma codicum*] 的形

式来表示）重建失落了的抄本或者说存世证据所从出的抄本。当 209
从抄本中可恢复的最原始的文本状态得以重建以后，第二个基本步骤开始。校勘者必须审查传达的文本，判定其可信与否（“审查”，*examinatio*）；如果不可信，则其接下来的任务就是“修正”（*emendatio*），如果他可以以相当程度的确定性完成的话；如果不可以，则他的任务是将讹误予以隔离。常常因为存在两个或两个以上难以取舍的异文，使得这个任务变得十分复杂。整个第二步，有时候仍然按照传统的说法叫作“修正”，尽管未免有些误导。

第二节　校勘学理论的发展

印刷书籍的发明，特别是1465年西塞罗首印本的出现，标志着古典文本的未来第一次得到了保证。不过也有一个副作用：早期印刷者，在将文本印刷之时，倾向于给予印刷文本一种权威和永久性，事实上它们在绝大多数情况下是不配得到的。古典作家文本的首印本（*editio princeps*），通常并不比印刷者随便选作底本的人文主义者抄本的一个誊抄本好多少，只是一个现存抄本的印刷形式的复制本。这个文本的复制，一版接一版，只有很小的改动，很快就确立了一个通行本（vulgate text）；虽说并未禁止对通行本进行零星的改进，但是惯性的力量和保守主义使得我们很难舍弃通行本，选择一个全新的文本。

像在过去所有时代一样，“修正”仍然在不断地发挥着作用，而且，虽然校勘者的基本配备——常识、判断力和品味——与其说是习得的，毋宁说是天生的，但是更为有效的修正理论的发展，以及古典学整体上的快速进步，使得校勘者可以更为敏锐地

210 解决文本讹误。不过，除非是在成功对校的基础上，否则修正不可能有很大的效果，而一直到 19 世纪，在绝大多数情况下，校勘家并没有像人们所正确理解的那样在传达文本的基础上①，而是不得不在牢不可破的通行本的基础上施展他们的校勘才具（常常是第一流的）。他们努力修正通行本，不但通过推测，而且利用所能找到的抄本。有一些非常重要的发现，不过更为常见的是，新的抄本并不比通行本原来所依据的本子好。因为在那个时代，图书馆的藏本大都没有编目，交通不便，影印技术还没有发明，而古字体学仍处于童蒙期，因此这种程序只能是碰运气。更为糟糕的是，当发现了好的抄本，对它们的利用仍然受到限制，因为只有在通行本明显不能令人满意的时候，人们才会求助于其他抄本。

通往科学校勘的第一步，是拒绝将通行本作为讨论的基础，同时摈弃那种将使用抄本看成是对传承的背离而不是回归的不讲逻辑的保守主义。在这里，一如在考据（criticism）的其他领域一样，最早的推动来自《新约》研究，在《新约》研究中这个问题更为突出：大量的抄本证据几乎没有留下理校的空间，而从不同的异文中去伪存真受到了严重的阻碍，因为标准本（*textus receptus*）得到了近乎神圣的认可。1721 年理查德·本特利（古典研究者更为熟知的是他在理校方面的大胆不羁）提议完全依据古抄本和武加大本推出一个新的《新约》整理本。神学家们保守的态度，使得这个计划难以实现，直到 1831 年拉赫曼整理本的出现。不过数

① “传达文本”（the transmitted text），指在传抄过程中没有讹变、显示了“原型”（或称祖本，archetype）的文本。要在众多异文中确定何者为“传达文本”，首先要进行“对校”（recesion）。详参保罗·马斯《校勘学》，见苏杰编译《西方校勘学论著选》，上海人民出版社，2009 年，第 46 页。

年后 J.J. 韦特施泰因又开始对标准本发动攻击。数十年间，同样的激进方法也渗透到古典文献学领域，在这一领域，约翰·奥古斯特·埃内斯蒂[①]和奥古斯特·沃尔夫极其坚定地一再重申，任何校勘文本都要以抄本作为基础。

17—18 世纪抄本证据持续不断的累积，凸显出这样一种需
要：研究出一套有效的方法以分清良莠。许多学者都对谱系法 211
这一对校理论的完善做出过自己的贡献；其根本理论的形成是在19 世纪中叶，虽然卡尔·拉赫曼的实际贡献比人们所认为的要小得多，但他的名字仍然直接与这种理论联系起来。尽管有其局限，这种理论在古典文本整理中引发了一场革命。在人文主义时期，这种谱系方法已经初见端倪。如我们所已知，波利提安认识到，其范本依然存世的抄本没有价值，从而对西塞罗《书信集》（*Letters*）的一些抄本有效地使用了“剔除”法。1508 年，伊拉斯谟提出，文本有一个原型，所有存世抄本都来源于这个原型；虽然他关于原型的概念并不像我们今天所定义的这样清晰，但是他由此可以解释，诸本皆误是何等容易。中世纪原型这一概念似乎最早是由斯卡利杰提出的，1577 年他在研究卡图卢斯文本时，试图根据抄本讹误的性质证明它们都是来源于用前加洛林时代小写字体所写的一个共同父本。

斯卡利杰远远超前于他的时代。对校理论一直没有大的进展，到了 18 世纪，有了一个新的推动力，又是来自《新约》研究。在 18 世纪 30 年代本格尔（J. A. Bengel）意识到《新约》抄本可以

① 约翰·奥古斯特·埃内斯蒂（Johann August Ernesti，1707—1781），德国理性主义神学家，古典语文学家。

在谱系的基础上分组系联。除此之外，他还提到，有朝一日这些分组可以约减为所谓的“谱系图”（*tabula genealogica*），他清楚地认识到，这种“图”可以作为考量鉴别异文的一种工具。18 世纪晚期和 19 世纪早期的一些学者采用了本格尔的谱系方法，取得了不同程度的成功，并在 19 世纪 30 年代古典学大爆发中修成正果。1830 年拉赫曼在为自己的《新约》整理工作设计方法时，对本格尔所阐述的选择异文的法则进行了更为细致的表述；1831 年卡尔·聪普特（Carl Zumpt）在其《反对维勒斯》（*Verrines*）整理本中，画出了第一个古典文本的谱系图（*stemma codicum*），而且给了它这个如今已被广泛接受的名称；随后几年里奇尔（Ritschl）与马德维希（Madvig）所出版的整理本，进一步完善、确立了这种方
212 法。最为有名的谱系，卢克莱修抄本谱系，是由雅格布·伯内斯（Jacob Bernays）在 1847 年建构起来的，而拉赫曼进而在 1850 年整理本中，运用其法则，严格地使用这个谱系，并通过重建原型的形制，对假说性的原型的正确性进行了一次经典展示，告诉瞠目结舌的同代人，这个原型有多少页，每页有多少行。

第三节　对校的谱系法理论

对谱系法理论最为经典的表述当数保罗·马斯。在实践中，谱系法理论有严格的限制，对此马斯也知之甚悉，因为谱系法成功操作的前提是传承是“封闭的”；下文将讨论这些限制。这种理论的基本内容如下：

（a）谱系的构建。在谱系法适用中，抄写者在复制抄本过程中所出现的讹误具有至关重要的意义；因为这些讹误为厘清这些

抄本之间的关系提供了最为有效的依据。脱文和舛倒受到了特别的注意。从构建谱系的目的出发，讹误可以分为（1）显示出两个抄本之间相比于各自与其他抄本更为密切联系的讹误（连接性讹误）；（2）由于另一抄本具有此一抄本所没有的一个或多个讹误从 213
而证明此一抄本独立于另一抄本的讹误（区分性讹误）。仔细审查以确保这些讹误是“有意义的”，也就是说这些讹误不是两个抄写者有可能彼此独立形成的，也不是抄写者可以通过理校轻易加以消除的。在这一基础上，一步一步地，将各个抄本之间以及各个抄本小组之间的关系调查出来，直至（如果一切顺利的话）重建全部抄本传承的谱系。

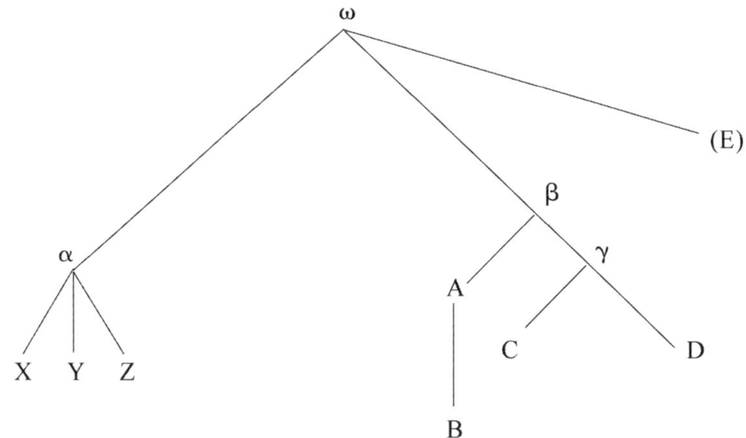

（b）谱系的运用。用上图所示的虚拟谱系，可以很好地说明如何严格运用谱系以重建原型的文字。ω 代表原型；现存抄本所从出的失落了的中间环节抄本，按照惯例用希腊文字母表示。现存抄本共有八个（A、B、C、D、E、X、Y、Z）；为了说明问题，我们假定 E 是个残本，只是整个文本的一小部分。

1. 如果 B 全然来自于 A，那么 B 之不同于 A，只能是进一步的讹误。因而第一步是剔除 B。

2. 从 C、D 一致，或者两者之一与其他本子（A 或 α）一致，可以得出 γ 的文字。

3. 从 A、C、D 一致，或者 A、C 一致 D 独异，或者 A、D 一致 C 独异，或者 A 与 α 一致，或者 γ 与 α 一致，可以得出 β 的文字。

4. 从 X、Y、Z 一致，或者三者中有两个相一致，或者三者各异但其中有一个与 β 相一致，可以得出 α 的文字。

5. 当两个次原型（α 和 β）的文字重建以后，A、C、D、X、Y、Z 各本子独异之异文可以剔除，不再考虑（“剔除独异异文”，*eliminatio lectionum sigularium*）。

6. 如果 α 和 β 相一致，可以认定那就是原型（ω）的文字。如果它们不一致，则两个都有可能是原型。“审查”（*examinatio*）的任务就是确定两个异文中究竟哪个是可信的。

214 7. 如果在文本中的某个部分，其文本传承存在两个次原型之外的第三个独立支系（E），那么就要采用“三占从二”的法则，只有在三者各异或者其中两个有可能彼此独立地出现同样讹误的情况下，原型的文字才会疑莫能定。

这些法则的运用有时是个很简单的问题。一个或几个显著的讹误就可以厘清抄本之间的关系。当一本书有物理缺损，而这缺文也反映在以之为范本的抄本中（无论是直接传抄还是间接传抄）时，尤为显例。波利提安在讨论西塞罗书信时，首次运用了这种形式的论据，但是很长时期以来，这一方法的效用却并不为其他学者所理解。拉赫曼根据卢克莱修文本在传承过程中所遭受的物理损坏做出了一些重要推论。显然曾经存在过每页二十六行的抄本。其中有些书叶散落后被放错了地方，从而造成某些现存抄本在文本上的严重错位。从阿利安的《亚历山大远征记》诸抄本中所得出的结论影响更为深远。共有四十个抄本，都在某一处有严重缺文。在绝大多数抄本中这一缺文出现在页面的中间，抄工在抄写时并没有注意到缺文。但在一个抄本（Vienna, hist.gr.4）中，缺文是在左页的结尾与下一个右页的开头，进一步调查证明，在这里有一叶脱佚。显然，其他所有抄本都源于这个受到损坏的本子。因而在这里，原型保存了下来。另一个保存下来的原型是牛津的爱比克泰德文本（Auct.T.4.13，图版 V）；一处脏污漫漶了文本的几个词，其他所有抄本都表现为脱文。

不过，对于大多数文本传承来说，这些推论方法却是不能适
用的。总的来说，从小的文本脱漏出发，可能可以推断出某位作
家文本的晚近抄本之间关系的一些事实，但是为了得出谱系的基 215
本轮廓，就有必要对抄本的一系列重要异文进行分组系联。

第四节　谱系法的局限

从上文的勾勒来看，谱系法似乎是简单的、决定性的，但事实并非如此。虽然它常常可以为整理者选择正确抄本的问题提供答案，但是在有些情况下，其效用却是受到限制的。这一理论假定，异文和讹误是“垂直地”从一个抄本传至下一个抄本，也就是说，直接从一个本子传至以之为范本的复制本。但是，当学者们进行进一步的细致研究时，却越来越明显地认识到，许多文本的传承（包括一些最有意思最重要的文本）并不能通过运用谱系法加以明确。在这些情况下，无法按照若干讹误将抄本区分为几

组或者几族，因为存在错合或者说“横向的”传播。在古代或者中古时期，读者抄写文本并不一定依据单一的范本；因为他们的本子常常有讹误，所以会比较不同的本子，如果发现优长的读法（readings）或者有意思的异文（variants），会抄进自己的抄本。在有些传承中——例如色诺芬的《居鲁士劝学篇》(*Cyropaedia*)——这种操作特别频繁，以至于在现存最早的抄本之前，其传承已经严重错合，没有复原的希望。研究性校读更是当然导致这样的结果，在很多抄本中都可以看到这种操作的痕迹，因为异文被注在页边或者行间。准此以观，读得最多的书（包括列入学校教学大纲的书）有可能是错合得最严重的书。不过，正如第欧根尼·拉尔修的文本所显示的那样，较为艰涩的文本也时有错合，难为例外。

这个理论更进一步的滞碍在于，它假定所有现存抄本都可以
216 回溯到古代末期或者中世纪早期的一个单一原型。然而实践中对各抄本异文的彻底检校却常常告诉我们事实并非如此，文本的传承是“开放的”。也许可以在（可逆推至一个原型的）假定谱系的基础上解释所有的异文，但是有些异文却拒不就范。如果它们显然就是古代的异文（这里涉及判断的问题），就必须推断其有另外的来源。这个来源也许是一个或多个抄本所代表的另外一个传承支系，该支系虽不再有整本的传抄复制，但学者们曾加以参考，这些古代异文于是成为主干传承中的异文——或者并入其“原型”，或者在后来某一阶段进入传承（参看第 60—61 页）。列入学校阅读的埃斯库罗斯和欧里庇得斯的戏剧很有可能经历了这样的过程。

有时候真相会更加令人难以捉摸。1899 年在尤维纳利斯的牛津抄本（Canonici class.lat.41）中发现第六首讽刺诗多出三十六行，别本未见，只有其中两行被一个注家引用。这一段文字被认为是可疑的，不过大概窜改者应该并不具备掺入这一段的能力和动机；而另一方面，如果它是真的，那么我们如何解释何以在五百多个抄本中只有一个较差的本子里有这些文字？圣居普良的书信也存在同样的问题。最近的研究表明，有以前我们所不知道的一封信只见于一个抄本（Holkham lat.121），却无疑是真的。同样，这里的本子也很多，也存在错合。虽然还找不到令人满意的解释，但是这两个情况有一个共同点：尤维纳利斯的那个抄本是在卡西诺山修道院抄写的，而居普良的那个抄本与来自同一个修道院（该修道院拥有许多独一无二的抄本）的另外一本书在文本上密切相关。

最后一个导致复杂的因素是，古代作者也有可能在其原稿行世后，又进行了修正或改动。有时修改的范围很大，我们完全可以称之为第 2 版。考虑到古代图书业传抄流行的情况，第 2 版完全取代第 1 版的可能性比如今要小得多。西塞罗试图修订或者消除自己著作中的讹误，却并未能覆盖所有的抄本，两版都传了下 217
来（参看第 24 页）。整个古代时期，两个版本并肩而行，互相感染时有发生。如今不能得出一个谱系，这也许是原因之一。还可以举出一两例，作者之修订，痕迹宛然，但对于谱系却没有多大影响。马提雅尔 10.48.23，第 1 版似乎是个战车驭者的名字，但在作者去世后行世的第 2 版中，这个不再为时人所知的名字就被其所属团队的名字所取代。阿里斯托芬《蛙》（*Frogs*，1437—1453）

有一幕前后不一，一个可能的解释是，有几行是来自这部戏的一个修订本。与此类似，盖伦（15.624）将希波克拉底著作中的一处混乱，归因于作者在边白处的补充和修订。

第五节 具体抄本的早晚和优劣

讨论文本问题，时不时可以见到所谓“最佳抄本”（best manuscript）这一概念，而且曾经有那么一度，诉诸“最佳抄本”（*codex optimus*）的权威，是甄别异文的标准的，或者最常用的方法。不过，这种方法受到了应得的批评，因为其运用常常不顾及谱系法，而且说到底存在一个逻辑错误。除非我们考察了所有重要抄本在所有歧异处的所有异文，否则我们无法确认某位作家文本的最佳抄本；所谓重要抄本是指，通过谱系法证明对于重建文本有价值的存世的或者重建的本子。

在考察了所有异文之后，我们可能会得到来自不同抄本的一系列异文，分别从文学、语言、历史或者其他理据上来看最为优长，而拥有最多此类最优异文的抄本，有理由被称为“最佳抄本”。不过这个术语的使用常常受到限制，特别是当有另外一个或
218 几个抄本在优长异文的数量上难分轩轾的时候。即便在有理由称为“最佳抄本”的文本传承中，其使用也是局限于一些具体的段落——诸抄本在这些地方存在文本歧异，而且无法取舍。由于最佳抄本在许多有理据做出判断的地方都提供了正确的异文，那么当没有这些理据的时候，其提供正确异文的可能性也就比其他抄本要大一些。在相应情形下信从最佳抄本的道理就在于——诉诸概率。

这里有必要提一下上述错误论证的另一种表现形式，也就是诉诸最古抄本的权威，通常其潜台词是，抄本的古老保证了它的优长；而另一方面，文艺复兴时期的抄本仅仅因为它们时代偏晚就被认为是不重要的而弃置一旁。当然，一般来说抄本的时代与其所承载的文本的品质之间无疑存在一定的关系，因为我们有理由推定，一个晚期的抄本与原始文本之间隔了为数不少的中间抄本，每一个都比前面一个有更多的讹误。调查会显示，在许多文本传承中，最古老的抄本就是最好的抄本。但是存在一些例外，说明此类概括必须小心适用。从纸草本证据中可以得出一个大致的说明：虽然这些纸草本比中世纪抄本要早许多个世纪，但是总的来说它们并没有提供更优的文本，最著名也是最重要的之一，就是米南德的《愤世者》（P.Bodmer 4），其讹误程度令人吃惊。中世纪抄本也有许多颇具启发性的例子。若干希腊古典作家的几个抄本，其时期乃自帕里奥洛吉文艺复兴以降（参看第 74 页），而其对于整理者之价值，堪比更为著名的、时代要早三百多年的抄本（例如柏拉图之 Vienna supp.gr.39，修昔底德之 Paris gr. 1734，以及阿波罗尼乌斯·罗迪乌斯之 Laur.32.16 和 Wolfenbüttel Aug.2996）。更为极端的一个例子是色诺芬杂著 16 世纪的维也纳抄本（phil. gr.37），显而易见，其在重要性方面至少等同于其他本子，是许多正确异文的唯一来源。在拉丁古典文本中也可见到同类现象。晚 219
期的抄本，甚至印本，或者现代学者所做的校对异文，常常有非常重要的价值。萨卢斯特《朱古达》（*Jugurtha*）的最早抄本缺了很长的一段，格利乌斯的一些残卷只见于一些 15 世纪的本子，而西塞罗和普林尼的一些书信，我们只能全部依据印本。还有一些文本传承，例如尤维纳利斯、佩尔西乌斯和奥维德，早期抄本与更为晚近的本子之间的关系复杂难明，故而时或有可能于相对晚近的抄本中考见其真。塞涅卡的《悲剧集》，支系 A 的价值长时间以来都被低估了，部分是因为这些抄本的时代比主要支系 E 的本子——埃特鲁斯科斯抄本（Laur.37.13）要晚。被整理者和校勘家认为有重要价值的这些晚期本子的发现，其结果之一就是确立了一项原则，通常被表述为“晚的，并不一定就是差的”（*recentiores, non deteriores*）。

这些晚近的抄本给整理者提出了一个问题：其优长异文的来源是什么？在有些情况下，毫无疑问它们代表了一个别无他迹可寻的传承支系，而这些优长异文是中世纪或文艺复兴时期的学者所不可能臆造的。前面提到的色诺芬的抄本就是这样一个例子：它提供了文本中的一些阙文，有些阙文甚至此前都没有得到过揭示。但是在通常情况下要得出结论却并非如此容易。文艺复兴时期的学者有能力做出敏锐的推测，至少是在拉丁文本方面——有两个人文主义者抄本，长期以来被学者们认为具有独立的价值，就是卢克莱修的佛罗伦萨抄本（Laur.35.31）和塔西佗的莱顿抄本（B.P.L.16 B）——而我们常常很难肯定地说某个特定的推测是不是在他们的能力范围之内。同样的论述也适用于拜占庭学者，不过最近的研究却倾向于说明，他们的理校能力比我们以前所认为的还要有限得多。

第六节　间接传承

220　在古代以及中世纪的本子（有时还有其他语言的译本）之外，

整理者和校勘者有时还从二手的或者说间接的传承中得到帮助。这个术语适用于一个作者对另一个作者的引用，有时候在所引作者所有直接抄本都错了的地方，引用的文本却保存着正确的异文。这一现象有一两个著名的例子。维吉尔《牧歌集》（*Eclogue*）第四卷（62—3）诸抄本作：

cui non risere parentes,
nec deus hunc mensa, dea nec dignata cubili est.[①]

但是昆体良（9.3.8；尽管其抄本也有讹误）在关系从句的开头显然是作 *qui*，从而我们推测该句应作：

qui non risere parenti.

引用提示正确文本，其实不独古代作者之引用为然。如今已经亡佚的精良抄本其实有些在中世纪末期还有保存，并被当时的学者所参考。中世纪的间接传承中有一个每每具有重要价值，这就是《苏达辞书》。其对阿里斯托芬的两处引用可以作为提供了优长异文的例子：（a）《骑士》254，《苏达辞书》作 ἔφευγεν，而抄本却是并不合格律的 ἔφυγε[②]。（b）《云》215，抄本作 πάνυ φροντίζετε，

① 这一句的意思是：不能让双亲笑逐颜开的人，没有资格与神同餐，与女神共寝。保罗·马斯《校勘学》对该例有更详细的讨论，参看苏杰编译《西方校勘学论著选》，第82—83页。

② 古希腊诗歌格律讲究音节的长短，类似于中文诗词格律讲究字的平仄。ἔφυγε 第二个音节是短音节，按照格律应当是长音节，相当于不合平仄。

而《苏达辞书》作 μεταφροντίζετε[①]，是一个有趣的新铸词，很可能是对的（拉文纳注本赫然也有这个异文）。

然而我们也不应该以为间接传承总是能够提供正确异文。劳思博士自 1791 年至 1854 年担任牛津大学莫德林学院院长一职，主教伯根（Burgon）问他在这么长的职业生涯之后对于年轻的学者有什么忠告，他回答道：“始终核对你的引文。”[②]比起现代作者，古代和中世纪的作者更加不遵从这个忠告。引用常常是凭记忆做
221 出的，很有必要核对。卷轴装的古书不便核查，而当采用册叶装之后，仍没有足资倚恃的诸如页码、章节以及行数这类已成为每种现代书籍必不可少的辅助系统。这些考虑我们要谨记于心，特别是当我们看到某个作家文本的抄本提供了一个异文，而间接传承提供了另一个也读得通但却不是绝对可靠的异文的时候。两种异文都有可能出自作者之手。但在大多数情况下整理者遵从第一手传承却多半是对的；只有当引用的目的是为了强调或者说明该歧异文字，引用的异文才很有可能是对的，如果引文之歧异是出于偶然，那么它大概就只是记忆误差而已。

此类原则，难以凿凿言之，以下数例可见：

（a）阿里斯托芬《阿卡奈人》（*Acharnians*）23，抄本作 οὐδ’οἱ πρυτάνειϲ ἥκουϲιν, ἀλλ’ ἀωρίαν | ἥκοντεϲ κτλ （但那些议员也没有在，他们迟到了）。《苏达辞书》在 ἀωρίᾳ（ “不按时”，副词）词条处引用该句却作 ἀωρίᾳ。原则上讲我们有理由希望这个引用是准

---

① 抄本中的 πάνυ 涉下句而讹。《苏达辞书》中的 μεταφροντίζετε 相当于“再想”。

② 马丁·劳思（Martin Joseph Routh，1755—1854），英国古典学家，长期担任（凡 64 年）牛津大学莫德林学院院长。约翰·伯根（John William Burgon，1813—1888），英国著名牧师，神学家，1876 年成为奇切斯特大教堂主教。

确的，但是这类副词用于与格比用于宾格更为罕见，因而为整理者所摈弃。

（b）同书 391-2 抄本作：

εἶτ᾽ ἐξάνοιγε μηχανὰc τὰc Cιcύφου,
ὡc cκῆψιν ἀγὼν οὗτοc οὐκ εἰcδέξεται.
（就打开西西弗斯的诡计锦囊，
但是赶紧，会审不容拖延。）

《苏达辞书》Sisyphus（西西弗斯）条引用了这一句，但是有两处不同：第一行的 εἶτα（就）变成了 ἀλλὰ（却），第二行的 εἰcδέξεται（容许）变成了 προcδέξεται（接受）。由于这个引用并不是为了说明这两个词，所以就没有太多的理由相信它们的准确性。不过话说回来，ἀλλὰ 也有可能是对的，而相比起有点费解的 εἰcδέξεται，προcδέξεται 也有可能是对的。

（c）卢克莱修 3.72 抄本作：

crudeles gaudent in tristi funere fratres.
（无情嬉笑一个兄弟的悲伤葬礼。）

马克罗比乌斯在比较卢克莱修与维吉尔（6.2.15）的异同时引用了 222
该句，有异文作 *fratris*（“兄弟”一词的单数属格）。这显然为优，但是这引用并不是为了说明这一行中的任何一个词。

（d）同书 676 抄本作：

non, ut opinor, id a leto iam longius errat.

（我想，这与死已没有太大分别。）

文法学家查里西乌斯（p.265,Barwick2）[①]引用此句有异文作 longiter（“远”的比较级），并且说他引用这一句的目的就是为了说明这个词形。由于这个原因整理者通常会（不过也有例外）采用这个异文。

第七节　其他基本原则

校勘者有时会发现自己处于这样一种境地——不得不在两个从意义与作者的语言运用方面来讲都同样可以接受的异文之间做出取舍，却感到从抄本的优劣来判断存在危险甚或不可能。在这种情况下经常援引以下两个原则：“何者来自何者”（*utrum in alterum abiturum erat*）和“难的异文更可取”（*difficilior lectio potior*）。前者是一项总的原则，其基础可以很容易得到解释。考虑到抄写者讹误的趋势，我们有理由推定，粗心大意的抄写或者将难解的词句予以简化的愿望，会促成特定种类的讹变。“难的异文更可取”原则，严格来说不过是这一总的原则的具体适用而已。它包含了这样一种认识，即，如果几个备选异文中的一个更难解，那么它是正确文字的可能性就更大。这种观点的道理在于，抄写者倾向于——有时出于有意，有时出于疏忽——消除文本中

---

① 查里西乌斯（Flavius Sosipater Charisius），4 世纪拉丁文法学家，所著五卷本《文法之艺》（*Ars Grammatica*）有残本存世，德国古典学家卡尔·巴威克（Karl Barwick，1883—1965）有整理本，这里引据的是其 1964 年第 2 版。

已经变得难以理解的罕僻的或者古奥的语言形式，或者将他们所不能理解的一个复杂的思想过程予以简化。描写这种行为的其他术语是“窜改”（interpolation）和“平凡化”（trivialization）。在各种校注中我们发现“难的异文更可取”的原则频见援引，其价值自是无可置疑。但是颇有过度适用之虞，因为人们会受到诱惑用它来为反常的句法或者用语进行辩护——在这种情况下，更难解 223
的异文之所以难解可能只是因为它是错的。

第八节　误例

为了从抄本证据中去伪存真，学者需要对讹误的类型有所了解。讹误的主要原因在于抄写者没有能力对放在面前的文本进行准确复制。讹误的绝大多数都是出于无意，不过在这一节的最后我们会提到很重要的一类讹误，那却不是出于无意。虽然乍一看令人惊异——抄写者竟然如此经常地不能集中注意力，但任何人只要略做实验就立即会知道，要想精确抄录一个甚至较短的文本是多么不容易。如果考虑到手抄复制作为文本传播的唯一方式的时期是如此漫长，那么更为古老的文本没有讹变到无法识读的地步，也许还真是一件了不起的事。在抄写者的路上有各种陷阱，一旦走神就会堕入其中。一些可能的失足种类，罗列于下。应该明白，这是选的一些很少的例子，缀在粗略而又现成的分类的后面。必须加以强调的是，对于抄写讹误从来没有人进行过统计学研究，因而不可能以哪怕是粗略的准确性来确定各种类型发生的相对频率。另一个重要的警告是，将某个讹误归于某一类并不总是像它看上去的那样简单。有的情况下，可以将某个讹误归因于几个因素中的一个，或者归因于几个因素的联合作用。应当考虑的第三点是，致误之由并非总是起作用。例如可能导致抄写者困惑的一些缩写，一般有其时代上的或者地域上的限制范围。

A. 由于古代或者中世纪的字形特点所导致的讹误堪为第一类讹误。也许人们会认为这类讹误在数量上要比其他类别多很多，
224 但是只要仔细研究一下校勘记，就会发现这种观点很可疑。这类讹误的典型原因有，（i）许多抄本中语词之间不作切分，（ii）在某种字体中特定字母十分近似易致混淆，（iii）缩写的误读：除了代表几个音节或者常见短词语的常见符号外，还有一个表示基督教神学基本术语的特殊缩写系统，称作“圣名”（*nomina sacra*），在希腊文本和拉丁文本中都很常见。在这两类语言中这种缩写是如此多如此复杂，以至于它本身也构成一门学问（图版 V）。（iv）因为在两种语言中数目都是以字母表示，所以往往造成讹误，这对于研究经济史和军事史的学者来说是一个严重的妨碍。也许我们还可以再加上，（v）词形或者拼写相近所致讹误，即便单个的字母并不相近。

（ i ）1. 佩特罗尼乌斯，《宴会》43。

Quid habet quod queratur? *abbas secrevit.*

谢佛尔校正为 ab asse crevit （参看 G(i).）[①]

---

① 《宴会》（*Cena*）是佩特罗尼乌斯所撰小说《萨蒂利孔》（*Satyricon*）中的一部分。该句直译：“他有什么好抱怨的？修道院院长藏起了……”谢佛尔将第二句校改为 ab asse crevit，直译：“他从一块钱发家。”约翰·谢佛尔（John Scheffer，1621—1679），德国古典学家，投奔瑞典的克里斯蒂娜女王，任教于乌普撒大学（University of Upsal），有多种著述传世。按：abbas secrevit 和 ab asse crevit 相比，只是多了一个字母 b，因为在早期文本中词与词之间并没有空格切分。G（i）讲的是基督教文化对文本的影响。佩特罗尼乌斯公元 66 年为尼禄所杀，并非基督徒，《萨蒂利孔》中并没有什么修道院院长。追寻这里的致误之由，基督教文化的影响显然也是一个因素。

2. 埃斯库罗斯《欧墨尼得斯》224。

δίκαϲ δ᾽ἐπ᾽ ἄλλαϲ τῶνδ᾽ ἐποπτεύϲει θεά.

索菲亚努斯校正为 δὲ Παλλὰϲ。[1]

（ii）下列字母在拉丁字体中常常混淆：

大写字母：IP ILT EF PT PF PC BR HN OQ COG 以及 M 与 NI 的连写。

安色尔字母：ILT FPR CEOGU 以及 U 与 CI 的连写。相比于大写字母，安色尔字母特有的形近易混是 EU（现在字形已变得圆转）与 COG 组。

小写字母：*au oe cld nu sf ct* 以及由一个或几个竖划所组成的不同的字母或者字母组合，例如 *minimum* 一词中的字母。*pr rn ns* 相混是岛系字体的特色；西哥特字体中特异的 t、贝内文托字体中
的 *t* 和 *a* 也都会造成麻烦（参看图版 XIV）。 225

1. 塞涅卡《书信集》（*Epist.*）81.25。

Manifestum etiam *contuenti* discrimen est.

近本作 coniventi, 是。[2]

① 《欧墨尼得斯》是埃斯库罗斯所撰三连剧《俄瑞斯忒亚》（*Oresteia*）的第三部，又译作《复仇女神》。阿伽门农为了取得特洛伊战争的胜利，以自己的女儿作为牺牲祭神，触怒了复仇女神厄里倪厄斯（Erinyes），受到诅咒，回国后被自己出轨的妻子克吕泰涅斯特拉（Clytemnestra）杀死。他们的儿子俄瑞斯忒亚（Oresteia）杀死自己的母亲，为父亲复仇。关于此举是否有罪，被诉至智慧女神雅典娜座前。在雅典娜的劝说下，复仇女神走向宽容。希腊人不敢直接提及复仇女神的名字厄里倪厄斯，而是代之以"欧墨尼得斯"（Eumenides），字面意思是"仁慈的"。"δ'ἐπ' ἄλλας"（相持不下）和"δὲ Παλλὰς"（女神帕拉斯）只是词语切分不同。帕拉斯即智慧女神雅典娜。索菲亚努斯（Sophianus）校正后，这一句的意思是"不过帕拉斯女神将会主持本案的审理"。

② contuenti，检查。coniventi，闭眼。根据近本，这句话的意思是：他们之间的差距就是闭上眼睛也看得清清楚楚。

2. 卢克莱修 ii .497。

quare non est ut credere possis

esse infinitis distantia *femina* formis.

长方形抄本（O^c）作 semina。[①]

希腊字母中容易相互混淆的字母组有：

安色尔字母：*ΑΔΛ ΕΘΟϹ ΙϹΚ ΓΤ*

小写字母：βκμ μν α ευ

1. 亚里士多德《诗学》1462 b 3。

λέγω δ' οἷον εἴ τιϲ τὸν Οἰδίπουν θείη τὸν Ϲοφοκλέουϲ ἐν ἔπεϲιν ὅϲοιϲ ἢ ἰδίαϲ.

诸抄本作 ἢ ἰδίαϲ；一个人文主义者校正为 ἡ 'Ιλιάϲ（*ΔΛ* 相混淆）[②]。

2. 朱利安《书信集》（*Epist.*）23。

δόϲ μοί τι κατὰ τοὺϲ μελικτὰϲ εἰπεῖν ῥήτοραϲ.[③]

阿尔都斯整理本作 μελικτὰϲ；VL 本作 μελητὰϲ；N 本作 μελίτουϲ；杰克逊（Jackson）校正为 βελτίϲτουϲ。β 和 μ 小写字形非常接近；而安色尔字母 IC 与 K 的形近易混也造成了这里的讹误。

（iii）1. 库尔提乌斯·鲁夫斯，vi . 11.30。

---

① femina，女人。semina，种子。这句话的意思是："你不可能相信种子在形式方面有无限多的不同。"（译文采自方书春译《物性论》，商务印书馆，1981 年，第 89 页）

② ἰδιαϲ，个人的。Ιλιάϲ，《伊利亚特》。根据今本，这句话的意思是："假设有人将索福克勒斯的《俄底浦斯》扩展到《伊利亚特》的规模。"（译文采自陈中梅译注《诗学》，商务印书馆，1996 年）

③ 这句话的意思是："请允许我用修辞家的诗性语言来说……"

Intellego non prodesse mihi quod praesentis sceleris *expressum*.

近本作 expers sum。

许多缩写符号易致混淆，*per pro prae* 的缩写符号（通常作ꝑꝓp̄）是一个例子。

2. 塞涅卡《书信集》76.7。

Quare *autem* unum sit bonum quod honestum dicam.

V 本作 autem] h́；M 本作 hoc；P 本作 om；b 本作 in。

V 本存有 autem 的岛系字体的速记符号，从而宣告了 M 本、P 本和 b 本的错误。①

3. 阿里斯托芬《骑士》505 注文。

τοῦâτο πρῶτον τὸ δρᾶμα δι’ αὑτοῦ καθῆκε, τὰ δ’ ἄλλα δι’ 226

ἑτέρων ἀπων.②

V 本作 ἀπων；ΕΓΘΜ 本作 προcώπων。在 V 的范本中有两个缩写符号，α（= προ），~（= ω）。

4. 埃斯库罗斯《欧墨尼得斯》567-8。

†ἥ τ’ οὖν διάτοροc† Τυρcηνικὴ

cάλπιγξ βροτείου πνεύματοc πληρουμένη.

οὖν 可能是“圣名” οὐρανόν（$\overline{\text{ουνον}}$）的进一步讹变（抄

① 这句话的意思是：“有一种善，即诚实，我要告诉你。” autem 相当于英语中的 but，极为常用，旧抄中常缩写作ꝰ（斜杠表示该单词被截尾）；岛系字体中缩写为 h́ 以便速记，从而有各种讹变。

② 这句话的意思是：“这是他作的第一部戏剧，其他由他人（所作）”。

工将许多圣名运用于异教文本的抄写）。[1]

（iv）1. 西塞罗《致阿提库斯的信》i.13.6。

Messalla consul Autronianam domum emit HS CXXXIIII.

其他抄本作 CXXXVII，或者 CXXXIII，或者 XXXIII。对于一栋房子的价格来说，HS13400000 是一个天文数字。一个可能的修正是 |XXXIII| = 3300000（康斯坦），不过在这里不可能达到确定。[2]

2. 修昔底德，iii .50.1。

τοὺς δ' ἄλλους ἄνδρας οὓς ὁ Πάχης ἀπέπεμψεν ὡς αἰτιωτάτους ὄντας τῆς ἀποστάσεως Κλέωνος γνώμῃ διέφθειραν οἱ Ἀθηναῖοι (ἦσαν δὲ ὀλίγῳ πλείους χιλίων), καὶ Μυτιληναίων τείχη καθεῖλον καὶ ναῦς παρέλαβον.[3]

诸抄本作 χιλίων（“一千”）；不过这个数字对于米提列涅人（Mytilene）一次暴动的头目数来说，未免也太大了一些，有人认为应当作 τρίακοντα（“三十”）。在安色尔字体中，χιλίων 写作 ͵A，τριάκοντα 写作 Λ´（参看前面的 A（ii））。

---

① 这句话的意思是：“那就让人类鼓足的气息，吹响这尖锐的第勒尼短号。” οὖν 连词。英国古典学家安东尼·艾斯丘（Anthony Askew，1722—1774）认为是 οὐρανόν 缩写，意思是“天神”。

② 康斯坦（Léopold-Albert Constans，1891—1936）是法国比代丛书中西塞罗书信集的整理者。这句话的意思是：“执政官梅萨拉用 3300000 塞斯特斯买了奥特罗尼乌斯的房子。” HS=Sestertius，塞斯特斯，古罗马货币单位。

③ 这一段的意思是：“其他被帕刻斯当作叛离策动者送到雅典的密提勒涅人，按照克勒翁的提议被处死了（为数 1000 多一点）。雅典人还拆毁了他们的城墙，接收了他们的舰队。”（译文采自何元国译注《伯罗奔尼撒战争史》，中国社会科学出版社，2017 年，第 182 页）

（V）1. 塞涅卡《书信集》102.22。

Tempus hic ubi inveni relinquam, ipse me diis reddam.

宾西亚努斯校正为 corpus。[①]

2. 品达《皮托颂》（*Pythians*）4.90。

καὶ μὰν Τιτυὸν βέλοϲ Ἀρτέμιδοϲ θήρευϲε κραιπνόν.

几乎所有的抄本都正确地写作 κραιπνόν；C 本作 τερπνόν。[②]

B. 拼写与发音的变化也会引起其他一些讹误。例如在晚期拉
丁语中，ae 与 e 的发音变得完全相同，而 b 变成了一个擦音，从 227
而与 v 相混淆。在希腊语中，几个元音和双元音变成了单个音的约塔（ι），就像现代希腊语那样。由此引发的讹误称作“约塔化”（iotacism）。贝塔（β）变成了擦音，就像现代希腊语那样，双元音中的宇普西隆（υ）也发生了同样的变化。奥米克戎（ο）和奥米伽（ω）之间的区分消失。双元音阿尔发—约塔（αι）的发音变得与伊普西隆（ε）相同。正字法方面的讹误极为繁夥，但是其绝大多数无关乎文本的确立，因而没有记在校勘记中。

1. 昆体良 6.3.93（引用多米提乌斯·阿佛尔 [Domitius Afer]）。

Pane et aqua *bibo*.

---

① Tempus，时间。Corpus，肉体。根据宾西亚努斯的校改，这一句的意思是：“（当天国和尘世的混合物分离的那一天到来的时候）我会将肉体留在我找到它的地方。”宾西亚努斯（Pincianus）即埃尔南·努涅斯（Hernán Núñez，1475—1553），西班牙人文主义者，古典学家。生于巴利亚多利德（Valladolid），巴利亚多利德在拉丁文中称为宾西亚（Pintia），因以为氏。宾西亚努斯曾出版过塞涅卡整理本。

② κραιπνόν，疾速的。τερπνόν，令人喜悦的。这句话的意思是：“当阿尔忒弥斯疾驰的箭射向提提俄斯。”

豪普特校正为 vivo（绝大多数抄本都作 *panem et aquam bibo*）。[①]

2. 第欧根尼·拉尔修《名哲言行录》ix .10。

（ἔφη）ἡμέραν τε καὶ νύκτα γίνεcθαι καὶ μῆνας καὶ ὥρας αἰτίους καὶ ἐνιαυτοὺς ὑετούς τε καὶ πνεύματα καὶ τὰ τούτοις ὅμοια κατὰ τὰς διαφόρυς ἀναθυμιάσεις.

BP 本作 αἰτίους；F 本作 ἐτείους。[②]

C. 脱文是第三大类讹误。同样这里也可以再细分。有时候我们发现（i）脱漏不多的几个字母。如果这是抄写者当重而未重，则称为 haplography[③]。如果抄写者抄得太快，就会发生这样的错误，而这类讹误有一种派生形式称作：（ii）“跳读致脱”（*saut du même au même*）[④]。在这里，抄写者在不长的一段中看到一个词出现两次，抄到其第一次出现的地方，然后回到范本，看接下来要抄什么，却由于疏忽将视线落在了这个词第二次出现的地方，从那儿开始往下抄。结果就是，中间的文字在他的抄本中就不见了。距离较近的两个词如果有着相同的开头或者结尾，也会引发错误，术语叫作 homoearcton 和 homoeoteleuton[⑤]。同样的视觉错

① 莫里茨·豪普特（Moritz Haupt，1808—1874），德国古典学家，校勘学家。他是校勘学家卡尔·拉赫曼的朋友，深受其影响，并在拉赫曼去世后接任其在柏林洪堡大学的教席。bibo，喝。vivo，活。根据豪普特的校正，这句话的意思是：我靠面包和水活着。

② ἐτείους，年。这一句话的意思是：“白天和夜晚，月、季和年，雨和风，以及其他类似现象，都可以用不同的蒸发来解释。”（译文采自马永翔译《名哲言行录》下册，吉林人民出版社，2003 年，第 559 页）

③ haplography，haplo 意思是“单”，graphy 意思是“写”，整个词的意思是“当重而未重”，例如 mispell 即是，正确的写法是 misspell。

④ *saut du même au même*，法语，直译：“从 *même* 跳到 *même*。”

⑤ homoearcton，相同的开头，homoeoteleuton，相同的结尾。

误也会引发类似的一些讹误，可以方便地列为大致相同的一类：228
（iii）一整行的脱漏。这一讹误常见于诗作抄本，对于试图建立文本谱系的学者来说，其价值显而易见。散文抄本也可以找到一些例子。不过还要再加上一句，许多脱漏，除了抄写者的粗心外，没有其他明显的原因；对于短小的词语来说，这尤为常见。

（i）1. 卢克莱修，iii.135。

Quidquid <id> est, habeant; tu cetera percipe dicta.[1]

id，*l* 31 补出。

2. 阿里斯托芬《阿卡奈人》221-2。

μὴ γὰρ ἐγχάνοι ποτὲ

μηδέ περ γέροντας ὄντας ἐκφυγὼν Ἀχαρνέας.

ὄντας 绝大多数抄本脱漏，但显然是必需的。[2]

（ii）1. 西塞罗《致阿提库斯的信》vii.9.4。

Praeteriit tempus non legis *sed libidinis tuae, fac tamen legis*; ut succedatur decernitur; impedis et ais ‘habe meam rationem’.

C 本有 sed...legis；Ω 本脱漏。

2. 阿里斯托芬《阿卡奈人》692-5。

ταῦτα πῶς εἰκότα, γέροντ’ ἀπο（λέσ-

① 在西方校勘学中，尖括号 <> 表示推测性增补。id，代词，它。这句话的意思是：“无论如何，他们尽可以要它——你呢，还是听我其他的教言。”（译文采自方书春译《物性论》，商务印书馆，1981 年，第 137 页）

② ὄντας，真的是（老年人）。这句话的意思是：“别让他目中无人，自夸逃得了我们这些阿卡奈老年人！”（译文采自罗念生译《阿里斯托芬喜剧集》，人民文学出版社，1954 年，第 19 页）

αι πολιὸν ἄνδρα περὶ κλεψύδραν,
πολλὰ δὴ ξυμπονήσαντα καὶ θερμὸν ἀπο-)
μορξάμενον ἀνδρικὸν ἱδρῶτα δὴ καὶ πολύν.①

抄本 A 脱漏括号中那一段文字。

（ⅲ）1. 塞涅卡《论愤怒》（*de ira*）3.7.1。

tenerique iam visa cum ipso cadunt ita fit ut frequenter inrita sit eius voluntas②

这些文字是安布罗斯抄本中的一行。后来许多抄本脱漏这一行，即此可见，它们实来源于安布罗斯本。

2. 索福克勒斯《安提戈涅》（*Antigone*）1167，所有抄本皆脱漏，前文在论及尤斯塔修斯以及二手传承的重要性时曾有所提及。《俄狄浦斯王》（*Oedipus Tyrannus*）
229 800，著名的美第奇抄本（Laur.32.9）及其孪生抄本——莱顿重写本（Leiden,B.P.G.60A）并皆脱漏，这一脱文有助于索福克勒斯的抄本谱系的建立。

D. 第四类讹误可称之为衍文。最简单的衍文只是一些字母或者音节的重复，称为（ⅰ）不当重而重（dittography）。更为重大的衍文是文本的解释性、说明性文字阑入正文。这一类中最常见的一种是（ⅱ）注文的阑入。大多数希腊文抄本都有若干简短的行间夹注，解释罕僻的或者难解的词语。这些注文在抄写过程中易于阑入正文。在诗歌文本中单纯这类衍文立即变得很刺

① 这段话的意思是："这不是岂有此理吗，一把滴漏壶活活的坑了一个白头老战士？他曾经为城邦立过多少苦功劳，流过多少热汗。"（译文采自罗念生译《阿里斯托芬喜剧集》，人民文学出版社，1954 年，第 40 页）

② 这一句的意思是："……举鼎绝膑，人常失望……"

眼，因为它严重违背格律；不过有时候用以注解的文字与原文本中的文字在诗律上具有同等的地位，其取代就不会破坏格律，这一过程的例子较难察知。而（iii）散文文本中的注文阑入最难察知。许多段落中都有一些解释性的文字，从义理上看并非绝对必要，但并不违背文法。这类文字的问题也许无法解决。最近学者们就这个问题进行过详细讨论的两个文本是佩特罗尼乌斯的《萨蒂利孔》（*Satyricon*）和西塞罗的《图斯库兰讨论集》（*Tusculan Disputations*）。（iv）原本是有学问的读者写在边白处的批语阑入正文，这类讹变不常见但却饶有意思。这可以发生在诗歌文本中，也可以发生在散文文本中。希腊悲剧文本中可见其例；盖伦（17［I］.634）指出，希波克拉底的一篇论文中存在这种情况。

（i）1. 塞涅卡《书信集》78.14。

Quod acerbum fuit ferre, *retulisse* iucundum est.

巴尔奇（Bartsch）校正为 tulisse。①

2. 阿忒纳乌斯 694d 所引诗歌。

γελάcειαc, ὦ Πᾶν, ἐπ’ ἐμαῖc

εὐφροcύναιc ταῖcδ’ ἀοιδαῖc, ἀοιδέ, κεχαρημένοc.

A 本作 εὐφροcύναιc；维拉莫维茨校正为 εὔφροcι。

A 本作 ἀοιδαῖc ἀοιδέ；赫尔曼（Hermann）校正为 ἀοιδαῖc。②

（ii）1. 埃斯库罗斯《阿伽门农》549。 230

① 这句话的意思是：“令人苦于经受者，令人乐于曾经。”tulisse 是 fero（“经受”）的完成态不定式，涉上文 ferre（fero 的不定式）衍增 re。

② εὔφροcι，高兴地。ἀοιδαῖc，歌。按照维拉莫维茨和赫尔曼的校正，这句话的意思是：“啊，潘，欢笑着听我的这些快乐的歌。”

καὶ πῶϲ； ἀπόντων τυράννων ἔτρειϲ τινάϲ；

F 本如此作。崔克利纽斯将 τυράννων（“国王”）校正为 κοιράνων（“统帅”），从而恢复了句子的平仄。[①]

2. 普劳图斯《粗鲁汉》（Truculentus）278。

Cumque ea noctem in stramentis pernoctare perpetim [totam].[②]

安布罗斯重写本注文（totam）和被注的词（perpetim）并见；帕拉廷系文本则是正确的。

（iii）1. 塞涅卡《书信集》42.4。

Eadem velle [subaudi si] cognosces: da posse quantum volunt.[③]

subaudi si 一语（“理解 si”,）本来是批在页边，帮助读者理解并列条件句，在抄本中讹为 *subaudis*，并进一步讹变，然后阑入正文。

2. 第欧根尼·拉尔修《名哲言行录》v.76。

λέγεται δ' ἀποβαλόντα αὐτὸν τὰϲ ὄψειϲ ἐν 'Αλεξανδρείᾳ κομίϲαϲθαι αὖθιϲ παρὰ τοῦ Cαράπιδοϲ.

BP 本作 ἀποβαλόντα（“丧失”）；F 本作 τυφλωθέντα

① 这一句话的意思是：“怎么？国王出征在外的时候，你害怕谁呀？”（译文采自罗念生译《埃斯库罗斯悲剧二种》，人民文学出版社，1961 年，第 69 页）

② 方括号 [] 表示推测性删除。这句话的意思是：“跟它在干草上过一整夜。”perpetim，连续不断地。totam，整个地。

③ 这句话的意思是：“若以此观之，你将立即明白他们的愿望是一样的：给他们以与他们愿望相当的能力。”

（“失明”），是注文。[①]

（iv）1. 埃斯库罗斯的美第奇本在《波斯人》（*Persae*）253 的页边写有索福克勒斯《安提戈涅》（*Antigone*）277。在抄本 M 中这一行就被写进了埃斯库罗斯的文本。

2. 维吉尔《埃涅阿斯纪》ii.76。

ille haec deposita tandem formidine fatur.

西农（Sinon）要解释自己。P 本阙此句，后人在 M 本页脚处加入这一句。该句复见于 iii. 612，正确的位置就是在那儿，之所以加在这里，是因为这一段与第三卷的那一段之间具有相似性。[②]

E. 舛倒是另一大类。（i）字母舛倒很常见。（ii）诗歌中的诗
行顺序每每抄错。（iii）在各种文本中词序经常摇曳不定。鉴于这 231
类异文的数量是如此之多[③]，对拉丁和希腊散文文本中的词语顺序的推断，应当特别小心。

希腊文本（包括散文与韵文）在中世纪遭致词序错乱，有一些特殊的原因。（iv）其中之一影响到悲剧文本。拜占庭有一种常见的格律，一行有十二音节，与古典长短格颇为相似，不过遵循不同的规则，最重要的一点是，倒数第二个音节必须重读（当时

---

① 这句话的意思是：“据说他在亚历山大利亚时曾经失明，而依靠萨拉匹斯的赠礼得以复明。”（译文采自马永翔译《名哲言行录》下册，吉林人民出版社，2003 年，第 320 页）

② 这句话的意思是：“他终于打消了顾虑，说道。”（译文采自杨周翰译《埃涅阿斯纪》，译林出版社，1999 年，第 30 页）第二卷这一段说的是，特洛伊人捉到希腊人的奸细西农，西农向他们解释自己是谁。第三卷 612 行说的是，特洛伊人遇到一个衣衫褴褛的人叫阿凯默尼德斯（Achaemenides），向他们解释自己是谁。

③ 拉丁文有主格、属格、宾格、与格、夺格等语法范畴，句中语序变化一般对语义没有多少影响。

是一种重音）。结果就是，有些抄写者改变悲剧的句子（多半出于无意识）以符合这个规则。这种现象称作“拜占庭讹变”（*vitium Byzantinum*）。（v）在拜占庭散文中，也有一个规则影响到词序。通常来说就是，一个句子的最后两个重读音节之间，应当有两个或者四个（在特殊情况下也可以没有或者有六个）非重读音节。古典散文作家的抄本中有时候可以看到这种影响。

（ⅰ）1. 卢克莱修，iii.170。

Si minus offendit vitam vis horrida *leti*

ossibus ac nervis disclusis intus adacta...

马鲁路斯校正为 teli。[①]

2. 埃斯库罗斯《阿伽门农》1205。

βαρύνεται γὰρ πᾶc τιc εὖ πράccων πλέον.

崔克利纽斯亲笔抄本如此；但是 F 本正确地写作 ἁβρύνεται。[②]

（ⅱ）这类讹误，极为常见，在任何作家的文本中都可以找到例子。

（ⅲ）1. 塞涅卡《书信集》117.24。

Deos vitam et salutem roga.[③]

Bθ 本如此。其他抄本作 *vitam roga et salutem* 或者

① leti，死，灭。teli，矛枪。校正后，这句话的意思是：“如果矛枪恶毒的疾刺把人们骨头割穿把内面肌肉翻露出来，但尚未击中要害……”（译文采自方书春译《物性论》，商务印书馆，1981 年，第 139 页）迈克尔·马鲁路斯（Michael Marullus，1458—1500），希腊文艺复兴学者，人文主义者，诗人，曾对卢克莱修的文本提出过一些极有价值的理校。

② ἁβρύνεται，得意。这句话的意思是：“一个人走运的时候，太爱挑三拣四。”（译文采自罗念生译《埃斯库罗斯悲剧二种》，人民文学出版社，1961 年，第 86 页）

③ 这句话的意思是：“向神祈求生命和健康。”

salutem et vitam roga。当依据抄本的权威性和韵律（两重长短长格）来判定。

2. 品达《尼米亚颂歌》（Nemeans）7.37。

ἵκοντο δ' εἰϲ 'Εφύραν πλαγχθέντεϲ.[①]

抄本如此作。伯克恢复其格律呼应[②]，作 πλαγχθέντεϲ δ' εἰϲ 'Εφύραν ἵκοντο。

（ⅳ）埃斯库罗斯《阿伽门农》1106。 232

ἐκεῖνα δ' ἔγνων. πᾶϲα γὰρ πόλιϲ βοᾷ.

M 本如此作，是。但是 F 本和崔克利纽斯作 βοᾷ πόλιϲ.[③]

（ⅴ）普鲁塔克《论爱管闲事》（*de curiositate*）13（522）。

ὁμοίωϲ οὐδ' Ἀλέξανδροϲ εἰϲ ὄψιν ἦλθε τῆϲ Δαρείου γυναικὸϲ ἐκπρεπεϲτάτηϲ εἶναι λεγομένηϲ.[④]

大多数抄本如此作。Λ 系抄本有所不同，是一个拜占庭式的句子：τῇ Δαρείου γυναικὶ εὐπρεπεϲτάτῃ λεγομένῃ τυγχάνειν.

F. 第六类是受上下文感染所引发的讹误。（ⅰ）一个词的词形变化可能会错误地受到相邻词语的同化。（ⅱ）抄写者会受到本人刚抄写过的或者将要抄写的词语的影响。

（ⅰ）1. 卡图卢斯 xxxiv.17。

tu cursu dea *menstrua*/metiens iter annuum

① 这句话的意思是："不过历经曲折之后，他和他的人抵达了爱费拉。"

② 奥古斯特·伯克（August Boeckh，1785—1867），德国古典学家，曾出版品达整理本。

③ 这句话的意思是："前面那些我倒明白，因为全城都在传说。"（译文采自罗念生译《埃斯库罗斯悲剧二种》，人民文学出版社，1961 年，第 84 页）

④ 这句话的意思是："所以亚历山大也不会去看据说非常漂亮的大流士的妻子。"

rustica agricolae bonis/tecta frugibus exples.

瓜里努斯校正为 menstruo[①]。

2. 欧里庇得斯《海伦》(*Helen*) 1243。

κενοῖcι θάπτειν ἐν πέπλοιc ὑφάcμαcιν.

L 本作 πέπλοιc；斯卡利杰校正为 πέπλων。[②]

(ii) 1. 塞涅卡《书信集》(*Epist.*) 114.9。

Ubi luxuriam late felicitas fudit, *luxus* primum corporum esse diligentior incipit.

米雷图斯校正为 cultus。[③]

2. 欧里庇得斯《瑞索斯》(*Rhesus*) 776-7。

ἤπυcα δ' αὐτοῖc μὴ πελάζεcθαι cτρατῷ,
κλῶπαc δοκήcαc cυμμάχων πλάθειν τινάc.

第 776 行 πελάζεcθαι（“靠近”）V 本涉下行讹为 πλάθειν（“前来”）。[④]

G. 有些讹误透露出基督教思想的影响。中世纪的读者在不同
233 程度上都是虔诚的基督徒，如果说他们成功地复制成千上万个抄

---

① 这段话的意思是：“神啊，你用每月的轮回量出了一年的旅途，你用鲜美的水果，装满了乡间农民的小屋。”menstuo 是 menstruum（月）的夺格，意思是“每月”，涉上一个单词 dea（“女神”的呼格）词尾讹为 menstrua。（译文采自李永毅《卡图卢斯〈歌集〉拉中对照译注本》，中国青年出版社，2008 年，第 95 页）巴普蒂斯塔·瓜里努斯（Baptista Guarinus，1434—1513），又写作“巴蒂斯塔·格里诺”（Battista Guarino），意大利文艺复兴学者，整理过卡图卢斯文集。

② 这句话的意思是：“我们将其躯壳裹以细袍埋葬。”πέπλων 盖涉上文 κενοῖcι 讹为 πέπλοιc。

③ cultus，修饰，各本涉上一句 luxuriam（富足）讹为 luxus（扭曲）。这句话的意思是：“富足之后，人们开始修饰容仪。”

④ 这句话的意思是：“我大声警告他们不要靠近我们的军营，我觉得这是友军中有人前来偷东西。”

本，没有犯过这一类错误，那倒是非常令人意外的。

1. 佩特罗尼乌斯《宴会》58。

Sathana tibi irata sit curabo.

H 本作 Sathana（撒旦）；海因修斯校正为 Athana（雅典娜）。（另外，请对照 D（i）。上一句最末的词是 habeas（有），这也可以看成是“不当重而重”（dittography）的一个例子）。[①]

2. 阿里斯托芬《骑士》1302-4。

οὐδὲ πυνθάνεcθε ταῦτ', ὦπαρθένοι, τἀν τῇ πόλει;

φαcὶν αἰτεῖcθαί τιν' ἡμῶν ἑκατὸν εἰc Καρχηδόνα,

ἄνδρα μοχθηρὸν πολίτην, ὀξίνην Ὑπέρβολον.[②]

RVΦ 本作 Καρχηδόνα（“迦太基”）；Γ^{2} 以及一个注家作 Χαλκηδόνα（“迦克墩”）。

比起“迦克墩”（Chalcedon），“迦太基”（Carthage）更像是对的。前者是雅典王国一个无足轻重的小市镇，不过由于公元 451 年著名的宗教会议在那儿召开，故而在中世纪希腊东正教信徒中尽人皆知。

H. 有一类错误是出于抄写者有意的作为。如前所已见，古代和中世纪的读者对他们认为难以理解或者存在讹误的文字予以修正，他们的努力有时候是搞错了的，或者说是少见多怪。一个典型的例子就是崔克利纽斯对欧里庇得斯的一些曲子词的削足适履的改动：他知道应该存在一些格律呼应，但是他对这种古典诗

① 这句话的意思是：“你触怒了雅典娜，我会留意这一点。”

② 这段话的意思是：“姊妹们，你们没有听见城里的消息吗？说是有一个坏蛋，一个尖酸刻薄的公民，叫作许珀玻罗斯，要求一百只船去攻打卡尔刻冬（引者按，即迦克敦）。”（译文采自罗念生译《阿里斯托芬喜剧集》，人民文学出版社，1954 年，第 148 页）

歌的语言还不够熟悉，不能做出正确的修正。这种蹩脚的修正常常被称作“窜改”（interpolation），尽管这个术语并不非常适切。大面积的有意改动，见于所谓“删洁”（bowdlerize）。但是这种做法并不像所设想的那样广泛存在。似乎古代末期和中世纪的学校教师并不像后来的整理者那样急于查禁淫猥的或者令人尴尬的文字。阿里斯托芬文本在一些近代学校版本中被删除的内容，似乎在中世纪的抄本中并没有被删。但是有一些希罗多德的抄本删掉了 1.199 关于圣妓的叙述[①]，马提雅尔有一系抄本，其赤裸裸的秽
234 亵文字被稍微文雅一点的文字所取代。另有一类窜改，并非抄写者所为，而是由希腊悲剧文本的演出者做出的（参看 p.15）。

1. 尤维纳利斯 viii.148。

Ipse rotam adstringit sufflamine mulio consul.

在有些抄本中，这一句（并不突兀地）讹为 *sufflamine multo*。这时，有人进行了有意的窜改，以恢复格律；其他抄本作 *multo sufflamine.*[②]

2. 塔西佗《编年史》13.39.1。

Et Corbulo, ne irritum bellum traheretur utque Armenios ad sua defendenda cogeret, exscindere parat castella.[③]

---

① 希罗多德（1.199）在论及巴比伦伊士塔尔神殿里的妓女时说：“在这些人中有一个十分可耻的风俗。当地的妇女一生中必须有一次去阿芙洛狄忒 [伊士塔尔] 神庙坐待将自己交给陌生人。”

② 这句话的意思是：“这个赶骡子的执政官亲手用刹车停住了车轮。”*mulio*（赶骡子的）是对这位执政官的贬称，或讹为 multo（许多），于是成为 *sufflamine multo*（用许多刹车）。

③ 这句话的意思是：“而且科尔布罗为了避免旷日持久的无益战争，同时为了使亚美尼亚人陷入防守的地位，因而他便准备摧毁他们的要塞。”（译文采自王以铸、崔妙因译《塔西佗〈编年史〉》，商务印书馆，1981 年，第 433 页）

M 本如此作。莱顿的塔西佗文本窜改严重，制造了一些似是而非的胡说，如：

Et Corbulone irritum bellum trahente ut Armenios ad sua defendenda cogeret exinde repetit castella.

3. 欧里庇得斯《厄勒克特拉》(*Electra*) 435-7。

ἵν' ὁ φιλάδελφος ἔπαλλε δελ-

φὶc πρῴραιc κυανεμβόλοι-

cιν εἱλιccόμενοc.①

第一手传承在 L 本如此作。崔克利纽斯利用自己对于反复呼应（strophic responsion）的认识以及阿里斯托芬《蛙》(*Frogs*) 1314ff. 对这一段的引用，做了一个很好的校改（φίλαυλοc），但随后又犯了一个糟糕的错误（κυανεμβόλοιc εἰειλιccόμενοc）。

4. 普鲁塔克《论爱管闲事》(*de curiositate*) 7（518）。

φέρε γὰρ Ἡρόφιλον ἢ Ἐραcίcτρατον ἢ τὸν Ἀcκληπιὸν αὐτόν, ὅτ' ἦν ἄνθρωποc, ἔχοντα φάρμακα καὶ τὰ ὄργανα, κατ' οἰκίαν παριcτάμενον ἀνακρίνειν, μή τιc ἔχει cύριγγα περὶ δακτύλιον ἢ γυνὴ κάρκινον ἐν ὑcτέρᾳ.②

Λ 系文本在这里将 δακτύλιον 改为 δάκτυλον（用手指），并删掉了 ἐν ὑcτέρᾳ（在子宫里）。

---

① 这句话的意思是："爱听笛声的海豚围绕了蓝色的船头跳跃着。"（译文采自周启明译《欧里庇得斯悲剧集》[三]，人民文学出版社，1958 年，第 123 页）

② 这段话的意思是："设想一下，赫罗菲拉斯(Herophilus)、伊雷西斯垂都斯(Erasistratus)或者阿斯克勒庇俄斯（Asclepius），在他们还是凡人的时候，带着自己的药和器具，挨家挨户去看男人肛门里有没有瘘管、女人子宫里有没有肿瘤！"

对于校勘者来说，认识到致误之由的多样性非常重要。他在
235 校勘的时候不能预设哪类讹误是主导性的。实际上有许多校勘者似乎预设由于古字体学原因所导致的讹误是最常见的；当然，这是从与修正意见相伴的数量颇多而且常常是深思熟虑的古字体学理据中总结出来的。唯一保险的方法是遵循豪普特明白表述、后又被豪斯曼强调重申的法则："好的修正的根本前提是，应当从思考开始；其他要素诸如格律、各种可能性如字母换位等，是后来才考虑到的……如果理性需要，我会在抄本只有一个单音节感叹词 O 的地方写上 *Constantinopolitanus*。"为了强调他们的理念，豪普特和豪斯曼引用了一个极端的例子。事实上当校勘者根据理性决定如何修正一个讹误的时候，他会按照上面所列的讹误类型，考虑各种不同的可能性，并且在它们的影响下，在不同的文本修正方案之间做出选择。如果讹误真的非常严重，也许就有必要将原型文本的文字用短剑号（††）前后标注，而在校勘记中列出最好的推测；在这些地方，无论校勘者的武器有多么锐利，确定性都是达不到的。

第九节　传播中的嬗变：技术文献和流行文学

由于我们所关心的主要是文学作品的传播，故而我们所聚焦的绝大部分都是文艺作品，而这些文本能够保持作者所赋予的形式是可以合理预期的。在这里，传播的真正的目标就是尽可能准确地复制文本，而古典文本的传播在整体上的可信性可谓彰明较著。即使内容上更加技术性的文本也会因古代作者所具有的威望而得到呵护。不过有一类文字的传播却是形式多变。这类文本与

时俱进，以适应变化了的需要或者环境。这其中包括各种各样的手册，其文本的文学意图是附属性的甚至是可以忽略的，而其主 236
要目的是要提供给读者一些实用的信息，诸如法律资料、文法、某一应用科学的技术指导等等。普拉努得斯对于阿拉图斯（Aratus）《星象》（*Phaenomena*）的一些段落的处理就是一个很说明问题的例子。不那么扎眼，但也许更为典型的例子是大约公元300年时修辞学家米南德所写的手册[1]：至少有两个抄本显示出实质性的异文，其变异更像是后来的改动，而不是作者改变了想法。中世纪后期的阿米达的埃提乌斯的文本提供了另一种例子[2]。这一类书，如果所包含的信息过时了的话，如果相对于读者的需求其所提供的信息量不足——或者走向另一个极端，太过详尽的话，就达不到预设的目标。需要转换重点，以适应新的需求；甚至风格在一个新的时代也会显得太粗糙或者太过专业。注疏尤其容易受到这一过程中的影响。拜占庭后期学者如德米特里乌斯·崔克利纽斯清楚地展示了这一点：他对旧注删繁就简，以适应其学生的需要和能力。有时候在这种情况下所产生的缩略了的、扩展了的，以及变化了的本子，取代了原来的文本；有时候与原来的文本一并留存了下来，可能与之相混合或者与其他的变本（version）相混合，从而产生出更多的形式。翻译主要是为了让不能读原来文本的读者了解一个作品；但是如果这翻译执行得比较自由并且译者借机订正、刷新甚或更改原本，于是就形成了新的变本。

---

① 修辞学家米南德（Menander Rhetor），4世纪古希腊修辞学家，注释者。

② 阿米达的埃提乌斯（Aetius of Amida），古希腊医学家，以博学而闻名，生于美索不达米亚的阿米达（今属土耳其），大约生活于5世纪前后。

这种做法在古代就可以很容易找到例子。3 世纪末 4 世纪初伐温提努斯（Faventinus）在缩写维特鲁威的时候，对其进行了重新编排，以作为关于私人建筑的简短手册；它组织得极为巧妙，还进行了有益的增补，故而古代的农学家帕拉迪乌斯（Palladius）更愿用这个节缩本而不是全本。M. 盖维乌斯·阿庇西乌斯（M. Gavius Apicius）是提比略时代的美食家，不过编纂于 4 世纪末 5 世纪初、冠以其名的那本烹饪书，却显示出采自医药、农业以及纯粹的美食等诸多资料并加以综合而成的多条主线、多个层次，随
237 着时间的推移，渐次添加到所余的阿庇西乌斯的原本菜谱之上。成书时代稍晚一点的东哥特的维尼达里乌斯（Vinidarius）的节录本（*Excerpta*），是这同一个编定本极度缩简的一个变本。这些作品接下来的传播，除了无可避免的节略之外，基本上还是其古代已有的形式。但是其他文本则继续变异。由各种各样关于测绘论文所组成的《测绘论集》（*Corpus Agrimensorum*）①，源自于 5 世纪的一个文集，但是大多数抄本所保存的，却不是原来的文集，而是一些后来编纂的东西，其中材料经过重新组织、压缩或者扩展，以适应时代以及潜在使用者的需要。诺尼乌斯·马塞卢斯的《学术集要》（*De compendiosa doctrina*）在加洛林时期有三个变本流传，其中之一显然被改编为修道院所用的拉丁辞典。维比乌斯·塞克斯特（Vibius Sequester）《河渠志》（*De fluminibus*）的文采相当于电话簿，而其价值就在这里，那是河流以及其他地理形貌的一个简单列表：一个 12 世纪居住在罗亚尔河谷（Loire valley）

① 《罗马测绘论集》（*Corpus Agrimensorum Romanorum*），古罗马土地测绘论文集，现有 5 世纪或者 6 世纪的抄本存世。

的读者，发现自己身边的这条大河居然在从略之列，无疑会非常痛心，一定会加以补充以让后来者看到比作者所提供的更加完整的列表。维里乌斯·弗拉库斯（Verrius Flaccus）的《辞义通解》（*De verborum significatu*）的残卷传至我们之手的过程，已见前述（p.23）。当保罗执事在对费斯图斯的已然节略过的变本再次进行节略，以作为礼物赠与查理曼图书馆的时候，其在文本处理上的自由随意，直白地表露在其献辞之中：

> Cupiens aliquid vestris bibliothecis addere, quia ex proprio perparum valeo, necessario ex alieno mutuavi. Sextus denique Pompeius Romanis studiis affatim eruditus...opus suum ad viginti usque prolixa volumina extendit. Ex qua ego prolixitate superflua quaeque et minus necessaria praetergrediens et quaedam abstrusa penitus stilo proprio enucleans, nonnulla ita ut erant posita relinquens, hoc vestrae celsitudini legendum conpendium obtuli.
>
> （想要对您的藏书有所增益，而我本人又没有什么东西，所以不得不借自他人。塞克斯图斯·庞培乌斯精通罗马之学……其著作长达繁缛的二十卷。删除其冗余与琐碎，并以我自己的风格厘清其若干隐微之处，有些部分则保持不变。谨此向陛下献上这个纲要本，以备乙览。K. Neff, *Die Gedichte des Paulus Diaconus*, Munich 1908, p.124）

尽管历史有其缪斯女神保护，但它仍然是一个实用的信息来
源，有时候会被节缩或者扩展。历史学家塔西佗的高标和个性， 238

无人敢踵事增华，但是尤特罗庇乌斯的《国史大纲》（*Breviarium*）就没有如此令人敬畏：保罗执事对其进行了扩充，增加了一些材料——来自于其他作者的书以及他自己撰写的六卷书。就这样，将一部原本截止于 4 世纪末期的历史，延展到了查士丁尼时代；大约在公元 1000 年前后，贤者兰多尔福用同样的方式拓展保罗执事的《罗马史》（*Historia Romana*）[①]，又增加了几卷，将故事延展到 9 世纪。

当我们进入民间故事和演义的世界，一般古代文本的那种有控制的传播就让位于大量的多变形体（protean forms）。古代的作品也不例外，一个经典例子就是引发了整个流行文学产业的《亚历山大演义》（*Alexander romance*），该书写于公元 200 年后，伪托卡里斯提尼（pseudo-Callisthenes）所作。这部作品有多种形式的文本存世：有希腊文的、拉丁文的，还有一系列其他语言的，有古代，也有中世纪的变本（version），有的是散文，有的是韵文。希腊文本的传承可分为五个支系，后面四个支系是以不同的方式来源于第一个支系，而中世纪的拉丁文译本利奥·阿基普莱斯比特（Leo Archipresbyter）的《亚历山大大帝征战史》（*Historia de preliis Alexandri Magni*），本身又派生出三个变本。

这种传播情形给整理者提出了难题。他必须搞清楚不同支系之间的相互关系，以及这些支系文本借以传播的抄本之间的相互关系。其中一个变本的文本，也许来源于一个更早的、更好的本子，就可以让整理者据以改正其他的本子，但是要判断一个变本

---

① 贤者兰多尔福（Landolfo Sagace），10 世纪末期伦巴第历史学家，对保罗执事的《罗马史》进行了扩充和延展，该书 1569 年刊印时，题为《杂史》（*Historia Miscella*）。

究竟是错了，还是只不过有所不同，却并不总是那么容易。他要选择整理哪一个？在有些情况下他会选择以原始的或者主流的本子为正文，而将附益的和歧变的文字注于页脚。如果版式许可，他可以推出一个对观本，将不同支系的文本分栏平行排印。分别整理各个变本，也较为可行。要根据各特定文本的价值和状况做出选择。

第十节　校勘记凡例

即便对我们关于校勘记之所从来的物质事实和文化事实的陈 239
述有所领悟，读者第一次面对校勘记，仍会感觉到不能彻底地轻松自在。如果他或她所阅读的是一部传播情况十分复杂的文本，就更有理由有这样的感觉了，中世纪学校教学大纲中所包括的那些作家的文本大抵如此。

有必要先熟悉一下相关凡例，特别是经常简写的拉丁术语，例如：coni(ecit)（“提出”）、suppl（evit）（“补出”）、secl（usit）（“隔离”）[1]、del（evit）（“删除”）。虽然 cod./codd.（“抄本”）、ms./mss.（“抄本”）、om.（“夺”）、add.（“衍”），以及 P. 或 Pap. 表示纸草本（papayrus），大概不算费解，但是对于初学者来说，以下术语却并非显而易见：如 gl. 用来表示行间夹注（interlinear glosses）（常常会阑入正文取代原本的文字）；如 sch. 表示集注（scholia）（可能保存或者提示更好的异文）；如 lm. 表示所论词句（lemma），即该词句引自所论文本；还有，虽然 edd. 指的是整理

① 通常是用方括号将讹误文字标识出来。

者，但 ed. pr. 通常却表示首印本（editio princeps）。另一个有用的缩写是 cett.，表示其余诸本（ceteri codices）。而希腊字母 ς（stigma）常常用来表示一个或多个后来的抄本，当这些本子被认为不如更早的本子重要或者源出于更早的本子的时候，也记作 recc.[①]。在讨论引自古代或者中世纪的辞典如《苏达辞书》（Suda）或赫西基乌斯的内容的时候，用 s.v.（sub voce）表示相关词目。

并不是所有的异文都可以用简单的方式加以记录。有时候需要说某个词是写在某一行的上面，因而就要用到 s.l.（supra lineam，“行上”）。抄本往往有订正，而 M^{ac}、M^{pc}（ante correctionem，“订正前”；post correctionem，“订正后”）就是用来标识这个事实的；如果能够判定，整理者最好指出校改者是谁。有时候不是用 M^{ac} 而是用 M^{1}，而 M^{2} 则通常用来表示来自间接传承的异文；这里也是，最好能知道该引用者与直接传承的主要抄写者是否属于同一个时代，这可能需要对古字体学相当谙练才能做出判断。还有异文（variant readings）的问题。在集注（scholia）中存录时，通常用 v.l.（varia
240 lectio）标识[②]。不过有许多异文是见于抄本的，在希腊文中用 γρ 或者未经缩略的 γράφεται 标识，在拉丁文中用 ℓ（vel）或者 *al*（alias）标识[③]。

重要的是，要认识到，尖括号 < > 里所括的文字，是抄本所脱漏故而研究者不得不补足的内容。与之相对，方括号 [ ] 或 { } 里所括的那部分文字，是所有本子或者至少是绝大多数本子

---

① recc.= recentiores，后世的（本子）。

② varia lectio，“异文”。以 v.l. 形式存录的异文，相对较为次要，往往可能只是古代或者文艺复兴时期学者的臆测，与下文以 γρ 标识的异文有所区别。

③ γράφεται，相当于“（或）写作”。vel，相当于“或（作）”，alias，相当于“另（作）”。

中所有、但整理者认为是后来的讹增。不幸的是，这里必须说明，整理纸草本所用的符号系统要更为复杂，而且与前面的解说并不完全一致，详细情况请参看《奥克西林库斯纸草》（*Oxyrhynchus Papyri*）近期各卷的整理说明[①]。

如果校勘记要详尽展开的话，那么每一条开头都要重列文本的一个或多个词。有时候整理者为了节省篇幅就不这样做，而是只列出他所排除的讹误异文。这种简省有时会导致含混。重要的抄本用缩写符号（sigla）表示，通常是大写字母；不过当所称引的抄本数量非常多的时候，也得用上小写字母和希腊文字母。如果整理者可以用特定的缩写符号来表示各组或者各族系的抄本，那将极为有益；一个希腊文字母或者粗体字母即足以办此。

对于普通读者来说，许多整理本的校勘记难以运用，因为包括了许多没什么必要的细节。对古代和中世纪的抄写者的情况不太熟悉的整理者常常会著录很多琐细的拼写错误。除非是对抄工习惯进行全面调查（这是一个很重要但却极为专门的研究分支，不是一般整理者简短记录所能容纳得了的），否则这些著录没有什么价值。不过有时候整理者也许觉得可以采取一种折中的立场：如果他得出结论认为，某个抄本比其他所有本子都要重要得多，那么即使是这个抄本中的细小异文也要加以著录。索福克勒斯、

① 19世纪末英国考古学家格伦费尔（Bernard P. Grenfell）和亨特（Arthur S. Hunt）在埃及奥克西林库斯古城发现大量的纸草文献残卷，1898—1922年陆续出版《奥克西林库斯纸草》（*Oxyrhynchus Papyri*）凡十五卷，提供了整理者对1800多个纸草残卷的释文、翻译和注释。

埃斯库罗斯以及阿波罗尼乌斯·罗迪乌斯的L（Laur.32.9）本[1]即为其例。

第十一节　结语

241 在以上对文本校勘的功能和方法所进行的论列中，我们描述了一些原则和标准，这些原则和标准被校勘整理者最为经常也最为有效地加以利用，力图逆转文本传播的过程，将这些古代的语句尽可能切近地恢复其原始的形式。为了将正常来说是一本书的内容（甚至一本书也只不过是个概览）压缩到一章的长度，我们将自己的论述限定在基本的、经过实践检验的方法。这无可避免会造成一个印象：文本校勘似乎比起实践所证明的要更加条理和刻板一些。虽然总的原则无疑是非常有用的，但是具体问题却都各有其特殊性，很少能找到两个抄本传承可以用完全相同的方法加以处理。

有一个省略十分明显。在对谱系法理论的局限表示理解的同时，我们并没有探讨用来处理这些感染传承（contaminated traditions）的复杂的、有时颇有争议的一些方法。一个传承越是开放，那么谱系法适用的效果就越小，就应当尝试其他的方法。这其中包括经验方法、常识方法（它们都承认不完美世界的必然性），以及深入细致的统计方法（其目标是更为客观的结果）。在有些情况下，可以采用一种稍微灵活一些的谱系法。将抄本尽

① 抄本Laur.32.9，大约抄写于公元1000年，是一部品质极高的羊皮纸册叶书，是唯一囊括埃斯库罗斯所有七部戏剧的中世纪抄本，极为重要。该本同时也抄有索福克勒斯和阿波罗尼乌斯·罗迪乌斯的作品。今藏于佛罗伦萨美第奇—劳伦佐图书馆（Biblioteca Mediceo-Laurenziana）。

可能地分为比较大的组，然后整理者折中选择他的异文，更看重其内在优点而不是其谱系归属和权威，并根据传承的性质小心地平衡这些要素。但如果感染混合非常严重，已经到了豪斯曼所说的“真正的分野在于异文本身之间而不是给出这些异文的抄本之间”的时候，可以采用许多不同的方法，这些方法都是倾向于集中在异文本身而不是承载异文的抄本。这可能会涉及高深的数学方法，这些方法在当今这个时代尤为吸引人，因为电脑以及相关的机械和电子设备的发展使之变得更加可行。我们没有论及分布 242
和统计的方法（其本身也是一门学问），也没有论及它们的自动化（这产生了大量的研究文献，对于人文主义研究者来说，这些研究文献并不全部都是明白易懂的）。这些精细复杂的方法，尽管从理论上来讲是成立的，但它们能否在实践中不枉所费的人力物力得出切实的结果，能否明显优于传统的方法和“位于调查者两耳之间的大自然自己的计算机”所得出的结果，现在还不清楚。无论如何，它们的前景都更多的是在《圣经》以及教父文献领域，更多的与白话语言相关，而不是古典文本；在古典文本领域，材料相对容易就范，运用传统的方法辅以有限的科学手段，通常不致无法措手。说到底，最根本的凭依是品味、识断、常识，以及在特定上下文中区分对错的能力；而这些并不是每个人都有的个人才智。但是当传承既广大且复杂的时候，电脑通常可以用来为文本之间的关系构拟出一个暂时性的图景。除了用于文本对校，电脑还被用来研究风格问题，制作语词索引，对于信息检索尤其有价值。“希腊文语料库”（*Thesaurus Linguae Graecae*）是一个希腊文献电子资料库，收录从荷马到拜占庭时期的文献。拉丁文献的相应资源是“拉丁文语料库”（*Thesaurus Linguae Latinae*）。这些工具对于各种形式的研究的巨大的应用潜力是显而易见的，而且它们在文本校勘方面已经产生了一些成果。

书刊名称缩写对照表

AJA *American Journal of Archaeology*，《美国考古学杂志》

AJP *American Journal of Philology*，《美国文献学杂志》

BEC *Bibliothèque de l'École des Chartes*，《文书研究院丛刊》[1]

BICS *Bulletin of the Institute of Classical Studies of the University of London*，《伦敦大学古典研究所公报》

BZ *Byzantinische Zeitschrift*，《拜占庭研究杂志》

C&M *Classica et Mediaevalia*，《古典与中世纪研究》

CLA *Codices Latini Antiquiores*，《拉丁古抄本目录》

CPh *Classical Philology*，《古典文献学》

CQ *Classical Quarterly*，《古典学季刊》

CR *Classical Review*，《古典学评论》

CSEL *Corpus scriptorum ecclesiasticorum latinorum*，《拉丁教父著作全集》

GIF *Giornale italiano di filologia*，《意大利文献学杂志》

GRBS *Greek, Roman, and Byzantine Studies*，《古希腊罗马及拜占庭研究》

---

① *Bibliothèque de l'École des Chartes* 是一本致力于中世纪抄本研究的学术刊物。文书研究院（École Nationale des Chartes）是一个文书学、历史学和图书馆学的教育研究机构，1821年创立于法国国家档案馆。

HSCP *Harvard Studies in Classical Philology*，《哈佛古典学研究》

IMU *Italia medioevale e umanistica*，《意大利中世纪和人文主义时期研究》

JHS *Journal of Hellenic Studies*，《希腊研究杂志》

JöBG *Jahrbuch der ?sterreichischen Byzantinischen Gesellschaft*，《奥地利拜占庭研究会年刊》

JRS *Journal of Roman Studies*，《罗马研究杂志》

JTS *Journal of Theological Studies*，《神学研究杂志》

JWI *Journal of the Warburg and Courtauld Institutes*，《瓦尔堡研究所和考陶尔德研究所学报》[①]

MD *Materiali e Discussioni*，《资料与讨论》

MGH *Monumenta Germaniae Historica*，《日耳曼史会要》

MH *Museum Helveticum*，《瑞士博物馆杂志》

Mnem. *Mnemosyne*，《谟涅摩绪涅学刊》

MS *Mediaeval Studies*，《中世纪研究》

NGG *Nachrichten von der Gesellschaft der Wissenschaften zu Göttingen*，《哥廷根科学研究会学报》

PBA *Proceedings of the British Academy*，《英国社会科学院学报》

PCPhS *Proceedings of the Cambridge Philological Society*，《剑桥古典学会学报》

PG *Patrologia Graeca*，《希腊教父研究》

---

① 德国艺术史文化史研究者艾比·瓦尔堡（Aby Warburg，1866—1939）创立的瓦尔堡文化研究图书馆，“二战”中迁入伦敦大学，成为瓦尔堡研究所。该研究所与同属伦敦大学的考陶尔德艺术研究所联合主办该学术期刊。

PL *Patrologia Latina*,《拉丁教父研究》

RE *Paulys Real-Encyclopädie der classischen Altertumswissenschaft*,《保利古典学百科全书》

REA *Revue des études anciennes*,《古代研究评论》

REG *Revue des études grecques*,《希腊研究评论》

RFIC *Rivista di Filologia e Istruzione Classica*,《文献学与古典教育杂志》

RhM *Rheinisches Museum für Philologie*,《莱茵古典研究杂志》

RHT *Revue d'histoire des textes*,《文本史评论》

Settimane *Settimane di studio del Centro italiano di studi sull' Alto* 244
Medioevo,《早期中世纪研究意大利中部研究周》[①]

SIFC *Studi italiani di filologia classica*,《意大利古典文献学研究》

TAPA *Transactions of the American Philological Association*,《美国文献学研究会学报》

VCh *Vigiliae Christianae*,《基督教黎明》

YCS *Yale Classical Studies*,《耶鲁古典研究评论》

ZPE *Zeitschrift für Papyrologie und Epigraphik*,《纸草学碑铭学杂志》

---

① 从1953年开始，每年复活节后的星期四，从事早期中世纪研究的各国学者会于意大利中部小城斯波莱托（Spoleto），开始为期一周的研究和交流，称为“研究周”。

注　文

第一章

第一节　古代的书

245 特纳（E. G. Turner）《公元前五—公元前四世纪的雅典图书》（*Athenian books in the fifth and fourth centuries B.C.*，伦敦，1977 年第 2 版）对古典时期雅典图书业的发展进行了描写。可以称得上图书业的确切时期尚不能确定，不过值得强调的是，色诺芬（Xenophon）《远征记》（*Anabasis* 7.5.14）有云，色雷斯（Thrace）北海岸撒尔米德索斯（Salmydessos）失事船只的货物中有一部分是图书（βίβλοι γεγραμμέναι）；看来由此只能得出推论，早在公元前 399 年，图书已经（从雅典？）出口到欧克辛（Euxine）沿岸城邦。如果事实的确如此，那么我们不能从文中所引的欧波利斯和柏拉图的有关文字中得出更为确切的信息，也就是无关紧要的了。

关于从古典时期到罗马帝国末期希腊图书的形制和外观，读者应当参看特纳的《希腊纸草》（*Greek papyri*，牛津，1980 年第 2 版），以及他与之相配套的《古代世界的希腊抄本》（*Greek manuscripts of the ancient world*，伦敦，1987 年第 2 版），该书提供了一组精选的图版并附说明。

古典时期纸草的供应是不稳定的——如果斯珀西波斯（Speusippus）写给马其顿国王菲利普（Philip of Macedon）的信（p.50 in L. Köhler's ed., *Philologus Supplement-Band* 20，莱比锡 1928）我们可以相信的话。这封信指出，公元前 342 年前后由于波斯人占领埃及，导致了纸草短缺。然而，尽管现在许多权威都认为这封信是真的，但是其情形并非全然无疑。纸草生产和应用的标准表述，请见刘易斯（N. Lewis）的《古典时期的纸草》（*Papyrus in classical antiquity*，牛津，1974）和《古典时期的纸草（续）》（*Papyrus in classical antiquity: a supplement*, 布鲁塞尔，1989）。斯基特（T. C. Skeat, in *Scritti in onore di Orsolina Montevecchi*，博洛尼亚 [Bologna]1981, pp. 373-376）提出，纸草的张力会让“回卷”（re-rolling）一卷书变得容易一些。关于普林尼所描写的纸草制作技术的新思考，请见亨德里克斯（I. H. M. Hendriks），*ZPE* 37（1980），121-36。

来自赫库兰尼姆（Herculaneum）的“卷子”（*volumina*），有些长度已无法估算（参看 G. Cavallo, *Libri scritture scribi a Ercolano*, Naples 1983,pp.14-16,47）。P.Her.（“赫库兰尼姆纸草”）1497 长约 10.5 米，P.Her.1423 长约 10 米，P.Her.1471 长约 11.5 米。讨论认为，抄有柏拉图《斐多篇》的 P. 246
Petrie（“皮特里纸草”）I 5-8 和抄有修昔底德第二卷的 P. Oxy.（“奥克西林库斯纸草”）225 等纸草卷子，如果相关文字在一卷中抄完的话（这一点不能确定），每个将会长达 15 米。有人提出，抄有柏拉图《法律篇》VI 的 P. Oxy. 3672 原长约为 12 米。

关于标点的采用和逐步完善，尚无定论；除了前面提到过的特纳的书之外，还可参看普法伊费尔（R. Pfeiffer）的《古典学术史》（*History of classical scholarship*，牛津 1968, pp.178-181）；另一个有用的概说是杰莫纳特（M. Geymonat）《维吉尔百科全书》“标点”词条（*Enciclopedia Virgiliana*，s.v. interpunzione, vol. 2, pp.998-1000）。马罗（H.-I. Marrou）《古代教育史》（*Histoire de l'éducation dans l'antiquité*，巴黎 1965 年第 6 版，p.602 n.30）指出，全面标点的图书从来不曾进入普遍使用，而是仅限于老师和学生（他的这一说法尤其适用于罗马时期的图书）。一个饶有意思的例子是，劳埃德琼斯（H. Lloyd-Jones）《宙斯的正义》（*The justice of Zeus*，伯克利 [Berkeley]，1983 年第 2 版，p. 213 n.23）的一个推测从古代文本标点的阙如中得到了部分的支持。贺拉斯（Horace）《书信集》（*Epistles*）1.15 提出了一个问题：其句法如此复杂，以至于现代读者不得不问，古代读者如何得其伦脊？

第二节 缪斯宫图书馆与希腊化时期的学术

关于亚历山大学术，标准著作是普法伊费尔的《古典学术史》（*History of classical scholarship: from the beginnings to the end of the Hellenistic age*，牛津，1968），威尔逊（N. G. Wilson）写过书评，见 *CR* 19（1969），366-72。这是第一部志在取代桑兹（J. E. Sandys）《古典学术史》（*History of classical scholarship*, vols, 1-3, 剑桥 1903—1908，部分修订，重印于 1958）的著作。桑兹书作为参考资料仍有其价值。关于缪斯宫和图书馆，参看弗雷泽（P. M. Fraser）《托勒密王朝统治下的亚历山大城》（*Ptolemaic Alexandria*, 牛津，1972）第六章，以及阿巴迪（M. El-Abbadi）《古代亚历山大图书馆的身世与命运》（*Life and fate of the ancient Library of Alexandria*）第 2 版，巴黎，1992。巴格诺（R. S. Bagnall）《美国哲学学会学报》（*Transactions of the American Philosophical Society*）第 146 卷（2002）348-62 指出，传统上公认的亚历山大图书馆藏书卷数一定存在严重的夸张。

戴利（LIoyd W. Daly）的专著，《古代和中世纪字母表顺序法形成史论考》（*Contributions to a history of alphabetization in antiquity and the Middle Ages*，布鲁塞尔，1967，亦即 Collection Latomus vol.90），值得注意；因为它证明泽诺多图斯（Zenodotus）和卡利马库斯在他们的一些著述中采用了字母表顺序原则，由此可以推论，在图书馆和缪斯宫的布置方面，一定程度上也采用了相同的原则。

荷马的所谓“野”（Wild）纸草文本由威斯特（S.R.West）重新整理，即《荷马的托勒密纸草》（*The Ptolemaic papyri of Homer*，Cologne，1967）。

247 古尔德（G. P. Goold, *TAPA* 91 [1960], 272-91）对用旧的雅典字母所写荷马抄本流入亚历山大图书馆一说表示极度怀疑；但是《奥德赛》（*Odyssey*）7.107 的 καιccέων 以及《德摩斯梯尼》（Demosthenes）43.57 跋尾诸抄本的 ἢ οἱ 的字形却指向了相反的方向。

关于重音问题，马祖基（C. M. Mazzucchi, *Aegyptus* 59 [1979], 145-67）曾予讨论。

注文抄在另一本书上的这个普遍原则，因卡利马库斯纸草本 P. Lille 76d（大约抄于公元前 3 世纪）的发现而被推翻，在该本中，正文和注文在栏中交替抄写（参看特纳《古代希腊抄本》图版 75a）。

关于考据符号的使用，原始资料多有错误和混淆，不过古德曼（A. Gudeman in *RE*, s.v. Kristische Zeichen.）对基本事实进行了相当好的梳理。另请参看麦克纳米（K. McNamee）《希腊文学纸草文献中的考据符号与批注》（*Sigla and select marginalia in Greek literary papyri*，布鲁塞尔，1992）。

阿里斯塔克斯（Aristarchus）的校正意见为通行荷马文本所采纳的统计数字，来自艾伦（T. W. Allen）的《伊利亚特》整理本（*Iliad*，牛津，1931），见 vol. 1，199–200。201–202 则给出了所采纳的泽诺多图斯（Zenodotus）和阿里斯托芬奈斯（Aristophanes）校正意见的统计数字。关于这一问题请参看范蒂尔（H. van Thiel）*ZPE*115（1997）13-36。

关于阿里斯塔克斯以荷马解荷马的原则，参看威尔逊（N. G. Wilson），*CR* 21（1971），172；　李（A. G. Lee），*PCPhS* 201（1975），63-4；威尔逊，同前，202（1976），123。

斯泰西科拉斯（Stesichorus）的 Lille 纸草本参见特纳《古代希腊抄本》图版 74。

关于演员的改动，佩奇（D. L. Page）《古希腊悲剧中的演员改动》（*Actors' interpolations in Greek tragedy*，牛津，1934）曾予讨论；关于文中所论及的那一段，参看戴尔（A. M. Dale），*Wiener Studien*, 69 (1956), 103-4（=*Collected papers*, 剑桥，1969, pp.126-7），里夫（M. D. Reeve），*GRBS* 13 (1972), 263-4，以及威林克整理本（C. W. Willink，牛津，1986）和威斯特整理本（M. L. West, Warminster 1987）。这一问题的规模，因弗伦克尔（E. Fraenkel）关于欧里庇得斯《腓尼基的妇女》（*Phoenissae*）的研究而得到厘清，见巴伐利亚科学与人文学院（Bavarian Academy）1963 年会议论文集（*Sitzungsberichte*），1–120。

迪奇（E. Dickey）《古希腊学术》（*Ancient Greek Scholarship*, 纽

约 2007）和纽恩李斯特（A. Nünlist）《古代校勘家在工作》（*The ancient critic at work*, 剑桥 2009）都有有价值的信息。

第三节　其他希腊化时期的研究

关于帕伽马（Pergamon）的考古发现，参看阿库尔加尔（E. Akurgal）《土耳其古代文明和遗迹》（*Ancient civilisations and ruins of Turkey*，伊斯坦布尔 1978 年第 4 版），pp.69-111。

248 关于狄奥尼修斯·特拉克斯（Dionysius Thrax）的真实性存在争议（参看 H. Erbse, *Glotta* 58 [1980], 244-58），甚至其所谓 κρίcιc ποιημάτων（作者身份考证）的诠解也受到质疑（参看威尔逊，*GRBS* 47 [2007]，63-5，69-70）。

狄狄摩斯（Didymus）的德摩斯梯尼注由迪尔斯（H. Diels）和舒巴特（W. Schubart）整理，柏林，1904；对这一类文献的准确界定，参看莱奥（F. Leo）的评论，载 *NGG* (1904), 254-61 (=*Kleine Schriften*, vol. 2, pp. 387-94)，不过也请留意威斯特（S. West）的保留意见，载 *CQ* N.S. 20 (1970), 288-96。新近一部全注整理本是哈丁（P. Harding）的《狄狄摩斯注德摩斯梯尼集》（*Didymos on Demosthenes*），牛津，2006。

关于伊壁鸠鲁学派，参看普利亚（E. Puglia）《德米特里·拉孔：伊壁鸠鲁校释难题》（*Demetrio Lacone: Aporie testuali ed esegetiche in Epicuro*），那不勒斯，1988，特别是 pp.82-4。

第四节　罗马共和国时期的图书和学术

在关于古代图书的标准论著中，拉丁图书并没有得到多少专门的讨论，因为它们与希腊图书在所有重要方面都极为相似，而我们的物证主要来自埃及，那儿拉丁图书相对甚少。不过现在我们有了肯尼（E. J. Kenney）的专章讨论“罗马世界的图书和读者”（‘Books and Readers in the Roman World’，见《剑桥古典文学史》[*The Cambridge history of classical literature*] 第二卷《拉丁文学》[*Latin literature*]，ed. E. J. Kenney and W. V. Clausen, Cambridge 1982, pp.3-32）。关于古罗马图书我们从埃及所获资料甚少的局面有所改观，有了近年来最轰动的发现之一：这就是在罗马边陲伊布里姆古要塞（Qaṣr Ibrîm）所发现的伽卢斯（Gallus）的诗歌残卷，该本归某位恰在伽卢斯治下之省服役的罗马军官所有，可能抄写于作者在世之时。这给我们提供了关于古典时期拉丁图书设计的精彩一瞥。尤其值得注意的是其书写间距、五步格诗的缩进，以及系统使用标点来标识词的切分——这种措施在公元1世纪末已被废弃。关于伽卢斯残卷，参看安德森（R. D. Anderson）、帕森斯（P. J. Parsons）、尼斯比特（R. G. M. Nisbet）《伊布里姆古要塞出土的伽卢斯诗歌》（*Elegiacs by Gallus from Qaṣr Ibrîm*），*JRS* 69 (1979), 125-55 以及图版 IV-VI。并不意外的是，有人认为这本引人注目的书太好了不可能是真的。布伦赫尔茨尔（F. Brunhölzl）称其为假：《伪造的伊布里姆古要塞伽卢斯纸草》（Der sogennante Gallus-papyrus von Kasr Ibrîm），*Codices Manuscripti*，10（1984），43-50；布伦斯多夫（J. Blänsdorf）对此予以回应：《伽卢斯纸草是伪造的吗?》（Der Gallus-papyrus:—eine Fälschung?），*ZPE* 67（1987），43-50。

关于公元2世纪早期书写习惯的更多信息，特别是关于帝国另一端
的信息，来自于罗马要塞文德兰达（Vindolanda，即 Chesterholm），那里 249
出土了成百上千个书牍残片。其中绝大部分并不是常见的涂蜡后用铁笔刻划的书写板，而是用笔和墨水书写的桤木或桦木薄片，而且为了这个目的经过了特殊的修治。这种木制书叶，可以重叠并钉在一起做成笔记簿，其使用比我们曾经设想的要更为广泛，特别是在帝国远离纸草产地的区域。它们主要用于书信和账簿。更加详细的情况，请参看鲍曼（A. K. Bowman）和托马斯（J. D. Thomas）《文德兰达：古代拉丁写字簿》（*Vindolanda: The Latin writing tablets*，Britannia Monograph Series, 4，伦敦，1983）和《文德兰达写字簿》（*The Vindolanda writing tablets, Tabulae Vindolandenses* II, 伦敦，1994）。

这些发现，特别是伽卢斯残卷，为古典时期标点的运用以及书籍

的易读性提供了新的证据。关于标点，参看帕森斯（Parsons），前引论著，131。奥立弗（R. P. Oliver）的评论（*TAPA* 82 [1951], 241-2）提出，到 1 世纪末，相较于古代的通例，拉丁图书中有了更多的诸如标点之类的读者辅助措施，温戈（E. O. Wingo）《古典时期的拉丁文标点》（*Latin punctuation in the classical age*，海牙，1972）做了进一步的阐发。汤恩德（G. B. Townend）则持较为怀疑的观点，讨论了拉丁文本标点的困难，并特别提到了六步格诗和维吉尔：*CQ* 19 (1969), 330-44, *Proceedings of the Virgil Society*, 9 (1969—70)，76-86。也请参看米勒（W. Müller）《修辞性标点与句法性标点》（*Rhetorische und syntaktische Interpunktion*，蒂宾根大学博士学位论文，1964）和第一节引证的文献。关于文德兰达写字簿中的标点，参看亚当斯（J. N. Adams）*JRS* 85（1995），95-8。罗马图书的其他方面及其生产情况将在下面讨论。

对于罗马时期的学术，还没有全面综合的论述。第一手资料见富纳约利（G. Funaioli）《罗马文法学遗文集》（*Grammaticae Romanae fragmenta*），vol. 1，莱比锡，1907，以及其续篇，马扎里诺（A. Mazzarino）《该撒利亚时代罗马文法学遗文集》（*Grammaticae Romanae fragmenta aetatis Caesareae*），vol. 1，都灵，1955。简短论述则有：古德曼（A. Gudeman）《古典语文学历史概览》（*Grundriss der Geschichte der klassischen Philologie*），莱比锡，1909 第 2 版（达姆施塔特 1967 年重印）；莱奥（F. Leo）《罗马文学史》（*Geschichte der römischen Literatur*），vol. 1，柏林，1913，pp.355-68；富纳约利（G. Funaioli）《古代文学研究》（*Studi di letteratura antica*），vol. 1，博洛尼亚，1946，206ff.。以下论著也多有涉及：莱奥（Leo）的《普劳图斯研究》（*Plautinische Forschungen*），柏林，1912，第 2 版，以及帕斯夸利（G. Pasquali）的《传承历史与文本校勘》（*Storia della tradizione e critica del testo*），佛罗伦萨，1952，第 2 版。罗马时期学术我们最关注的几个方面，策泽尔（J. E. G. Zetzel）《古代拉丁文本校勘》（*Latin textual criticism in antiquity*，纽约，1981）曾予检讨，对本节以及下面几节中所涉及的几个问题进行了讨论；重要的补充和厘清，请见以

下评论：乔斯林（H. D. Jocelyn），*Gnomon*，55 (1983), 307-11；里夫（M. 250
D. Reeve），*CPh* 80 (1985), 85-92。卡斯特（R. A. Kaster）《苏维托尼乌斯论文法与修辞，附译、注和导读》（*C. Suetonius Tranquillus, De grammaticis et rhetoribus, edited with a translation, introduction and commentary*, 牛津，1995）有极有价值的信息。

从普劳图斯文本在古代的传播历史（尽管时有模糊之处），略可窥见罗马学术开端的情形：参看林赛（W. M. Lindsay）《普劳图斯的古代整理本》（*The ancient editions of Plautus* 牛津，1904）；莱奥（F. Leo）《普劳图斯研究》（*Plautinische Forschungen*, pp. 1-62）；帕斯夸利（Pasquali）《传承历史与文本校勘》（*Storia della tradizione*, pp. 331-54）；多伊费特（M. Deufert）《普劳图斯喜剧在古代的传播与接受》（*Textgeschichte und Rezeption der plautinischen Komödien im Altertum*, 柏林，2002）。泰伦斯文本在古代的传播历史是最近一些研究的主题，从这些研究中可以找到对以前研究的引述：格兰特（J. N. Grant）《泰伦斯文本传承研究》（*Studies in the textual tradition of Terence* (Phoenix, Suppl. Vol. 20), 多伦多，1986，pp. 1-96）；乔斯林（H. D. Jocelyn）《泰伦斯〈兄弟〉直接传播文本的两个可疑之处》（"Two questionable areas of the directly transmitted text of Terence's *Adelphoe* [vv. 115-19; 584-6]", in S. Prete [ed.], *Protrepticon Studi classici ed umanistici in onore di G. Tarugi*, 米兰，1989, pp. 45-54）。关于《布匿人》（Poenulus）序幕的混合性质，参看乔斯林（Jocelyn, *Imperator histricus*, *YCS* 21 [1969], 97-123）；关于泰伦斯《安德罗斯姑娘》（*Andria*）的另一个结局的时期，参看斯库奇（O. Skutsch, "Der zweite Schluss der *Andria*", *RhM* 100 [1957]，53-68）。乔斯林（Jocelyn）的《恩尼乌斯悲剧》（*The tragedies of Ennius*, 剑桥，1967, pp. 47-57）对古代戏剧作家特别是恩尼乌斯文本的传播历史进行了很好的论述。近来考据家将《农业志》（*De agri cultura*）文本的混乱归咎于加图本人：关于这一问题的综述，参看阿斯廷（A. E. Astin）《监察官加图》（*Cato the censor*），牛津，1978，pp. 191-203。

关于《古佚书》(*Anecdoton*) 和埃利乌斯·斯底洛 (Aelius Stilo) 及其交游圈子的考据活动，参看邦纳 (S. F. Bonner)《巴黎古佚书》(Anecdoton Parisinum)，*Hermes*, 88 (1960), 354-60。关于《古佚书》和所有考据符号及其运用的问题，乔斯林 (H. D. Jocelyn) 的系列论文曾予检讨：'The annotations of M. Valerius Probus'，*CQ* 34 (1984), 464-72, 35 (1985), 149-61，466-74。《古佚书》材料的混合性质排除了其出自单一来源——如苏维托尼乌斯 (Suetonius) 的《关于记号》(*De notis*) ——的可能性。

由于我们对西塞罗之前罗马图书业知之甚少，而西塞罗书信集中所包含的这一方面的信息极为丰富，故而阿提库斯成为关注的焦点。他所扮演的角色究竟如何，萨默 (R. Sommer，*Hermes* 61 [1926], 389-422) 曾予讨论；进一步的研究，参看：费格尔 (R. Feger)，*RE*, Suppl. 8 (1956), 517-20，比希纳 (K. Büchner)，见《古代和中世纪文献文本传播史》(*Geschichte der Textüberlieferung der antiken und mittelalterlichen Literatur*)，vol. 1，苏黎世，1961, 328。卡尔科皮诺 (J. Carcopino) 对证据进行了颇为方便的展示 (并且以不出意料的偏见进行了诠释)：《西塞罗通信的秘密》(*Les Secrets de la correspondence de Cicéron*)，vol. 2，巴黎，1947, pp. 305-29。

251 斯塔尔 (Raymond J. Starr) 的《罗马世界文学文本的传播》(The circulation of literary texts in the Roman World，*CQ* 37[1987], 213-23) 对罗马时代的"出版"流程进行了颇为清楚的说明。另参范格勒宁根 (B. A. van Groningen)，*ΕΚΔΟΣΙΣ*, *Mnem*. Ser. 4，16 (1963), 1-17；肯尼 (Kenney)，前引论著，19。

第五节　帝国初期的发展

克勒贝格 (T. Kleberg)《古代图书出版与图书贸易》(*Buchhandel und Verlagswesen in der Antike*，达姆施塔特，1967，pp. 22-68) 对罗马图书业进行了总体叙述。范德瓦尔克 (M. H. L. M. van der Valk)《书籍编辑整理在古代》('On the edition of books in antiquity'，*Vigiliae Christianae*,

11 [1957], 1-10）强调了 *bibliopolae*（书商）在图书出版中所起到的作用，特别是在马提雅尔时代。

马歇尔（A. J. Marshall）《古罗马图书馆资料与创作》（Library resources and creative writing at Rome，*Phoenix*, 30 [1976], 252-64）探讨了图书馆与文学之间的关系。近期发现的《解忧论》（*Περὶ ἀλυπίας*，MS Salonica, Vlatadon 14）披露了许多 2 世纪罗马图书馆的信息。参看尼科尔斯（M. C. Nicholls）《从〈解忧论〉看盖伦与图书馆》（Galen and libraries in the *Peri Alupias*），*JRS* 101（2011），123-42。

关于罗马共和国时代以及帝国时代早期的教育，参看邦纳（S. F. Bonner）《古罗马的教育》（*Education in ancient Rome*），伦敦，1977。

廷帕纳罗（S. Timpanaro）《古代维吉尔文献研究史通考》（*Per la storia della filologia virgiliana antica*, 罗马，1986）对关于维吉尔的学术研究的历史和品质进行了检讨（有以下书评：霍斯福尔 [N. Horsfall]*CR* 37 [1987], 177-80，乔斯林 [H. D. Jocelyn] *Gnomon*, 60 [1988], 199-202）。关于西吉努（Hyginus），廷帕纳罗与持怀疑观点的以下学者进行了商榷：古尔德（G. P. Goold），*HSCP* 74 (1970)，161-2；策泽尔（Zetzel），同上，77（1973）。关于维吉尔文本的传播，参看考特尼（E. Courtney）《维吉尔文本的形成》（The formation of the text of Vergil），*BICS* 28 (1981)，13-29；策泽尔（Zetzel）《拉丁文本校勘》（*Latin textual criticism*），pp. 246-8。

普罗布斯（Probus）在古代文本方面所做工作的性质和重要性得到了重新的检视，重要论著参见乔斯林（Jocelyn）前面所引 *CQ* (1984-5) 中的论文；廷帕纳罗《古代维吉尔文献研究史通考》（*Per la storia*），pp. 77-127；德尔维戈（M. L. Delvigo）《维吉尔文本与间接传承：普罗布斯异文》（*Testo virgiliano e tradizione indiretta. Le varianti probiane*, Biblioteca di Materiali e discussioni per l'analisi dei testi classici, 5），比萨，1987。普罗布斯对贺拉斯文本的影响，布林克（C. O. Brink）《贺拉斯论诗：〈诗艺〉》（*Horace on poetry: the 'Ars Poetica'*, 剑桥，1971，pp. 35-8）进行了检核。以上这些就是早期文学研究的总体书目，从中可以找到更多对普罗布斯

考据工作的否定性评价。维吉尔的帕拉廷抄本显示出受到普罗布斯影响的迹象。

第六节　2 世纪的复古风

252 关于旧书贸易，参看克勒贝格（T. Kleberg）《古罗马的古董书贸易》（Antiquarischer Buch- handel im alten Rom），*Annales Acad. Reg. Scient. Upsaliensis*, 8 (1964), 21-32。格利乌斯（Gellius）所述多有虚构，这一事实最早是由霍尔福德—斯特雷文斯（L. A. Holford-Strevens）揭示来出的，令人们对其所提到的可观卷帙产生怀疑：策泽尔（Zetzel）《参校提罗本：2 世纪学术论札》（Emendavi ad Tironem: some notes on scholarship in the second century A.D），*HSCP* 77 (1973)，225-43；霍尔福德—斯特雷文斯（Holford-Strevens）《格利乌斯书中的事实与虚构》（Fact and Fiction in Aulus Gellius），*Liverpool Classical Monthly*, 7.5 (1982), 65-8；《奥勒斯·格利乌斯》（*Aulus Gellius*），修订本，牛津，2003，pp. 190-2。

斯塔提里乌斯·马克西姆斯（Statilius Maximus）在《论土地法》（*De lege agraria*）里的跋识引发了热烈的讨论：策泽尔（Zetzel）《斯塔提里乌斯·马克西姆斯与安东尼时代的西塞罗研究》（Statilius Maximus and Ciceronian studies in the Antonine Age），*BICS* 21 (1974), 107-23；佩切雷（O. Pecere）《斯塔提里乌斯·马克西姆斯跋识与西塞罗〈论土地法〉的传承》（La subscriptio di Statilio Massimo e la tradizione delle Agrarie di Cicerone），*IMU* 25 (1982), 73-123；马丁（D. E. Martin）《斯塔提里乌斯跋识与古代晚期的文本校理》（The Statilius subscriptions and the editions of late antiquity），收入布赖特（D. F. Bright）和拉梅奇（E. S. Ramage）主编的《古典文本及其传承：向 C. R. 特拉曼致敬论文集》（*Classical texts and their traditions: studies in honor of C. R.Trahman*），奇科（Chico），1984, pp. 147-54；廷帕纳罗（Timpanaro）《古代维吉尔文献研究史通考》（*Per la storia*），pp. 200-9。

第七节 纲目和注

关于古代末期的注家和文法学家仍有许多有待研究：譬如说，关于普里希安（Priscian），现在还没有深入的研究。卡斯特（R. A. Kaster）的《语言的守护者：古代末期的文法学家和社会》（*Guardians of language: The grammarian and society in late antiquity*, 伯克利、洛杉矶，1987）对他们的社会地位和教育角色进行了检视。关于他们文献研究工作的方方面面，我们有策泽尔的《拉丁文本校勘》（*Latin textual criticism*）和廷帕纳罗（Timpanaro）的《古代维吉尔文献研究史通考》（*Per la storia*）。对多纳图斯的全面研究，有霍尔茨（L. Holtz）《多纳图斯与文法学教育：多纳图斯〈大、小艺〉及其传播（四至九世纪）与校理研究》（*Donat et la tradition de l'enseignement grammatical, Étude sur l'Ars Donati et sa diffusion (IV*^{e}*-IX*^{e} *siècles) et édition critique*），巴黎，1981。尼斯比特（R. G. M. Nisbet）和哈伯德（M. Hubbard）的《贺拉斯注：诗歌集第一卷》（*A Commentary on Horace: Odes, Book I*），牛津，1970，pp. xlvii-li，对贺拉斯各位注家有一个很好的概述。

第八节 从卷轴到册叶

罗伯茨（C. H. Roberts）关于册叶书的经典论著现在有了修订本：罗伯茨和斯基特（T. C. Skeat）的《册子本起源考》（*The Birth of the Codex*），牛津，1983；对此，麦考密克（M. McCormick）有一篇重要的书评，载 *Scriptorium*，39 (1985)，150-8。近年来关于册叶书的其他研究，参看罗伯茨（Roberts）《早期基督教埃及的抄本、社会和信仰》（*Manuscipt, society and belief in early Christian Egypt*），牛津，1979；特纳（E. G. Turner）《早期册叶书的类型》（*The typology of the early codex*），费城，1977；比肖夫（B. Bischoff）《古代罗马和中世纪西方古 253
字体学》（*Paläographie des römischen Altertums und des abendländischen Mittelalters*），柏林，1979，pp. 34-8；斯基特（Skeat）《标准纸草卷轴的长度和册叶书的成本优势》（The length of the standard papyrus roll and the

cost-advantage of the codex）对卷轴和册叶的相对成本进行了大致估算，载 *ZPE* 45 (1982), 169-75。

在《喀里斯的伊索格拉底册叶书》（*The Kellis Isocrates codex, P. Kell. III Gr.95*, 牛津 1997）一书中，沃普（K. A. Worp）和莱克斯巴隆（A. Rijksbaron）报告了一个惊人的发现，发现了由九叶木片所组成的册子，内容是伊索格拉底前三篇文章。图书生产经济与册叶装的扩散，巴格诺（Roger S. Bagnall）进行了讨论，见《埃及早期基督教图书》（*Early Christian books in Egypt*），普林斯顿，2009，50-90。

关于古代末期图书生产和传播的其他方面，参看阿恩斯（E. Arns）《圣哲罗姆之后的书籍技术》（*La Technique du livre d'après Saint-Jérôme*），巴黎，1953；卡瓦洛（G. Cavallo）《古代末期的图书与公众》（Libro e pubblico alla fine del mondo antico），收入卡瓦洛（G. Cavallo）主编的 *Libri, editori e pubblico nel mondo antico: Guida storica e critica* (Universale Laterza, 315)，巴里（Bari），1975, pp. 83-132, 149-62；《查士丁尼时代图书的传播》（La circolazione libraria nell'età di Giustiniano），收入阿奇（G. G. Archi）主编的 *L'imperatore Giustiniano: storia e mito, Giornate di studio a Ravenna, 14-16 ottobre 1976*, 米兰，1978, pp. 201-36。哲罗姆对文本致误之由和校正文本所涉及的问题显示出非凡的了解，参看赫利（K. K. Hulley）《圣哲罗姆所知晓的校勘原则》（Principles of textual criticism known to St. Jerome），*HSCP* 55 (1944)，87-109，以及甘贝拉雷（L. Gamberale）《哲罗姆的语文学实践与方法原则》（Pratica filologica e principi di metodo in Girolamo），*RFIC* 135（2007），329-46。

我们对古代字体的概述只能是极其简略的；最近的权威论述，参看前引比肖夫（Bischoff）书 71-106。那也是仅限于古代的字体。关于文学文本有时用旧的罗马草体所写的证据，见比肖夫，前引书，81 nn. 68, 70，佩切雷（Pecere），*La tradizione*（见下），p. 240，n. 309。除了他们所引的文献之外，也许还可以再加上格里菲思（J.G. Griffith），*MH* 25 (1968), 105，格兰特（Grant）《泰伦斯文本传承研究》（*Studies in the textual tradition of Terence*)，pp.13-15。

第九节 4世纪西罗马帝国的世俗世界与基督教世界

我们对4世纪世俗世界与基督教世界之间冲突的认识，近年来有了相当大的改变，这从下列研究（皆与本书主旨相关）可以看出来：莫米利亚诺（A. Momigliano）《四世纪世俗世界与基督教世界之间的冲突》(*The conflict between paganism and Christianity in the fourth century*)，牛津，1963，特别是其中布洛赫（H. Bloch）贡献的那一部分，pp. 193-218；马库斯（R. A. Markus）《四世纪的世俗世界与基督教世界》(Paganism, 254
Christianity and the Latin classics in the fourth century)，收入宾斯（J. W. Binns）主编《四世纪的拉丁文学》(*Latin literature of the fourth century*)，伦敦，1974，pp. 1-21；卡梅伦（A. Cameron）《罗马最后的异教徒》(*The last pagans of Rome*，牛津，2011）对传统观点提出了一个很重要的修正。卡梅伦(Alan Cameron)对马克罗比乌斯(Macrobius)《农神节》(*Saturnalia*)时期的重新认定(*JRS* 56 [1966]，25-38)已经得到广泛接受；反对观点见德普（S. Döpp）《马克罗比乌斯〈农神节〉时期的认定》(Zur Datierung von Macrobius' *Saturnalia*)，*Hermes*，106 (1978)，619-32。

对这两种文化之间冲突的更为全面的讨论，参看兰德（E. K. Rand）《中世纪的缔造者》(*Founders of the Middle Ages*)，剑桥，1929年第2版；莱斯特纳（M. L. W. Laistner）《罗马帝国晚期的基督教和世俗文化》(*Christianity and pagan culture in the later Roman empire*)，纽约州伊萨卡市，1951 (康奈尔平装本，1967)；《六世纪至十世纪西欧的思想与文学》(*Thought and letters in Western Europe, A.D.* 500—900)，伦敦，1957年第2版，pp. 25-53；还有富克（H. Fuch）的论文'Bildung', in *Reallexikon für Antike und Christentum*, vol. 2 (1954), cols. 350-62。现在已经有可能对4世纪两位最具影响的人物哲罗姆和奥古斯丁的思想和行为进行准确的评价，因为有哈根达尔（H. Hagendahl）的一系列细致研究：《拉丁教父与古典》(*Latin fathers and the classics*)，"哥德堡大学希腊与

拉丁研究集刊”第 6 种（Studia Graeca et Latina Gothoburgensia, 6），哥德堡，1958，再加上《哲罗姆和拉丁古典》（'Jerome and the Latin Classics', *VCh* 28 [1974], 216-17）、《奥古斯丁和拉丁古典》（*Augustine and the Latin classics*），“哥德堡大学希腊与拉丁研究集刊”第 20 种 (Studia Graeca et Latina Gothoburgensia, 20)，哥德堡，1967。关于最后一种，参看奥唐奈（J. J. O'Donnell）《奥古斯丁的古典阅读》（Augustine's Classical Readings），《奥古斯丁研究》（*Recherches Augustiniennes*），15（1980），144-75。

关于风格与品味，参看查芬（C. E. Chaffin）在《古典世界》（*The ciassical world*，Literature and Western Civilization, ed. D. Daiches and A. Thorlby）一书中的有关论述，伦敦，1972，pp. 461-86。

第十节　跋识

关于跋识研究的最基础的工作仍然是奥托·雅恩（Otto Jahn）的《罗马古典抄本跋识考论》（'Über die Subscriptionen in den Handschriften römischer Classiker'，*Berichte über die Verhandlungen der Sächsischen Gesellschaft der Wissenschaften*，Phil.-hist. Classe 3 [1851]，327-72）。策泽尔（J. E. G. Zetzel）《拉丁文本校勘》（*Latin textual criticism*）pp. 209-31 提供了一个世俗作者抄本跋识的列表，十分有用。关于跋识的研究文献，除了上文第六节提到过的以外，还应补上策泽尔的《李维和弗龙托抄本跋识以及“修正”的含义》（'The subscriptions in the manuscripts of Livy and Fronto and the meaning of *emendatio*', *CPh* 75 [1980], 38-59）；佩切雷（O. Pecere）《跋识与拉丁文本传承，以阿普列乌斯抄本 Laur. 68.2 为例》（'Esemplari con *subscriptiones* e tradizione dei testi latini', l'Apuleio Laur. 68, 2' in C. Questa and R. Raffaelli (edd.), *Il libro e il testo*, 乌尔比诺，1984, pp. 111-37）；《从抄本跋识看四世纪五世纪拉丁文本的传承》（'La tradizione dei testi latini tra IV e V secolo attraverso i libri sottoscritti', in A. Giardina (ed.), *Tradizione dei classici, transformazioni della cultura* [Società Romana e
255 Impero Tardoantico, 4]，罗马 - 巴里 1986，pp. 19-81, 210-46）。最后一种有

关于整个问题的极为详尽的参考文献。关于 Laur. 39.1，参看阿曼纳蒂（G. Ammannati），*MD* 58（2007）227-39。

关于罗马帝国广场作为学术中心，参看马罗（H.-I. Marrou），《罗马历史研究院考古与历史杂志》（*Mélanges d'archéologie et d'histoire de l'École française de Rome*），49 (1932)， 94-110，扩充后收入《教父与人文主义：杂志》（*Patristique et humanisme: Mélanges*），巴黎，1976，pp. 65-80。

第二章

第一节 罗马帝国的学术与文学

整体上参看桑兹（Sandys）《古典学术史》（*History of classical scholarship*）。关于古代文法学家在句法研究方面的贡献，参看瓦克纳格尔（J. Wackernagel）《句法讲义》（*Vorlesungen über Syntax*），巴塞尔，1950 年第 2 版，现在有了兰斯洛（D. R. Langslow）的英文译本，并附很有价值的注，牛津，2009。关于阿提卡主义，最基本参考书仍然是施密德（W. Schmid）《阿提卡主义及其主要代表》（*Der Attizismus in seinen Hauptvertretern*），斯图加特，1887—96；不过有一个方便的概论，是里尔登（B. P. Reardon）《公元二、三世纪的希腊流行文学》（*Courants littéraires grecs des IIe et IIIe siècles après J.-C.*），巴黎，1971，pp. 81-91；他的书是对这一阶段文学的一个很有价值的综览。特纳（E. G. Turner）的几篇论文对奥克西林库斯（Oxyrhynchus）的知识生活进行了引人入胜的描写，见《埃及考古杂志》（*Journal of Egyptian Archaeology*），38 (1952)，pp. 78-93，以及《赖纳大公纸草通讯》（*Mitteilungen der Papyrussammlung Erzherzog Rainer*），5 (1956)，141-6。

作为 2 世纪学术概貌的一个注脚，我们也许可以加上，在哈德良统治时期有一个叫做尼卡诺（Nicanor）的文法学家写了一部关于《伊利亚特》标点的研究著作，有许多片断保留在抄本 MS. Marc. gr. 454 的集注里。他的系统十分复杂，无疑部分由于这个原因，我们看不到其稍微广泛一点采用的痕迹。从某些方面来讲，医者盖伦是那个时期最优秀的学者，关于盖伦，拉瑟福德（W. G. Rutherford）的论述仍然值得一读：《注释史的一章》（*A chapter in the history of annotation*），伦敦，1905，pp. 47-57；另外请参看下面“伊拉斯谟”一节的注文。

第二节　基督教会和古典研究

关于基督徒和教育，参看马罗（H. -I. Marrou）《古代教育史》（*Histoire de l'éducation*），pp. 451-71。对早期基督教护教论者，查德威克（H. Chadwick）《早期基督徒思想与古典传统》（*Early Christian thought and the classical tradition*，牛津，1966）进行了很好的介绍。其他好的介绍有耶格（W. Jaeger）《早期基督教与希腊教养》（*Early Christianity and Greek*
256 *paideia*），哈佛1961—牛津1969，维弗斯特兰（A. Wifstrand）《早期教会和希腊教养》（*Die alte Kirche und die griechische Bildung*），伯尔尼，1967。诺伊舍费尔（B. Neuschäfer）《奥利金作为语文学家》（*Origenes als Philologe*，巴塞尔，1987）对奥利金的学问进行了深入的讨论。关于教会对古典学的影响（主要在严格意义上的拜占庭时期），威尔逊（N. G. Wilson）有一个概述，见《古典与西方》（*Antike und Abendland*），16 (1970)，68-77。

关于圣巴西尔的有时被称为第二十二条说教（实际上是写给他自己的侄子）中的作者意图，有各种各样的观点。马罗（Marrou，p. 462）强调，其建议并不是推荐学习古典作家，而是在异教文本教学大纲已然存在的前提下，保证让学生受益而不受害。另一方面，认为圣巴西尔不过是不情愿地接受的看法，大概也是不对的；这篇文章的语调里并没有敌意。最近的整理本有威尔逊的《圣巴西尔论希腊文学的价值》（*Saint Basil on the value of Greek literature*，伦敦，1975）和纳尔迪尼（M. Naldini）的《圣巴西尔：说给年轻人的话》（*Basilio di Cesarea: Discorso ai giovani*，佛罗伦萨，1984）。

西米利蒂斯（C. Simelidis）整理的《纳西昂的格里高利诗选》（*Selected*

poems of Gregory of Nazianzus，哥廷根，2009）有极好的导言和注释。

关于焚书的讨论，见福布斯（C. A. Forbes），*TAPA* 67 (1936), 114-25，以及施派尔（W. Speyer）综论性专著《异教、犹太教和基督教对图书的思想审查与焚毁》（*Büchervernichtung und Zensur des Geistes bei Heiden, Juden und Christen*），斯图加特，1981。12 世纪教会审查制度的有关文件，见格吕梅尔（V. Grumel）《君士坦丁堡牧首法令档案》（*Regestes des actes du patriarcat de Constantinople*，伊斯坦布尔，1947）第 1003、1008 号。

第三节 拜占庭时代早期

关于这一节所讨论的主题，参看威尔逊更为全面的论述《拜占庭学者》（*Scholars of Byzantium*），伦敦，1983。关于集注起源的讨论，参看威尔逊的论文，载奎斯塔等（C. Questa and R. Raffaelli）主编《抄本与文本国际会议论文集（乌尔比诺，1982 年 9 月 20—23 日）》（*Il libro e il testo, Atti del Convegno internazionale, Urbino 20-23 settembre 1982*），乌尔比诺，1985，pp. 105-10。关于集注的内容，参看上面第一章第三节注文中所列威尔逊的论文。

维拉莫维茨（Wilamowitz）的为学校编选戏剧的假说是在其《希腊悲剧导论》（*Einleitung in die griechische Tragödie*）中提出的，见于其所整理的欧里庇得斯《赫拉克勒斯》（*Herakle*）第一卷，1895 年第 2 版及其后来重印本 pp. 175-80, 196-8。其基本观点，巴托尔德（T. Barthold）1864 年在其波恩大学学位论文中已导其先声。这一假说，巴雷特（W. S. Barrett）曾予调查检验。见《欧里庇得斯〈希波吕托斯〉》（*Euripides Hippolytos*），牛津，1964，pp. 50-3。

古代末期学校或者大学的历史尚不明朗。关于贝鲁特的法律学校，从克拉克（M. L. Clarke）《古代高等教育》（*Higher education in antiquity*，
伦敦，1971, pp. 116-17，并附有进一步的参考文献）一书引人入胜的描写 257
中可以得到一些认识。

第四节　希腊文本在东方

对于东方省份运用当地白话的情况，麦克马伦（R. MacMullen）有一个评论，见 *AJP* 87 (1966), 1-16。关于古代末期埃及和叙利亚的双语文化，参看利希泰姆（M. Lichtheim）《基督教东方的自治与统一》（Autonomy versus unity in the Christian East），载小林恩·怀特（Lynn White Jr.）主编《罗马世界的嬗变：两百年后看吉本问题》（*The transformation of the Roman world: Gibbon's problem after two centuries*），加里福尼亚大学出版社，1966，pp. 119-46。

关于《新约》东方译本的讨论，参看梅茨格（B. M. Metzger）《新约早期译本》（*The early versions of the New Testament*），牛津，1977；巴尔（J. Barr）有书评，见 *JTS* 30 (1979)，290-303。

鲍姆施塔克（A. Baumstark）《叙利亚文学史》（*Geschichte der syrischen Literatur*，波恩，1922）对希腊文本的叙利亚语翻译进行了汇列。关于尼西比（Nisibis）和伊德撒（Edessa）的学校，可以参考沃布斯（A. Vööbus）的《尼西比学校的历史》（*History of the school of Nisibis*），鲁汶，1965。关于个别作者的研究，参看鲍姆施塔克，《古典语文学年鉴》（*Jahrbücher für classische Philologie*），增刊 Vol. 21 (1894), 357-524，《亚里士多德与叙利亚文本》（*Aristoteles bei den Syrern*），莱比锡，1900，乌利希（G. Uhlig）的狄奥尼修斯·特拉克斯（Dionysius Thrax）整理本，莱比锡，1883, pp. xliv-xlvi，奥比诺（M. Aubineau）的尼撒的圣格里高利（Gregory of Nyssa）整理本，《论贞洁》（*De virginitate*）（= “基督教会资料”[Sources Chrétiennes]，vol. 119)，巴黎，1966，pp. 223-5，麦克劳德（M. D. Macleod）和威克姆（L. R. Wickham），*CQ* 20 (1970), 297-9。伊里古安（J. Irigoin）《古希腊文本的传承与校勘》（*Tradition et critique des texts grecs*，巴黎，1997）p.57 指出，普鲁塔克《论制怒》（*De cohibenda ira*）中的异文，一定也存在于叙利亚译本所依据的原本中。科尔塞拉（A. Corcella），《东方基督教期刊》（*Orientalia Christiana periodica*）74（2008）389-416 在一部 9 世纪关于叙利亚语修辞的论著中发现了两处对黑留都勒

斯（Heliodorus）《埃塞俄比亚》（*Aithiopica*）3.10 的引用。亦可参看瓦特（J. W. Watt）《修辞学与哲学：从希腊到叙利亚》（*Rhetoric and philosophy from Greek into Syriac*，法纳姆 [Farnham]，2010）。

对阿拉伯语译本和侯奈因·伊本·易司哈格（Hunain ibn Ishaq）的最好的介绍是沃尔泽（R. Walzer），*HSCP* 63 (1958), 217-31，文中有更为详细的参考文献。加布里埃利（F. Gabrieli）有一个十分有用的文献综览，见 *Al-Andalus*, 24 (1959), 297-318。也可参看施特罗迈尔（G. Strohmaier）《荷马史诗在巴格达》（Homer in Baghdad），*Byzantinoslavica* 41 (1980), 196-200。对于使用阿拉伯语译本要克服什么样的困难，可以期待什么样的收获，卡塞尔（R. Kassel）进行了颇为有益的说明，见《亚里士多德〈修辞学〉的文本》（*Der Text der aristotelischen Rhetorik*），柏林，1971，pp. 88-92, 125-6, 141-2。丢番图（Diophantus）新的整理本有塞西亚诺（J. Sesiano），柏林，1982，以及拉希德（R. Rashed），巴黎，1984；后者有书评，布尔默—托马斯（I. Bulmer-Thomas），*CR* 34 (1984), 255-8。关于盖伦，参看威尔基（J. S. Wilkie），*JHS* 101 (1981), 145-8，以及威尔基（J. S. Wilkie）和弗利（D.J. Furley）的《盖伦论呼吸与动脉》（*Galen on respiration and arteries*），普 258
林斯顿，1984, pp. 263-9, 或者他们此前的预告，见 *CR* 22 (1972), 164-7。另可参看恩德雷斯（G. Endress）主编的《希腊阿拉伯专题论集 II》（*Symposium graecoarabicum II*，Archivum graecoarabicum I），阿姆斯特丹，1989。盖伦《论正确书写》（*De libris propriis*）中的一处阙文，如今因发现阿拉伯译本而得以补正。参看布东（V. Boudon），*BICS Supplement* 77（2002），9-18。

李约瑟（Joseph Needham）《中国的科学与文明》（*Science and civilization in China*），vol. 1, 剑桥，1954, p. 219 让我们注意到伟大的阿拉伯医生和炼金术士拉齐（Rhazes）生命中的一段饶有意思的插曲，他给一位到巴格达访问的中国学者口述了盖伦的著作。

关于亚美尼亚语译本，参看勒罗伊（M. Leroy），*Ann. Inst. de phil. et d'hist. orient.* 3 (1935), 263-94，他提到了卡利马库斯；似乎在这一领域没有更新的综述了。关于柏拉图亚美尼亚语译本的最新研究，参看尼科尔

（W. S. M Nicoll），*CQ* 16 (1966), 70-4。研究表明，新柏拉图学派普罗克鲁斯（Proclus）的格鲁吉亚语译本所依据的是更好的抄本。参看京特（H.-C. Günther），《普罗克鲁斯〈神学基础〉译本及其对普罗克鲁斯文本校勘的意义》（*Die Übersetzungen der Elementatio Theologica des Proklos und ihre Bedeuting für den Proklostext*），莱顿，2007。

有时候我们不得不考虑被翻译为另一种东方语言的译本，不过这种情形非常少见，就迄今为止已经发现的这类译本的数量而言，似乎并不值得在正文中提到。柏拉图《理想国》有些段落只保存在拿哈马地（Nag Hammadi）发现的科普特文的（Coptic）诺斯替抄本（Gnostic codex）中；参看科尔佩（C. Colpe），*Jahrbuch für Antike und Christentum*, 15 (1972), 14。

不晚于 7 世纪一些希腊文本有了巴列维（Pehlevi）译本。研究中提到的有伪托卡里斯提尼（Pseudo-Callisthenes）所讲的关于亚历山大大帝的传说、《农书》（*Geoponica*）和两部星象学著作：维提乌斯·瓦林斯（Vettius Valens）的文集和巴比伦的透瑟（Teucer of Babylon）的《同升星》（*Paranatellonta*）。参看纳利诺（C. A. Nallino）在《布朗六十庆寿纪念文集》（*Studies presented to E. G. Browne*，剑桥，1922）中的论文（后又收入其 *Raccolta di scritti editi e inediti*, vol. 6, 罗马，1948, pp. 285-303）。对于希腊文本研究者而言，甚至埃塞俄比亚语译本有时候也有其价值。中世纪动物寓言集的名为《自然哲学家言》（Physiologus）的希腊文原本，也有一本埃塞俄比亚语译本。该译本跟希腊文原本跟得很紧，至迟不晚于 7 世纪，其后希腊文本的情况我们所知甚少。参看阿尔佩斯（K. Alpers），*Vestigia Bibliae*, 6 (1984), 57 n. 8。同一作者，*Gnomon*, 56 (1984), 497-500，可以找到对尼西亚信经（Nicaean creed）历史的研究者有用的资料。关于教父文本的更为详悉的信息，参看卢西尼（G. Lusini），*Studi classici e orientali*, 38 (1988)，469-93。

帕万（M. Pavan）和科佐利（U. Cozzoli）汇编了研究各种语言译本的论文：《东方语译本中的古典遗产》（*L'eredità classica nelle lingue orientali*），罗马，1986。

第五节 9世纪的文艺复兴

这一节和下一节讨论的问题，威尔逊《拜占庭学者》(*Scholars of* 259
Byzantium)有更全面的讨论，伦敦(修订本)，1996。

关于弗提乌斯，有些问题仍在争论中：研究者提出的《群书提要》(*Bibliotheca*)的编写时间相差很大，而关于其编写方法，也存在分歧。他描写朋友们在他家聚会的那一段，勒梅勒(P. Lemerle)进行了翻译和讨论，见于其极有价值的研究,《拜占庭人文主义的第一阶段》(*Le premier humanisme byzantin*)，巴黎，1971, pp. 197-8 (英文译本 *Byzantine humanism: the first phase*, 堪培拉，1986，pp. 229-30)。关于迻写(transliteration)，参看隆柯尼(F. Ronconi)《希腊文本的迻写》(*La trasliterazione dei testi greci*)，斯波莱托(Spoleto)，2003。

第六节 拜占庭时代晚期

关于图书馆和图书生产，参看《拜占庭图书与图书人：敦巴顿橡树园研讨会》(*Byzantine books and bookmen: a Dumbarton Oaks colloquium*, 华盛顿特区，1975)所收论文，以及威尔逊，*GRBS* 8 (1967)，53-80。通过笔迹或者图书生产中所形成的特点进行抄工勘同，在极少数情况下进行抄写坊勘同，是我们在拜占庭古典学方面的认识向前推进的主要途径之一。主要学者的亲笔手稿仍还在辨认中，而我们关于抄写坊的认识也进展缓慢。关于所涉及的方法，参看伊里古安(J. Irigoin)，*Scriptorium*, 12 (1958), 208-27 和 13 (1959), 177-209。对黑梅尔丁格(B. Hemmerdinger, *BZ* 56 [1963], 24)所提出原则的反驳，仍然构成一个严重的诘难，但是没有必要认为这种调查方法(名曰"册子本学"[codicology])所得出的结果全部无效。伊里古安将一些希腊历史学家的全部为每页三十二行的抄本加以勘同，也许就是这个方法成功适用的一个例子：《希腊文本的传承与校勘》(*Tradition et critique des textes grecs*)，巴黎，1997，45-50;《希腊文本的传承》(*La tradition des textes grecs*)，巴黎，2003，295-309。

关于普塞罗斯(Psellus)，尚无令人满意的研究(克里亚拉斯 [E.

Kriaras] 发表于 *RE* 的那篇论文留下了许多亟待研究的问题）。所提到的两篇文学论文，现在已由戴克（A. R. Dyck）进行了很好的整理和翻译：《米迦勒·普塞罗斯：论欧里庇得斯与皮西狄亚的乔治、论黑留都勒斯与阿基里斯·塔提乌斯》（*Michael Psellus: the essays on Euripides and George of Pisidia and on Heliodorus and Achilles Tatius*），维也纳，1986。

泰泽（Tzetzes）在一册修昔底德抄本上的亲笔批注由卢扎托（M.J. Luzzatto）发现，《泰泽读修昔底德：抄本 Pal. gr. 252 上的亲笔批注》（*Tzetzes lettore di Tucidide: note autografe sul codice Palatino Greco 252*），巴里（Bari），1999。尤斯塔修斯（Eustathius）为《伊利亚特》所做的注，现在已由范德瓦尔克（M. van der Valk）根据其存世稿本（Laur. 59.2-3）进
260 行了整理（莱顿，1971—1987，其整理前言和校勘记极有价值，对尤斯塔修斯的学术渊源和方法进行了述评）。皇家本（Reginensis）gr.132 和 133 被认定是普拉努得斯（Planudes）所译《变形记》（*Metamorphoses*）和《列女志》（*Heroides*）的部分手稿。

第三章

第一节　黑暗时代

研究黑暗时代思想文化史最重要的通论性著作中，应当一提的有库塞尔（P. Courcelle）《西方的希腊文学：从马克罗比乌斯到迦修多儒》（*Les Lettres grecques en Occident de Macrobe à Cassiodore*，巴黎，1948 年第 2 版）；里谢（P. Riché）《西方野蛮世界的教育与文化：从六世纪到八世纪》（*Éducation et culture dans l'Occident barbare, VIe-VIIIe siècles*，巴黎，1972 年第 3 版），康特雷尼（J. J. Contreni）译为英文（*Education and culture in the barbarian West, sixth through eighth centuries*，南卡罗莱纳州哥伦比亚 1976）；比肖夫（B. Bischoff）《六世纪至查理曼改革的抄书坊和抄本经济人》（Scriptoria e manoscritti mediatori di civilità dal sesto secolo alla riforma di Carlo Magno），载《早期中世纪研究意大利中部研究周》（*Settimane di studio del Centro italiano di studi sull' alto medioevo*），11（斯波莱托

1963)，479-504，又收入其《中世纪研究》(*Mittelalterliche Studien*)，vol. 2，斯图加特，1967，pp. 312-27；还有前面引过的莱斯特纳（Laistner）和马罗（Marrou）的相关论著。基础文献是洛（E. A. Lowe）的《拉丁古抄本目录》(*Codices Latini Antiquiores*)，vols. 1-12, 牛津，1934—1971，作为补充的有比肖夫和布朗（V. Brown），见 *MS* 47（1985），317-66。这包含了 9 世纪之前所有拉丁抄本的影印和描述。

关于黑暗时代古典文化的失坠，参看雷诺兹（L. D. Reynolds ）主编的《文本与传承：拉丁古典文献概览》(*Texts and transmission: a survey of the Latin classics*)，牛津，1983, pp. xiv-xvii。

约翰内斯·吕杜斯（Johannes Lydus）所引塞涅卡的文字，可以参看格克（Gercke）整理的《自然问题》(*Naturales quaestiones*)，莱比锡，1907, pp. 157-9。福尔根提乌斯(Fulgentius)所引佩特罗尼乌斯(Petronius)的文字，可以参看米勒（K. Müller）整理的《萨蒂利孔》(*Satyricon*)，慕尼黑，1961，pp. 185-94；亦可参看恰菲（V. Ciaffi)《福尔根提乌斯和佩特罗尼乌斯》(*Fulgenzio e Petronio*)，都灵，1963。布拉加的马丁（Martin of Braga)写于 570 年至 579 年之间、献给苏维汇(Suevic)国王密尔(Mir)的《诚实的生活方式》(*Formula vitae honestae*)是对塞涅卡的一部今已亡佚的著作(大概就是《论职责》)的改写(参看 E. Bickel, *RhM* 60 [1905], 505-51)。与他的《论愤怒》(*De ira*)——对塞涅卡同题论著的精心借用、拼凑，现仅有中世纪孤抄本(Escorial M.111.3, 10 世纪)——不同的是,《诚实的生活方式》一书在中世纪及以后都极为流行。该书通常题为《四德论》
(*De quattuor virtutibus cardinalibus*)，一般被颇有见地甚至颇有诗学道理 261
地系于塞涅卡名下。更多信息请参看巴洛（C. W. Barlow)《布拉加的马丁全集》(*Martini episcopi Bracarensis opera omnia*)，康涅狄格州纽黑文，1950。

关于研究迦修多儒的参考文献，参看莫米利亚诺（A. D. Momigliano）的重要论文《迦修多儒和他那个时代的意大利文化》(‘Cassiodorus and the Italian culture of his time’，*PBA* 41 (1955)，207-45，又收入（附有更为精选的参考文献）其《古典学史研究之二》（*Secondo contributo alla storia degli studi classici*），罗马，1960，pp. 219-29，以及《历史学研究》（*Studies in Historiography*），伦敦，1966（平装本，1969），pp. 181-210。奥唐奈（J. J. O'Donnell）《迦修多儒》（*Cassiodorus*，伯克利，1979）强调迦修多儒在创建维瓦利姆修道院（Vivarium）时所图有限，并试图贬低其影响（参看卡梅伦 [Averil Cameron] 的评论《迦修多儒祛魅》[Cassiodorus Deflated]，*JRS* 71 [1981]，183-6）。

博比奥修道院（Bobbio）最古老的抄本来自于维瓦利姆修道院（Vivarium）的这一假说是1911年由贝尔（R. Beer）提出的，在众多学者特别是库塞尔（P. Courcelle，《西方的希腊文学：从马克罗比乌斯到迦修多儒》[*Les Lettres grecques*]，357-88）的反驳下被粉碎。库塞尔所提出的鉴定，得到了布洛赫（H. Bloch，*CLA* vol. 4 in *Speculum* 25 [1950], 282-7）和比肖夫（《中世纪研究》[*Mittelalterliche Studien*] vol. 3，斯图加特，1981，p.152 n.17）的验证。迈纳斯（R. A. B. Mynors）整理的《迦修多儒教范》（*Cassiodori Senatoris Institutiones*，牛津，1937）提供了《教范》的一个校本和极有价值的引得；另参库塞尔（P. Courcelle）《迦修多儒草稿的历史》（Histoire d'un brouillon cassiodorien），*REA* 44 (1942)，65-86。

对伊西铎（Isidore）及其古典资源的全面研究，有方丹（J. Fontaine）的《塞维利亚的伊西铎与西班牙西哥特的古典文化》（*Isidore de Seville et la culture classique dans l'Espagne wisigothique*），三卷本，巴黎1959—1983。从伊西铎的《藏书遍略》（*Versus in bibliotheca*，比松 [C. H. Beeson] 主编《伊西铎研究》[*Isidor-Studien*, Quellen und Untersuchungen zur lateinischen Philologie des Mittelalters, 4.2，慕尼黑，1913], pp.157-66）得出塞维利亚主教藏书中的古典内容似乎有点危险。其著作传播的著名故事，最近得到了比肖夫（B. Bischoff）的权威考论：《伊西铎著作在欧洲的传播》（Die europäische Verbreitung der Werke Isidors von Sevilla，*Isidoriana. Estudios sobre San Isidoro de Sevilla en el XIVcentenario de su nacimiento*，里昂，1961，pp. 317-44），又收入《中世纪研究》（*Mittelalterliche Studien*），vol. 1，

斯图加特，1966，pp. 171-94。

关于早期重写本的基本事实和数字（可以从《拉丁古抄本目录》[*CLA*]得到补充），参看洛（E. A. Lowe）《重写本》（'Codices rescripti'，载《欧仁·蒂塞让杂志》[*Mélanges Eugène Tisserant*]，vol. 5，梵蒂冈 1964 [Studi e Testi, 235]，pp. 67- 112），又收入《古字体学论文集》（*Palaeographical papers*），牛津 1972，vol. 2, pp.480-519。关于著名重写本的详细研究，参看福朗（J. Fohlen）《梵蒂冈重写本 Pal. lat. 24 研究》（Recherches sur le manuscrit palimpseste Vatican, Pal. lat. 24），载《抄写与文明》（*Scrittura e civiltà*），3 (1979)，195-222。

第二节 爱尔兰和英格兰

早期爱尔兰人对古典的知晓达到了什么样的程度，仍然存在争论， 262
而他们的古典知识的广度，往往无疑被夸大了。争论主要围绕着一个十分主观的问题：科伦班努（Columbanus）对于古典诗歌——譬如其《给费多利乌姆的诗》（*Carmen ad Fedolium*）所见的——熟稔，究竟是在爱尔兰还是在欧洲大陆学到的。科恰（E. Coccia）《加洛林时代之前的爱尔兰文化——是奇迹还是神话？》（'La cultura irlandese precarolina—miracolo o mito?'，*Studi medievali* 3rd ser. 8 (1967), 257-420）提出了否定的观点。对爱尔兰古典文化的审慎辩护，参看比勒尔（L. Bieler）《古典在凯尔特爱尔兰》（'The classics in Celtic Ireland'，in R. R. Bolgar (ed.), *Classical influences on European culture A. D. 500-1500*，剑桥 1971, pp. 45-9）；斯坦福（W. B. Stanford）《爱尔兰和古典传统》（*Ireland and the classical tradition*），都柏林，1984 年第 2 版，pp.1-18。科伦班努（Columbanus）的著作，有沃克（G. S. M. Walker）整理的《圣科伦班努文集》（*Sancti Columbani opera*，Script. Lat. Hiberniae，vol. 2，都柏林，1957），不过他对爱尔兰的古典文化有些夸大其辞，参看埃斯波西托（M. Esposito）所写的书评，载 *C&M* 21 (1960), 184-203。比肖夫（B. Bischoff）有两篇关于爱尔兰学术活动的重要论文：《爱尔兰修道院与欧洲大陆之间的关系》（'Il monachesimo

irlandese nei suoi rapporti col continente'，*Settimane*, 4 [斯波莱托 1957], 121-38）和《中世纪早期拉丁解经学历史的转折点》（'Wendepunkte in der Geschichte der lateinischen Exegese im Frühmittelalter'，*Sacris Erudiri*, 6 [1954], 189-279）；并皆收入其《中世纪研究》（*Mittelalterliche Studien*），vol. 1, pp. 195-205，205-73。对于早期爱尔兰文化的极为精彩的介绍，参看比勒尔（L. Bieler）《爱尔兰，中世纪的滥觞》（*Irland*，*Wegbereiter des Mittelalters*, 奥尔滕 [Olten] 等地，1961；英文版 , *Ireland, harbinger of the Middle Ages*, 牛津—伦敦，1963）。

对不列颠岛古典学问的整体情况的概览，参看布朗（T.J. Brown）的《五到十一世纪不列颠岛运用拉丁古典的历史回顾》（An historical introduction to the use of classical Latin authors in the British Isles from the fifth to the eleventh century），载 *La cultura antica nell' occidente latino dal VII all' XI secolo, Settimane, 22*（斯波莱托 1975)，vol. 1, pp. 237-99。

盎格鲁—萨克逊的英格兰古典文本，如今有了更为确切的证据。奥格尔维（J. D. A. Ogilvy）的《英国人所知道的典籍》（*Books known to the English*，Medieval Academy of America Publications, 76, 马萨诸塞州坎布里奇 , 1967）仍然有用，不过需加以别择，某些部分已经被后来居上：格诺伊斯（H. Gneuss）《迄于 1100 年抄于或者藏于英格兰的抄本初步汇列》（'A preliminary list of manuscripts written or owned in England up to 1100'，*Anglo-Saxon England* 9 [1981], 1- 60）；拉皮奇（M. Lapidge）《盎格鲁—萨克逊的英格兰存世书目》（'Surviving Booklists from Anglo-Saxon England，in M. Lapidge and H. Gneuss (edd.), *Learning and literature in Anglo-Saxon England' studies presented to Peter Clemoes on the occasion of his sixty-fifth birthday'* 剑桥 , 1985, pp. 33-89）。莱斯特纳（M. L. W. Laistner）对比德（Bede）的古典资源进行了全面深入的研究，论文有《比德作为古典作品和教父作品研究者》（'Bede as a classical and a patristic scholar'，*Tr. Royal*
263 *Hist. Soc.,* 4th ser. 16 [1933], 69-94）和《比德藏书考》（'The library of the Venerable Bede'，载 *Bede: his life, times, and writings'* ed. A. H. Thompson,

牛津，1935，pp. 237- 66），并皆收入其论文集《早期中世纪的文化遗产》（*The intellectual heritage of the early Middle Ages*，ed. Chester G. Starr, 绮色佳，纽约州 , 1957），pp. 93-116, 117- 49。关于比德，另可参看萨瑟恩（R. W. Southern）《中世纪人文主义及其他研究》（*Medieval humanism and other studies*，牛津，1970），pp. 1-8。

阿尔昆（Alcuin）描写约克图书馆馆藏图书的诗句，见于其《关于约克教会圣徒的诗》（*Versus de sanctis Euboricensis Ecclesiae*），1535ff.，由迪姆勒（E. Dümmler）整理，刊于 *MGH, Poetae latini aevi Carolini*，vol. 1，柏林，1880—1881，pp. 203-4，如今戈德曼（P. J. Godman）重新校注，《约克的主教、国王和圣徒》（*The bishops, kings, and saints of York* (Oxford Medieval Texts)），牛津，1982。

第三节 盎格鲁—萨克逊传教士

莱文森（W. Levison）《八世纪的英格兰与欧洲大陆》（*England and the Continent in the eighth century*，牛津，1946）仍然是关于盎格鲁—萨克逊传教活动的权威研究著作，重点参看 pp. 132-73。曾一度归费希尔（E. Fischer）收藏的查士丁（Justinus）残卷如今下落不明。故而现在发现了第二叶，尤为值得欣幸：克里克（J. Crick）《查士丁〈梗概〉残卷》（'An Anglo-Saxon fragment of Justinus's *Epitome*', *Anglo-Saxon England*, 16 (1987), 181-96，以及图版 VIII。（译者按：以上关于查士丁残卷的信息，应当归下节，对应正文在 p.92。）

第四节 英伦岛对古典文本的影响

关于爱尔兰和英格兰在古典文本传播过程中所起到的作用，难以遽作评断，其困难之一就是"岛系传承"这一术语的含糊性。以下几种情形皆可视为"岛系传承"：某一文本的一个或多个抄本：或者实际抄写于英伦岛；或者在欧洲大陆用岛系字体抄写；或者与某个爱尔兰或盎格鲁—萨克逊机构有关系；又或者可以看出（多少有些推测的成分）其某个已经亡佚的范本属于以上几种类型之一。参看杜姆维勒（D.N. Dumville）《中世纪早期英伦岛教会与罗马文献的保存：历史学与古字体学的重新评估》（The early medieval insular churches and the preservation of Roman literature: towards a historical and palaeographical re-evaluation），载佩切雷和里夫（O. Pecere and M. D. Reeve）主编《古典文本传承的形成阶段》（*Formative stages of classical traditions*），斯波莱托，1995，pp.197-237。

文化从意大利流行到英伦岛然后再流回到欧洲大陆的路线，就文本的传播而言，基本上就是今所谓“浪漫之路”（*romantische Strasse*），而且，一些《圣经》文本传承谱系历历可考，比如富尔达（Fulda）和厄克特纳（Echternach）的福音书（Fulda, Bonifat. 3; Paris lat. 9389），又比
264 如更加一目了然的阿米亚提努斯抄本（Laur. Amiat. 1），英格兰在其文本传承中所起到的作用无可置疑。这部重要的《圣经》抄本抄写于威尔茅斯（Wearmouth）或者贾罗（Jarrow），是西欧弗里德（Ceolfrid）制作三个全本《圣经》计划的一部分，而且几乎可以肯定是比德本人所用，不过抄本装饰的大部分参照的是迦修多儒（Cassiodorus）的抄写于维瓦利姆（Vivarium）、今已亡佚的“大抄本”，该本乃西欧弗里德自罗马携至诺桑比亚（Northumbria），是其678年跟随本笃·波斯哥（Benedict Biscop）意大利之行的成果之一；后来西欧弗里德带着阿米亚提努斯抄本前往罗马，欲献之于教皇，716年中道卒于朗格勒（参看 R. L. S. Bruce Mitford, *Journal of the British Archaeological Association*, 3rd ser. 32 [1969], 1-25; J. W. Halporn, ‘Pandectes, Pandecta, and the Cassiodorian commentary on the Psalms’, *Revue bénédictine*, 90 [1980]，290-300，尤其是 297ff.)。

第五节　加洛林复兴

查理曼大帝教育运动的宗旨，在他给鲍格尔夫（Baugulf，794—800年任富尔达修道院院长）的委任状中有全面而又清楚的表述。瓦拉赫（L. Wallach）对这一文件进行了整理，并予以全面的讨论，发表于 *Speculum*，26 (1951)，288-305，后收入他的《阿尔昆与查理曼》（*Alcuin and Charlemagne*），绮色佳，纽约州，1959，修订版，1967，pp. 198-226。尤其值得注意的是，瓦拉赫考证，从这个委任状的思想和行文风格来看，似乎是出于阿尔昆的手笔。关于宫廷学院的教育作用，参看布伦赫尔茨尔（F. Brunhölzl），'Der Bildungsauftrag der Hofschule'，载 *Karl der Grosse, Lebenswerk und Nachleben*，vol. 2，*Das geistige Leben*，比肖夫（B. Bischoff）主编，杜塞尔多夫（Düsseldorf），1965, pp. 28-41。全面的研究，见布洛（D. A. Bullough）《查理曼时代》（*The Age of Charlemagne*），伦敦，1973 年第 2 版，以及他的《罗马图书与加洛林复兴》（Roman Books and the Carolingian *Renovatio*），载《教会史研究》（*Studies in Church History*），14 (1977), 23-50。布伦赫尔茨尔（F. Brunhölzl）对与加洛林宫廷有关的作家进行了概述，见《中世纪拉丁文学史》（*Geschichte der lateinischen Literatur des Mittelalters*），vol. 1，慕尼黑，1975，pp. 243-315。

第六节 加洛林小写体的发展

关于多个民族字体以及加洛林小写体的发展历史的这个简短概述，十分复杂，有些地方还存在争议，是经过必要的简化的。不过现在这些都不要紧了，我们已经有了比肖夫（B, Bischoff）的权威手册《拉丁古字体学：上古与中世纪》（*Paläographie des römischen Altertums und des abendländischen Mittelalters*），今已由克罗伊宁（D. Ó. Cróinín）和甘茨（D. Ganz）译为英文 *Latin palaeography: antiquity and the Middle Ages*，剑桥， 265
1990；还有博伊尔（Leonard Boyle，O.P.）的极有价值的书志，《中世纪拉丁古字体学：书目提要》（*Medieval Latin palaeography. A bibliographical introduction*，"多伦多中世纪书志丛书" [Toronto Medieval Bibliographies]，8），多伦多，1984。在诸多概述中值得一提的有约翰（J.J. John）的《拉丁古字体学》（Latin palaeography），收入鲍威尔（J. M. Powell）主编的《中世纪研究概论》（*Medieval studies*：*an introduction*），雪城（Syracuse），纽约州，1976，pp. 1-68； 厄尔曼（B. L. Ullman）《古代文字及其影响》

（*Ancient Writing and its Influence*），纽约，1969 年第 2 版，1980 年再版于多伦多（Medieval Academy Reprints for Teaching, 10），附有布朗（T. J. Brown）的导言以及其所补充的参考书目。

关于贝内文托体抄本，可参看洛（E. A. Loew）《贝内文托体：南意大利小写体的历史》（*The Beneventan script: a history of the South Italian minuscule*），第 2 版，由弗吉尼娅·布朗（Virginia Brown）增订，1980 年出版于罗马；还可参看洛（Lowe）的《古字体学论文集》（*Palaeographical papers*），vol.1，pp.70-91，vol. 2，pp.477-9。

用西哥特体抄写的古典文本抄本至少有四个：奥索尼乌斯(Ausonius）的一个 9 世纪抄本，由西班牙移民抄写于里昂（Leiden, Voss. Lat. F. 111）；泰伦斯的一个 11 世纪抄本（Madrid, Vitr. 5-4）；泰伦斯的另外一个 12 世纪抄本的残本（León, Cathedral, fragm. 3）；卢坎（Lucan）的一个 11 世纪末 12 世纪初的抄本（Vat. Ottob. lat. 1210 + Vat. Pal. lat. 869）。

用前加洛林小写体（pre-Caroline minuscule）抄写的两个抄本，一是 Vienna lat. 277，现存内容包括格拉提乌斯（Grattius）的《狩猎》（*Cynegetica*）和伪奥维德（pseudo-Ovidian）的《垂钓》（*Halieutica*），曾经还有大量的拉丁诗歌（法国，可能是在里昂）；二是 Munich Clm 29216（7，维吉尔的一个残本，意大利）。两者都抄写于 8 世纪。卢克莱修传本以及马提雅尔和斯塔提乌斯传本的某些部分所包含的讹变，似乎出现在前加洛林小写体里。

第七节　加洛林图书馆与拉丁古典

关于加洛林宫廷图书馆，参看比肖夫（B. Bischoff）《查理曼的帝国图书馆》（Die Hofbibliothek Karls des Grossen），载《查理曼》（*Karl der Grosse*）pp. 42-62（=*Mitt. Stud.* vol. 3, pp.149-69）；他还整理了载有该馆藏书目的那个抄本的影印本，《杂钞 Diez. B Sant. 66：拉丁文法杂钞暨书目》（*Sammelhandschrift Diez. B Sant. 66. Grammatici latini et catalogus librorum*），格拉茨（Graz），1973。值得注意的是，该书目的编定者，一

位意大利人，只有兴趣记下馆藏中的古典图书。关于将卢克莱修和维特鲁威（Vitruvius）文本由宫廷抄经处抄写的考定，参看 *IMU* 15 (1972), 38 n. 3；*Mitt. Stud.* vol. 3, p. 282。

关于查理曼后继者虔敬者路易（Louis the Pious）和秃头查理（Charles the Bald）的藏书，参看比肖夫《虔敬者路易治下的帝国图书馆》(Die Hofbibliothek unter Ludwig dem Frommen)，载亚历山大（J. J. G. Alexander）和吉布森（M. T. Gibson）主编的《中世纪的学问与文学：向理查德・威廉・亨特致敬论文集》(*Medieval learning and literature*：*essays presented to Richard William Hunt*)，牛津，1976，pp. 3-22 （= *Mitt. Stud.* vol. 3, pp. 266
170-86）；麦克基特里克（R. McKitterick）《秃头查理及其图书馆》(Charles the Bald [823- 877] and his library)， 见 *The English Historical Review*, 95 (1980), 28-47。在人们所知道的献给秃头查理或者为他所抄写的图书中，有一个维吉提乌斯（Vegetius）抄本，是由利雪（Lisieux）主教弗莱库尔夫（Freculphus）特为校正献上的。一个阿庇西乌斯的精美抄本被认为是另一件贡品。

加洛林人在形成其图书(尤其是帝国图书馆藏书)时所汲取的资源，比肖夫曾予以讨论：《本笃会修士与古典文献传承》(Das benediktinische Mönchtum und die Überlieferung der klassischen Literatur)，*Studien und Mitteilungen zur Geschichte des Benediktiner- Ordens und seiner Zweige*, 92 (1981), pp.165-90, 尤其是p.170；亦可参看雷诺兹(L. D. Reynolds)主编的《拉丁古典文本及其传承概览》（*Texts and transmission: a survey of the Latin classics*），牛津，1983, pp. xvii-xxiv。

关于哈多德（Hadoard）和科比修道院（Corbie），参看比肖夫（B. Bischoff)《哈多德与来自科比修道院的古典作家抄本》(Hadoardus and the manuscripts of classical authors from Corbie)，见普雷特（S. Prete）主编，*Didaskaliae: studies in honor of Anselm M. Albareda*, 纽约，1961，pp. 41-57，又发表（德文）于 *Mitt Stud.* vol. 1，pp. 49-63。

对于加洛林图书馆所藏图书的考察，主要是基于存世目录或者相关具体文本的历史。从这些目录中所得出的信息，尽管在有些地方已经过时，被马尼提乌斯（M. Manitius）汇集于《中世纪书目中的古代作家文本的抄本》（*Handschriften antiker Autoren in mittelalterlichen Bibliothekskatalogen*）（《图书馆学文摘》[Zentralblatt für Bibliothekswesen]，增刊 67），莱比锡，1935。也可参看比肖夫（B. Bischoff）《查理曼时代抄本传统概览》（Panorama der Handschriftenüberlieferung aus der Zeit Karls des Grossen），见《查理曼》（*Karl der Grosse*），vol. 2，pp. 233-54 (=*Mitt Stud.* vol. 3, pp. 5-38)；《加洛林早期抄本及其来源》（Frühkarolingische Handschriften und ihre Heimat），*Scriptorium*，22 (1968), 306-14。

关于这些中心在拉丁文本传承中所扮演角色的更进一步的信息，可从雷诺兹（L. D. Reynolds）主编的《文本与传承》（*Texts and transmission*）一书中检得，该书对所有拉丁古典文本的抄本传承都给了简要的论述。一部囊括从 9 世纪到 12 世纪末约三千个抄本并标出其来源出处的目录，由奥尔森（B. Munk Olsen）编定：*L'étude des auteurs classiques latins aux XIe et XIIe siècles: catalogue des manuscrits classiques latins copiés du IXe au XIIe siècle*, vols. 1-3, 巴黎，1982-9。关于各个中心的研究，可参看，比如比肖夫（B. Bischoff）*Lorsch im Spiegel seiner Handschriften*，慕尼黑，1974；佩莱格林（E. Pellegrin）'La Tradition des textes classiques latins à l'abbaye de Fleury-sur-Loire'，*RHT* 14 (1984), 155-67。关于拉丁文本首次见载于存世抄本的时间，《文本与传承》（*Texts and transmission*）进行了论述，见 xxvii ff.；关于它们流行程度对比的情况，参看奥尔森（B. Munk Olsen）'La Popularité des textes classiques entre le IXe et le XIIe siècle'，*RHT* 14–15（1984—
267 1985，实际上出版于 1986），169-181，收入其 *La réception de la littérature classique au Moyen Âge*, 哥本哈根，1995，pp.21-34；该卷汇集了研究拉丁作家文本 9 世纪到 12 世纪传播情况颇有价值的一些论文，尤其值得注意的是第 3 篇和第 4 篇：'Les poètes classiques dans les écoles au IX siècle'（原载 *De Tertullien aux Mozarabes, Mélanges J. Fontaine*，巴黎，1992，pp.197-210）和 'Les classiques au X siècle'pp.47-54（原载 *Mittellateinisches*

Jahrbuch 24-25[1991]341-347）。另一部有价值的汇编是沙瓦纳 - 马扎尔（C. A. Chavannes-Mazal）和史密斯（M. M. Smith）主编的 *Medieval manuscripts of the Latin classics: production and use*，加州洛斯阿尔托斯山—伦敦，1995，尤其是甘茨（D. Ganz）'Lucretius in the Carolingian age: The Leiden MSS and their Carolingian readers'，pp. 91-103； 莫斯特（M. Mostert）'The tradition of classical texts in the MSS of Fleury'，pp.19-40。也请注意奥尔森（B. Munk Olsen）'The production of the classics in the 11th and 12th centuries'，pp.1-17。

关于图书馆和抄经坊在文本传播方面所起到的作用，有许多信息见于奥尔森（B. Munk Olsen）和帕蒂门金（P. Petitmengin）引证宏富的论文：'Les Bibliothèques et la transmission des textes'，见 *Histoire des bibliothèques françaises,* vol. 1, *Les Bibliothèques médiévales. Du vi^e siècle à 1530*，巴黎，1989，pp. 415-36。

第八节 加洛林学术

这个"萨克逊校正者"的身份最早是比肖夫（B. Bischoff）在 1965 年亚琛查理曼展的目录中揭示出来的：参看 *Karl der Grosse, Werk und Wirkung*, Aachen 1965 (= *Charlemagne, œuvre, rayonnement et survivances*, Aix-la-Chapelle 1965), pp. 202-3。关于顿戈（Dungal）的更多的信息，参看比肖夫 'Die Bibliothek im Dienste der Schule'，*Settimane*，19 (斯波莱托 1972), 410-12； 法拉利（M. Ferrari）'In Papia conveniant ad Dungalium'，*IMU*15 (1972), 1-32。关于哈多德（Hadoard），见第七节的注；也可参看比松（C. H. Beeson）'The Collectaneum of Hadoard'， *CPh* 40 (1945), 201-22。瓦拉弗里德 · 斯特拉波（Walafrid Strabo）的摘抄本由比肖夫考定并加以描述，见 'Eine Sammelhandschrift Walafrid Strabos (Cod. Sangall. 878)'，*Aus der Welt des Buches, Festschrift Georg Leyh* (Zentralblatt für Bibliothekswesen, Beiheft 75)，莱比锡，1950, pp. 30-48；该文增补后又发表于 *Mitt. Stud*. vol. 2，pp. 34-51，增补内容包括对瓦拉弗里德在贺拉斯

（Horace）文本传承中所起作用的发掘。关于对塞涅卡的摘抄，参看雷诺兹（L. D. Reynolds）《塞涅卡书信集的中世纪传承》（*The medieval tradition of Seneca's letters*），牛津，1965, pp. 92-3 和图版 I；关于对科路美拉的摘抄，参看约瑟夫松（Å. Josephson）《科路美拉抄本》（*Die Columella-Handschriften*），乌普萨拉（Uppsala），1955，PP. 39-41。

268 莱斯特纳（M. L. W. Laistner）《思想与书信》（*Thought and Letters*），pp. 252-9，有关于卢普斯的很好的综述。基本参考文献是冯・塞维鲁（P. E. von Severus）《卢普斯・费里埃：生平及其九世纪时在古代知识方面承上启下的工作》（*Lupus von Ferrières, Gestalt und Werk ernes Vermittlers antiken Geistesgutes an das Mittelalter im 9. Jahrhundert*），威斯特法伦州的明斯特（Münster in Westf.），1940。还可参看露安妮・马尔（Luanne Meagher O.S.B.）《卢普斯・费里埃的格利乌斯抄本》（*The Gellius Manuscript of Lupus of Ferrières*），芝加哥，1936；比松（C. H. Beeson）《作为抄写者和校勘者的卢普斯》（*Servatus Lupus as scribe and text critic*, Medieval Academy of America Publications, 4），坎布里奇，马萨诸塞州，1930（是卢普斯亲笔抄录的《论演说家》（*De oratore*）的影印整理本）。卢普斯注过或者校过的其他图书的书目，参看佩莱格林（E. Pellegrin）《卢普斯・费里埃的抄本》（Les Manuscrits de Loup de Ferrières），*BEC* 115 (1957), 5-31；除了这些之外，还可以再加上一个普鲁登提乌斯(Prudentius）抄本（Wolfenbüttel, Aug. 8° 56.18），比肖夫在《沃尔芬比特的贡献》（*Wolfenbütteler Beiträge*）2（1973），106（= *Mitt Stud.* vol. 3, p. 306）提到了这个本子以及优西比乌—哲罗姆的编年史的一个抄本（Berlin, Phill. 1872：参看席普克 [R. Schipke], *Studien zur Buch- und Bibliotheksgeschichte, Hans Lülfing zum 70. Geburtstag,* 柏林 1976, pp. 33-8）。卢普斯的学术兴趣在他的书信里有生动的展示，他的书信集由勒维兰整理为两卷本，巴黎，1927—1935；托伊布纳出版社（Teubner）也出了一本《卢普斯书信集》（*Servati Lupi epistolae*），由马歇尔（P. K. Marshall）整理，莱比锡，1984。

关于泰奥德夫（Theodulfus）所进行的文本校勘，参看昆廷（H. Quentin）《圣经拉丁文通行本校勘备忘：第一册，〈旧约〉前八卷》（*Mémoire sur l'établissement du texte de la Vulgate,* vol. 1, *L'Octateuque*），罗马，1922, pp. 290-3，以及帕斯夸利（G. Pasquali）《传承历史与文本校勘》（*Storia della tradizione*），p. 155 n. 2。

黑里克（Heiric）的摘抄文萃，我们现在有了一个很好的整理本，夸德里（R. Quadri）*I 'Collectanea' di Eirico di Auxerre* (Spicilegium Friburgense, 11)，弗里堡（Fribourg），1966。关于这个包含了梅拉（Mela）和尤利乌斯·帕里斯（Julius Paris）的文萃的最为引人入胜的传承故事——因为从古代一直到文艺复兴时期几乎每一步都历历可考，参看比兰诺维奇（Gius. Billanovich）'Ancora Dall' antica Ravenna alle biblioteche umanistiche'，*IMU* 36 (1993) 107—74；戈姆利等（C. M. Gormley, M. A. Rouse, R. H. Rouse）《鲍姆鲍尼乌斯·梅拉的〈地理志〉在中世纪的传播》（The medieval circulation of the *De Chorographia* of Pomponius Mela），*MS* 46 (1984)，266-320。

第九节 加洛林的黄昏

关于拉忒利乌斯（Ratherius）与李维第一部的文本，参看比兰诺维奇（Gius. Billanovich）《从拉忒利乌斯本李维到彼特拉克本李维》（Dal Livio di Raterio (Laur. 63. 19) al Livio del Petrarca (B.M. Harl. 2493)），*IMU* 2 (1959)，103-78。卡图卢斯文本传承的早期历史以及拉忒利乌斯在其中所发挥的作用，仍然未知其详，参看塔兰特（R.J.Tarrant）《文本与传播》（*Texts and transmission*），p. 43。拉忒利乌斯还曾藏有马尔提亚努斯·凯佩拉（Martianus Capella）的抄本并批注其上 (Voss. Lat. F. 48)，参看莱奥纳尔迪（C. Leonardi）《拉忒利乌斯和马尔提亚努斯·凯佩拉》（Raterio e Marziano Capella），*IMU* 2 (1959)，73-102。

米特里希（F. Mütherich）撰有《奥托三世的图书馆》（The library of 269
Otto III），发表于《中世纪文化中书籍的作用：牛津大学国际学术研讨会论文集，1982年9月26日至10月1日》（*The role of the book in medieval culture. Proceedings of the Oxford International Symposium 26 September-1 October 1982*）（Bibliologia 3-4），蒂尔瑙特（Turnhout），1986，pp. 11-26。关于李维第四部的文本的早期历史，参看比兰诺维奇（Gius. Billanovich），*JWI* 14 (1951), 183ff.；麦克唐纳（A. H. McDonald）牛津古典文本第五卷的前言，牛津，1965，pp. xff.。

多尔博（F. Dolbeau）新发现的洛贝斯（Lobbes）修道院书目，有助于我们了解这一地区对文本传播的贡献：《新见十一、十二世纪洛贝斯抄本目录》（Un nouveau catalogue des manuscrits de Lobbes aux XIe et XIIe siècles），*Recherches Augustiniennes*, 13 (1978), 3-36, 14 (1979), 191-248。关于洛贝斯所藏克劳狄安抄本的研究，参看巴布科克（R. G. Babcock）的《克劳狄安在十世纪的再次流传》（A revival of Claudian in the tenth century），*C&M* 37 (1986), 203-21。

用威尔士小写体抄写奥维德《爱的艺术》（*Ars amatoria*）的那个抄本后来归顿斯坦（Dunstan）：亨特（R. W. Hunt）《圣顿斯坦得自格拉斯顿伯里的古典抄本》（*Saint Dunstan's classbook from Glastonbury*，Umbrae Codicum Occidentalium, 4），阿姆斯特丹，1961。

第十节　卡西诺山的重振

前文讨论贝内文托字体时曾提及卡西诺山的抄本。布伦赫尔茨尔（F. Brunhölzl）《论卡西诺山的古典传统》（*Zum Problem der Casinenser Klassikerüberlieferung*，Abhandlungen der Marburger Gelehrten Gesellschaft, 1971，no. 3，慕尼黑，1971）提出，卡西诺山的有些孤本，可能来源于古代晚期的（可能是位于卡西诺的）一个私人图书馆。其他重要研究，参看布洛赫（H. Bloch）《中世纪盛期卡西诺山的教师与图书馆》（Monte Cassino's teachers and library in the High Middle Ages，*Settimane*，19 [斯波莱托 1972]，563-605）和《〈罗马金城记〉撰者考》（'Der Autor der "Graphia aureae urbis Romae"'，*Deutsches Archiv*，40 [1984], 55-175）；卡瓦洛（G.

Cavallo）《贝内文托—卡西诺地区文本的传播》（‘La trasmissione dei testi nell’area beneventano-cassinese’，*Settimane*，*22*［斯波莱托 1975], 257-424）。布洛赫对于卡西诺山的历史特别是其建筑和艺术作品的精彩研究今已出版：《中世纪的卡西诺山》（*Monte Cassino in the Middle Age*），三卷本，罗马，1986。参看纽顿（F. Newton）《1058—1105年卡西诺山的抄经坊与图书馆》（*The scriptorium and library at Montecassino 1058—1105*），剑桥，1999。

《文本与传播》（*Texts and transmission*）对那些在其传承过程中卡西诺山曾起过决定性作用的文本进行了简要介绍，并附进一步的参考文献。总体而言，在中世纪时期，卡西诺山的抄本秘不示人。塞涅卡的《对话录》是例外，其卡西诺山本直到文艺复兴时期才开始流行。关于塞涅卡的《对话录》，参看雷诺兹（L. D. Reynolds）《塞涅卡〈对话录〉在中世纪的传承》（The Medieval Tradition of Seneca’s *Dialogues*）*CQ* 18 (1968),
355-72；关于后来人文主义者在该修道院的发现，参看洛莫纳科（F. Lo 270
Monaco）‘Note su codici cassinesi tra Quattro et Cinquecento’，[Miscellanea Cassinese, 48]，*Monastica IV*，卡西诺山，1984。

第十一节 12世纪的复兴

哈斯金斯（C. H. Haskins）的经典研究，《十二世纪的复兴》（*The Renaissance of the twelfth century*）（坎布里奇，马萨诸塞州，1927），流行不替，在五十周年之际得到了庆祝和重新评价，参看本森（R. L. Benson）、康斯特布尔（G. Constable）和拉纳姆（C. D. Lanham）主编的《十二世纪的复兴和更新》（*Renaissance and renewal in the twelfth century*），坎布里奇，马萨诸塞州，1982（平装本，1985）。其他通论性著述有：帕雷（G. M. Paré）、布吕内（A. Brunet）、特朗布莱（P. Tremblay）《十二世纪的复兴：学校与教育》（*La Renaissance au XIIe siècle*：*les écoles et l’enseignement*），巴黎、渥太华，1933；冈迪拉克（M. de Gandillac）、若诺（E.Jeauneau）主编《关于十二世纪文艺复兴的谈话》（*Entretiens* *sur la renaissance au XIIe siècle*），巴黎—海牙，1968；布鲁克（C. Brooke）《十二世纪文艺复兴》（*The twelfth century Renaissance*），1969；魏玛（P. Weimar）主编《十二世纪的知识复兴》（*Die Renaissance der Wissenschaften im 12. Jahrhundert*），苏黎士，1981。萨瑟恩（R. W. Southern）讨论了当时英格兰的情况：《英格兰在十二世纪复兴中的位置》（The place of England in the twelfth century Renaissance），《中世纪人文主义及其他研究》（*Medieval humanism and other studies*），牛津，1970，pp.158-80。也可参看亨特（R, W. Hunt）《十二世纪复兴中拉丁古典的储存》（The deposit of Latin classics in the twelfth-century renaissance），见博尔加尔（Bolgar）主编《古典的影响》（*Classical influences*），pp. 51-5。

随着中世纪读写人口的增长，累积了大量的文学。格伦德曼（H. Grundmann）的研究可以作为一个开始：《识字与否：教育标准从古代到中世纪的转变》（*Litteratus-illiteratus:* der Wandel einer Bildungsnorm vom Altertum zum Mittelalter），*Archiv für Kulturgeschichte*, 40 (1958), 1-65 (= *Ausgewählte Aufsätze*, vol. 3，*Bildung und Sprache*，斯图加特，1978, pp. 1-66)；帕克斯（M. B. Parkes）的《民众的读写能力》（The literacy of the laity），载戴希斯（D. Daiches）和索尔比（A. Thorlby）主编的《文学与西方文明》（*Literature and western crvilization*）第二卷，《中世纪世界》（*The medieval world*），伦敦，1973，pp. 555-77；斯托克（B. Stock）《读写的含义：十一、十二世纪的书面语言与阐释模式》（*The implications of literacy. Written languages and models of interpretation in the eleventh and twelfth centuries*），普林斯顿，1983。

关于萨里斯伯里的约翰（John of Salisbury），参看：利贝许茨（H. Liebeschütz）的《萨里斯伯里的约翰生平与著述中的中世纪人文主义》（*Medieval humanism in the life and writings of John of Salisbury*），伦敦，1950；马丁（Janet Martin）《萨里斯伯里的约翰与古典文献》（John of Salisbury and the classics），摘要发表于 *HSCP* 73(1969)，319-21；《传承的运用：格利乌斯、佩特罗尼乌斯和萨里斯伯里的约翰》（Uses of tradition:

Gellius, Petronius, and John of Salisbury），*Viator*, 10 (1979), 57-76；《萨里斯
伯里的约翰所拥有的弗龙蒂努斯和格利乌斯的抄本》（John of Salisbury's
manuscripts of Frontinus and Gellius），*JWI* 40 (1977), 1-26。最后两篇论文
是关于约翰对其古典文献资源的运用的十分精彩的研究。关于马姆斯伯
里的威廉（William of Malmesbury），参看：法默（H. Farmer）《马姆斯伯
里的威廉的生平与著述》（William of Malmesbury's life and works），*Journal
of Ecclesiastical History*, 13 (1962)，39-54，以及汤姆逊（R. M. Thomson）
的一系列论文，卓荦者有《马姆斯伯里的威廉的阅读》（The reading of
William of Malmesbury），*Revue bénédictine*，85 (1975), 362-402，86 (1976),
327-35，89 (1979), 313-24，以及《马姆斯伯里的威廉的"抄写坊"》（The
"scriptorium" of William of Malmesbury），收入帕克（M. B. Parker）和沃
森（A. G. Watson）主编的《中世纪的抄工、抄本与图书馆：向克尔致敬 271
论文集》（*Medieval scribes, manuscripts and libraries: essays presented to N.
R. Ker*），伦敦，1978, pp. 117-42。威廉对西塞罗的了解尤为令人惊叹，不
过却难以准确评断，因为剑桥抄本（1444 年抄于科隆）中的作品集似乎
包含有后来来自于欧洲大陆的增益，参看汤姆逊（1975），372-7，(1976)，
330，(1979)，316。

《高卢文萃》（*Florilegium Gallicum*），厄尔曼（B. L. Ullman）发表于 *Classical Philology* 23-7（1928-32）的一系列论文曾从其与古典文本关系的角度予以讨论；最后一篇 pp.1-42 有总结。另，加涅（A. Gagnér）的《高卢文萃》（*Florilegium Gallicum*），隆德（Lund）1936，以及哈梅歇尔（J. Hamacher）的部分整理本：*Florilegium Gallicum: Prolegomena und Edition der Excerpte von Petron bis Cicero, De oratore* (Lateinische Sprache und Literatur des Mittelalters, 5), 法兰克福，1975；伯顿（R. Burton）《高卢文萃中的古典诗人》（*Classical poets in the Florilegium Gallicum*），法兰克福，1983。它被另一部重要文萃的作者所采用，《哲学家的道德训诫》（*Moralium dogma philosophorum*），霍尔姆贝格（J. Holmberg）整理，乌普萨拉（Uppsala），1929，还被 13 世纪的博韦的文森特（Vincent of

Beauvais）所采用（参看第 117 页）。

奥尔森（B. Munk Olsen）就 1200 年之前的所有采撷古典作家文本的文萃编写了一个总目，总共有超过七十个不同的集萃：'Les Classiques latins dans les florilèges médiévaux antérieurs au XIIIe siècle' *RHT* 9 (1979), 47-121, 10 (1980), 115- 72。他还进一步分析了它们的形式和宗旨：'Les Florilèges d'auteurs classiques'，*Les Genres littéraires dans les sources théologiques et philosophiques médiévales. Définition, critique et exploitation. Actes du Colloque international de Louvain-la-Neuve 25-27 mai 1981* (Publications de l'Institut d'Études Médiévales, 2nd series: *Textes, études, congrès*, vol. 5), 新鲁汶（Louvain-la-Neuve），1982, pp. 151-64。

关于在这一时期拉丁古典作家的作品如何可以改头换面用于基督教目的的精彩分析，可参看德沙内（J. M. Déchanet）对圣蒂埃里的纪尧姆（Guillaume de Saint-Thierry）的研究，'*Seneca Noster*. Des lettres à Lucilius à la lettre aux frères du Mont-Dieu'，*Mélanges Joseph de Ghellinck* vol. 2, 让布卢（Gembloux），1951，pp. 753-66。奥维德在 12 世纪的流行情形，并不像通常所设想的那样已是一个"奥维德时代"（*aetas Ovidiana*），奥尔森（B. Munk Olsen）对此进行了研究：'Ovide au Moyen Âge (du XIe au XIIe siècle)'，载于卡瓦洛（G. Cavallo）主编的 *Le Strade del testo*, 巴里（Bari），1987, pp. 67-96，又收入 *La reception*，pp.71-94。也请参看克拉克等人（J.G. Clark, F.T. Coulson, K.L. McKinley）主编的《奥维德在中世纪》（*Ovid in the Middle Ages*），剑桥，2011。

第十二节　经院哲学时代

理查德·富尔尼瓦（Richard de Fournival）的《书目》（*Biblionomia*）由德利斯勒（L. Delisle）整理，*Le Cabinet des manuscrits de la Bibliothèque
272 Nationale*, vol. 2，巴黎，1874，pp. 518-35。关于其图书馆的论述，最新的有劳斯（R. H. Rouse）《理查德·富尔尼瓦所藏抄本》（Manuscripts belonging to Richard of Fournival），*RHT* 3 (1973)，242-69；《十二、十三

世纪奥尔良的文萃与拉丁古典作家》(Florilegia and Latin classical authors in twelfth and thirteenth century Orleans), *Viator*, 10 (1979), 131-60, 尤其是138ff。厄尔曼(B. L. Ullman)做了极有价值的探索,他认为富尔尼瓦的普罗佩提乌斯抄本就是现存的Voss. Lat O. 38;参看(尤其是)《十四世纪的索邦图书馆》(The library of the Sorbonne in the fourteenth century), *Septicentennial Celebration of the founding of the Sorbonne College in the University of Paris*,教堂山(Chapel Hill),北卡罗来纳州,1953, pp. 33-47,又收入*Studies in the Italian Renaissance*,罗马,1955, pp. 41-53。还可参看巴特菲尔德(D. Butterfield)和海沃思(S.J. Heyworth)的研究,载*RHT* N.S. 6(2011),367-76。富尔尼瓦所藏另一个值得注意的抄本是阿里斯提普斯(Aristippus)翻译的《斐多篇》(*Phaedo*,参看第121页)的现存最早的本子,即今Paris lat. 16581,大概是彼特拉克抄本(参看*Plato latinus*, vol. 2: *Phaedo*, ed. L. Minio-Paluello, 伦敦,1950, pp. xi-xii)的父本。

关于塞涅卡《悲剧集》的最新最全面的研究是茨维莱因(O. Zwierlein)的*Prolegomena zu einer kritischen Ausgabe der Tragödien Senecas* (Abh. Akad. Mainz, Geistes- u. Sozialwiss. Kl. 1983.3),威斯巴登,1984。《对话录》的中世纪传承,雷诺兹(L. D. Reynolds)进行了讨论,见第十节所引论文。

英格兰修士的活动得到了斯莫利(Beryl Smalley)的揭示并引发关注,《十四世纪初期的英国修士与古代研究》(*English Friars and Antiquity in the early fourteenth century*),牛津,1960。

《英格兰图书登记册》(*Registrum librorum Angliae*),今存两个抄本,分别是牛津大学图书馆,Tanner 165,剑桥大学,Peterhouse 169。

第十三节 中世纪西方的希腊文本

贝尔申(W. Berschin)《希腊—拉丁中世纪:从哲罗姆到尼古拉斯·库斯》(*Griechisches-lateinisches Mittelalter, von Hieronymus zu Nikolaus von Kues*),是极为有用的概览,并附有丰富的参考文献,伯尔尼,1980。关

于更为早期的情况，赫伦（M. W. Herre）主编的《希腊的琼浆：早期中世纪西方对希腊的研究》（*The sacred nectar of the Greeks: the study of Greek in the West in the early Middle Ages*）有重要贡献，伦敦，1988。勒梅勒（P. Lemerle）的 *Le Premier Humanisme byzantin*，巴黎，1971, pp. 13-16，低估了在圣高尔修道院（Saint Gall）掌握一些古希腊知识的可能性；参看比勒尔（L. Bieler）为影印本巴塞尔诗篇（Basle Psalter，MS. A.vii.3）所做的导言，作为 *Umbrae Codicum Occidentalium* 的第五卷，1960 年出版于阿姆斯特丹，尤其值得注意是 p. xix。关于比萨的勃艮第奥（Burgundio of Pisa），参看克拉森（P. Classen）的专著《比萨的勃艮第奥：判断者、传播者和翻译者》（*Burgundio von Pisa, Richter, Gesandter, Uebersetzer*），海德堡，1974。勃艮第奥所藏盖伦（Galen）抄本，威尔逊进行了考证，*Scrittura e Civiltà* 7 (1983), 161-76。关于其所藏亚里士多德抄本，参看维耶
273 曼—迪姆（G. Vuillemin-Diem）和拉希德（M. Rashed）主编的 *Recherches de Théologie et Philosophie médiévales* 64（1997），136-198。米尼奥—帕鲁罗（L. Minio-Paluello）对威尼斯的詹姆斯（James of Venice）进行了考论，*Traditio*, 8 (1952), 265-304。

关于 12 世纪翻译者的基本信息以及其他许多内容，可见于哈斯金斯（C. H. Haskins）《中世纪科技史研究》（*Studies in the history of medieval science*），坎布里奇，马萨诸塞州，1927 年第 2 版，pp. 141-241。

格罗斯泰斯特（Grosseteste）对古希腊的研究，迪奥尼索蒂（A. C. Dionisotti）进行了综述，见迪奥尼索蒂（A. C. Dionisotti）、格拉夫顿（A. Grafton）和克赖尔（J. Kraye）主编的《希腊文与拉丁文的运用历史论文集》（*The uses of Greek and Latin: historical essays*），伦敦，1988，pp. 19-39。

莫贝克（Moerbeke）的学术活动可以就其多卷本《亚里士多德拉丁译本》（*Aristoteles Latinus*）展开研究，而施奈德（B. Schneider）则对研究的现状进行了颇为方便的总结，*Die mittelalterlichen griechisch-lateinischen Uebersetzungen der Aristotelischen Rhetorik*，柏林，1971, pp.5-9。莫贝克的译本在当时极为流行；其所译《修辞学》（*Rhetoric*）现存 98 个抄本，

而但丁表示，他读的就是这个译本。莫贝克的在 MS. Marc. gr. 258——阿佛洛狄西亚的亚历山大《杂著》(*opera minora*) 的祖本——中的藏书票，被拉博夫斯基（Labowsky）发现，文载 *Medieval and Renaissance Studies*, 5 (1961)，155-63。在他翻译《形而上学》(*Metaphysics*) 时，似乎用到了著名的维也纳本亚里士多德（phil. gr. 100）；见维耶曼—迪耶姆（Vuillemin-Diem），收入维泽纳（J. Wiesner）主编的 *Aristoteles, Werk und Wirkung*，柏林，1987, vol. 2，pp. 434-86。

关于这一节的这些问题，比肖夫（B. Bischoff）的两篇文章值得推荐：'The study of foreign languages in the Middle Ages'（*Speculum*, 36 (1961), 209-24）和 'Das griechische Element in der abendländischen Bildung des Mittelalters'（*BZ* 44 (1951), 27-5），两篇都收入（前者有扩充）其 *Mitt. Stud.* vol. 2，pp. 227-45 和 246-75。

第四章

第一节 人文主义

关于"人文主义"一词来源的最早的重要讨论，几乎是同时出现的：克里斯泰勒（P. O. Kristeller）《意大利文艺复兴时期的人文主义和经院主义》(Humanism and scholasticism in the Italian Renaissance，*Byzantion*, 17 [1944—1945], 346-74)，坎帕纳(A. Campana)《"人文主义"一词的来源》(The origin of the word "humanist"，*JWI* 9 [1946]，60-73)。关于最新的参考文献和进一步的讨论，参看阿韦萨尼（R. Avesani）《意大利文艺复兴时期的人文教师职业》(La professione dell' "umanista" nel cinquecento，*IMU* 13 [1970]，205-323)。

关于意大利人文主义起源的更加广阔的问题以及它在文艺复兴历史过程中所占据的地位，超出了本书所能承载的范围，不过，本章写作 274
曾参考过的一些更为全面的研究，这里可顺便一提：克里斯泰勒（P. O. Kristeller）的多篇论文、讲稿汇集为《文艺复兴思想与文学研究》(*Studies in Renaissance thought and letters*，罗马，1956）和《文艺复兴思想》

（*Renaissance thought*，vols. 1-2，纽约，1961—1965）；塞顿（Kenneth M. Setton）《意大利文艺复兴的拜占庭背景》（'The Byzantine background to the Italian Renaissance'，*Proc. Amer. Philosoph. Soc.* 100 [1956]，1-76）；西莫内（F. Simone）《法国的文艺复兴》（*Il Rinascimento francese*，都灵，1965年第2版。更新的有霍尔 [H. Gaston Hall] 的英译本 *The French Renaissance*，伦敦，1969）；斯莫利（Beryl Smalley）《英国修士》（*English friars*），pp. 280-98；厄尔曼（B. L. Ullman）《意大利文艺复兴研究》（*Studies in the Italian Renaissance*，罗马，1955）；韦斯（R. Weiss）《意大利人文主义的破晓》（*The dawn of humanisn in Italy*，伦敦，1947）、《意大利人文主义的扩散》（*The spread of Italian humanism*，伦敦，1964）以及《文艺复兴所发现的古典时代》（*The Renaissance discovery of classical antiquity*，牛津，1969）。也请参看克赖尔（J. Kraye）主编《剑桥人文主义手册》（*The Cambridge companion to Renaissance humanism*），剑桥，1996，尤其是其中里夫（M. D. Reeve）所撰"古典学术"（Classical Scholarship），pp.20-46（=《抄本与方法》[*Manuscripts and Method*]，罗马，2011，pp.255-81）。

尽管在许多方面都有些过时，但是关于重新发现古典文本的基本研究成果仍然是萨巴蒂尼（R. Sabbadini）的相关著作：《十四、十五世纪拉丁、希腊文本的发现》（*Le scoperte dei codici latini e greci ne' secoli xiv e xv*），两卷本，佛罗伦萨，1905-14，后经作者本人增订，并附加兰（E. Garin）所写书评，再版于佛罗伦萨，1967；《拉丁文本校勘史》（*Storia e critica di testi latini*），卡塔尼亚（Catania），1914，其第2版今已出版（Medioevoe Umanesimo, no. 11，帕多瓦，1971），附有新编的索引和萨巴蒂尼的著述总目。

对于"为命"（*dictamen*）和文艺复兴修辞两者发展的简要论述，参看克里斯泰勒（P. O. Kristeller）《文艺复兴思想和古典时代》（*Renaissance thought and classical antiquity*，ed. M. Mooney），纽约，1979，pp. 228ff。格拉夫顿（A. Grafton）和贾丁（L. Jardine）在其《从人文主义到人文学科》（*From humanism to the humanities*，伦敦，1986）一书中对人文主义教育

的方法和优点进行了别开生面的检讨。

关于人文主义者字体，以及著名人文主义者的生平和他们的笔迹样本，参看厄尔曼（B. L. Ullman）《人文主义者字体的起源和发展》（*The origin and development of humanistic script*），罗马，1960；德拉梅尔（A. C. de la Mare）《意大利人文主义者的笔迹》（*The Handwriting of Italian Humanists*），vol. 1, part 1，牛津，1973。相关地方也引了其他论著。

第二节　最早的人文主义者

对帕多瓦前人文主义（prehumanism）力量的真正揭示，最早当是朱斯·比兰诺维奇（Gius. Billanovich）的《最早的人文主义者与拉丁古典的传承》（*I primi umanisti e le tradizioni dei classici latini*），弗里堡（Fribourg），1953。这个圈子的成员所显示出的关于拉丁诗歌的广博知识，吉多·比兰诺维奇（Guido Billanovich）曾予考证:《诗人遗踪考》（Veterum vestigia vatum），*IMU* 1 (1958)，155-243。针对以上主张中某些部分的合理质疑，见巴特里卡（J. L. Butrica）《普罗佩提乌斯的抄本传承》（*The Manuscript Tradition of Propertius*），多伦多，1984，pp. 28-9；路德 275
维希（W. Ludwig）《洛瓦托知道卡图卢斯吗?》（Kannte Lovato Catull?），*RhM* 129 (1986)，329-57；以及，关于卢克莱修（Lucretius），里夫（M. D. Reeve），*IMU* 23 (1980), 42 n. 8。关于帕多瓦、维罗纳和威尼托的前人文主义的总体论述，可以参考吉多·比兰诺维奇（Guido Billanovich）、阿韦萨尼（R. Avesani）和加尔冈（L. Gargan）的论文，见《威尼托文化史》（*Storia della cultura veneta*），第 2 卷，"十四世纪"（*Il trecento*），维琴察（Vicenza），1976, pp. 19-170。更新的研究，参看吉多·比兰诺维奇（Guido Billanovich）《Vaticano lat. 1769 中的穆萨托的梗概和批注》（Abbozzi e postille del Mussato nel Vaticano lat. 1769），*IMU* 28 (1985), 7-35；吉多·比兰诺维奇和施密特（P, L. Schmidt）《西塞罗与帕多瓦的早期人文主义者：沃尔芬比特尔所藏 Gudiano 抄本 lat. 2》（Cicerone e i primi umanisti padovani: il codice Gudiano lat. 2 di Wolfenbüttel），同前，37-56。洛瓦托和穆萨托的

诗还没有得到很好的整理，不易得到；研究论著目录参看《诗人遗踪考》（*Veterum vestigia vatum*），p. 181。穆萨托的《埃切利尼德》（*Ecerinide*）由帕德林（L. Padrin）整理，博洛尼亚（Bologna），1900，其研究帕多瓦的塞涅卡悲剧的文本，由梅加斯（A. Kh. Megas）整理，并进行了全面的讨论，Ὁ προουμανιστικὸς κύκλος τῆς Πάδουας (*Lovato Lovati-Albertino Mussato*) καὶ οἱ τραγωδίες τοῦ *L. A. Seneca*，帖撒罗尼迦（Thessalonica），1967（英文摘要见 pp. 229-33）。关于洛瓦托的一个很好的论述，见韦斯（R. Weiss），《意大利研究》（*Italian Studies*），6 (1951), 3-28。佩托莱蒂（M. Petoletti）《洛瓦托·洛瓦蒂佚诗一首》（I *carmina* di Lovato Lovati），*IMU* 50（2009）1-50，是关于大英博物馆所藏古抄本 Add.19906 的一篇重要讨论。关于杰雷米亚·德蒙塔农（Geremia da Montagnone）的研究，有韦斯的《人文主义第一个百年》（*Il primo secolo dell' umanesimo*），罗马，1949，pp.15-20，还有厄尔曼（Ullman）的《杰雷米亚·德蒙塔农及其对卡图卢斯的引用》（Hieremias de Montagnone and his citations from Catullus），*CPh* 5 (1910), 66-82，收入《意大利研究》，pp. 81-115。关于本韦努托·坎培萨尼（Benvenuto Campesani），参看韦斯《帕多瓦市缪斯宫简报》（*Bollettino del Museo Civico di Padova*），44 (1955), 129-44。本韦努托·坎培萨尼的谜语诗不断引发猜想，对这个谜语的一个非常有才的破解，见利维（H. L. Levy）《卡图卢斯与康格兰德·德拉·斯卡拉》（Catullus and Cangrande della Scala），*TAPA* 99 (1968), 249-53；关于进一步的讨论和相关研究论著目录，参看扎法诺（E. Zaffagno）的《本韦努托·坎培萨尼的谜语诗：诗人卡图卢斯的复活》（L'epigramma di Benvenuto Campesani: "De resurectione Catulli poetae"），见 *I classici nel Medioevo e nell' Umanesimo,* Genoa, Istituto di filologia classica e medioevale, 1975, pp. 289-98；朱斯·比兰诺维奇（Gius. Billanovich）《来自维罗纳教堂的卡图卢斯》（Il Catullo della cattedrale di Verona），*Abh. Bay. Akad. D. Wiss.,* Ph.-Hist. Kl.，99 (1988)，35-57。《意大利名人录》（*Dizionario biografico degli italiani*）有戈尔尼（G. Gorni）所撰关于坎培萨尼（Campesani）、米兰（G. Milan）所撰关于杰雷

米亚·德蒙塔农（Geremia da Montagnone）和科尔（B. G. Kohl）所撰关于洛瓦托（Lovato）的条目。

第三节 人文主义的巩固：彼特拉克和他那一代人

彼得鲁奇（A. Petrucci）《弗兰齐斯科·彼特拉克的笔迹》（*La scrittura di Francesco Petrarca*），Studi e Testi，248，梵蒂冈，1967，为我们提供了一份彼特拉克抄本目录以及一份十分有用的研究论著目录。也可参看德拉梅尔（A. C. de la Mare）的《笔迹》（*Handwriting*），pp. 1-16，和《彼特拉克的悲剧集的抄本》（Petrarch's manuscript of the Tragedies），*JWI* 40 (1977), 286-90（= Escorial T.III.II of Seneca）；美第奇·劳伦佐图书
馆（Biblioteca Medicea Laurenziana）《波焦·布拉乔利尼诞生六百周年佛 276
罗伦萨抄本及文书展》（*Poggio Bracciolini nel VI Centenario della nascita. Mostra di codici e documenti fiorentini*），富比尼（Riccardo Fubini）和卡罗蒂（Stefano Caroti）编目，佛罗伦萨，1980。彼特拉克在昆体良文本上的批注，由 Maria Accame Lanzillotta 发表于 *Qauderni Petrarcheschi* 5（1988）。德诺亚克（P. de Nolhac）开创先河的研究，《彼特拉克与人文主义》（*Pétrarque et l'humanisme*，第2版，vols. 1-2，巴黎，1907）仍然有用，尽管在许多方面难免有些过时。

关于彼特拉克的《维吉尔》，参看巴利奥等（M. Baglio, A. Nebuloni Testa, M. Petoletti）整理的《维吉尔安布罗斯本批注》（*Le postille del Virgilio Ambrosiano*），帕多瓦，2006；关于彼特拉克对《苏维托尼乌斯》的注文，参看贝尔泰（M. Berte）*Petraca lettore di Svetonio*（墨西拿，2011）。关于彼特拉克与鲍姆鲍尼乌斯·梅拉，参看前面（p. 268）所引的研究论著目录。关于普罗佩提乌斯，参看厄尔曼（B. L. Ullman）《普罗佩提乌斯的抄本》（The manuscripts of Propertius），*CPh* 6 (1911)，282-301；《研究》（*Studies*），181-92；巴特里卡（J. L. Butrica）《普罗佩提乌斯的抄本传承》（*The Manuscript Tradition of Propertius*），多伦多，1984，pp.37ff。研究彼特拉克与李维的最基本的论著包括（第一个需要根据后

来比兰诺维奇本人以及其他学者的研究做大幅修订）：朱斯·比兰诺维奇（Gius. Billanovich）《彼特拉克与李维的文本传承》（Petrarch and the textual tradition of Livy），*JWI*14 (1951)，137-208，《从拉忒利乌斯本李维到彼特拉克本李维》（Dal Livio di Raterio，详见 p. 268 所引）以及《李维的文本：从罗马到帕多瓦、到阿维尼翁、到牛津》（Il testo di Livio da Roma a Padova, a Avignone, a Oxford）, *IMU* 32（1989）53-99。其《李维的文本传承与人文主义的起源》（*La tradizione del testo di Livio e le origini dell' umanesimo*）第一卷的第一部分和第二卷已经出版（帕多瓦，1981）；第二卷是彼特拉克的李维抄本的影印全本（大英图书馆，Harley 2493）。第一卷的第二部分即将出版：暂时可以参看其论文《教廷图书馆所藏李维〈历史〉》（La biblioteca papale salvò le Storie di Livio），*Studi Petrarcheschi*, 3 (1986), 1-115，其中包括最近在南锡（Nancy）发现的重要残卷（Archives Départementales IF 342/3）的图版。里夫（M. D. Reeve）的一系列论文提出了关于这个故事的某些部分的截然不同的观点，见 *Rivista di filologia* 114 (1986), 129-72, 115 (1987)，129-64，405-40；他的主要结论总结在《李维"卡诺古本"揭秘》（The "vetus Carnotensis" of Livy unmasked）一文中，载迪格尔（J. Diggle）、霍尔（J. B. Hall）、乔斯林（H. D. Jocelyn）主编的《拉丁文本及其传承研究：向布林克先生致敬文集》（*Studies in Latin literature and its tradition in honour of C. O. Brink*）（The Cambridge Philological Society, Suppl. Vol.,15），剑桥，1989, pp. 97-112。

对于任何流经阿维尼翁（Avignon）的文本的研究都彰显了阿翁尼翁的重要性。它在将抄本转输到意大利这一过程中所扮演角色的重要意义，厄尔曼在 1941 年（《语文学季刊》（*Philological Quarterly*，20 [1941]，213-17=*Studies*，pp. 29-33）已经指出，近来对具体文本的研究，十分完美地证实了他的理论。对于阿维尼翁作为一个文化中心的更为广泛的讨论，参看西莫内（F. Simone）《法国的文艺复兴》（*Il Rinascimento*），pp. 9-24；罗斯（W. Braxton Ross）的《乔瓦尼·科罗纳，阿维尼翁的历史学家》（Giovanni Colonna，historian at Avignon），*Speculum*，45 (1970)，533-45。

比兰诺维奇（Billanovich）的《最早的人文主义者》（*I primi umanisti*）pp.29-33讨论了卡西诺山抄本的重新发现以及扎诺比·德斯特拉达（Zanobi da Strada）在其中所起的作用。

第四节 科卢乔·萨卢塔蒂（1331—1406）

我们很幸运地拥有两种关于萨卢塔蒂的全面研究：厄尔曼（B. L, 277
Ullman）《科卢乔·萨卢塔蒂的人文主义》（*The humanism of Coluccio Salutati*）（Medioevo e Umanesimo, 4），帕多瓦，1963；威特（R. G. Witt）《十字路口的赫拉克勒斯：科卢乔·萨卢塔蒂的生平、著述与思想》（*Hercules at the crossroads: the life, works, and thought of Coluccio Salutati*）（(Duke Monographs in Medieval and Renaissance Studies 6），达勒姆（Durham），北卡罗来那州，1983。后者非常值得注意，因为它呈现了萨卢塔蒂本人的全景图，同时对我们理解早期人文主义的许多方面有所启发。关于萨卢塔蒂对人文主义者字体的影响，参看厄尔曼的《人文主义者字体的起源和发展》（*The origin and development*），pp. 11-19；德拉梅尔（A. C. de la Mare）《意大利人文主义者的笔迹》（*Handwriting*），pp. 30- 43。萨卢塔蒂的《论命运》（*De fato et fortuna*）中关于抄写讹误的非常重要的一段，里佐（Silvia Rizzo）作为附录收在她的书中：《人文主义语文学词典》（*Il lessico filologico degli umanisti*）（Sussidi eruditi, 26），罗马，1973，pp. 341-4。

第五节 发现的伟大时代：波焦（1380—1459）

关于波焦的发现的精彩故事，萨巴蒂尼（Sabbadini）的书仍可信从，尽管细节部分需要对照相关具体文本的研究加以检核：比如说，波焦在阿米亚努斯文本传承中所扮演的角色，需要参看卡佩莱托（R. Cappelletto）的《阿米亚努斯·马尔凯里努斯的两个抄本上的波焦批注》（Marginalia di Poggio in due codici di Ammiano Marcellino）（Vat. lat. 1873和 Vat. lat. 2969），*Miscellanea Augusto Campana* (Medioevo e Umanesimo,

44-5), 帕多瓦，1981, pp. 189-211；关于马里尤斯·维克多里努斯（Marius Victorinus），需要参看德农诺（M. De Nonno）的《马里尤斯·维克多里努斯〈文法学〉的传承与扩散》(Tradizione e diffusione di Mario Vittorino grammatico)，*Rivista di filologia* 116 (1988), 5-59。他的书信生动记述了他的发现。哈思（H. Harth）有一个新的整理本：《波焦·布拉乔利尼书信集》(*Poggio Bracciolini Lettere*)，vols. 1-3, 佛罗伦萨，1984—7；涉及其抄本发现的书信，由戈登（P. W. G. Gordan）汇集并翻译为《文艺复兴时期两个猎书者：波焦·布拉乔利尼致尼古拉·尼古利的信》(*Two Renaissance book hunters: the letters of Poggius Bracciolini to Nicolaus de Niccolis*) (Records of Civilization: Sources and Studies, 91)，纽约，1974。也请参看克拉克（A. C. Clark）《意大利的发现》(*Inventa Italorum*)(Anecdota Oxoniensia, Classical Series, Part 11)，牛津，1909。波焦 1415 年春天对克吕尼的考察仍然未知详确：参考福法诺（T. Foffano）《尼克利、科西莫以及波焦在法国图书馆的搜寻》(Niccolì, Cosimo e le ricerche di Poggio nelle biblioteche francesi)，*IMU* 12 (1969)，113-28。

前面所引的厄尔曼（Ullman）和德拉梅尔（de la Mare）的相关论著，讨论了作为抄写者和书法家的波焦。现在看来人文主义者字体并不单纯是由波焦发明的，而是 1400 年前后兴起于佛罗伦萨，波焦、尼可利，可能还有萨卢塔蒂都对其形成有所贡献：参看德拉梅尔《人文主义者字体头十年》(Humanistic script: the first ten years)，载克拉夫特（F. Kraft）和伍特克（D. Wuttke）主编的《人文主义与书写的关系》(*Das Verhältnis der*
278 *Humanisten zum Buch*)，博帕德（Boppard），1977，pp. 89-110。关于波焦对新字体的首次尝试，可以参考德拉梅尔（A. C. de la Mare）和汤姆逊（D. F. S. Thomson）的《波焦的最早的抄本？》(Poggio's earliest manuscript?)，*IMU* 16 (1973), 179-95 (Venice, Marc. lat. XII.80 [4167] of Catullus)；　朱斯·比兰诺维奇（Gius. Billanovich）《人文主义者字体的起源：帕多瓦 1261 与佛罗伦萨 1397》(Alle origini della scrittura umanistica: Padova 1261 e Firenze 1397)，*Miscellanea Campana*，125-40 (Vat. Pal. lat. 903 of Valerius

Maximus)。两者都更多地是关于人文主义者字体早期的情况而不是关于波焦本身：关于前者，参看麦基（D. S. McKie）《萨卢塔蒂、波焦与卡图卢斯的 M 抄本》（Salutati, Poggio and Codex M of Catullus），*Studies in Latin literature*（详前，第三部分），pp. 66-96。

奎斯塔（C. Questa）关于波焦对普劳图斯十二剧作文本的贡献的详细研究，让我们对波焦的考据能力可以有所评断：《人文主义时期普劳图斯文本史：波焦·布拉乔利尼的校勘》（*Per la storia del testo di Plauto nell' umanesimo I: La 'recensio' di Poggio Bracciolini*），罗马，1968；里佐（Silvia Rizzo）《人文主义语文学词典》（*Il lessico filologico*）pp. 327-38 有关于波焦对西塞罗《演讲集》Basilicanus 抄本（Vatican, Arch. S. Pietro H.25）所做工作的一个非常重要的研究。标准传记是沃尔泽（E. Walser）的《佛罗伦萨人波焦：生平与著述》（*Poggius Florentinus: Leben und Werke*），莱比锡，1914；新的简要论述，参看比吉（E. Bigi）和彼得鲁奇（A. Petrucci）的论文，载 *Dizionario biografico degli Italiani*，vol. 13 (1971)，640-6。

发现已亡佚的“克吕尼古本”（vetus Cluniacensis）的最好抄本是出自尼古拉·克拉芒热（Nicholas of Clamanges）手笔的，是乌伊（Gilbert Ouy）（参考 *Annuaire de l'École pratique des Hautes Études* [IVe Section. Sciences hist. et philol.], 1965-6，259）。

尼古拉·尼古利对人文主义的贡献，尤其是对古代文本的发掘、校对和搜集，日益得到重视，参看最近斯塔德特（P. A. Stadter）《尼古拉·尼古利：重获古代知识》（Niccolò Niccoli: winning back the knowledge of the ancients），*Vestigia. Studi in onore di Giuseppe Billanovich* (Storia e letteratura, 162-3)，罗马，1984，pp. 747-64。关于对尼古利的人身攻击和对人文主义世界不那么吸引人的那一面的一瞥，参看戴维斯（M. C. Davies）《没穿衣服的皇帝？尼古拉·尼古利受到攻击》（An Emperor without Clothes? Niccolò Niccoli under attack），*IMU*30 (1987)，95-148。

维勒乌斯（Velleius）的穆尔巴赫抄本曾保存至 1786 年秋的证据，由奥尔盖耶（A. Allgeier）发表于 *Miscellanea Mercati*, 6 (Studi e Testi, 126)，1946，457ff.。

第六节　15 世纪的拉丁古典学：瓦拉与波利提安

说到近来关于 15 世纪以及后来的语文学的研究，必须提到：里佐（Silvia Rizzo）的《人文主义语文学词典》(*Il lessico filologico degli umanisti*)；肯尼（E.J. Kenney）的《古典文本》(*The classical text*)，伯克利，1974；普法伊费尔（R. Pfeiffer）的《古典学术史 1300—1850》(*History of classical scholarship 1300—1850*)，牛津，1976；格拉夫顿（A. Grafton）的《约瑟夫·斯卡利杰：古典学术史研究》第一卷《校勘学与
279 解经学》(*Joseph Scaliger. A study in the history of classical scholarship, I. Textual criticism and exegesis*)，牛津，1983；格拉夫顿（A. Grafton）和贾丁（L. Jardine）的《从人文主义到人文学科》(*From humanism to the humanities*)，伦敦，1986。

关于文艺复兴图书馆的建立，参看：厄尔曼（B. L. Ullman）和斯塔德特（P. A. Stadter）《佛罗伦萨文艺复兴公共图书馆：尼古拉·尼古利、科西莫·德·美第奇和圣马可图书馆》(*The public library of Renaissance Florence: Niccolò Niccoli Cosimo de' Medici and the library of San Marco*)(Medioevo e Umanesimo, 10)，帕多瓦，1972；斯廷杰（C. L. Stinger）《文艺复兴在罗马》(*The Renaissance in Rome*)，布鲁明顿（Bloomington），1985，pp.282-91。也请参看德拉梅尔（A. C. de la Mare）《韦斯帕夏诺·达比斯蒂奇作为十五世纪佛罗伦萨古典抄本的生产者》(Vespasiano da Bisticci as producer of classical manuscripts in 15th century Florence)，收入沙瓦纳—马扎尔（C. A. Chavannes-Mazal）和史密斯（M. M. Smith）主编的《拉丁古典文献的中世纪抄本》(*Medieval manuscripts of the Latin classics*)，加州洛斯阿尔托斯山—伦敦，1996，pp.166-207。

瓦拉全集（*Opera omnia*）再版，附上了加林（E. Garin）的序以及其他资料，凡两卷，1962 年出版于都灵。瓦拉《新约注》(*Adnotationes in Novum Testamentum*）不同于伊拉斯谟所印的另一个校本，由佩罗萨（A. Perosa）整理，1970 年出版于佛罗伦萨。瓦拉的其他著作近来也有整理本出版：《君士坦丁赠礼辨伪》（*De falso credita et ementita Constantini Donatione*），鲍尔索克（G.W. Bowersock）整理并附英文注译（I Tatti Renaissance Library），哈佛大学出版社，2007；《劳伦佐·瓦拉驳法齐奥》（*Laurentii Valle Antidotum in Facium*），雷戈利奥西（M. Regoliosi）整理，帕多瓦，1981。他校理古典拉丁文本的精彩例子体现在李维和昆体良文本中。关于李维，参看朱斯·比兰诺维奇（Gius. Billanovich）《彼特拉克与李维的文本传承》（Petrarch and the textual tradition of Livy），*JWI* 14 (1951)，137-51，《瓦拉对李维的校勘与皇家本李维》（Le *Emendationes in T. Livium* del Valla e il Codex Regius di Livio），*IMU* 1 (1958)，245-64（与费拉里斯 [M. Ferraris] 合作），以及《另一则瓦拉校李维》（Un altro Livio corretto dal Valla）（Valenza, Biblioteca della Cattedrale, 173），同前，265-75；雷戈利奥西（M. Regoliosi）《劳伦佐·瓦拉、安东尼奥·帕诺尔米塔、贾科莫·库尔罗与李维校理》（Lorenzo Valla, Antonio Panormita, Giacomo Curlo e le emendazioni a Livio），*IMU* 24 (1981)，287-316，以及《瓦拉对李维的理校：方法与问题》（Le congetture a Livio del Valla. Metodo e problemi），收入《劳伦佐·瓦拉与意大利人文主义》（*Lorenzo Valla e l'umanesimo italiano*），人文主义研究国际讨论会论文（Atti del Convegno Internazionale di Studi Umanistici，帕尔马，1984 年 10 月 18-19 日），贝索米（O. Besomi）、雷戈利奥西（M. Regoliosi）主编（Medioevo e Umanesimo, 59），帕多瓦，1986，pp. 51-71。关于昆体良，参看温特博特姆（M. Winterbottom）《昆体良的十五世纪抄本》（Fifteenth-century manuscripts of Quintilian），*CQ* 17 (1967), 356-63；马尔蒂奈利（L. Cesarini Martinelli）《瓦拉对昆体良〈演说术教程〉的批注》（Le postille di Lorenzo Valla all' "Institutio Oratoria" di Quintiliano），收入《劳伦佐·瓦拉与意大利人文主义》（*Lorenzo Valla e l'umanesimo italiano*），pp. 21-50。

波利提安学术活动之大概，可以从 1954 年洛伦佐图书馆的一次展览的目录中窥见（《汉利提安展》（*Mostra del Poliziano*），佩罗萨（A. Perosa）编目，佛罗伦萨，1955。也请参看《波利提安及其时代》（*Il Poliziano e il suo tempo*），第四届文艺复兴国际研讨会论文（*Atti del IV convegno internazionale di studi sul Rinascimento*），佛罗伦萨，1957；马耶尔（I. Maier）《波利提安的抄本》（*Les Manuscrits d'Ange Politien*）（Travaux d'humanisme et Renaissance, no. 70），日内瓦，1965；布兰卡（V. Branca）《波利提安与语词的人文主义》（*Poliziano e l'umanesimo della parola*）（Saggi, 655），都灵，1983。

280　最近发现的"一百题"（Centuria）已出版，题为《安吉洛·波利提安第二个"一百题"》（*Angelo Poliziano, Miscellaneorum Centuria Secunda*），布兰卡（V. Branca）、帕斯托雷·斯托奇（M. Pastore Stocchi）整理，vols. 1-4，佛罗伦萨，1972。侥天之幸我们仍然拥有波利提安上大学时在苏维托尼乌斯和斯塔提乌斯《西尔瓦》（*Silvae*）课上笔记的亲笔原件：加尔代纳尔（G. Gardenal）《波利提安与苏维托尼乌斯：在人文主义语文学历史上的贡献》（*Il Poliziano e Svetonio, Contributo alla storia della filologia umanistica*），佛罗伦萨，1975，不过也要参看马尔蒂奈利（L. Cesarini Martinelli），*Rinascimento*, 16 (1976), 111-31；马尔蒂奈利《新见安吉洛·波利提安对斯塔提乌斯〈希尔瓦〉的注》（*Angelo Poliziano: commento inedito alle Selve di Stazio*），佛罗伦萨，1978。牛津大学图书馆所藏其在《萨福书简》（*Epistula Sapphus*）上的批注，已由库贝（M. Kubo）发表于 *Mediterraneus*, 8 (1985), 3-41 以及图版；利维娅·卡斯塔诺·穆西科（Livia Castano Musicò）整理了波利提安为《农事诗》（*Georgics*）所做的注，1990 年出版于佛罗伦萨，洛莫纳科（F. Lo Monaco）整理了波利提安为《日书》（*Fasti*）所做的注，1991 年出版于佛罗伦萨。里夫（M. D. Reeve）为这两本书写了书评，载 *CR* 43（1993）153-6。其希腊文隽语诗由蓬塔尼（F. Pontani）整理，2002 年出版于罗马。

关于波利提安在学术史上、特别是在谱系法发展史上的地位，参看格拉夫顿（A. Grafton）《论波利提安的学问及其语境》（On the scholarship of Politian and its context），*JWI* 40 (1977), 150-88。

关于瓦拉和波利提安的更多的信息，可以参看本节开头所引论著。

埃尔莫劳·巴巴罗（Ermolao Barbaro）的考据著作由波齐（G. Pozzi）整理出版：《埃尔莫劳·巴巴罗的普林尼校订暨对鲍姆鲍尼乌斯·梅拉的注》（*Hermolai Barbari castigatrones Plinianae et in Pomponium Melam*），凡四卷，帕多瓦，1973-9，布兰克对其进行了研究，载 *Storia della cultura veneta*，维琴察（Vicenza），1980，pp.123-65。

第七节　希腊文学习：外交官、流亡者以及图书收集者

这一节的主要资料以及相关的广泛讨论，见佩尔图西（A. Pertusi）《莱昂奇奥·皮拉图：在彼特拉克和薄伽丘之间》（*Leonzio Pilato fra Petrarca e Boccaccio*），威尼斯—罗马，1964（pp. 62ff. 讨论了他的荷马史诗的本子）。贝内代托（F. Di Benedetto）《莱昂奇奥、荷马以及〈法学汇纂〉》，*IMU* 12 (1969), 53-112，阐明莱昂奇奥·皮拉图拥有《法学汇纂》佛罗伦萨抄本并将其中的希腊文引文译为拉丁文。彼特拉克的柏拉图抄本，据迪勒（A. Diller）考证就是 Paris gr. 1807，详见 *CPh* 59 (1964), 270-2。有一桩怪事需要解释：本章第二节所提到的最早的人文主义者竟没有从彼得罗·德阿巴诺（Pietro d'Abano，大约活跃于公元 1300 年前后）获得教益，据知该氏曾造访君士坦丁堡并且翻译过一些希腊文本，特别是盖伦（Galen）的文本；还曾完成勃艮第奥（Burgundio）未竟工作一两宗。关于该氏的概况，参看德阿尔韦尼（M. Th. d'Alverny），*Medioevo* 11 (1985), 19-64。

关于赫里索洛拉斯（Chrysoloras），参看卡梅利（G. Cammelli）《曼努埃尔·赫里索洛拉斯》（*Manuele Crisolora*），佛罗伦萨。大多数人文主义者学习希腊文别无选择的方法由萨巴蒂尼（R. Sabbadini）阐明，详见 281
其《人文主义者的方法》（*Il metodo degli umanisti*），佛罗伦萨，1922，pp.17-27，萨巴蒂尼在书中引用了安布罗吉罗·特拉弗萨瑞（Ambrogio Traversari）的一封信，内容是关于他的亲身经历，还引用了阿尔都斯

（Aldus）致阿尔伯特·比奥（Alberto Pio）的一封信，信中提到了埃尔莫劳·巴巴罗（Ermolao Barbaro）、皮克·德拉·米兰多拉（Pico della Mirandola）和波利提安对这些方法的使用。卡梅利（G. Cammelli）《德米特里奥·卡尔康第拉》（*Demetrio Calcondila*），佛罗伦萨，1954，p.7 引用了乔瓦尼·安东尼奥·坎帕诺（Giovanni Antonio Campano）的一封信，信中他诉说自己因为没有老师不能学习希腊文。

关于抄本之发现的总体情况，参看萨巴蒂尼（R. Sabbadini）《十四、十五世纪拉丁文、希腊文抄本的发现》（*Le scoperte dei codici latini e greci ne' secoli xiv e xv*），增补重印于佛罗伦萨，1967。这一节以及下一节的相关问题，威尔逊（N. G. Wilson）《从拜占庭到意大利》（*From Byzantium to Italy*）进行了详细讨论，伦敦，1992。

第八节　15 世纪的希腊古典学：贝萨里昂和波利提安

最新的关于贝萨里昂的简要论述是拉博夫斯基（Labowsky）给出的，见《意大利传记辞典》（*Dizionario biografico degli Italiani*）。基本参考书是莫勒（L. Mohler）的《作为神学家、人文主义者和政治家的贝萨里昂主教》（*Kardinal Bessarion als Theologe, Humanist und Staatsmann*），帕德博恩（Paderborn），1923—1942；在该书的第三卷，小标题为"由于贝萨里昂的学者圈"（Aus Bessarions Gelehrtenkreis），pp. 70-87，表明了他对武加大译本的看法。他在致阿列克修斯·拉斯卡瑞斯·菲兰斯罗彭诺斯（Alexios Lascaris Philanthropenos）的信中概要介绍了自己的古字体学研究。也请参看吉尔（J. Gill）《佛罗伦萨会议》（*The council of Florence*），剑桥，1959。为了纪念贝萨里昂捐赠藏书给威尼斯五百周年，举办了一次展览，展览目录，附有其捐赠文书，由莱波拉切（T. G. Leporace）和苗尼（E. Mioni）编定，题为《贝萨里昂抄本一百册》（*Cento codici Bessarionei*），1968 年出版于威尼斯。

关于瓦拉和贝萨里昂在《新约》校勘方面的推进，应当一提的是，贝萨里昂曾认识到一位中世纪学者的重要性，即罗马圣洛伦佐达马苏邸教堂（San Lorenzo in Damaso）执事尼古拉·马尼亚库提亚（Nicholas Maniacutia，大约卒于 1150 年）。该氏是一位校勘专家，为了能更好地理解《旧约》文义，他向有学问的犹太人请教。其学术活动由佩里（V. Peri）进行了考述，见 *Aevum*, 41 (1967), 67-90。

关于瓦拉的《新约注》（*Adnotationes*），参看前面（第六节）所举佩罗萨（A. Perosa）的整理本，特别是 p. xxxiv n. 64。

关于波利提安的研究论著目录已见前第六节注。

第九节 希腊文本的首印本：阿尔都斯·曼纽修斯和马库斯·穆苏鲁斯

关于早期希腊文本印刷的权威著述是普罗克特（R. Proctor）的《十五世纪希腊文本印刷》（*The printing of Greek in the 15th century*，牛津，1900，再版于 1966）和斯科德勒（V. Scholderer）《希腊文印刷字体 1465—1927》（*Greek printing types 1465—1927*，伦敦，1927）；也请参 282
看斯科德勒的一篇文章：《十五世纪意大利的印刷商与读者》（Printers and readers in Italy in the fifteenth century），*PBA* 35 (1949)，1-23。这个新发明所带来的图书价格的大大降低，阿莱里亚的主教乔瓦尼·安德里亚·德布西（Giovanni Andrea De Bussi）在其为 1468 年所印罗马版圣哲罗姆《书信集》所写的序言中曾予揭示；他说（fol. I^{v}）如今图书以过去价格的五分之一出售。不过这一豪言当然仅适用于拉丁文本和白话文本。希腊知识在一段时间内仍然是稀缺品；不过有着广泛读者群的伊拉斯谟在其写作中对希腊文本的经常性引用，或许意味着在 16 世纪的头二十年或三十年里情况已经向好的方向转变。

关于阿尔都斯和穆苏鲁斯，可以参看贾讷科波勒斯（D. J. Geanakoplos）《威尼斯的希腊文本研究者》（*Greek scholars in Venice*），坎布里奇，马萨诸塞州，1962，1973 年再版，题为《拜占庭与文艺复兴》（*Byzantium and the Renaissance*）。不过，该书对每一位学者讨论的详细程度尚不足以让我们对他们的文本考据能力进行评估，这里还需要做进一步的研究。劳里（M. Lowry）的《阿尔都斯·曼纽修斯的世界》（*The world of Aldus Manutius*，牛津，1979）对出版商的活动进行了很好的描述，而巴克（N. Barker）的《阿尔都斯·曼纽修斯与十五世纪希腊文手写字体和印刷字体的发展》（*Aldus Manutius and the development of Greek script and type in the fifteenth century*，第 2 版，纽约，1992）则将我们对阿尔都斯的希腊文字体的理解提升到了一个新的台阶。西歇尔（M. Sicherl）在展览目录《希腊文抄本与阿尔都斯》（*Griechische Handschriften und Aldinen*，沃尔芬比特 [Wolfenbüttel]，1978）pp.119-49 以及他的《阿尔都斯·曼纽修斯的希腊文首印本》（*Griechische Erstausgaben des Aldus Manutius*），帕德博恩，1997。对阿尔都斯的希腊文印刷整理本进行了很好的论述。阿尔都斯的整理前言由奥兰迪（G. Orlandi）整理，题为《文本整理者阿尔都斯·曼纽修斯：题献、前言和注文》（*Aldo Manuzio editore: dediche, prefazioni note ai testi*，米兰，1975）对穆苏鲁斯的赫西基乌斯（Hesychius）整理本予以好评的，是拉特（K. Latte）的整理本，vol. 1，哥本哈根，1953，p. xxxiii；其对莫斯霍斯（Moschus）文本的增补，比勒（W. Bühler）在其整理本（Hermes Einzelschriften 13）中进行了讨论，威斯巴登（Wiesbaden），1960，p. 14；关于穆苏鲁斯所整理的阿里斯托芬注，威尔逊提出了新的看法，*CQ* 12 (1962), 32-47（穆苏鲁斯的贡献并不像人们一度认为的那样大）。研究穆苏鲁斯的最新成果，参看卡塔尔迪·帕劳（A. Cataldi Palau）《穆苏鲁斯生平》（La vita di Marco Musuro），*IMU* 45（2004）295-360。

关于马尔恰纳图书馆（Marciana library）的历史（馆舍条件极差，在接受贝萨里昂捐赠藏书之后，半个世纪之久难以查阅），参看拉博夫斯基（L. Labowsky）《贝萨里昂藏书与马尔恰纳图书馆》（*Bessarion's library and the Biblioteca Marciana*），罗马，1979。

第十节　伊拉斯谟（1469—1536）

伊拉斯谟的古典学问在普法伊费尔（R. Pfeiffer）《古典学术史 1300—1850》（*History of classical scholarship 1300—1850*，牛津，1976）pp. 71-81

有描述。普法伊费尔引用了一句很深刻的警句：不正确的标点，其事 283
虽微，却足以引发异端（tantula res gignit haereticum sensum）。尽管此说已见于弗提乌斯，但是没有迹象表明伊拉斯谟曾寓目其书。艾伦（P. S. Allen），*PBA* 11 (1924)，349-68 指出，伊拉斯谟的学术贡献主要在于整理出版教父著作，基本上都是拉丁教父著作（他曾搜集材料试图出一部“金口”约翰整理本，但从未达到可以付印的程度）。伊拉斯谟学术活动的一个重要方面，拉梅尔（E. Rummel）进行了讨论：《作为古典文本翻译者的伊拉斯谟》（*Erasmus as a translator of the classics*），多伦多，1985。

关于阿尔卡拉（Alcalá）《圣经》和伊拉斯谟《新约》的出版准备过程，参看梅茨格（B. M. Metzger）《新约文本》（*The Text of the New Testament*），牛津，2005 年第 4 版，pp.137-149。要考证出伊拉斯谟在其文本整理过程以及后来各个印次的修订过程中所用到的抄本，必须综合多种资料，包括他的书信以及他的《新约》注文中的临时批语（对文本整理所用到的抄本加以系统说明的做法是相对晚近的事情）。文本中所述事实乃基于艾伦（P. S. Allen）在《伊拉斯谟书信集》（*Opus epistolarum Desiderii Erasmi Roterodami*，牛津，1906—1954）pp.164-6 对第 373 号信的介绍。艾伦的叙述大致可信，除了他对莱斯特抄本（Leicester codex）的论述之外。关于梵蒂冈抄本 B（Vat. gr. 1209），伊拉斯谟 1521 年已知其存在，数年后当西班牙人文主义者、神学家塞普尔维达（Sepúlveda）提醒他注意该本的重要性时，他理当响应但却没有。他在对塞普尔维达的回复中提出，一个支持武加大本若干异文的希腊文抄本极有可能经过窜改，他没有意识到，以抄本 B 时代之早，已相对排除了这种可能性；他主张那个有些夸张但也并非全无道理的观点：确切恢复希腊文原本的唯一途径是回溯 3—5 世纪权威教父著作中所引用的文本（第 2905 号信，写于 1534 年）。克兰斯 (J. Krans)《超越所写的：伊拉斯谟和伯撒作为新约的理校者》（*Beyond what is written: Erasmus and Beza as conjectural critics of the New testament*，莱顿，2006）贡献了有益的讨论，堪亚本特利（J. H. Bentley）《人文主义者与圣经》（*Humanists and Holy Writ*），普林斯顿，

1983；该书 pp.153-4、158 有关于“难的异文更可取”（*difficilior lectio potior*）原则。这里值得一提的是，承蒙德林博士（Dr R. J, Durling）见告：盖伦已经非常接近这一思想，可以考见他曾表示倾向于选择更加难解的古词语（*In Hipp. Epid. VI*, Corpus medicorum graecorum 5.10.2.2，p.178，17-18）并且认识到如果文本有所改动的话那么它们将会变成更易理解的词语（同前，121.17-18）。

284 关于伊拉斯谟在整理《新约》文本时的意图，德容（H. J. de Jonge）《我们的〈新约〉译本：伊拉斯谟〈新约〉整理工作的本质》（Novum Testamentum a nobis versum: the essence of Erasmus' edition of the New Testament，*JTS* 35 [1984], 394-413）提出，不能将这个工作视为对《新约》希腊文本的整理。不过站在传统观点的立场上你也许会说：（1）伊拉斯谟校对了两种语言的抄本，所以他一定有力图重建准确的“希腊文本的真实”（*graeca veritas*）的意识，而那整理流程，尽管按照我们的标准来说是不完全的，但是按照当时的标准来说却绝非草率，必须将他归入文本整理者一类；（2）他将重点放在拉丁文本而不是希腊文本上的原因是显而易见的：他想要人们来读，他知道只有极小一部分受教育阶层的希腊文知识足以读懂原本（德容认识到了这一点，pp. 401, 406，但没有引伸出结论）；（3）伊拉斯谟将自己的工作表述为主要关乎拉丁文本可能还有出于谨慎的考虑，如果当时对于他以及瓦拉专注于“希腊文本的真实”（*graeca veritas*）的思想存在批评者的话。

伊拉斯谟与“约翰短句”（*comma Johanneum*）的故事或许有所渲染：参看德容（H. J. de Jonge），*Ephemerides theologicae Lovanienses* 56 (1980), 381-9。不过显然伊拉斯谟是自曝于不诚实的对手之前。

了解《箴言集》（*Adagia*）的一个好的途径是读菲利普斯（M. M. Phillips）的《伊拉斯谟箴言集》（*The 'Adages' of Erasmus*），剑桥，1964；pp. 65-9 有关于伊拉斯谟在阿尔都斯印刷坊停留期间所引发的笔墨官司的论述。他在那儿的停留，贾讷科波勒斯（D. J. Geanakoplos）也曾予以描写，见《威尼斯的希腊文本研究者》（*Greek scholars in Venice*），特别是

pp.273-5 有关于所谓伊拉斯谟的希腊语发音问题的讨论。

更加详细的研究情况与论著目录，参看帕蒂门金（P. Petitmengin）《伊拉斯谟古典文本整理活动研究指南》（Comment étudier l'activité d'Érasme éditeur de textes antiques），*Colloquia Erasmiana Turonensia*，vol. 1（巴黎，1972），pp. 217-22。也请参看布洛赫《伊拉斯谟与弗罗本印刷坊：造就一个文本整理者》（Erasmus and the Froben Press: the making of an editor），*Library Quarterly*, 35 (1965), 109-20。

关于塞涅卡，参看雷诺兹（L. D. Reynolds）《塞涅卡书信集的中世纪传承》（*The Medieval Tradition of Seneca's Letters*），牛津，1965，pp. 4-6；特里奇（W. Trillitzsch），*Philologus*, 109 (1965)；菲利普斯（M. M. Phillips），前引论著，15-17；以及雷诺兹的论文，载埃姆（F. Heim）和伊尔斯顿（J. Hirstein）主编的《比亚图斯·雷纳努斯（1486—1547）》（*Beatus Rhenanus* [1486—1547]），蒂伦豪特，2000，pp.101-17。

第五章

第一节　反改教运动与意大利文艺复兴盛期

伊拉斯谟的《西塞罗主义》（*Ciceronianus*）由甘巴罗（A. Gambaro）整理并附重要前言，1965年出版于布雷西亚（Brescia）。他讨论了这场争论的历史，不过值得参考的还有克罗尔（Morris W. Croll）的论文 285
集《"阿提卡"和巴洛克散文风格：反西塞罗主义运动》（*'Attic' and baroque prose style: the anti-Ciceronian movement*），帕特里克—埃文斯—华莱士（Patrick-Evans-Wallace）编定，普林斯顿，新泽西州，1966（平装本，1969）。关于艾蒂安（Estienne）家族，特别要参看阿姆斯特朗（E. Armstrong）《国王的印刷商罗贝尔·艾蒂安》（*Robert Estienne, royal printer*），剑桥，1954。维托利（Vettori）对亚里士多德拉丁文译本的整理工作，施奈德（B. Schneider）曾有讨论：《亚里士多德〈修辞学〉在中世纪从希腊文到拉丁文的翻译》（*Die mittelalterlichen griechisch-lateinischen Uebersetzungen der Aristotelischen Rhetorik*），柏林，1971，pp. 73-6。罗伯

泰罗（Robortello）的学问，卡利尼（A. Carlini）曾有讨论：《弗朗塞斯卡·罗伯泰罗的语文学实践》（L'attività filologica di Francesco Robortello），*Atti dell' Accademia di Udine*, 7 (1967), 36ff.。关于富尔维奥·奥尔西尼（Fulvio Orsini），标准参考书是德诺亚克（P. de Nolhac）《富尔维奥·奥尔西尼的藏书》（*La Bibliothèque de Fulvio Orsini*）（Bibl. de l'École des Hautes Études, 74），巴黎，1887。关于天主教学者对教父文本的整理研究，参看帕蒂门金（P. Petitmengin）的论文，收入迪奥尼索蒂（A. C. Dionisotti）、格拉夫顿（A. Grafton）和克赖尔（J. Kraye）主编的《希腊文与拉丁文运用历史论文集》（*The uses of Greek and Latin*），伦敦，1988，pp. 127-53。关于维托·法奥斯托（Vetto Fausto），参看威尔逊（N.G.Wilson），前引论著 pp.89-95。关于圣奥古斯丁（Saint Augustine）的梵蒂冈版，参看帕蒂门金（P. Petitmengin）《梵蒂冈印刷所出版的圣奥古斯丁》（Le Saint Augustin de la typographic vaticane），*Recherches augustiniennes*, 4 (1966), 199-251。关于托马斯·詹姆士（Thomas James），参看克尔（N. R. Ker）《托马斯·詹姆士对格里高利、居普良和安布罗斯的校对》（Thomas James' collation of Gregory, Cyprian and Ambrose），*Bodleian Library Record*, 4 (1952), 16-32。

第二节　法兰西人文主义和古典学的开端

关于法兰西早期人文主义，除了上一章注中提到的西莫内（F. Simone）《法国的文艺复兴》（*Il Rinascimento francese*）等论著外，还可以参考利瓦伊（A. H. T. Levi）主编的《中世纪末期文艺复兴初期法兰西的人文主义》（*Humanism in France at the end of the Middle Ages and in the early Renaissance*），曼彻斯特，1970；普法伊费尔《古典学术史 1300—1850》（*History of classical scholarship 1300-1850*）pp. 99-123；乌伊（G. Ouy）《寻找法兰西人文主义最早的踪迹》（In search of the earliest traces of French Humanism），*The Library Chronicle* (University of Pennsylvania, Philadelphia), 43 (1978), 1-38。

关于法兰西早期印刷业，参看韦林—福雷尔（J. Veyrin-Forrer）《法兰西印刷业探源：索邦印刷坊及其东主，1470—1473》（Aux origines de l'imprimerie française：l'atelier de la Sorbonne et ses mécènes, 1470—1473），载 *L'art du livre à l'Imprimerie Nationale*，巴黎，pp. 32-53。关于文艺复兴印刷业的重要性的总体性论述，参看艾森斯坦（E. L. Eisenstein）《作为催化剂的印刷业》（*The printing press as an agent of change*），剑桥，1979。

关于比代（Budé）的简要论述有德拉吕埃勒（L. Delaruelle）《纪尧姆·比代：起始与要义》（*Guillaume Budé: les origines, les débuts, les idées maîtresses*），巴黎，1907；普拉塔尔（J. Plattard）《纪尧姆·比代与法国人文主义的起源》（*Guillaume Budé et les origines de l'humanisme français*），巴黎，1923（再版于 1966）。也可参看博尔杰（R. R. Bolgar）《人文主义作为一种与比代和维韦斯相关的价值体系》（Humanism as a value system with reference to Budé and Vives），*Humanism in France*，pp. 199-215，以及《第八届纪尧姆·比代国际大会》（*VIIIe Congrès international Guillaume Budé*）比代展（Budé Exhibition）的目录，巴黎，1968。《从希腊文化到基督教文化的嬗递》（*De transitu*）附勒贝尔（M. Lebel）法文译本于 1973 年再版于谢布克（Sherbrooke）。关于法兰西学院（Collège de France）有 286 一部经典专著：勒弗朗（A. Lefranc）《法兰西学院史：从创立到第一帝国结束》（*Histoire du Collège de France depuis ses origines jusqu'à la fin du premier Empire*），巴黎，1893。

近来关于这一段时期法国学者个案研究的数量不尽如人意。堪为例外的是霍尔（V. Hall）《尤利乌斯·恺撒·斯卡利杰 (1484—1558) 生平考述》（*Life of Julius Caesar Scaliger* [1484—1558]）（*Trans. Amer. Philosoph. Soc*, N.S. 40, Part 2），费城，1950，而帕蒂森（Mark Pattison）的经典著作《伊萨克·卡索邦》（*Isaac Casaubon*，牛津，1892 年第 2 版，1970 年重新再版于日内瓦）仍然保有其价值。详细的研究论著目录可见于乔勒内斯科（A. Cioranesco）《十六世纪法国文学书志》（*Bibliographie de la littérature française du XVIe siècle*），巴黎，1959。另外也要参看陶费尔（M. Taufer）《让·多拉对埃斯库罗斯的校理与训释》（*Jean Dorat* *editore e interprete di Eschilo*），阿姆斯特丹，2005。

关于普劳图斯（Plautus）的蒂尔内布（Turnebus）抄本，参看林赛（W. M. Lindsay）《普劳图斯的蒂尔内布抄本》（*The Codex Turnebi of Plautus*），牛津，1898（1970年再版于希尔德斯海姆 [Hildesheim]）。

米勒（K. Müller）所做的佩特罗尼乌斯（Petronius）整理本（慕尼黑，1961，xiv-xxiv）对16世纪佩特罗尼乌斯文本的复杂性有所洞见。斯卡利杰的古典学如今得到了格拉夫顿（A. Grafton）的全面研究：《约瑟夫·斯卡利杰，古典学术史研究第一卷：校勘学与解经学》（*Joseph Scaliger. A study in the history of classical scholarship, I: textual criticism and exegesis*），牛津，1983—1993。第二卷检讨其古代年代学；这些内容部分见于其《论年代校正》（*De emendatione temporum*，1583，1598^2），部分见于其1606年优西比乌整理本的附录，题为 *Isagogicorum chronologiae canonum libri tres*。

普法伊费尔在其《法国人文主义中的诗人与古典学家》（Dichter und Philologen im französischen Humanismus）一文中对“七星诗社”时期古典学与诗歌之间的互动进行了研究，见 *Antike und Abendland*, 7 (1958), 73-83，亦见其《古典学术史》（*History of classical scholarship*）pp. 102-7。

对卡索邦（Casaubon）在埃斯库罗斯（Aeschylus）文本上所做工作的论述，见弗伦克尔（E. Fraenkel）*Aeschylus, Agamemnon*，vol. 1，牛津，1950，pp. 36-8 和附录。

第三节　16—17世纪的荷兰

研究荷兰古典学，可以借助比利时科学与人文艺术皇家学院所编的《国家人物传记》（*Biographie Nationale*，1866—1944，后又有增补）以及杰洛（A. Gerlo）和韦尔乌利耶特（H.D.L. Vervliet）所编的《古代荷兰人文主义书志》（*Bibliographie de l'humanisme des anciens Pays-Bas*），布鲁塞尔，1972。福西厄斯（Isaac Vossius）名列《国家人物传记辞典》（*Dictionary of National Biography*）。可以利用的还有米勒（L. Müller）的《荷兰古典

学术史》(*Geschichte der klassischen Philologie in den Niederlanden*)，莱比锡，1869；科昂（G. Cohen）的《十七世纪上半叶法国与荷兰的作家》(*Écrivains français en Hollande dans la première moitié du XVIIe siècle*)，巴黎，1920。关于普朗坦（Plantin）及其后继者，参看《金罗盘：安特卫普普朗坦出版社印刷出版史考评》(*The Golden Compass. A history and* 287
evaluation of the printing and publishing activities of the Officina Plantiniana at Antwerp）两卷本，阿姆斯特丹，1969—1972；费尔德（M. D. Feld）《可信文本的早期演化》(The early evolution of the authentic text)，*Harvard Library Bulletin*，26 (1978), 104ff.。

鉴于人们在整理文本和推出校勘札记上所花费的时间之久和精力之大，校勘学理论研究有其市场也就不足为怪了。在坎特（Canter）之前已有罗博泰罗（Robortello），1597 年继之而起的是德国学者朔佩（Caspar Schoppe），该氏的《校勘艺术》(*De arte critica*）适用于拉丁文本，相当于坎特为希腊文本所做的工作。也需要通过回顾古代和近代的校勘家形成一部校勘学的简要历史。 整整一百年后出现了勒克莱尔（Jean Le Clerc）的更为雄心勃勃的《校勘艺术》(*Ars critica*)。关于朔佩(Schoppe)，参看达迪奥（M. D'Addio）《朔佩的政治思想与十七世纪的马基雅维利主义》(*Il pensiero politico dello Scioppio e il machiavelismo del seicento*)，米兰，1962；关于勒克莱尔(Jean Le Clerc)，参看巴恩斯(A. Barnes)《让·勒克莱尔（1657—1736）与文人共和国》(*Jean Le Clerc (1657—1736) et la République des lettres*)，巴黎，1938。关于这些论著，贝尔纳迪尼（A. Bernardini）和里吉（G. Righi）进行了研究：《现代世界古典文化与古典学概念》(*Il concetto di filologia e di cultura classica nel mondo moderno*)，巴里（Bari）(不过，请对照莫米利亚诺 [A. Momigliano]*Contributo alla storia degli studi classici*，罗马，1955, pp. 393-5）；在肯尼（E. J. Kenney）《古典文本》(*The classical text*）第二章中有关于他们的述评。

莫迪乌斯（Modius）对抄本的搜求，利汉（P. Lehmann）曾予以详细的考证和讨论：《抄本研究者弗朗茨·莫迪乌斯》(*Franciscus Modius als Handschriftenforscher*）（Quellen und Untersuchungen zur lateinischen Philologie des Mittelalters, 3.1），慕尼黑，1908。

关于贺拉斯（Horace）的布兰丁本（Blandinius），参看帕斯夸利（Pasquali）《传承历史与文本校勘》（*Storia della tradizione*），pp. 381ff.；弗伦克尔（E. Fraenkel）《贺拉斯》（*Horace*），牛津，1957, pp. 97ff.。

利普修斯的方法，勒伊斯舍特（J. Ruysschaert）《尤斯图斯·利普修斯与塔西佗〈编年史〉：十六世纪的一种校勘方法》（*Juste Lipse et les Annales de Tacite: une méthode de critique textuelle au XVIe siècle*），鲁汶（Louvain），1949。也请参看布林克（C. O, Brink）《尤斯图斯·利普修斯与塔西佗文本》（Justus Lipsius and the text of Tacitus），*JRS* 41 (1951), 32-51；古德伊尔（F. R. D. Goodyear）《塔西佗的〈编年史〉》（*The Annals of Tacitus*），vol. 1，剑桥，1972, pp. 8-10；勒伊斯舍特（J. Ruysschaert）《塔西佗文本整理者尤斯图斯·利普修斯》（Juste Lipse, éditeur de Tacite），*Studi urbinati*, 53 (1979), 47-51。

关于海因修斯（Heinsius）所使用的抄本，参看里夫（M.D. Reeve）《海因修斯的奥维德抄本》（Heinsius' manuscripts of Ovid），*RhM* 117 (1974), 133-66; 119 (1976), 65-78。海因修斯与雅克·迪皮伊之间的通信，1971 年由博茨（H. Bots）出版于海牙。

第四节　理查德·本特利：古典学和神学研究

本书给了本特利相当长的篇幅，这是因为他在古典研究和《圣经》
288 研究中的地位，如果不给出生平和著述的若干细节，就不可能算是正确地对待他。杰布（Sir R. C. Jebb）的《本特利》（*Bentley*，伦敦，1882）叙述生动有趣，并附有参考书目。豪根（K. L. Haugen）《理查德·本特利：诗与启蒙》（*Richard Bentley: poetry and enlightenment*, 哈佛大学出版社，2011）将本特利的学术放在当时的思想和文化的语境中加以论述。《致约翰·米勒的信》（*Epistola ad Joannem Millium*）1962 年再版于多伦多，附有古尔德（G. P. Goold）的导言（注意书中将马拉拉斯 [Malalas] 的时代错写成8或9世纪）。

《圣经》考据史由梅茨格结撰：《新约文本》（*The text of the New Testament*），牛津，2005年第4版，不过，我们已在书中对本特利的《刍议》（*Proposals*）详加论述，并且对理查德·西蒙（Richard Simon）的重要性有不同的观点；关于西蒙，可以参看斯坦曼（Jean Steinmann）《理查德·西蒙与圣经解释学的起源》（*Richard Simon et les origines de l'exégèse biblique*），Desclée de Brouwer 1960，不过那本书也不详尽。另一个有用的研究是奥弗雷（P. Auvray）《理查德·西蒙1638—1712，生平及著述考并附未刊文稿》（*Richard Simon 1638—1712, étude bio-bibliographique avec des textes inédits*），巴黎，1974。本节所述事实采自《〈新约〉文本校勘史》（*Histoire critique*）第29—33章，特别是第29章。关于《新约》校勘的另一个很好的论述见伯索尔（N. Birdsall）《剑桥圣经史》（*The Cambridge History of the Bible*），vol. 1，剑桥，1970，pp. 308-77。

第五节 古字体学的起源

要想方便地获得对古字体学史的概要了解，可以参看特劳贝（L. Traube）《讲稿与论著》（*Vorlesungen und Abhandlungen*）第1卷《古字体学史》（*Geschichte der Paläographie*），慕尼黑，1909，pp.13-80。诺尔斯（David Knowles）《伟大的历史事业：修道院史中的一些问题》（*Great historical enterprises*：*problems in monastic history*，伦敦，1963）pp. 33-62对莫尔会士（Maurists）的学术成就进行了颇为吸引人的论述，但是在古字体学方面却不够详悉。其关于博兰会士（Bollandists）的论文（同前，pp. 1-32）也应参看，以了解范帕彭布罗赫（van Papenbroeck）的生平与著述；该氏是让·博兰（Jean Bolland）全面整理记述圣徒生平的《圣徒行状》（*Acta Sanctorum*）这一宏伟计划的继续者；比利时一个耶稣会士的小团体，排除战争和革命的干扰，几百年来坚持这一令人惊叹的学术传统，已经推出了许多卷，而且还在进行中。详见佩特斯（P. Peeters）《博兰会士论集》（*L'œuvre des Bollandistes*），布鲁塞尔，1961。

特劳贝和诺尔斯给出了关于莫尔会士和马费伊（Maffei）的进一步阅读指导。但是关于后者，也可参看莫米利亚诺（A. Momigliano）的《马比荣的意大利门徒》（Mabillon's Italian disciples），见 *Terzo contributo alla*
289 *storia degli studi classici e del mondo antico*，罗马，1966, pp. 135-52。马费伊的书信集，附在前面提到的特劳贝的著作中，包含若干古字体学方面的见解；也请参看加里博托（C. Garibotto）所编《书信集》（*Epistolario*，米兰，1955, pp. 199-201, 203-4）注 158 和注 160。其在古字体学方面的洞见，亚努斯·拉斯卡利斯（Janus Lascaris）在其所整理的《希腊诗选》（*Greek Anthology*）的题献辞中已导其先声。

最早的抄本集目录可能是为纪念博学的西班牙主教安东尼奥·阿古斯丁（Antonio Agustín）而出版的《塔拉戈纳主教安东尼奥·阿古斯丁希腊文书目》（*Antonii Augustini Tarraconensium antistitis bibliothecae graecae anacephaleosis*），塔拉戈纳（Tarragona），1586。几年后出现了赫舍尔（D. Hoeschel）《梵地利西亚奥古斯都共和国图书馆所藏希腊抄本目录》（*Catalogus graecorum codicum qui sunt in bibliotheca Reipublicae Augustanae Vindelicae*），奥格斯堡（Augsburg），1595。该书学术性较强，在边白处标识了相关文本流传的范围。尽管有些简略但仍不失其价值的有 1600 年出版的詹姆士（Thomas James）的《牛津—剑桥选编》（*Ecloga Oxonio- Cantabrigiensis*），对英国两个大学的收藏进行了述列。

第六节　文艺复兴以来文本的发现

（一）重写本。最早关于拉丁文重写本的全面论述是夏特兰（E. Chatelain）的《拉丁重写本》（Les Palimpsestes latins），见《高等研究应用学院历史与文献学部年鉴》（*Annuaire, École pratique des Hautes Études, Section des sciences hist. et philol.*）1904（出版于 1903），pp. 5-42。如今这篇文章在相当程度上已经被洛（E. A. Lowe）《拉丁重写本目录以及来源漫考》（*Codices rescripti:* a list of Latin palimpsests with stray observations on their origin）所取代，该文载 *Mélanges Eugène Tisserant*, vol. 5，梵蒂冈，

1964（Studi e Testi 235），67-112，又收入《古字体学论集》（*Palaeographical papers*），2，480-519。关于安吉洛·梅（Angelo Mai）和发现重写本的早期历史，廷帕纳罗（S. Timpanaro）的《安吉洛·梅》（Angelo Mai）一文进行了很好的论述，见 *Atene e Roma*, n.s. 1 (1956)，3-34。关于弗龙托的新的重写本，参看比肖夫（B. Bischoff）《莫尔会的弗龙托重写本》（Der Fronto-Palimpsest der Mauriner），*Sitz. Bayer. Akad der Wiss., Phil.-Hist. Kl* (1958.2)。更为详尽的信息见于相关文本的整理本中。关于电子摄影和图像处理技术在已擦除文字上的应用，参看本顿（J. F. Benton）、吉莱斯皮（A. R. Gillespie）、索哈（J. M. Soha）《数字图像处理技术在抄本照片上的应用：以威兰诺瓦的阿纳尔德的平库斯抄本为例》（Digital image-processing applied to the photography of manuscripts. With examples drawn from the Pincus MS. of Arnald of Villanova），*Scriptorium* 33 (1979), 40-55。海伯格（Heiberg）发现阿基米德（Archimedes）的情况见载于 *Hermes*, 42 (1907), 235ff.。相关影印本以及重要的介绍性著述，见内茨（R. Netz）、诺埃尔（W. Noel）、切尔内茨卡（N. Tchernetska）和威尔逊（N. Wilson）的《阿基米德重写本》（*The Archimedes palimpsest*），剑桥，2011。

（二）纸草本。关于纸草本的总体论述，参看前面第一章第一节所引论著。另外，贝尔（Sir Harold Bell）的《埃及：从亚历山大大帝到阿拉伯征服》（*Egypt from Alexander the Great to the Arab conquest*，牛津，1948）
从文化和历史的角度给予了出色的介绍，现在有了很好的补充：帕森斯 290
（Peter Parsons）《尖吻鱼之城》（*City of the sharp-nosed fish*，译者按：此为 Oxyrhynchus[奥克西林库斯]的语源义），伦敦，2007，还有鲍曼（A. K. Bowman）等编的《奥克西林库斯：城市与文本》（*Oxyrhynchus: a city and its texts*），伦敦，2007。

载有米南德（Menander）《愤世者》（*Dyscolus*）的抄本中还有其《盾牌》（*Aspis*）和《萨摩斯女子》（*Samia*）的相当大一部分。后者的残篇与已知文本有一定程度的重叠，结果就是，对于一位古典作家的文本，我们拥有两个非常古老的本子。关于赫库兰尼姆古城，参看卡瓦洛（G.

Cavallo）《埃尔科雷诺抄本书与抄工》（*Libri scritture scribi a Ercolano*），那不勒斯，1983；吉甘特（M. Gigante）《斐洛德谟斯在意大利：赫库兰尼姆古籍》（*Philodemus in Italy: the books from Herculaneum*），安娜堡（Ann Arbor），1995；扎尔马科皮（M. Zarmakoupi）主编《赫库兰尼姆纸草庄园》（*The Villa of the Papyri at Herculaneum*），柏林，2010。

文学性纸草文献，包括极小一部分拉丁文本，帕克（R. A. Pack）《来自希腊—罗马埃及的希腊和拉丁文学文本》（*The Greek and Latin literary texts from Greco-Roman Egypt*）进行了罗列并附书志，安娜堡，密歇根，1965。关于主要作家文本在不同时期的抄本数量的统计显示，参看威利斯（W. H. Willis）*GRBS* 9 (1968)，205-41。对拉丁文纸草文献的概览见卡弗奈勒（R. Cavenaille）《拉丁纸草文集》（*Corpus papyrorum latinarum*），威巴斯登（Wiesbaden），1958。一个重要补充是最近发现的伽卢斯（Gallus）的片断，由安德森（R. D. Anderson）、尼斯比特（R. G. M. Nisbet）、帕森斯（P. J. Parsons）发表于 *JRS* 69 (1979), 125-55。李维残篇已由布拉沃（B. Bravo）和格里芬（M. Griffin）整理并进行了全面的描写和注释:《李维第十一卷的一个片断》，*Athenaeum* 66 (1988)，447-521。现藏于开罗科普特博物馆（Coptic Museum，inv. N15/86）。还有一个有用的参考书是范埃斯特（J. van Haelst）《犹太及基督教文学纸草目录》（*Catalogue des papyrus littéraires juifs et chrétiens*），巴黎，1976。加拉齐等（C. Gallazzi—B. Kramer—S. Settis）的《阿提米德罗纸草》（*Il Papiro di Artemidoro*，米兰，2008），内容是一部附有地图的地理文献以及一些不相干的关于动物的草图和描述，引发了持久而又热烈的争论。参看布罗德森等（K. Brodersen—J. Elsner）主编的《伪阿提米德罗的炫丽故事》（*La meravigliosa storia del falso Artemidoro*），巴勒莫，2011。

（三）其他古抄本的发现。荷马问题的历史，亚当·帕里（Adam Parry）在其为乃父米尔曼·帕里（Milman Parry）的论文集《荷马史诗的形成》（*The making of Homeric verse*）所写的导言中给予了回顾，牛津，1971，pp. xiii-xv。

冯格布哈特（O. von Gebhardt）对马特伊（Matthaei）的发现进行了讨论，见 *Zentralblatt für Bibliothekswesen* 15 (1898)，442-58。

利欧帕迪（Leopardi）的令人气沮的经历，廷帕纳罗（S. Timpanaro）给予了论述，*Differenze*, 9 (*Studi in memoria di Carlo Ascheri*)，乌尔比诺（Urbino），1970，pp. 357-79。盖伦（Galen）的文章由布东—米利奥（V. Boudon-Millot）整理，收入“比代丛书”（巴黎，2009）。她和彼得罗贝利（A. Pietrobelli）重新整理了 *De propriis placitis*，刊于 *REG* 118（2005），168-213。

关于尤维纳利斯第六首诗和圣居普良，参看格里菲思（J.G. Griffith）， 291
Hermes, 91 (1963)，104-14。关于新近发现的圣居普良的书信，也请参看贝文诺特（M. Bévenot）《抄本传承：圣居普良论著传播研究》（*The tradition of manuscripts: a study in the transmission of St. Cyprian's treatises*），牛津，1961。《博比奥隽语》（*Epigrammata Bobiensia*）由坎帕纳（A. Campana）和穆纳里（F. Munari）整理，1955 年出版于罗马。关于新近从都灵 F.iv 25 发现的卢提利乌斯·纳马提安努斯（Rutilius Namatianus）的诗句，参看法拉利（M. Ferrari）《博比奥拾遗 I：写在“拉丁古抄本”边上，II：卢提利乌斯·纳马提安努斯未知残篇》（Spigolature bobbiesi, I： In margine ai *Codices latini Antiquiores*, II： Frammenti ignoti di Rutilio Namaziano），*IMU* 16 (1973), 1- 41。新近发现的奥古斯丁的书信由迪维亚克（J, Divjak）整理：《奥古斯丁作品，新近在两个抄本中发现的书信》（*Sancti Aurelii Augustini Opera, Epistulae ex duobus codicibus nuper in lucem prolatae*）(CSEL 88)，维也纳，1981。载有这些书信的那两个抄本分别是 Paris lat. 16861 和 Marseilles, Bibl. Mun. 209，分别来自 12 世纪和 15 世纪。

（四）铭文。韦斯（Roberto Weiss）在《文艺复兴对古典世界的发现》（*The Renaissance discovery of classical antiquity*， 牛津，1969）一书中考察了对古代实物遗存的研究的兴起。关于铭文对文学文本的影响，参看 J. 罗伯特和 L. 罗伯特（J. and L. Robert）《铭文简报》（Bulletin épigraphique）之“与文学的关系”（Rapports avec la littérature）部分，

Revue des études grecques。

《奥古斯都行述》（*Res gestae of Augustus*），又称“安奇拉纪念铭文”（*Monumentum Ancyranum*），迭经整理，这里只提一下加热（J. Gagé）的整理本（巴黎，1935）和布伦特—莫尔（P. A. Brunt-J. M. Moore）的整理本（牛津，1967）。《图里亚赞》（*Laudatio Turiae*）由迪里（M. Durry）整理并附译注：《一个罗马夫人的悼辞》（*Éloge funèbre d'une matrone romaine*），巴黎，1950。里昂铜匾最早见载于帕拉丁（G. Paradin）《勃艮第古代遗存》（*De antiquo statu Burgundiae*），里昂，1542。

关于科马吉尼（Commagene）安提奥库斯一世（Antiochus I）的碑及其在古代散文风格史上的重要地位，参看胡曼（K. Humann）和普赫施泰因（O. Puchstein）《小亚细亚及北叙利亚游记》（*Reisen in Kleinasien und Nordsyrien*，柏林，1890），以及诺登（E. Norden）《古代散文艺术》（*Die antike Kunstprosa*）第 2 版（莱比锡—柏林，1909）vol. 1, pp. 140ff.。

奥伊诺安达的第欧根尼（Diogenes of Oenoanda）刻石，弗格森·史密斯（M. Ferguson Smith）进行了整理（那不勒斯，1993），最近又有补充（那不勒斯，2003）。新的残片仍在继续发现；参看哈默斯塔特与弗格森·史密斯（J. Hammerstaedt—M. Ferguson Smith），《安纳托利亚铭文》（*Epigraphica Anatolica*）44（2011），79-114。

关于早期基督教赞美诗的情况，参看马斯（P. Maas）《丛稿》（*Kleine Schriften*），慕尼黑，1973，p. 315。苏格拉底雕像铭文以及柏拉图文本的另一个铭文证据，卡利尼（A. Carlini）曾予讨论：*Studi sulla tradizione antica e medioevale del Fedone*，罗马，1972, p. 74。

庞培城涂鸦，迪尔（E. Diehl）曾予搜集整理：《庞培城涂鸦及类似文字》（*Pompeianische Wandinschriften und Verwandtes*）第 2 版（Kleine Texte für Vorlesungen und Übungen 56），柏林，1930。关于诗歌铭文的汇集，参看《拉丁诗选》（*Anthologia latina*）的相应部分，比歇勒（F.
292 Bücheler）和洛马奇（E. Lommatzsch）整理，vols. 1-3，莱比锡，1930 年第 2 版，1897，1926；恩斯特伦（E. Engström）《拉丁诗歌铭文》（*Carmina*

latina epigraphica)，哥德堡（Gothenburg），1911。关于古代的墙上出现 *arma virumque* 一句，霍格马（R. P. Hoogma）进行了详细论列，见 *Der Einfluss Vergils auf die Carmina Latina Epigraphica*，阿姆斯特丹，1959, pp. 222f。关于普罗佩提乌斯 3.16.13f. 的文本，哈伯德（M.E. Hubbard）曾予讨论，'Propertiana'，*CQ* n.s. 18 (1968), 318f.。

第七节 余论

在现代欧洲兴起过程中古典以及古典学进步所起到的作用是一个非常复杂的主题，这一主题还没有被人全面而又令人满意地研究过。也许从以下论著中可以得到一些指引：维拉莫维茨（Wilamowitz）对古典学术历史的简要勾勒的《古典学的历史》(*Geschichte der Philologie*)，柏林，1921，修订版，1927，由哈里斯（A. Harris）翻译、劳埃德－琼斯（H, Lloyd-Jones）任编辑的英译本 *History of Classical scholarship*，伦敦，1982；普法伊费尔《古典学术史 1300—1850》(*History of classical scholarship 1300—1850*)，牛津，1976。博尔加尔（R.R. Bolgar）主编的两部书也有所贡献：《古典欧洲文化的影响》(*Classical influences on European culture A.D. 1500-1700*）和《古典对西方思想的影响》(*Classical influences on Western thought*)，剑桥，1976，1979。格拉夫顿（A. Grafton）和贾丁（L. Jardine）的《从人文主义到人文学科》(*From humanism to the humanities*，伦敦，1986）对教育实践中的变化提出了一种极富挑战性的假说。对英国古典学历史上一个重要时期感兴趣的读者应当参考克拉克（M. L. Clarke）的《希腊学在英国 1700—1830》(*Greek studies in England 1700-1830*)，剑桥，未标年月 (1945)。更多信息见布林克（C. O. Brink）《英国古典学：对本特利、波森和豪斯曼的历史反思》(*English classical scholarship*：*historical reflections on Bentley, Porson and Housman*)，剑桥，1986；乔斯林（H. D. Jocelyn）对该书进行了详细讨论：《古典学与教育》(*Philology and education*)，利物浦，1988。沃尔夫的《荷马引论》(*Prolegomena*）已被译为英文，译者是格拉夫顿（A. Grafton）、

莫斯特（G. W. Most）和策泽尔（J. E. G. Zetzel），普林斯顿，1985。

第六章

我们对谱系法理论及其演变历史的论述，主要根据马斯（P. Maas）的《校勘学》（*Textual criticism*，牛津，1958）和廷帕纳罗（S. Timpanaro）的《拉赫曼方法的起源》（*La genesi del metodo del Lachmann*，第 3 版，帕多瓦，1981）。廷帕纳罗的附录 2 和附录 3 也是对谱系法理论领域的非常重要的探索。马斯的表述过于简略，有欠分明，而谱系法理论的某些
293 更为细致的观点需要有详尽的表述以厘清所有可能的情形。廷帕纳罗在 *Maia* 23 (1970)p.289 提出了我们在 p. 213 所说的假说性谱系的推论的第四种，我们在文中用括注形式来说明这种情形：如果 X 抄本 Y 抄本和 Z 抄本中的一个与 β 相一致，那么这就是 α 的文本，前提是 XYZ 中的其他两个抄本彼此不相一致；如果它们相一致（的确会发生这种情形），那么传承受到了感染或者经过了修正。坎福拉（L. Canfora）在 *Belfagor*, 23 (1968), 361-4 指出了马斯在理论表述上的其他几个模糊之处。

帕斯夸利《传承历史与文本校勘》（*Storia della tradizione e critica del testo*，第 2 版，佛罗伦萨，1952）强调了谱系法的局限性，而近来 R.D. 道（R.D. Dawe）更加强烈甚至过于热情地予以强调，见《埃斯库罗斯诸抄本对校与调查》（*The collation and investigation of manuscripts of Aeschylus*），剑桥，1964。我们在正文中力图证明，关于这一问题的争论在相当大程度上是被错置了的。像所有人一样，马斯也知道对于感染传承问题没有简单的答案，但是许多批评者没有注意到他在这一问题上的明确表示。其他人，也许是被帕斯夸利那本相当散漫但却得享大名的书中十分丰富的例子所误导——举例大多聚焦于非正常传承——认为感染是常规而非例外，故而马斯的理论没有实际用处。我们怀疑帕斯夸利的初衷是否要让人形成这种印象，而且必须强调指出，在许多文本传承中，发生感染的总量并不足以排除谱系法理论的有效适用。这里值得一提的是，最近在亚里士多德《修辞学》的文本谱系中就完成了一次饶有

意思的“剔除过录本”(*eliminatio codicum*)，而该传承并非完全没有感染；参看卡塞尔（R. Kassel）《亚里士多德〈修辞学〉文本考论》(*Der Text der Aristotelischen Rhetorik*)，柏林，1971，pp.54-5。

关于古典文本和中世纪文本在不同谱系类型上的相对频率问题，学者们展开了十分有趣也极为复杂的讨论。这个讨论是从贝迪耶（Joseph Bédier）开始的，他注意到中世纪文本整理者所重建的谱系中有非常大比例的双枝谱系，也就是说，抄自原型的抄本有两个且不超过两个。贝迪耶相信在古典文本整理中也会得出同样的观察。他认为学者们之所以得出这样的结论是因为他们让诸如希望以对错二分法来看待所有文本歧异
问题这样的主观考量影响到了自己，而他最终放弃了建立谱系的希望， 294
选择在单一抄本的基础上整理文本。这作为一个普遍原则是不可接受的，不过作为整理中世纪文献特定作品的一种做法，却是有用的甚或是必要的。后来参与这一讨论的学者曾从统计的角度对双枝谱系优势地位的合理性进行了极为详细的讨论。近来的研究强调要充分考虑文本传播时期的文化条件：比如说，究竟是许多中世纪图书在超过两次抄写之前就遭到损毁，还是有些图书藏在中央图书馆对学习者开放故而有了大量的抄本？事实是两种相反的理论都可以举出一些证据，但是我们仍然知之不多。还有一个难题是抄工修正文本中明显错误——或者通过对校或者出于推测——的能力，很容易造成研究者提出双枝谱系而不是三枝谱系。如果抄工彼此独立地犯了完全相同的错误，也将出现同样的情况，而这一情形的发生频度，谱系法理论无法估算。整个问题极为复杂，我们只能建议读者去参详廷帕纳罗《拉赫曼方法的起源》(*La genesi*) pp.123-50。他所说的主要适用于古典作家文本；关于演义研究中这一问题的最新状况，参看 *Romania* 94 (1973), 145-56。

阿尔贝蒂（G. B. Alberti）*SIFC* 40 (1968), 44-60 注意到，“开放的传承”(open tradition）这一术语在使用上具有多个意思。帕斯夸利原本使用的意思是，为了得出原型的文字，更加需要的是判断而不是规则的机械适用，在这个意义上这个术语显然可以适用于没有单一原型的文本传承。

关于圣居普良和尤维纳利斯第六首诗的情况，已见前面注文第五章第六节（三）。

研究古代的第二版问题的标准著作是埃蒙茨（H. Emonds）的《古代的第二版》（*Zweite Auflage im Altertum*），莱比锡，1941。关于朗格斯（Longus）作品中的作者异文问题以及整个问题的最新的研究论著目录，参看里夫（M. D. Reeve）《朗格斯作品的作者异文?》（Author's variants in Longus?），*PCPhS* 195 (1969)，75-85（扬 [D. C. C. Young] 对其回应，*PCPhS*，197 [1971], 99-107）；关于奥维德（Ovid），要再加上霍利斯（A. S. Hollis）《奥维德〈变形记〉第八章》（*Ovid, Metamorphoses Book VIII*），牛津，1970，pp. x-xi, xxvii，以及塔兰特（R.J. Tarrant）《奥维德变形记》（*P. Ovidi Nasonis Metamorphoses*），牛津，2004，pp.xxxiv-v。关于间接传承所引发问题的最具启发的讨论见廷帕纳罗（S. Timpanaro），*Maia*, 22 (1970), 351-9。

295 时不时会用到的另外两个校勘原则这里也可以简单提一下。一个是所谓“地理标准”，有两种形式。第一种形式，涉及“幸存见于一个文化的边缘地区”这一理论（译者按：试对照“礼失而求诸野”），也是在比较文献学中的一个富有成果的理论的运用：如果在一个文化的两个或者更多的边缘地区抄写的抄本之间的显著异文（striking variants）彼此吻合，那么这些文字极有可能来自于文本的非常古老的阶段。但是通常我们所知有限，不足以判断相关抄本的来源地，尤其是当它们是希腊文的时候，故而无法运用这一标准。“地理标准”的另一个形式是由《新约》文本校勘家们研究出来的，一个或者多个抄本据以被认定为源于某一地区——有的是边缘有的不是，同时仍要经常参考“西方系”（Western）、“该撒利亚系”（Caesarean）和“亚历山大系”（Alexandrian）文本或者抄本家族。其基本想法可以追溯到哲罗姆，他对来自于不同地区的《圣经》抄本异文进行了讨论（*Praefatio in Paralipomena, PL* 28.1324-5）。

托尔托萨（Tortosa）主教德卡多纳（J. B. de Cardona）已经理解“晚的，并不一定就是差的”（*recentiores, non deteriores*）这一原则；参看德拉维加（J. S. Lasso de la Vega），见《文本校勘与古典文本》（*La crítica textual y los textos clásicos*），穆尔西亚大学（University of Murcia），1986, p. 56 n. 35。

另有一个用于散文文本校勘的原则是韦特施泰因（Wettstein）的法则“短的异文更可取”（*brevior lectio potior*）。这一原则的设立，也是由于《新约》文本整理过程中的问题，尤其是因为在“西方系”文本（以抄本 Bezae 为最显著的代表）中发现的许多衍增语句。关于以上两个原则，应当参看梅茨格（B. M. Metzger）的《新约文本》（*The text of the New Testament*）。

卢克莱修 15 世纪抄本的派生性，由米勒（K. Müller）揭示：《论来自意大利的卢克莱修抄本》（De codicum Lucretii Italicorum origine），*MH* 30 (1973), 166-78；不过同时也请参看里夫（M. D. Reeve）《卢克莱修的意大利传承》（The Italian tradition of Lucretius'），*IMU* 23 (1980), 27-48。关于塔西佗的莱顿抄本（Leidensis），参看古德伊尔（F. R. D. Goodyear）《塔西佗莱顿抄本异文考》（The readings of the Leiden manuscript of Tacitus），*CQ* 15 (1965)，299-322；《塔西佗莱顿抄本考》（On the Leidensis of Tacitus），*CQ* 20 (1970), 365-70。

本章第八节所分讹误类型，以下著作和论文曾结合更多的例子加以讨论：关于我们举以为例说明察知阑入注文相关问题的文本，参看伦德斯特伦（S. Lundström）《〈图斯库兰讨论集〉中的疑似注文》（*Vermeintliche Glosseme in den Tusculanen*），乌普萨拉（Uppsala），1964，相关书评见威廉姆斯（G. Williams），*Gnomon*, 37 (1965), 679-87；米勒（K. Müller）的佩特罗尼乌斯整理本（慕尼黑，1961），相关书评见尼斯比特（R. G. M. Nisbet），*JRS* 52 (1962), 227-38（该氏也讨论过尤维纳利斯文本的窜改）。除了我们提到的几例“删洁”（bowdlerization）以外，还有一个影响到琉善（Lucian）《驴子记》（*Asinus*）文本的部分传承，参看范蒂尔（H. van 296
Thiel）《〈驴子记〉校理纲要》（*Der Eselsroman, Synoptische Ausgabe*），慕尼黑，1972, pp. ix, xix-xxiii。

关于希腊、拉丁抄本中所用缩略，有大量的研究文献。关于“圣名”（nomina sacra）的经典研究是特劳贝（L. Traube）的《圣名：基督教缩略语历史研究》（*Nomina sacra. Versuch einer Geschichte der christlichen Kürzung*），慕尼黑，1907（1967年再版于达姆施塔特[Darmstadt]），堪为补充的有帕普（A. H. R. E. Paap）的《公元后五百年内希腊文纸草中的圣名》（*Nomina sacra in the Greek papyri of the first five centuries A.D.*），莱顿，1959，以及奥卡拉汉（J. O' Callaghan）《〈新约〉三世纪希腊文纸草本中的圣名》（*'Nomina sacra' in papyris graecis saeculi III neotestamentariis*），罗马，1970。关于希腊文中世纪抄本中的缩略语，参看艾伦（T. W. Allen）《希腊文抄本缩略语论札》（*Notes on abbreviations in Greek manuscripts*），牛津，1889，以及采列捷利（G. F. Tsereteli）《缩略字：主要来自于彼得堡和莫斯科的希腊文抄本》（*De compendiis codicum graecorum praecipue Petropolitanorum et Mosquensium anni nota instructorum*），1904年第2版，圣彼得堡（1969年再版于希尔德斯海姆[Hildesheim]）。关于拉丁文缩略，我们有卡培利（A. Cappelli）《拉丁语、意大利语缩略词典》（*Dizionario di abbreviature latine ed italiane*），米兰，2011年第7版，由杰莫纳特（M. Geymonat）和特朗卡雷利（F. Troncarelli）进行了修订；林赛（W. M. Lindsay）《拉丁文缩略：早期小写体时期（约700—850）拉丁抄本缩略现象考论》（*Notae latinae. An account of abbreviations in Latin MSS of the early minuscule period (c.7oo-85o)*），剑桥，1915，贝恩斯（D. Bains）为之补充：《拉丁文缩略补充（公元850—1050拉丁抄本中的缩略现象）》（*A Supplement to Notae latinae [Abbreviations in Latin MSS of 850-1050 A.D.]*），剑桥，1936（再版时合在一起，希尔德斯海姆[Hildesheim]，1963）。

韦斯特（M. L. West）《文本校勘与整理方法》（*Textual criticism and editorial technique*，斯图加特，1973）pp.37-46对感染了的文本传承的整理提出了很有价值的意见。该书的意图就是要在相当大程度上取代马斯（Paul Maas）的《校勘学》（*Textkritik*）与施特林（O. Stählin）的《文本整理方法》（*Editionstechnik*，第 2 版，莱比锡，1914）。

关于文本校勘的其他方法，参看昆廷（H. Quentin）《〈圣经〉拉丁文通行本校勘备忘》（*Mémoire sur l'établissement du texte de la Vulgate*），罗马，1922，《文本校勘论集》（*Essais de critique textuelle*），巴黎，1926；格雷格（W. W. Greg）《异文的微积分》（*The calculus of variants*），牛津，1927。

关于中世纪技术手册的传播，参看比肖夫《技术文献的传承》（Die Überlieferung der technischen Literatur），*Settimane*, 18（斯波莱托，1971), 267-96, 496f. (= *Mitt Stud* vol. 3, pp. 277-97)；关于伐温提努斯（Faventinus），参看普洛默（H. Plommer）《维特鲁威与后期罗马建筑手册》（*Vitruvius and later Roman building manuals*），剑桥，1973；关于阿庇西乌斯，参看勃兰特（S. Brandt）《罗马烹饪书考》（*Untersuchungen zum römischen Kochbuche*），莱比锡，1927。关于那些传承关系复杂的文本的整理，参看德罗伊森（H. Droysen）整理的尤特罗庇乌斯（*MGH*, *Auctores antiquissimi*, vol. 2），柏林，1878；贝格迈斯特（H.-J. Bergmeister）整理的《亚历山大大帝征战史》（*Historia de preliis Alexandri Magni*），Meisenheim am Glan，1975；帕蒂门金（P. Petitmengin）等人整理的《圣佩拉吉传》（*Vie de sainte Pélagie*），巴黎，1981-4。

关于在对抄本进行分组以及相关研究中运用电子记算机的论著，发表的数量增长得很快，而在文本工作的多个方面有所助益的电脑软件
也在不断的研发中。在这一领域的开拓性论著中，我们应当提到弗罗 297
热（Dom. J. Froger）《文本校勘及其自动化》（*La Critique des textes et son automatisation*），巴黎，1968；格里菲思（J.G. Griffith）《尤维纳利斯抄本传承的分类学研究》（A taxonomic study of the manuscript tradition of Juvenal），*MH* 25 (1968), 101-38，和《数字分类和若干福音书基本抄本》（Numerical taxonomy and some primary manuscripts of the Gospels），*JTS* 20 (1969), 389-406；所出现的实践和理论上的困难，卡特利吉（N. Cartlidge）《坎特伯雷故事集与遗传分类学》（'The Canterbury Tales and cladistics',

载《新文献学通讯》[*Neuphilologische Mitteilungen*] 102 [2001], 135-50）给予了说明。近期的一些实验，威尔逊（N. G. Wilson）《文本整理艺术》（*Ars edendi*）I（2011）11-24 给予了讨论。另参看里夫（M. D. Reeve）《用电脑整理古典文本：以西吉努〈天文志〉为例》（Editing classical texts with a computer: Hyginus' *Astronomica*），收入《抄本与方法：文本传播与整理论文集》（*Manuscripts and Methods: essays on editing and transmission*），罗马，2011，pp.361-93。电子整理本的潜力，帕克（D. C. Parker）给予了讨论：《新约抄本及其校勘引论》（*An introduction to the New Testament manuscripts and their texts*），剑桥，2008，pp.216-23。

我们对校勘学的论述也许给人这样一种印象：一旦某个文本第一次被印刷，那么其形式就固定了下来，除非有某个整理者有意加以改动。事实上有时候会发生比人们所设想的更多的讹误和波动变异；参看塞韦林斯（A. Severyns）《文本与校勘记：印本传承校勘史》（*Texte et apparat: histoire critique d'une tradition imprimée*），布鲁塞尔，1962（the *Chrestomathia* of Proclus）；洛费尔（R. Laufer）《文本学引论：文本的核实、确立和整理》（*Introduction à la textologie. Vérification, établissement, édition des textes*），巴黎，1972。

作为结束，我们选取一小部分校勘学与文献传播方面的著作和论文补列于下：

（a）贝文诺特（M. Bévenot）《抄本传承：圣居普良论著传播研究》（*The tradition of manuscripts: a study in the transmission of St. Cyprian's treatises*），牛津，1961。

克拉克（A. C. Clark）《抄本的世系》（*The descent of manuscripts*），牛津，1918（再版于 1969）。

戴恩（A. Dain）《抄本》（*Les Manuscrits*），第 2 版，巴黎，1964。

弗伦克尔（H. Fränkel）《阿波罗尼乌斯〈阿尔戈英雄记〉校勘整理引论》（*Einleitung zur kritischen Ausgabe der Argonautika des*

Apollonius），哥廷根，1964。其中的理论部分被译为意大利语，题为《校勘本与文本校勘》（*Testo critico e critica del testo*），佛罗伦萨，1969。

格兰特（J.N. Grant）主编《希腊拉丁文本校理》（*Editing Greek and Latin texts*），纽约，1989。

阿韦（L. Havet）《拉丁文本的语言鉴别》（*Manuel de critique verbale appliquée aux textes latins*），巴黎，1911。

杰克逊（J. Jackson）《剧作批校集》（*Marginalia scaenica*），牛津，1955。

梅茨格、埃尔曼（B.M. Metzger-B.D. Ehrman）《新约文本：其传播、讹变和复原》（*The text of the New Testament. Its transmission, corruption and restoration*），牛津，2005 年第 4 版。

里夫（M. D. Reeve）《抄本与方法：文本传播与整理论文集》（*Manuscripts and Methods: essays on editing and transmission*），罗马，2011。

雷内汉（R. Renehan）《希腊文本校勘读本》（*Greek textual criticism. A reader*），坎布里奇，马萨诸塞州，1969。

雷诺兹（L. D. Reynolds）主编《拉丁古典文本传播概览》（*Texts and transmission. A survey of the Latin classics*），牛津，1983。

斯特里特（B. H. Streeter）《四福音书》（*The four gospels*），牛津， 298
1936 年第 5 版。该书对《新约》文本校勘中的地理标准进行了详细而又独到的论述。

托西（R. Tosi）《希腊古典文本间接传承研究》（*Studi sulla tradizione indiretta dei classici greci*），博洛尼亚，1988。

威利斯（J. Willis）《拉丁文本校勘》（*Latin textual criticism*）（Illinois Studies in Languages and Literature, 61），厄巴纳（Urbana），1972。

（b）布朗宁（R. Browning）《晚的，并不一定就是差的》（Recentiores non deteriores），*BICS* 7 (1960), 11-21。

比勒（W. Bühler）《德尔图良〈护教学〉的两个传承线索是出自同一个原型吗？》（Gibt es einen gemeinsamen Archetypus der beiden Überlieferungsstränge von Tertullians Apologeticum?），*Philologus*, 109 (1965), 121-33。

黑德勒姆（W. Headlam）《抄本中的语词舛倒》（Transposition of words in MSS），*CR* 16 (1902), 243-56。

伊里古安（J. Irigoin）《作者的校订与古代末期的重校（关于尼撒的格里高利〈论贞洁〉）》（Éditions d'auteur et rééditions à la fin de l'antiquité (à propos du "Traité de la virginité" de Grégoire de Nysse)），*Rev.phil.* 96 (1970), 101-6；又收入《希腊文本的传承》（*La tradition des texts grecs*），巴黎，2003，pp.233-42。

——《关于原型概念的几点思考》（Quelques réflexions sur le concept d'archétype），*RHT* 7 (1977), 235-45。

勒克（G. Luck）《希腊文新约理校》（Conjectural emendation in the Greek New Testament），载莫拉莱斯等（M. Sanz Morales-M. Libran Moreno）主编 veraelectiones, 韦尔瓦（Huelva） 2012, pp.169-22。

默克尔巴赫（R. Merkelbach）《专名的窜改》（Interpolierte Eigennamen），*ZPE* 1 (1967), 100-2。

奥格尔维（R. M. Ogilvie）《修士对文本的败坏》（Monastic corruption），*Greece and Rome*, 18 (1971), 32-4。

里夫（M. D. Reeve）《谱系法没用了吗？》（Stemmatic method: "Qualcosa che non funziona"?），收入甘茨（P. Ganz）主编《中世纪文化中图书的作用》（*The role of the book in medieval culture*）（Bibliologia 3-4），蒂伦豪特（Turnhout），1986，pp.57-69。

雷诺兹（L. D. Reynolds）《一个古典拉丁文本整理者的经验》（Experiences of an editor of Classical Latin Texts），*RHT* 30（2000），1-16。

斯基特（T. C. Skeat）《古代图书生产中听写的运用》（The use of dictation in ancient book production），*PBA* 38，（1952），179-208。

廷帕纳多（S. Timpanaro）《关于间接传承的几点争议》（Alcuni casi controversi di tradizione indiretta），*Maia*，22 (1970)，351-9。

威尔逊（N. G. Wilson）《缺乏有力抄本传承支持的异文》（Variant readings with poor support in the manuscript tradition），*RHT* 17 (1987), 1-13。

扬（D. C. C. Young），《埃斯库罗斯〈俄瑞斯忒亚〉抄本中的几类讹误》（Some types of error in manuscripts of Aeschylus' *Oresteia*），*GRBS* 5 (1964)，85-99。

——《品达抄本中的几类抄写讹误》（Some types of scribal error in manuscripts of Pindar），*GRBS* 6 (1965)，247-73。

抄本索引

说明：对本书所讨论主题有直接重要意义的各种希腊抄本和拉丁抄本，或归公藏，或归私藏，数量相当可观。关于印刷描写与手写目录的概览，希腊文本方面，有奥利维尔（J.-M. Olivier）《马塞尔·理查德希腊文藏书汇总与诸抄本目录》（*Répertoire des bibliothèques et des catalogues des manuscrits grecs de Marcel Richard*），蒂伦豪特，1995；拉丁文本方面，有克里斯泰勒（P.O.Kristeller）《公元1600年之前的拉丁写本书》（*Latin manuscript books before 1600*），第3版，纽约，1965。抄本自其在文艺复兴中被发现以来的历史在有些情况下十分复杂。一些大的收藏的形成过程已经成为若干专著的研究主题，这些已超出了本书的范围。如果关于抄本从文艺复兴到现在的流动历史有一部简要的论述可供学习者参考，那将极为有用，将会说明各种收藏的名称和目前的归属，同时也将不期然地以饶有意思的方式揭示欧洲文化历史的一个方面。迄今没有哪一个研究正好满足这一要求，不过，霍尔（F. W. Hall）《古典文本研究手册》（*A companion to classical texts*）中的《抄本的称名》（Nomenclature of manuscripts）一章仍具有参考价值，而菲茨杰拉德（W. Fitzgerald）的《著名抄本的名称、别名以及藏书架号》（Ocelli nominum. Names and shelfmarks of famous familiar manuscripts）载《中世纪研究》

（*MS*）45（1983）214-97、48（1986）397-421 堪为补充；关于这一问题的择要梳理，参看詹姆斯（M. R. James）《古抄本的流动与馆藏》（*The wandering and homes of manuscripts*）（“历史学研究资料”第 17 种），伦敦，1919，劳里翁（G. Laurion），《希腊文抄本收藏原则》（Les Principales Collections de manuscrits grecs），《凤凰学刊》（*Phoenix*），15（1961），1-13。（译者按：索引中冒号后所标为原书第 4 版页码，亦即中译本边码。）

一、抄本

柏林（BERLIN），德国国家图书馆（Deutsche Staatsbibliothek）

在第二次世界大战期间，出于安全考虑图书曾被转移，有一部分佚失，其中有些后来在克拉科夫（Kraków）被发现。抄本中有许多来自于19世纪英国古怪的托马斯·菲利普斯爵士（Sir Thomas Phillipps）的藏书。

伯尔尼（BERNE），市图书馆（Burgerbibliothek）

十分重要的雅克·邦加尔（Jacques Bongars）藏书，其中包括曾归于但尼尔和屈雅斯（Cujas）的抄本，后归于伯尔尼。

布鲁塞尔（BRUSSELS），皇家图书馆（Bibliothèque Royale）

都伯林（DUBLIN），圣三一学院（Trinity College）

30：162

58：88

爱丁堡（EDINBURGH），苏格兰国立图书馆（National Library of Scotland）

Adv. 18.7.15：75，图版Ⅵ

埃朗根（ERLANGEN），大学图书馆（Universitätsbibliothek）

380：109

埃斯科里亚尔（ESCORIAL，EL），皇家图书馆（Real Biblioteca）

M. Ⅲ . 3：260

T. Ⅲ .11：275

佛罗伦萨（FLORENCE），美第奇-劳伦佐图书馆（Biblioteca Medicea- Laurenziana）

1444 年由科斯莫·美第奇（Cosimo de’ Medici）创立，成为最著名的文艺复兴藏书之一（参看 p.278）。仍然存藏于毗邻圣劳伦佐教堂、由米开朗基罗为之设计（1524 年，有一部分后来于 1571 年由 Vasari 完成）的那栋建筑之中。在其早期曾从圣马可多明我会修道院取得抄本，后来又因索普莱西修道院（Conventi Soppressi）以及其他来源的藏书而益为充实。

Laur（entianus）32.2：76-7

佛罗伦萨（FLORENCE），里卡尔宫图书馆（Biblioteca Riccardiana）

1179：147
富尔达（Fulda），市图书馆（Landesbibliothek）
Bonifatianus 3：263

海德堡（HEIDELBERG），大学图书馆（Universitätsbibliothek）
海德堡藏书，原来规模很大，曾归选帝侯帕拉廷（Elector Palatine）所有，故而得名曰 *Palatini*。1623 年海德堡沦陷后，该藏书被巴伐利亚公爵马克西米利安一世（Maximilian I）送给教皇格里高利十五世（Pope Gregory XV），作为财政支持的回报，大多数抄本至今仍在梵蒂冈图书馆。1797 年拿破仑将一些图书转移到了巴黎（许多意大利图书馆都曾遭此劫），1815 年这些书返还梵蒂冈之际，由于普鲁士国王的促成，教皇庇护七世（Pope Pius VII）同意让若干卷重回它们的老家。
Pal（atinus），gr.23：67，183
252：259

诺福克霍尔勘堂（HOLKHAM HALL，NORFOLK）
1954 年之后这批藏书中的希腊抄本归于牛津大学图书馆。
Lat. 121：200，216

耶西（IESI），巴雷亚尼伯爵图书馆（Library of Count Balleani）
lat. 8：140

伊斯坦布尔（ISTANBUL），圣墓教堂（Metochion of the Holy

R. 26 sup.：136

R. 57 sup.（今 S.P.11.66）：195

摩德纳（MODENA），埃斯泰与大学图书馆（Biblioteca Estense ed Universitaria）

埃斯泰（Este）家族是费拉拉（Ferrara）的统治者；1597 年绝嗣之后，非婚生王子成为统治者并将首府以及图书移至摩德纳。该藏书有些书原本属于卡尔皮的阿尔伯特·比奥（Alberto Pio of Carpi）。

gr.127（a. U. 5.10）：159

蒙彼利埃（MONTPELLIER），医学图书馆（Bibliothèque de la Faculté de Médecine）

有一些很重要的抄本（包括下面所列的这一种）来自于法学家皮埃尔·匹陶（Pierre Pithou，1539—96）。

125：100，176

慕尼黑（MUNICH），巴伐利亚国立图书馆（Bayerische Staatsbibliothek）

29216（7）：265

南锡（NANCY），地方档案馆（Archives Départementales）

1F 342/3：276

纽约（NEW YORK），医学科学院（Academy of Medicine）

MS. Safe：101，138，146

纽约（NEW YORK），皮尔庞特·摩根图书馆（Pierpont Morgan Library）

M.462：141

纽伦堡（NUREMBERG），国立图书馆（Stadtbibliothek）

Fragm. Lat. 7：141

奥尔良（ORLÉANS），市图书馆（Bibliothèque Municipale）

192：87

牛津（OXFORD），博德利图书馆（Bodleian Library）

自从托马斯·博德利爵士（Sir Thomas Bodley）1602 年创馆以来，已经加入了多家藏书。Auctarium 架号始于 1789 年对图书馆的一次重新整理；以下列名各家藏书分别来自于：威尼斯收藏家贾科莫·巴罗奇（Giacomo Barocci），得于 1629 年；意大利耶稣会士马泰奥·路易吉·卡诺尼奇（Matteo Luigi Canonici，1727—1805）；E.D. 克拉克（E. D. Clarke），剑桥矿物学教授（1769—1822）；J.P. 多维尔（J.P.D' Orville），阿姆斯特丹教授（1696—1751）。霍尔勘藏书是 1954 年从莱斯特伯爵（Earl of Leicester）购得；大多由其先祖托马斯·科克（Thomas Coke，1697—1759）从威尼斯获得。

Auct(arium) F.4.32：110，266

T.4.13：214，图版 V

V.1.51：图版 IV

Barocci 50：67

627/1：146

萨洛尼卡（SALONICA），弗拉塔顿修道院（Vlatadon monastery）

14：200，251

斯潘冈堡（SPANGENBURG），教区图书馆（Pfarrbibliothek）

MS. of Servius Auctus on the *Aeneid*：92

都灵（TURIN），国立大学图书馆（Biblioteca Nazionale Universitaria）

F. Ⅳ 25：201，291

瓦伦扎（VALENZA），教堂图书馆（Biblioteca del Catedral）

173: 279

梵蒂冈城（VATICAN CITY），梵蒂冈使徒图书馆（Biblioteca Apostolica Vaticana）

文艺复兴时期已是大图书馆，后来又得到极大扩充。1657 年，教皇亚历山大七世下令将历代乌尔比诺（Urbino）公爵的藏书征收到罗马。1769 年，教皇克来孟十四世（Clement XIV）征收了欧道堡（Ottoboni）藏书，其中包含了瑞典克里斯蒂娜女王（Queen Christina）的藏书（“皇家本”*Reginenses*），主要是由福西厄斯（Isaac Vossius）和海因修斯（Nicolaus Heinsius）为女王搜求的。其他并入梵蒂冈的著名家族藏书有：巴尔贝里尼（Barberini）、波吉亚（Borgia）、齐吉（Chigi）和科罗纳（Colonna）。

Arch(ivio) di S. Pietro H. 25：104，278

二、纸草

纸草文献在整理出版后分给了各图书馆或者其他分担了埃及纸草发掘经费的机构。故而纸草在其初次整理版中的序列号之外，还被赋予了相关图书馆的书架号。

综合索引

A

阿庇西乌斯 Apicius, M. Gavius 100, 102, 138, 146, 236, 266, 296

阿波利拿里 Apollinaris 50

阿波罗尼乌斯·狄斯考鲁斯 Apollonius Dyscolus 45

阿波罗尼乌斯·罗迪乌斯 Apollonius Rhodius 8, 45, 67, 156, 218, 240

阿狄森 Addison, Joseph 204

阿尔都斯·曼纽修斯 Aldus Manutius 155-6, 205，281-2, 图版 VIII

阿尔都斯出版社 Aldine press 155-8, 161, 225

阿尔方索五世 Alfonso V 142-4

阿尔戈斯 Argos 12

阿尔居欧尼乌斯，佩特鲁斯 Alcyonius, Petrus 51

阿尔卡拉 Alcalá 161

阿尔昆 Alcuin 90-1, 94-5，97, 105-7, 263-4

阿尔西夫龙 Alciphron 158

阿佛洛狄西亚的亚历山大 Alexander of Aphrodisias 273

阿弗索尼乌斯 Aphthonios 78

阿古斯丁，安东尼奥 Agustín, Antonio 289

阿基里斯·塔提乌斯 Achilles Tatius 68

阿基米德 Archimedes 56, 122, 166, 196, 289

阿卡德米学社 Academy，阿尔都斯创立 156-8, 161

阿卡德米学园 Academy，柏拉图创立 6

阿克累加斯 Acragas 186

阿奎拉 Aquila 49

阿奎那，托马斯 Aquinas, Thomas 74, 122

阿拉伯科学与学术 Arabic science and scholarship 57-8, 111, 121, 257

阿拉图斯 Aratus 75, 236, 图版 VI

阿莱安德罗，吉罗拉莫 Aleandro, Girolamo 172

阿里萨斯 Arethas 64-6, 图版 III, V

阿里斯塔克斯 Aristarchus 8-9, 11-14, 17, 21-2, 71, 247

阿里斯特罗尼库斯 Aristonicus 44

阿里斯提普斯，亨利古 Aristippus, Henricus 121, 172

阿里斯托芬 Aristophanes 5, 9, 16, 25, 45, 63, 66-7, 71-2, 77-8, 150, 159, 217, 220-1, 225, 228, 233-4, 247, 282, 图版 VII, VIII

阿里斯托芬奈斯，拜占庭的 Aristophanes

of Byzantium 5, 8-11, 13, 15
阿利安 Arrian 47, 214
阿米达的埃提乌斯 Aetius of Amida 236
阿米亚努斯·马尔凯里努斯 Ammianus Marcellinus 93, 100, 102, 138, 141, 277
阿那克萨哥拉 Anaxagoras 2
《阿那克里翁体诗集》*Anacreontea* 168
阿那克西曼尼 Anaximenes of Lampsacus 18
阿皮翁 Apion 45
阿普列乌斯 Apuleius 30, 40, 42, 102, 111, 119, 134
阿斯科尼乌斯 Asconius 28, 138
阿斯特里乌斯 Asterius 40, 42, 图版 IX
阿塔那修，圣徒 Athanasius, Saint 191
阿忒纳乌斯 Athenaeus 70, 229
阿特莱克图斯 Atrectus 25
阿提卡主义 / 阿提卡主义者 Atticism/Atticists 47-78, 200, 255
阿提库斯 Atticus 23-6, 31, 250
阿威罗伊 Averroes 121
阿维尼翁 Avignon 119, 129-32, 147-8, 171, 276
阿维森纳 Avicenna 121
阿西乌斯 Accius 21-2
埃尔策菲尔，路易斯 Elzevir, Louis 180
埃尔蒙尼穆斯，乔治 Hermonymus, George 160, 172
《埃格莉娅游记》*Peregrinatio Egeriae* 55
埃拉托色尼 Eratosthenes 6, 8, 154
埃利乌斯·狄奥尼修斯 Aelius Dionysius 46
埃利乌斯·斯底洛 Aelius Stilo, L. 21, 30-1, 250
埃内斯蒂 Ernesti, J. A. 210
埃塞俄比亚 Ethiopic 258
埃斯库罗斯 Aeschylus 53, 63, 67, 168, 174-5, 177, 216, 224, 226, 230-2, 240, 286
埃泽林诺三世 Ezzelino III 128
艾蒂安，亨利 Estienne, Henri 167-8, 173, 178, 285
艾蒂安，罗贝尔 Estienne, Robert, 167, 188, 285
艾蒂安·鲁昂 Etienne of Rouen 114
艾因哈德 Einhard 102, 105-6
爱奥那 Iona 88
爱比克泰德 Epictetus 155, 214, 图版 V
爱尔兰 Irish 86ff, 262
爱尔兰传教士 Irish missionaries 88
爱尔兰在古典文本传播中所扮演的角色 Ireland, part played by in the transmission of classical texts 87ff., 262
爱尔兰字体 Irish script 87-9, 92, 95-6
安布罗斯，圣徒 Ambrose, Saint 37-8, 163, 170
安娜·康尼娜 Anna Comnena 69
安奇拉纪念铭文 *Monumentum Ancyranum* 参看“奥古斯都”
安色尔字体 uncial script 36-7, 59-61, 81, 87, 89, 95, 104, 109, 131, 224-6, 图版 X, XI
安条克 Antioch 50, 52
盎格鲁—萨克逊 Anglo-Saxons 88, 262
盎格鲁—萨克逊传教士 missionaries

90ff., 263
盎格鲁—萨克逊字体 scripts 89-91, 100, 110, 图版 XII
奥尔贝特，让布卢修道院院长 Olbert, abbot of Gembloux 109
奥尔德赫姆 Aldhelm 89-90
奥尔良 Orléans 87, 106, 111, 176
奥尔西尼，富尔维奥 Orsini, Fulvio 169, 285
奥古斯丁，圣徒 Augustine of Hippo, Saint 38-9, 74, 87-8, 114, 133, 153, 163, 170, 201, 254, 285, 291
奥古斯都 Augustus 25, 31, 41, 46, 201, 291
《奥古斯都行述》*Res gestae Divi Augusti* 201, 291
奥克西林库斯 Oxyrhynchus 197, 240, 255, 290
奥勒留，马可 Marcus Aurelius 46, 65
奥勒留·维克多 Aurelius Victor 33
奥里斯帕，乔瓦尼 Aurispa, Giovanni 143, 149- 50, 图版 IV
奥利金 Origen 153, 256
奥索尼乌斯 Ausonius 178, 265
奥特兰托 Otranto 73, 120, 150
奥托三世 Otto III 108-9, 13I, 269
奥托王朝 Ottonian dynasty 108
奥托一世 Otto I 108
奥维德 Ovid 26, 75, 81, 87, 90, 99, 102, 112-13, 115, 117, 133, 146, 171, 185, 219, 269, 271
《爱情三论》*Amores* 99
《爱的艺术》Ars amatoria 101, 110, 269
《列女志》*Heroides* 74, 99
《朱鹭》*Ibis* 126-7, 134
《变形记》*Metamorphoses* 74, 101, 119, 260, 294
《爱药》*Remedia amoris* 113
《哀歌集》*Tristia* 146

B

巴巴罗，埃尔莫劳 Barbaro, Ermolao 146, 280-1
巴布里乌斯 Babrius 200
巴尔贝里尼枢机 Barberini, Cardinal 202
巴尔达斯 Bardas 58, 61-2, 68
巴尔拉姆 Barlaam 147
巴尔齐扎，加斯帕里诺 Barzizza, Gasparino 172
巴尔托洛梅奥·德蒙特普尔恰诺 Bartolomeo da Montepulciano 138
巴格达 Baghdad 57, 60, 258
巴基里德斯 Bacchylides 198
巴黎 Paris 101, 111, 114, 118-20, 130, 132, 141, 160, 167, 172, 174, 191, 193-4, 201, 206
《巴黎古佚书》*Anecdoton Parisinum* 21, 28, 250
巴列维 Pehlevi 258
巴罗尼乌斯枢机 Baronius, cardinal 166
巴塞尔 Basle 140, 161-3, 165-6
巴特农 Parthenon 72
巴西尔，圣徒 Basil. Saint 49, 152, 200, 256
跋识 subscriptions 39-43, 191, 252, 254, 图

版 IX
柏拉图 Plato 2, 4, 10, 49-51, 56, 58, 61, 65, 67-8, 121-2, 149-50, 152, 156, 203, 218, 245-6, 258, 272, 280, 291, 图版 III
柏林 Berlin 87, 97
拜克 Bec 111
“拜占庭讹变” *vitium Byzantinum* 231
班堡 Bamberg 98, 109, 181
班博，彼得罗 Bembo, Pietro 169
半安色尔字体 Half-uncial 36-7, 88, 95-6
邦加尔，雅克 Bongars Jacques 176-7
薄伽丘 Boccaccio 133-5, 137, 147-8
保罗执事 Paul the Deacon 23, 94, 97, 237-8
保萨尼阿斯（《希腊地理志》的作者）Pausanias (author of the Periegesis) 65
保萨尼阿斯（词典编纂者）Pausanias (lexicographer) 46
鲍文，让 Boivin Jean 194
《抱怨者》*Querolus* 176
贝尔叙尔，皮埃尔 Bersuire, Pierre 171
贝卡德利，安东尼奥（帕诺尔米塔）Beccadelli, Antonio (Panormita) 143-4, 279
贝鲁特 Beirut 28, 53, 256
贝伦加里奥・卡尔皮 Berengario of Carpi 205
贝洛，雷米 Belleau, Remy 175
贝内文托字体 Beneventan script 95, 111, 134, 200, 224, 265, 269, 图版 XIV
贝萨里昂枢机 Bessarion, cardinal 150-3, 158, 162-5, 190, 281-2
本笃 Benedict of Nursia 84
本笃会 Benedictines 84, 110, 170, 190
本格尔 Bengel J. A. 211
本特利，理查德 Bentley, Richard 177, 183, 185-9, 210, 287-8
比代，纪尧姆 Budé, Guillaume 172-4, 285
比德 Bede 89-90, 120, 262-4
比翁多，弗拉维奥 Biondo, Flavio 142
比肖夫 Bischoff, B. 194
比尤农修道院 Beuron, abbey of 196
彼得・比萨 Peter of Pisa 94
彼得罗・德阿巴诺 Pietro d'Abano 280
彼特拉克 Petrarch 107, 109, 124, 129-37, 144, 147, 169, 171, 195, 272, 275, 图版 XV
庇西特拉图 Pisistratus 1, 5, 200
标点 punctuation 4, 9, 15, 64, 246, 249, 255, 283
波爱修斯 Boethius 41, 74, 80, 121, 133
波菲里奥 Porphyrio 33
波焦 Poggio 32, 101, 130, 135, 137-40, 143, 146, 151, 165, 172, 276-8, 图版 XVI
波乐蒙 Polemon 16
波里奥，阿西尼乌斯 Pollio, C. Asinius 24
波利比乌斯 Polybius 67, 169
波利提安 Politian 141, 144-7, 149-50, 154-5, 162, 165, 175, 186, 190, 211, 214, 278-81
波卢科斯 Pollux 46, 158
波吕克拉底 Polycrates 5
波森，理查德 Porson, Richard 206, 292
波斯 Persian 57
波斯哥，本笃 Biscop, Benedict 89, 264
伯克 Boeckh 231

伯内斯，雅格布 Bernays, Jacob 212
伯内特 Burnet, J. 203
勃艮第奥 Burgundio of Pisa 121, 272, 280
博比奥 Bobbio 84, 86-8, 101, 108, 127, 140, 195, 201, 261, 图版 IX、X 说明
博比奥隽语 *Epigrammata Bobiensia* 200, 291
博比奥注文 *scholia Bobiensia* 195
博兰会士 Bollandists 288
博洛尼亚 Bologna 68, 111, 119, 124, 133
博尼费斯 Boniface 90-3
博西乌斯，西梅翁 Bosius, Simeon 176
不庄重的语言或者行为 *aprepeia* 12
布尔曼，彼得 Burman, Pieter 183
布莱米德斯，尼塞福鲁斯 Blemmydes, Nicephorus 73
布兰丁本，最古老的 *Blandinius vetustissimus* 181, 287
布兰丁山圣彼埃尔修道院 Mont-Blandin, abbey of Saint Pierre 181
布鲁尼，列奥纳多 Bruni, Leonardo 135, 143, 148
布伦斯 Bruns, P. J. 194

C

蔡尼亚提斯，迈克尔 Choniates, Michael 72
藏经阁主事亚那他修 Anastasius Bibliothecarius 121
草体 cursive script 36, 37, 95-6, 139, 193, 253, 图版 XIII 说明
《测绘论集》*Corpus Agrimensorum* 237
册叶书 codex 34-6, 40, 42, 53, 84, 87, 97-100, 118, 126, 136, 141, 150, 161-2, 175-6, 183-4, 190, 197-9, 201, 217, 219, 221, 251-3, 264, 278, 290, 295
查里西乌斯 Charisius 222
查理・马特 Charles Martel 91
查理二世 Charles II 185
查理曼 Charlemagne 93-5, 97-9, 103-4, 107, 117, 237, 264-5, 267
查士丁 Justinus 33 90, 92, 102, 126, 263
查士丁（殉道者） Justin (martyr) 49
羼入 / 阑入 / 窜改 interpolation 11, 15, 22, 35, 208, 222, 233-4, 247, 295
抄本学 codicology 259
尺牍指南 Epistolographi 158
重文致误 dittography 229, 233
重写本 palimpsests 86-7, 113, 193, 195-6, 200, 261, 289
传播中的嬗变 fluid transmission 235-8
舛倒 transposition 181, 212, 230
串注 Catena 53
《垂钓》*Halieutica* 140, 265
词的切分，缺乏 word-division, lack of 4, 9, 223
聪普特，卡尔 Zumpt, Carl 211
崔克利纽斯，德米特里 Triclinius, Demetrius 76-8, 175, 230-4, 236, 图版 VI、VII、VIII 说明

D

达高拔（国王） Dagobert (king) 190

大格里高利 Gregory the Great 88-9, 170
大写体 Capitals 36, 97, 100, 169, 224, 图版 IX
大学 Universities 又参看各具体城市
古代大学 ancient 41, 44, 46, 52, 54
近代大学 early-modern 173, 179, 181-2, 204-6
中世纪大学 58, 68, 111, 116, 122-3
代芬特尔 Deventer 179
戴克里先 Diocletian 32, 37
但尼尔，皮埃尔 Daniel, Pierre 169, 175-7, 184-5
当重而未重 haplography 227
德布西 De Bussi, G. A. 282
德米特里·法勒鲁姆 Demetrius of Phalerum 7
德米特里·拉孔 Demetrius Lacon 19
德摩斯梯尼 Demosthenes 6, 10, 18, 45, 52, 67-8, 158 163, 248
德图，雅克 - 奥古斯特 de Thou, Jacques Auguste 169, 178
德西德里乌斯，卡西诺山修道院院长 Desiderius, abbot of Montecassino 110
狄奥·卡西乌斯 Dio Cassius 167
狄奥德基乌斯 Theodegius 58
狄奥多（几何学家） Theodore the geometrician 58
狄奥多·杜卡斯·拉斯卡利斯 Theodore Ducas Lascaris 73
狄奥多·塔尔色斯 Theodore of Tarsus 88-9, 120
狄奥多里克 Theodoric 80
狄奥多罗斯·西库卢斯 Diodorus Siculus 4, 72
狄奥多西二世 Theodosius II 54
狄奥多西一世 Theodosius I 37
《狄奥多西法典》 Theodosian code 52
狄奥格诺斯图斯 Theognostus 55
狄奥尼修斯·哈利卡尔那索斯 Dionysius of Halicarnassus 167
狄奥尼修斯·特拉克斯 Dionysius Thrax 17, 21, 55, 58, 248, 257
狄奥尼修斯（旅行者） Dionysius Periegetes 71
狄狄摩斯 Didymus 10, 17-18, 248
狄翁 Theon 45
迪奥多蒂翁 Theodotion 49
迪奥斯科里德斯 Dioscorides 56
迪皮伊，克劳德 Dupuy, Claude 169
笛卡尔 Descartes, Réne 185
地理标准 geographical criterion 295, 298
第二智者时代 Second Sophistic age 47, 186
第欧根尼·奥伊诺安达 Diogenes of Oenoanda 202, 291
第欧根尼·拉尔修 Diogenes Laertius 178, 215, 227, 230
蒂尔内布，阿德里安 Turnebus, Adrianus 174-6, 286
丢番图 Diophantus 56, 75, 168, 257
都德，阿尔班 Dold, Alban 196
犊皮纸 vellum, 参看“羊皮纸” parchment
杜阿伦，弗朗索瓦 Duaren, François 175

杜拉—欧罗普斯 Dura-Europos 198
“短的异文更可取” *brevior lectio potior* 295
顿戈 Dungal 88, 94, 104, 267
顿斯坦，圣徒 Dunstan, Saint 110, 269
多雷，艾蒂安 Dolet, Etienne 174
多纳图斯，埃利乌斯 Donatus, Aelius 27, 29, 33, 92, 106, 179, 252

E

厄克特纳的福音书 Echternach Gospels 263
恩德莱基乌斯，塞维鲁斯·桑克图斯 Endelechius, Severus Sanctus 41-2
恩尼乌斯 Ennius 19, 21, 26, 30-1, 33, 250

F

伐温提努斯 Faventinus 236, 296
法尔内塞，弗朗切斯科 Farnese, Francesco 192
法尔内塞家族 Farnese (family) 169
法拉里斯书信 Phalaris, letters of 186
法兰西学院 Collège de France 173, 286
法齐奥 Facio, Bartolomeo 144
《法学汇纂》 *Digest* 112, 148, 173, 280
《法学汇纂》佛罗伦萨本(亦即“比萨本”) Pandects, Florentine (Codex Pisanus) 148, 280
反阿提卡主义者 ‘Anti-Atticist’, the 46
反改教运动 Counter-Reformation 165ff
反西格马号 *antisigna* 11
泛雅典娜节 Panathenaea 1
范帕彭布罗赫，丹尼尔 van Papenbroek, Daniel 190
梵蒂冈印刷所 Typographia Vaticana 170
菲勒斯特拉特斯 Philostratus 158
菲力克斯，罗马城修辞学家 Felix, orator urbis Romae 40, 42
菲谢，纪尧姆 Fichet, Guillaume 172-3
斐罗·拜占庭 Philo of Byzantium 56
斐洛（犹大） Philo (Judaeus) 58, 174
斐洛德谟斯 Philodemus 197
斐洛克鲁斯 Philochorus 18
费边·皮克托 Fabius Pictor 30
费德鲁斯 Phaedrus 176
费德瑞格，乌尔比诺公爵 Federigo, Duke of Urbino 142, 204
费尔诺（加布里埃莱·费尔诺） Faernus (Gabriele Faerno) 175, 187
费拉拉 Ferrara 151
费勒夫，弗朗西斯科 Filelfo, Francesco 149-50
费里埃 Ferrieres 83, 99, 101, 105
费奇诺，马尔西利奥 Ficino, Marsilio 156
费斯图斯，鲁弗斯 Festus, Rufius 109
费斯图斯，庞培乌斯 Festus, Pompeius 23, 33, 97, 177, 237
“封闭的”传承 ‘closed’ tradition 212
佛罗伦萨 Florence 74, 134-6, 139, 142, 144-6, 148, 150, 162, 169, 184, 190, 206, 219, 274, 276-7
佛律尼库斯 Phrynichus 46-8

弗莱库尔夫，利雪主教 Freculphus, bishop of Lisieux 266
弗朗索瓦一世 Francis I 173
弗勒里 Fleury 87, 99, 101, 106, 110, 176, 266
弗龙蒂努斯 Frontinus 104, 111, 114, 140, 270
弗龙托 Fronto 30-1, 40, 81, 87, 100, 194-5, 254, 289
弗罗本，约翰 Froben, Johann 140-1, 161, 284
弗罗鲁斯 Florus 33, 109
弗提乌斯 Photius 47-8, 54, 62-6, 68, 70, 168, 259, 283
符号 semeia, 参看“考据符号”
符兹堡 Würzburg 91
福多纳提亚努斯 Fortunatianus 83
福尔根提乌斯 Fulgentius 81, 260
福西厄斯，杰拉德 Vossius, Gerard J. 183-4
福西厄斯，伊萨克 Vossius, Isaac 185, 286
富尔达 Fulda 91-3, 100-102, 105-6, 138, 146, 181, 263-4

G

伽卢斯，科内利乌斯 Gallus, Cornelius 36, 198, 248-9, 290
该撒利亚（巴勒斯坦）Caesarea (Palestine) 49
该撒利亚（卡帕多细亚）Caesarea (Cappadocia) 64, 66
盖伦 Galen 7, 35, 56-8, 121-2, 200, 205, 217, 229, 251, 255, 257-8, 272, 280, 283, 290
盖尤斯 Gaius 194-6
感染 contamination 61, 215, 241, 293
《高卢文萃》*Florilegium Gallicum* 114, 271
哥特字体 Gothic script 95
哥廷根 Göttingen 206
格拉古 Gracchi 31
格拉提乌斯 Grattius 97, 140, 265
格雷戈里奥·蒂费尔纳忒 Gregorio Tifernate 172
格里高利·陶马图尔古斯，圣徒 Gregory Thaumaturgus, Saint 49
格里诺伊斯，西蒙 Grynaeus, Simon 140
格利乌斯，奥卢斯 Gellius, Aulus 20-1, 27-31, 87, 100, 102, 106, 113, 133, 145, 184, 219, 252, 270
格伦费尔 Grenfell, B. P. 197
格伦尼乌斯 Gelenius (Siegmund Ghelen) 141
格罗诺维乌斯 Gronovius, J. F. 184
格罗斯泰斯特，罗伯特 Grosseteste, Robert 122, 273
格吕特，让 Gruter.Jan 169
根纳迪乌斯，托尔夸图斯 Gennadius, Torquatus 41
共同生活兄弟会 Brothers of the Common Life 179
古今之争 Ancients and moderns, quarrel of 186, 205-6
古字体学 palaeography 168, 190-3, 288-9

瓜里诺 Guarino 148-9

H

哈德良 Hadrian 30, 33, 46, 255
哈德良·尼里达努姆 Hadrian of Niridanum 89, 120
哈多德 Hadoard 99, 104, 266-7
哈弗坎普，西瓦尔特 Havercamp, Siegbert 183
哈雷，埃德蒙 Halley, Edmund 205
哈诺克·阿斯科利 Enoch of Ascoli 138, 140
海伯格 Heiberg, J. L. 196, 289
海德堡 Heidelberg 183
海尔托亨博斯 Hertogenbosch 179
海因修斯，但尼尔 Heinsius, Daniel 175, 184-5
海因修斯，尼古劳斯 Heinsius, Nicolaus 184, 287
豪普特 Haupt, M. 227, 235
豪斯曼 Housman, A. E. 177, 235, 241
荷马 Homer 1, 6, 8, 10-15, 17, 21-2, 45, 50, 58, 67, 71, 73, 78, 147-8, 154, 156, 187, 198-200, 242, 246-7, 257, 280, 290, 图版 I, II, IV
贺拉斯 Horace 25-6, 28, 33, 42, 97, 102, 105, 113, 126-7, 133, 175-6, 180-1, 184, 187, 246, 251-2, 267, 287
赫费斯提翁 Hephaestion 76
赫库兰尼姆 Herculaneum 18, 36, 197, 245, 290
赫拉克利特（荷马诠释者）Heraclitus (interpreter of Homer) 17
赫拉克利特（哲学家）Heraclitus (philosopher) 1
《赫伦尼乌斯修辞学》*Ad Herennium* 99, 102
赫里索洛拉斯，曼努埃尔 Chrysoloras, Manuel 136, 148, 156, 280
赫罗狄安（历史学家）Herodian (historian) 155, 158
赫罗狄安（文法学家）Herodian (grammarian) 45
赫墨根尼 Hermogenes 78
赫姆斯特赫斯，提贝利乌斯 Hemsterhuys, Tiberius 183
赫皮丢斯·多姆鲁斯，儒斯蒂西乌斯 Helpidius Domnulus, Rusticius 107, 130
赫舍尔 Hoeschel, D. 289
赫西俄德 Hesiod 71, 73, 158
赫西基乌斯 Hesychius 18, 45, 159, 239
“何者来自何者” *utrum in alterum* 222
黑暗时代 Dark Ages, the 51, 61, 80, 85, 98, 260
黑里克·欧塞尔 Heiric of Auxerre 101, 106-7, 114, 130, 268
黑留都勒斯（文法学家）Heliodorus (grammarian) 45, 77, 257
黑留都勒斯（小说家）Heliodorus (novelist) 68
黑斯费尔德 Hersfeld 91, 93, 100, 140-1
亨利二世 Henry II 109, 114

亨特 Hunt, A. S. 197

横杠号 obelos 11

横向传播，参看“感染” horizontal transmission, see contamination

侯奈因·伊本·易司哈格 Hunain ibn Ishaq 57, 257

胡克巴尔德·兰斯 Hucbald of Reims 106

化学试剂的运用 reagents, use of 195-6

皇家学会 Royal Society 205

皇家学院 Collège des Lecteurs Royaux 173

混淆，字母 / 词语的混淆 confusion of letters/words 224-5

活字字体 type, founts of 139, 155-6

霍尔科特，罗伯特 Holcot, Robert 119

霍特 Hort, F.J. A. 189

J

基督教对异教文化的态度 Christians, attitude to pagan culture 37ff., 48 -50, 63, 80, 85-6, 112, 232-3, 253-4

吉尔伯特 Giobert, G. A. 196

集　注 scholia 11-18, 25, 33, 45, 52-3, 66-7, 77, 85, 159, 175, 189, 236, 239, 255-6, 282

计算机运用 computers, use of 241-2, 296

加点的尖角号 *diplē periestigmenē* 11

加拉太 Galatia 201

加利波里 Gallipoli 73

加洛林 Carolingian

加洛林的图书馆 libraries 96ff.

加洛林复兴 revival 86, 88, 93ff., 101, 103, 109, 115, 120, 264

加洛林学术 scholarship 103ff.

加洛林小写体 Caroline minuscule 95-6, 139, 264, 图版 XIII

加沙 Gaza 50, 52-4

加泰罗尼亚人 Catalans 74

加图 Cato 19, 23, 30-2, 146, 250

《农业志》*De agricultura* 19, 250

《演讲辞》*Speeches* 20

加扎，泰奥多尔 Gaza, Theodore 149, 151

迦修多儒 Cassiodorus 80, 83-4, 120, 261, 264

贾罗 Jarrow 89, 264

尖角号 *diplē* 11, 15, 28

间接传承 indirect tradition 167, 194, 203, 220ff., 294

间接传承 secondary tradition 167, 220-1, 228

剑桥大学 Cambridge University 6, 186, 205-6

校勘记 apparatus criticus 49, 142, 154, 167, 182, 203, 223, 239-40

校勘学早期手册 textual criticism, early manuals of 168, 180-1, 287-8

节律 Colometry 5, 15-16, 54

杰拉德·克雷莫纳 Gerard of Cremona 121

杰雷米亚·德蒙塔农 Geremia da Montagnone 127, 275

“金口”狄奥 Dio Chrysostom 65

“金口”约翰 Chrysostom, Saint John 69, 153, 171, 283

禁书目录 *Index librorum prohibitorum* 166, 192
经院哲学时代 Scholastic age 116ff.
旧约 Old Testament 49, 87, 158, 161, 281
居普良，圣徒 Cyprian, Saint 163, 170, 200, 216, 285, 291, 294
句法研究 syntax, study of 45, 255
卷轴 rolls 2-4, 7, 19, 34-6, 42, 90, 197, 221, 245-6, 252-3
卷轴 volumen, 参看“卷轴”
君士坦丁 Constantine 37, 66, 68, 143, 192
君士坦丁堡 Constantinople 47, 52-74, 81, 121, 148-52, 196, 280
君士坦丁堡和希腊的拉丁王国 Latin kingdoms in Constantinople and Greece 73
君士坦丁的赠礼 Donation of Constantine 143
君士坦丁九世莫诺马赫 Constantine IX Monomachus 68
君士坦丁七世波菲洛吉尼图斯 Constantine VII Porphyrogenitus 66
君士坦提乌斯 Constantius 52

K

卡多纳 Cardona, J. A. de 295
卡尔基狄 Chalcidius 121
卡尔孔狄勒斯，德米特里 Chalcondyles, Demetrius 51
卡尔皮 Carpi 156-7
卡里奥，卢多维克斯 Carrio, Ludovicus 181
卡利马库斯 Callimachus 7, 10, 45, 54, 58, 72, 145, 154-5, 246-7, 258
卡培利，帕斯基诺 Cappelli, Pasquino 136
卡普里的阿尔伯特·比奥 Alberto Pio of Carpi 160, 281
卡索邦，伊萨克 Casaubon, Isaac 166, 177-8, 286
卡图卢斯 Catullus 102-3, 108, 113, 126-8, 136, 141-2, 145, 155, 177, 196, 211, 232, 268, 275, 278
卡西诺山 Montecassino 21, 84, 96, 110-11, 118, 126, 132, 134, 200, 216, 269-70, 276
“开放的”传承‘open’ tradition 216, 241, 294
凯基利乌斯·埃皮罗塔 Caecilius Epirota, Q. 26
恺撒，尤利乌斯 Caesar, Julius 24, 40, 44, 99, 101, 113, 128, 205
坎帕诺 Campano, G. A. 281
坎培萨尼，本韦努托 Campesani, Benvenuto 128, 275
坎特，威廉 Canter，Wilhelm 180, 287
坎特伯雷 Canterbury 88-9, 111, 120, 183
康格兰德·德拉·斯卡拉 Cangrande della Scala 128, 275
康姆塔斯 Cometas 58
康士坦斯会议 Constance, Council of 137, 172
考据符号 signs, critical 11-14, 21-2, 27-8, 247, 图版 II 说明
科比 Corbie 88, 96-100, 104, 110, 194, 266

科隆 Cologne 109, 139, 181, 198, 271
科路美拉 Columella 84, 99-100, 102, 104, 138, 146, 267
科伦巴 Columba 88
科伦班努 Columbanus 87-8, 90, 262
科罗纳，兰多弗 Colonna, Landolfo 131
科马吉尼的安提奥库斯一世 Antiochus I of Commagene 202, 291
科普特 Coptic 199, 258
科维 Corvey 100, 115, 140
科学 science 6, 55-6, 83, 111, 166, 205, 236
克赤 Kertsch 203
克拉底斯 Crates 17, 21
克拉克 Clark, A. C. 138
克拉克 Clarke, E. D. 65
克拉坦德尔 Cratander, Andreas 140
克来孟三世，教皇 Clement VIII, Pope 170
克劳狄安 Claudian 32, 97, 109-110, 185, 269
克劳狄乌斯 Claudius 202
克里斯蒂娜，瑞典女王 Christina, Queen of Sweden 185
克里索克基斯，乔治 Chrysococces, George 150
克里特 Crete 149
克利托布罗斯 Critobulus 47
克鲁奎厄斯，雅各布 Cruquius, Jacob 181
克吕尼 Cluny 137, 141, 172, 277
克吕尼古本 *vetus Cluniacensis* 137-8, 172, 258
刻石，参看“铭文” inscriptions, see epigraphic texts
库尔提乌斯·鲁夫斯 Curtius Rufus 255
夸德里加里乌斯，克劳迪斯 Quadrigarius, Claudius 30
夸斯兰 Coislin 191
昆体良 Quintilian 25, 27, 30, 83-4, 101-2, 109, 113-14, 138, 144, 154, 220, 227, 276, 279
昆图斯·斯米尔纳 Quintus of Smyrna 150

L

拉巴努斯·毛鲁斯 Hrabanus Maurus 105-6
《拉丁诗选》 *Latin Anthology* 80, 183, 258
《拉丁颂词集》 *Panegyrici latini* 140
拉赫曼，卡尔 Lachmann, Karl 145, 176, 188, 206, 210-212, 214
拉摩拉，乔瓦尼 Lamola, Giovanni 146
拉姆宾，德尼斯（拉姆宾努斯） Lambin, Denys (Lambinus) 175-6
拉齐 Rhazes 258
拉斯卡利斯，君士坦丁 Lascaris, Constantine 72, 156
拉斯卡利斯，亚努斯 Lascaris, Janus 150, 172, 289
拉忒利乌斯 Ratherius 108, 128, 268
拉文纳 Ravenna 41, 67, 81, 98, 107, 130, 220, 268
莱比锡 Leipzig 71, 206
莱布尼茨 Leibniz, Gottfried Wilhelm von 206
莱顿大学 Leiden, university of 176-7, 179-

85, 197, 199
莱库古 Lycurgus 5
赖兴瑙 Reichenau 91, 99, 101, 104
兰德里安尼，杰拉尔多 Landriani, Gerardo 140
朗巴底奥，G. 奥克塔维乌斯 Lampadio, C. Octavius 21, 30-1
朗格勒 Langres 139, 172, 264
朗格斯 Longus 294
朗吉努斯 Longinus 168
劳伦佐·美第奇 Lorenzo de' Medici 144, 150, 156
勒克莱尔，让 Le Clerc, Jean 287
勒密乌斯·帕莱蒙 Remmius Palaemon 28
雷恩，克里斯托弗 Wren, Christopher 186
雷米吉乌斯·欧塞尔 Remigius of Auxerre 106
雷纳努斯，比亚图斯 Rhenanus, Beatus 140-1
李白 Li, Po 47
李维 Livy 27, 33, 37, 41-3, 81, 87, 98-100, 102-3, 108-9, 113, 119, 128, 131-3, 140-1, 144, 163, 171, 184, 194, 199, 254, 268-9, 276, 279
第一部 first decade 41, 99, 108, 127, 130, 268
第三部 third decade 37, 98-9, 131, 图版 XI, XIII, XV
第四部 fourth decade 109, 119, 131, 269
第五部 fifth decade 100, 103, 131, 140
第十一卷残篇 Book 11, fragm. 199
第九十一卷残篇 Book 91 fragm. 194
李维乌斯·安德罗尼库斯 Livius Andronicus 30
里昂 Lyons 176, 202, 291
里巴尼乌斯 Libanius 52
里奇尔 Ritschl, F. W. 211
里沃的艾尔雷德 Aelred of Rievaulx 112
理查德·富尔尼瓦 Richard of Fournival 117-8, 130, 271-2
利奥（亚美尼亚人）Leo the Armenian 59
利奥（哲学家）Leo the philosopher 59
利奥·阿基普莱斯比特 Leo Archipresbyter 238
利欧帕迪，贾科莫 Leopardi, Giacomo 200, 290
利普修斯，尤斯图斯 Lipsius, Justus 166, 169, 177, 180-1, 183, 287
列日 Liège 104, 108
林迪斯法恩 Lindisfarne 88
琉善 Lucian 47, 52, 55, 65, 156, 296
卢坎 Lucan 26, 81, 86-7, 90, 97, 100, 102, 133, 265
卢克莱修 Lucretius 28, 97, 101-4, 110, 113, 126-7, 138, 175-6, 185, 212, 214, 219, 221-2, 225, 228, 231, 265, 267, 275, 295
卢库卢斯 Lucullus 23
卢勒斯 Lullus 91
卢普斯·费里埃 Lupus of Ferrières 83, 105, 268
卢提利乌斯·纳马提安努斯 Rutilius Namatianus, Claudius 201, 291

鲁汶大学 Louvain, university of 179, 182
路德，马丁 Luther, Martin 165
路德，马丁 Routh, Martin 220
路易十四 Louis XIV 191
鹿特丹 Rotterdam 189
罗伯泰罗，弗朗塞斯卡 Robortello, Francesco 168, 285, 287
罗伯特·安茹 Robert of Anjou 133
罗伯特·克里克莱德 Robert of Cricklade 114
罗得岛 Rhodes 17, 21, 44
罗马 Rome 17, 19, 23-6, 30, 45, 81, 84, 88-9, 98, 121, 129, 138, 142-3, 151, 170, 193, 202, 250-1, 264, 28l-2
《罗马皇帝传》 *Historia Augusta* 100, 104, 128, 141
罗伊希林，约翰 Reuchlin, Johann 149
洛贝斯 Lobbes 110, 269
洛迪大教堂 Lodi, cathedral of 140-1
洛尔施 Lorsch 99-100, 103, 109, 140, 164, 176, 266
洛克，约翰 Locke, John 186
洛瓦托·洛瓦蒂 Lovato Lovati 125-8, 137, 275
吕杜斯，约翰内斯 Lydus, Johannes 81, 260
吕克昂学园 Lyceum 6
吕克塞 Luxeuil 86, 88, 96
吕西阿斯 Lysias 68
吕西琉斯 Lucilius 21

M

马比荣大师，让 Mabillon, Dom Jean 190-2, 194
马德维希 Madvig, J. N. 211
马丁·布拉加 Martin of Braga 81, 260
马尔提亚努斯·凯佩拉 Martianus Capella 33, 42, 110, 206, 268
马费伊，希皮奥内 Maffei, Scipione 192-4, 289
马克罗比乌斯 Macrobius 38, 41, 72, 90, 93, 99, 104, 106, 133, 222
《农神节》 *Saturnalia* 37, 41-2, 254
《西皮翁之梦》 *Somnium Scipionis* 41, 74, 93, 99, 106
马克罗比乌斯·普罗提努斯·欧多克索斯 Macrobius Plotinus Eudoxius 41
马克西姆（认信者） Maximus Confessor 120
马拉拉斯，约翰 Malalas, John 186, 288
马里尤斯·维克多里努斯 Marius Victorinus 277
马姆斯伯里 Malmesbury 88, 113
马尼利乌斯 Manilius 102-3, 108-9, 138, 177, 187
马尼亚库提亚 Maniacutia, N. 281
马塞勒斯二世，教皇 Marcellus II, Pope 170
马赛利亚 Massilia 12
马什哈德 Meshed 56
马斯，保罗 Maas, Paul 212
马索拉文本 Masoretic texts 189

马特伊 Matthaei, C. F. 199, 290
马腾斯，蒂里 Martens, Thierry 179
马提雅尔 Martial 25, 35, 41, 97, 99, 102, 113, 126-7, 217, 233, 251, 265
马提亚斯·科韦努斯 Matthias Corvinus 154
马沃提乌斯，维提乌斯·阿戈里乌斯·巴西利乌斯 Mavortius, Vettius Agorius Basilius 42
毛泽东 Mao Tse-tung 47
梅，安吉洛，枢机主教 Mai, Angelo, cardinal 193-5, 285
梅拉，鲍姆鲍尼乌斯 Mela, Pomponius 33, 40, 107, 130, 268
梅特路斯·努米底库斯 Metellus Numidicus 95-6
美第奇 Medici, the 142, 146, 157 另参“劳伦佐·美第奇” Lorenzo de Medici 21
美因茨 Mainz 91
蒙弗贡大师，伯纳德 Montfaucon, Dom Bernard de 191-2
蒙托西耶公爵 Montausier, Duc de 206
弥尔顿，约翰 Milton, John 183, 187
米格里奥雷 Migliore, G. 194
米兰 Milan 37, 49, 101, 136, 140, 146, 156, 193, 195
米雷，马克-安托万（米雷图斯）Muret, Marc-Antoine (Muretus) Muret, Marc-Antoine (Muretus) 175, 182, 232
米南德 Menander 4, 47, 54, 198, 219, 290
米南德（修辞学家）Menander Rhetor 236
米诺伊德斯 Minoides, M. 200
铭文 Epigraphic texts 201-202, 291-2
缪塞俄斯 Musaeus 67, 158
摩尼教 Manichaeism 198
莫贝克，威廉 Moerbeke, William of 122, 167, 196, 273
莫迪乌斯，弗朗茨 Modius, Franz 181, 287
莫尔德拉姆恩，院长 Maurdramn, abbot 96
莫尔会士 Maurists 194, 288
莫斯霍斯 Moschus 159, 282
墨洛温字体 Merovingian scripts
穆尔巴赫 Murbach 91, 101, 140-1, 278
穆伦托夫，扬 Moerentorf, Jan 180
穆萨托，阿尔贝蒂诺 Mussato, Albertino 127, 136, 275
穆苏鲁斯，马库斯 Musurus, Marcus 155ff., 166, 281, 图版 VIII 说明
“牧猪汉”乔治 Choeroboscus 55

N

那不勒斯 Naples 36, 122, 133, 142-3, 169, 203, 290
纳尔多 Nardò 73
纳西昂的格里高利，圣徒 Gregory of Nazianzus, Saint 49, 68-70, 120
奈波斯，科内利乌斯 Nepos, Cornelius 31, 103, 140
奈撒拿 Nessana 198
“难的异文更可取” *difficilior lectio potior* 162, 222, 283

瑙凯琉斯 Naucellius 201
内夫里哈，安东尼奥 Nebrija, Antonio 161
内姆鲁特山 Nemrud Dagh 202
尼布尔 Niebuhr, B. G. 193-5
尼古拉·克拉芒热 Nicholas of Clamanges 138, 172, 278
尼古拉·雷焦 Nicholas of Reggio 122
尼古拉·马尼亚库提亚 Nicholas Maniacutia 281
尼古拉斯·库斯 Nicolaus of Cues 140
尼古拉五世，教皇 Nicholas V, Pope 142-3, 149
尼古利，尼古拉 Niccoli, Niccolò 134, 139, 277
尼卡诺 Nicanor 255
尼科尔 Nicoll, W.S.M. 203, 258
尼科马库斯 Nicomachi 41-3
尼科马库斯·戴克斯特 Nicomachus Dexter 41
尼科马库斯·弗拉维亚努斯 Nicomachus Flavianus 38, 41
尼科马库斯·弗拉维亚努斯，维里乌斯 Nicomachus Flavianus, Virius 37-8
尼撒的格里高利，圣徒 Gregory of Nyssa, Saint 61, 120, 257
尼西比 Nisibis 55, 257
尼西亚 Nicaea 51, 69, 73, 76, 122, 151, 188, 258
拟古 Archaism 30ff., 47
涅维乌斯 Naevius 19, 21
牛顿 Newton, Isaac 186
牛津大学 Oxford University 6, 118-19, 129, 146, 170-1, 185-6, 200, 205, 220
《农书》*Geoponica* 258
诺尼乌斯·马塞卢斯 Nonius Marcellus 33, 100-101, 237
诺努斯 Nonnus 75, 78, 180

O

欧波利斯 Eupolis 2, 25, 245
欧几里德 Euclid 65, 75, 112, 121
欧里庇得斯 Euripides 3-5, 15, 53-4, 58, 69, 76-7, 148, 156, 158, 180, 194, 197-8, 203, 216, 232, 234, 247, 256
欧塞尔 Auxerre 99, 101, 106-7, 130
欧洲东部地区对拉丁文的了解 Latin, knowledge of in Eastern Europe 53, 74

P

帕多瓦 Padua 125ff., 131, 137, 157, 200, 274, 280
帕伽马 Pergamum 3, 16-17, 44, 247
帕拉迪乌斯 Palladius 236
帕里奥洛吉文艺复兴 Palaeologan Renaissance 78, 218
帕诺尔米塔 Panormita 参看“贝卡德利，安东尼奥”
帕索 Passow, F. 206
帕维亚 Pavia 142, 148
庞波萨 Pomposa 126
庞培 Pompeii 203
庞培乌斯·特罗古斯 Pompeius Trogus 33,

90
培根，罗杰 Bacon, Roger 118, 122, 195
佩尔格的阿波罗尼乌斯 Apollonius of Perga 56
佩尔西乌斯 Persius 29, 42, 81, 87, 90, 100, 102, 110, 113, 176, 178, 219
佩拉格尼乌斯 Pelagonius 147
佩特罗尼乌斯 Petronius 81, 101-103, 106, 114-15, 139, 176, 200, 224, 229, 233, 260, 270, 286, 295
佩特罗尼乌斯，普洛斯波 Petronius, Prosper 199
丕平（矮子）Pippin the Short 94
丕平二世 Pippin II 91
皮尔敏 Pirmin 90
皮凯纳，库尔齐奥 Pichena, Curzio 182
皮克·德拉·米兰多拉 Pico della Mirandola 281
皮拉图，莱昂奇奥 Pilato, Leonzio 147-8
《皮索赞》Laus Pisonis 115
皮陶，保罗 Petau, Paul 185
匹陶，弗朗索瓦 Pithou, François177
匹陶，皮埃尔 Pithou, Pierre 176-7
品达 Pindar 9, 16, 45, 71, 169, 226, 231, 298
珀尔曼，泰奥多尔 Poelman, Theodore 180
普拉努得斯，马克西姆斯 Planudes, Maximus 67, 74-6, 78, 148, 236, 260, 图版 VI
普莱东，乔治·杰米斯图斯 Plethon, George Gemistus 150, 158
普莱特克斯特图斯，维提乌斯·阿戈里乌斯 Praetextatus, Vettius Agorius 38, 40, 43
普朗坦，克里斯托夫 Plantin, Christopher 180, 182, 286
普劳图斯 Plautus 20, 22-3, 29-30, 81, 87, 102, 108, 113, 140, 175, 182, 195-6, 230, 250, 278, 286
　帕拉廷本（P 本）Palatine recension (P) 20, 23, 108
　《卡西娜》*Casina* 20
　《埃皮狄库斯》*Epidicus* 23
　《吹牛的军人》*Miles Gloriosus* 20, 23
　《奈弗拉里亚》*Nervolaria* 23
　《布匿人》*Poenulus* 20, 250
　《普修多卢斯》*Pseudolus* 20
　《行囊》*Vidularia* 195
《普里阿匹亚》*Priapea* 134
普里希安 Priscian 33, 104, 252
普林尼（老）Pliny the Elder 31, 33, 81, 86, 90, 92, 97-8, 102, 109, 114, 128, 145-6, 163, 174, 184, 图版 XII
普林尼（小）Pliny the Younger 25, 81, 86-7, 99-100, 102, 128, 141, 219, 245
普鲁登提乌斯 Prudentius 42, 185, 268
普鲁塔克 Plutarch 44, 68, 75, 148, 155, 168, 173, 232, 234, 257, 312
普罗布斯，瓦莱里乌斯 Probus, M. Valerius 22, 28-31, 250-1
普罗海来修斯 Prohaeresius, 50
普罗柯庇乌斯（加沙）Procopius (of Gaza) 50, 53

普罗克鲁斯 Proclus 121, 258, 297
普罗佩提乌斯 Propertius 102-3, 113, 115, 117-18, 126, 130, 139, 146, 182, 203, 272, 275-6, 292
普罗提诺 Plotinus 168
普塞罗斯，米迦勒 Psellus, Michael 68-9, 259
谱系法 stemmatics 99, 167-8, 211ff., 241, 280, 292-4

Q

七十士本 Septuagint 49
《启示录》Apocalypse 162
前人文主义者（最早的人文主义者）prehumanists 125-7, 129, 131, 280
虔敬者路易 Louis the Pious 98, 109, 265
钱币学 numismatics 142, 154, 169, 201
乔瓦尼·德马托基斯 Giovanni de Matociis 128
乔治·辛斯勒 George Syncellus 65
乔治·皮西狄亚 George of Pisidia 69, 259
切尔维尼枢机 Cervini, Cardinal 169
屈雅斯，雅克 Cujas, Jacques 176-7

R

让·德蒙特勒伊 Jean de Montreuil 172
让·德图尔内斯 Jean de Tournes 176
让布卢 Gembloux 109-110
让松，尼古拉 Jenson, Nicholas 156
热尔贝·兰斯 Gerbert of Reims 108-9
热那亚 Genoa, 74
人文主义/人文主义者 humanism/humanists 105, 115, 119, 123ff., 143, 161,171-3, 273-9, 285-6
人文主义者字体 humanistic script 139, 274, 277-8, 图版 XVI
日内瓦 Geneva 167, 178
儒斯蒂西乌斯·赫皮丢斯·多姆鲁斯 Rusticius Helpidius Domnulus 107, 130

S

撒马尔罕 Samarkand 60
萨宾努斯，弗拉维乌斯·尤利乌斯·特里丰尼亚努斯 Sabinus, Flavius Julius Tryphonianus 43
萨尔马瑟斯 Salmasius (Claude de Saumaise) 183, 185
萨福 Sappho 50, 54
萨勒诺 Salerno 111
萨卢斯特 Sallust 26-9, 81, 87, 97, 99, 102, 113, 128, 172, 219
萨卢斯提乌斯 Sallustius 40
萨卢塔蒂，科卢乔 Salutati, Coluccio 135-7, 139, 145, 148, 277-8
萨那乍罗，雅各布 Sannazaro, Iacopo 140
萨维尔爵士，亨利 Savile, Sir Henry 171
塞杜利乌斯 Sedulius 42
塞杜利乌斯·斯科特斯 Sedulius Scottus 88, 104
塞尔苏斯 Celsus 108, 140, 146
塞尔苏斯，提多·尤利乌斯 Celsus, Titus Julius 25, 40

塞尔维乌斯 Servius 27, 29, 33, 38, 92, 176
塞尔维乌斯（但尼尔本）Servius Danielis 176-7
塞尔维乌斯·克劳迪乌斯 Servius Claudius, 22-3
塞克斯都·恩披里柯 Sextus Empiricus 168
塞里纳斯，昆塔斯 Serenus, Quintus 97
塞利根施塔特 Seligenstadt 105
塞涅卡（老）Seneca the Elder 99, 102, 184
塞涅卡（小）Seneca the Younger, 25, 27, 81, 84, 87, 98, 99-102, 104, 109, 111-19, 126-9, 132-3, 136, 143, 163-4, 166, 182-4, 194, 219, 225-6, 228-32, 260-1, 267, 269, 271-2, 275, 284
《变瓜记》*Apocolocyntosis* 113
《论友谊》*De amicitia* 87, 194
《论恩惠》*De beneficiis* 100, 164
《论怜悯》*De clementia* 100, 164
《世界志》*De forma mundi* 84
《父亲行状》*De vita patris* 87, 194
《对话录》Dialogues 102, 111, 118, 269
《书信集》*Letters* 98, 102, 104, 109, 113-4, 133, 267-8, 284
《自然问题》*Natural Qestions* 81, 101, 115
《悲剧集》*Tragedies* 102, 117-19, 126-7, I29, 133, 136, 146, 182, 184, 219, 272, 275
塞普尔维达 Sepúlveda, Juan Gines de 283
三科 *trivium* 34, 76, 85
三语学院 Collegium Trilingue 179, 182
桑奇奥·鲁斯蒂奇 Cencio Rustici 138
桑斯的圣科隆布修道院 Sens, abbey of Sainte Colombe 175
色诺芬 Xenophon 48, 149, 158, 215, 2l8-19, 245
色诺芬尼 Xenophanes 10
沙特尔 Chartres 111, 114, 131
删洁 Bowdlerization 75, 233, 295
圣奥马尔修道院 Saint Omer 176
圣保罗 Saint Paul 143
圣伯丁修道院 Saint Bertin 176
圣但尼修道院 Saint Denis, abbey of 101
圣高尔 Saint Gall 88, 99, 101, 120, 138, 272
《圣徒行状》Acta sanctorum 288
“圣名” *nomina sacra* 224, 296
圣维克多的戈蒂埃 Gautier of Saint Victor 113
圣维克多修道院 Saint Victor, abbey of 113, 141
圣像崇拜论争 Iconoclastic controversy 54
圣像画研究 iconography 169
圣约翰 Saint John 153, 192, 198
圣约翰拉特兰 Saint John Lateran 169
《诗选》Anthology
《希腊诗选》Greek 67, 75, 156
《拉丁诗选》Latin 80, 183, 186
施拜尔大教堂 Speyer, cathedral of 131, 141
十字军 Crusades, the 72
识字 literacy 94, 112, 179, 270
书写板 writing tablets 35, 249

数目字，易致讹误 numerals, easily corrupted 75, 224
朔佩，加斯帕尔 Schoppe, Caspar 287
斯底洛 Stilo, 参看“埃利乌斯”
斯蒂芬斯 Stephens 188
斯多噶学派 Stoics/Stoicism 17, 38, 45, 49, 182-3
斯多米 Sturmi 91
斯卡利杰，尤利乌斯·恺撒 Scaliger, Julius Caesar 174, 286
斯卡利杰，约瑟夫·尤斯图斯 Scaliger, Joseph Justus 174-5, 177-8, 183-4, 211, 286
斯奎莱切 Squillace 83, 120
斯塔提里乌斯·马克西姆斯 Statilius Maximus 32, 40, 252
斯塔提乌斯 Statius 90, 93, 97, 99, 102, 113, 126, 133, 139, 265, 280
斯泰西科拉斯 Stesichorus 15, 247
斯特方 Stephanus, 参看“艾蒂安，亨利”
斯特拉波 Strabo 6, 44, 104, 149, 178, 267
斯特潘努斯·拜占庭 Stephanus of Byzantium 158
斯图代蒙德 Studemund, W. 194, 196
斯图迪乌修道院 Stoudios monastery 59
斯托拔厄斯，约翰 Stobaeus, John 180, 186
四科 *quadrivium* 34, 76, 85
《苏达辞书》，苏达 *Suda*, Suidas 66, 220-1, 239
苏格拉底 Socrates 203
苏丝特拉达 Sostrata 29
苏维托尼乌斯 Suetonius 21, 28-9, 81, 100-102, 106, 113-4, 128, 154, 163, 250, 276, 280
苏亚雷斯 Suárez, J. M 202
梭伦 Solon 199
缩略符号 Sigla 106, 180, 240
缩写符号、缩略 Abbreviations 92, 159, 181, 223-4, 296, 又见图版说明
索邦 Sorbonne, the 117, 130, 167, 172, 272
索福克勒斯 Sophocles 53, 67, 70, 158, 174-5, 198, 228, 230, 240
索里希乌斯 Choricius 50
索利努斯 Solinus 33
索西乌斯兄弟 Sosii 25

T

塔布洛特，艾蒂安 Tabourot, Etienne 175
塔拉修斯 Tarasius 62
塔西佗 Tacitus 33, 100, 102-3, 111, 113, 134 140-1, 166, 182, 184, 202, 219, 234, 238, 287, 295, 图版 XIV
塔西佗（皇帝） Tacitus (emperor) 32
塔辛大师 Tassin, Dom 194
泰阿根尼·雷吉姆 Theagenes of Rhegium 10
泰奥德夫·奥尔良 Theodulfus of Orleans 94, 106, 268
泰奥庞普斯 Theopompus 18
泰伦斯 Terence 20, 26, 29, 33, 36, 81, 87, 97, 99, 102, 113, 146, 163, 169, 172, 187,

250, 253, 265
《兄弟》*Adelphi* 29
《安德罗斯姑娘》*Andria* 20, 250
泰泽，约翰 Tzetzes, John 7, 71-2, 78, 259
忒俄克里托斯 Theocritus 45, 48, 154, 156, 158-9
忒撒格拉斯 Thersagoras 10
特奥格尼斯 Theognis 67
特拉布宗 Trebizond 150
特拉布宗，格奥尔格 Trapezuntios, George 151-2
特拉弗萨瑞，安布罗吉罗 Traversari, Ambrogio 281
特劳贝，路德维希 Traube, Ludwig 193, 289
特勒韦，尼古拉 Trevet, Nicholas 119, 129
特里丰（书商）Tryphon (bookseller) 25
特里丰（文法学家）Tryphon (grammarian) 44
特伦托大会 Trent, Council of 166
提奥弗拉斯特 Theophrastus 7, 55-6, 149, 158, 174, 178, 199
提比略（皇帝）Tiberius (emperor) 44, 236
提布卢斯 Tibullus 97, 102, 110, 113, 115, 117, 126, 136
提罗 Tiro 31-2
提蒙·普里欧斯 Timon of Phlius 6
提摩泰乌斯 Timotheus 5, 198
"剔除独异异文" *eliminatio lectionum singularium* 213
"剔除过录本" *eliminatio codicum descriptorum* 145, 208, 293
"跳读致脱" *saut du même au même* 227
帖撒罗尼迦 Thessalonica 70, 74
通行本 *textus receptus* 188, 210
通行本 vulgate texts, 209-10
同化致误 assimilation, errors of 232
透瑟·巴比伦 Teucer of Babylon 258
秃头查理 Charles the Bald 104, 265-6
图尔斯 Tours 97-101, 105-6, 146, 266, 图版 XI、XIII 说明
图拉真（皇帝）Trajan (emperor) 25, 41
《图里亚赞》*Laudatio Turiae* 201-2, 291
《图氏文萃》*Florilegium Thuaneum* 108, 118, 140
图书 books 另参 印刷 printing
图书价格 price 2-3, 31, 65, 87, 282
图书业 trade 5
古希腊图书业 in Greece 1-2, 8, 24, 245
罗马共和国时期的图书业 in the Roman Republic 24, 250
罗马帝国早期的图书业 in the early Empire 25, 30, 251-2
古典时代晚期的图书业 in late antiquity 81, 252
拜占庭图书业 in Byzantium 65
文艺复兴时期的图书业 in the Renaissance 125, 151, 165
图书馆 libraries 193, 195, 206, 210, 251, 259, 294
古希腊的图书馆 in Greece 5ff.

罗马共和国的图书馆 in Roman Republic 23-5, 30, 81-3
拜占庭的图书馆 in Byzantium 59, 70, 72-3, 79, 151
加洛林王朝的图书馆 Carolingian 91, 96ff., 265-7
英格兰的图书馆 in England 91, 96ff., 265-7
法兰西的图书馆 in France 130
文艺复兴时期的图书馆 in the Renaissance 111, 117, 124-6, 129, 132, 142, 146, 150, 153, 165, 182, 279
土耳其 Turks, the 47, 72, 74
托莱多 Toledo 111, 121
托勒密 Ptolemy 6-7
托勒密（天文学家，地理学家） Ptolemy (astronomer and geographer) 75, 112, 121, 149, 163
托勒密八世·幼厄格特斯二世 Ptolemy VIII Euergetes II 17
托勒密二世，"恋姊者" Ptolemy II Philadelphus 6
托马斯·麦吉斯特 Thomas Magister 47
托伊布纳 Teubner, B. G. 180, 206, 268
脱（夺）文 omissions 181, 215, 227-8, 237

W

瓦尔恭泰乌斯 Vargunteius, Q 21
瓦拉，劳伦佐 Valla, Lorenzo 132, 141-4, 151, 153-4, 160, 163, 165, 173, 189, 278-81, 284, 图版 XIV
瓦拉弗里德·斯特拉波 Walafrid Strabo 104-5, 267
瓦勒里乌斯·弗拉库斯 Valerius Flaccus 93, 100, 102, 115, 126-7, 138, 145-6, 185
瓦勒里乌斯·马克西姆斯 Valerius Maximus 102, 104-107, 114, 130, 133, 136, 176, 278
瓦　罗 Varro 3, 19-20, 22-4, 111, 128, 134, 146
外交使节 diplomatic missions 21, 62, 74, 120, 147-8, 173, 184, 190
《外道殉教记》 *Acts of the pagan martyrs* 198
"晚的，并不一定就是差的" *recentiores, non deteriores* 219, 295, 298
万利 Wanley, H. 205
威尔弗里德，约克郡主教 Wilfrid, bishop of York 89
威尔茅斯 Wearmouth 89, 264
威尔士，托马斯 Waleys, Thomas 119
威利布罗德 Willibrord 90
威廉·马姆斯伯里 Wiliam of Malmesbury 113-15, 270
威廉·圣蒂埃里 William of Saint Thierry 113
威尼斯 Venice 11-12, 67, 74-5, 127, 148-50, 152, 156-8, 160, 166, 199, 281
韦尔切利大教堂图书馆 Vercelli, chapter library of 136, 145
韦斯科特 Westcott, B. F. 189
韦斯帕夏诺·达比斯蒂奇 Vespasiano da

Bisticci 142
韦特施泰因 Wettstein.J.J. 194, 210
为命 *dictamen* 124, 274
为命者 *dictatores* 124, 274
维巴尔·科维 Wibald of Corvey 115
维比乌斯·塞克斯特 Vibius Sequester 237
维多里诺·达弗尔特雷 Vittorino da Feltre 149
维多利亚努斯，塔斯基乌斯 Victorianus, Tascius 41, 43
维吉尔 Vergil 22, 26-31, 33, 36, 38, 40, 42, 81, 87, 90, 100-102, 112-3, 117, 132-4, 145-6, 169, 185, 220, 230, 249, 251, 265, 276, 292, 图版 IX
《维吉尔外集》 *Appendix Vergiliana* 101, 134
维吉提乌斯 Vegetius 90, 99, 104, 114, 266
维拉莫维茨—默伦多夫，乌尔里希·冯 Wilamowitz-Moellendorff, Ulrich von 53, 229, 256, 292
维勒乌斯·帕特库勒斯 Velleius Paterculus 101, 103, 140-1, 278
维里乌斯·弗拉库斯 Verrius Flaccus 23, 25, 27, 33, 237
维罗纳 Verona 81, 87, 108, 126-8, 132, 192-5, 275
维洛伊森 Villoison, Jean Baptiste Gaspard d' Ansse de 199
《维纳斯节不眠夜》 Pervigilium Veneris 176
维尼达里乌斯 Vinidarius 237
维琪尔·萨尔茨堡 Virgil of Salzburg 88
维琴察 Vicenza 128, 275, 280
维萨里 Vesalius 205
维斯康提 Visconti 142
维特鲁威 Vitruvius 93, 97, 99, 102, 206, 236, 265
维提乌斯·瓦林斯 Vettius Valens 258
维托利，皮埃罗 Vettori, Pier 167-9, 175, 285
维瓦利姆 Vivarium 83-4, 120, 261, 264
伪阿普列乌斯 Pseudo-Apuleius 84
伪奥维德 Pseudo-Ovid 140, 265
伪卡里斯提尼 Pseudo-Callisthenes 238, 258
伪昆体良 Pseudo-Quintilian 109
伪普鲁塔克 Pseudo-Plutarch 5
伪妄 athetesis 12-13
伪亚略巴古之丢尼修 Pseudo-Dionysius the Areopagite 120, 122
文德兰达书牍 Vindolanda tablets 249
文森特·博韦 Vincent of Beauvais 117, 271
沃尔夫，弗里德里希·奥古斯特 Wolf, Friedrich August 199-200, 206, 210, 292
沃尔姆斯大教堂 Worms, cathedral of 108, 141
乌尔比亚图书馆 Bibliotheca Ulpia 25
乌斯宾斯基福音书 Uspensky Gospels 59
伍德，罗伯特 Wood, Robert 199
武加大本 Vulgate, the 84, 106, 144-5, 153-4, 162, 166-7, 170 , 188-9, 281, 283
误例 corruptions 5, 20, 106, 177, 211,

223ff., 226

X

西班牙的西哥特文化 Visigothic Spain 80, 85, 91
西多内斯，德米特里 Cydones, Demetrius 74
西尔蒙，雅克 Sirmond, Jacques 202
西哥特字体 Visigothic script 95, 178, 224, 265
西吉努，尤利乌斯 Hyginus, Julius 25, 27, 31, 251
西里尔，圣徒 Cyril of Alexandria, Saint 51, 153
西利乌斯·伊塔利库斯 Silius Italicus 101, 138, 181
西马库斯 Symmachi 41-2, 81
西马库斯（《旧约》译者）Symmachus (translator of Old Testament), 49
西马库斯，奥勒留·迈米斯 Symmachus, Aurelius Memmius 41, 43, 84
西马库斯，昆图斯·奥勒留 Symmachus, Q. Aurelius, 37, 41
西蒙，理查德 Simon, Richard 189, 288
西欧弗里德，修道院长 Ceolfrid, abbot 89, 264
西皮奥社 Scipionic circle 19
西塞罗 Cicero 19, 20, 22-6, 28, 31-2, 36, 38, 40-1, 81, 87, 90, 93, 97, 99-100, 104, 106, 109-110, 112-15, 126, 128, 132-3, 137-41, 144, 165-6, 172, 174-6, 182, 194-5, 209, 2l6, 226, 228, 252, 271, 278
《学园派哲学》*Academica* 24, 104
《致阿提库斯》*Ad Atticum* 136
《致友人》*Ad familiares* 115, 136, 145
《阿拉图斯》*Aratea* 105, 110
《布鲁图斯》*Brutus* 20, 140
《论友谊》*De amicitia* 104, 112
《论占卜》*De divinatione* 104
《论命运》*De fato* 104
《论开题》De *inventione* 83-4, 90, 102
《论土地法》*De lege agraria* 32, 40, 139, 252
《论法律》*De legibus* 104, 174
《论神性》*De natura deorum* 104
《论职责》*De officiis* 38, 104
《论演说家》*De oratore* 104, 106, 109, 140
《论共和国》*De republica* 37, 87, 114, 195, 图版 X
《论老年》*De senectute* 93, 104
《霍尔腾西乌斯》*Hortensius* 114
《反对喀提林》*In Catilinam* 97, 图版 XVI
《反对克劳迪与库里奥》*In Clodium et Curionem* 25
《斥皮索》*In Pisonem* 104, 139
《书信集》*Letters* 24, 100, 102, 128, 132, 136, 211, 214, 219, 250
《演说家》*Orator* 25, 38, 140
《悖论》*Paradoxa* 104
《腓利比克》*Philippics* 104

《为阿基阿斯声辩》*Pro Archia* 109, 132
《为卡辛纳声辩》*Pro Caecina* 139, 172
《为凯利乌斯声辩》*Pro Caelio* 137
《为克伦提乌斯声辩》*Pro Cluentio* 132, 134, 137
《为弗拉库斯声辩》*Pro Flacco* 104
《为封特尤斯声辩》*Pro Fonteio* 104
《为米洛声辩》*Pro Milone* 137
《为穆列纳声辩》*Pro Murena* 137
《为被控叛国的拉比利乌斯声辩》*Pro Rabirio perduellionis reo* 139
《为拉比利乌斯·波斯图姆斯声辩》*Pro Rabirio Postumo* 139
《为德奥塔鲁斯国王声辩》*Pro rege Deiotaro* 97
《为演员罗斯基乌斯声辩》*Pro Roscio comoedo* 139
《为罗斯基乌斯声辩》*Pro Roscio Amerino* 137
《西皮翁之梦》*Somnium Scipionis* 41, 74, 99, 106
《提迈乌斯》*Timaeus* 104
《图斯库兰讨论集》*Tusculanae disputationes* 92, 104, 229, 291
《反对维勒斯》*Verrines* 97
西塞罗主义 Ciceronianism 144, 165-6, 174
西斯督五世，教皇 Sixtus V, Pope 170
西西里 Sicily 41, 73, 111, 120-1, 147
希波克拉底 Hippocrates 56, 217
希波纳克斯 Hipponax 72
希拉里·普瓦捷 Hilary of Poitiers 163
希腊语发音 pronunciation of Greek 55, 161, 284
《希腊诗选》*Greek Anthology* 67, 75, 166, 183, 289
希罗，亚历山大城的 Hero of Alexandria 56, 121
希罗多德 Herodotus 3, 149, 158, 233
希梅内斯枢机 Ximénez, cardinal 161
锡诺普 Sinope 12
贤者兰多尔福 Sagace, Landolfo 238
相同的结尾 homoeoteleuton 227
相同的开头 homoearcton 227
小写字体 minuscule script
希腊小写体 59-61, 225
拉丁小写体，参看“盎格鲁—萨克逊”“贝内文托”“加洛林”等
新阿卡德米 Neakademia 157
《新约》New Testament 46, 55, 153, 158, 161, 163, 165, 167, 187-9, 210-11
星号 asteriskos 11
修辞学 rhetoric 18, 33-4, 38, 41-2, 45, 50, 52, 58-9, 78, 103, 123-4, 183, 274
修士 Friars 118-19, 272
修昔底德 Thucydides 4, 18, 47, 68, 149, 154, 158, 218, 226, 246, 259
许普西克拉底 Hypsicrates 10
叙利亚语 Syriac 17, 55-7, 61, 189, 257

Y

雅典 Athens 1, 5, 9, 44, 50, 52, 72, 74, 245

雅里斯底德，埃利乌斯 Aristides, Aelius 47, 52, 65, 68, 180-1, 图版 III 说明

亚克兴战争 Actium, battle of 36

亚里士多德 Aristotle 1, 6, 10, 52, 55-6, 61, 65, 67-9, 73, 84, 121-2, 133, 149, 152, 158, 163, 167-8, 174, 184, 196-7, 225, 272-3, 285, 293

亚历山大·塞维鲁 Alexander Severus 32

亚历山大城 Alexandria 5ff., 44, 52，54, 199

亚历山大的革利免 Clement of Alexandria 169

亚美尼亚 Armenian 17, 58, 61, 258

演说家 orators 18, 45, 52, 63, 73

演员对古希腊悲剧的改动 actors' interpolations in Greek tragedy 15, 234, 247

羊皮纸 parchment 3, 35-6, 59-60, 65, 75, 86-7, 103, 153, 196-7, 201

耶罗尼米斯，庞波萨修道院院长 Hieronymus, abbot of Pomposa 126

伊壁鸠鲁 Epicurus 18, 202

伊德撒 Edessa 55, 257.

伊夫林，约翰 Evelyn, John 186

伊拉斯谟，德西德里乌斯 Erasmus, Desiderius 140-1, 144, 149, 153, 157, 160-66, 170, 172, 174, 179, 188, 204, 211, 255, 279, 282-4

伊索格拉底 Isocrates 68, 156

伊西铎·塞维利亚 Isidore of Seville 80, 85, 90, 261

迻写 Transliteration 60-1, 259

以法莲 Ephraem 67

以弗所 Ephesus 25, 69

以弗所的米迦勒 Michael of Ephesus 69

印刷 printing 139, 143, 155ff., 167, 172, 179, 189, 204, 281-3, 285

《英格兰图书登记册》 *Registrum librorum Angliae* 118, 272

英格兰在古典文本传播中所扮演的角　色 England, part played by in the transmission of classical texts 87ff., 110-111, 118-120, 139, 262-4, 270

英伦岛系传承 Insular tradition 91-3, 100, 138, 263

英伦岛系字体 Insular scripts 91-2, 103, 110, 224-5, 263

优斯德拉提乌斯·尼西亚 Eustratius of Nicaea 51, 69

优西比乌 Eusebius 7, 58, 167, 286

尤金尼乌斯（海军上将） Eugenius (admiral) 121

尤金尼乌斯（文法学家） Eugenius (grammarian) 54

尤利乌斯·帕里斯 Julius Paris 105, 107, 130, 268

尤曼尼斯二世 Eumenes II 16

尤纳皮乌斯 Eunapius 50

尤斯塔修斯 Eustathius 45, 70-2, 259-60

尤特罗庇乌斯 Eutropius 33, 90, 100, 109,

114, 180, 238, 296
尤维纳利斯 Juvenal
于埃 Huet, P.D. 206
约翰，书法家 John the Calligrapher 图版 III
约翰·加兰 John of Garland 118
约翰·萨里斯伯里 John of Salisbury 113-4, 121, 270
约翰·司各特·爱留根纳 John Scottus Eriugena 88, 120
约翰·提米斯 John Tzimisces 66
约翰·瓦塔特泽斯 John Vatatzes 73
约翰·威尔士 John of Wales 118
约翰·威斯特法利亚 John of Westphalia 179
约翰·伊塔卢斯 John Italos 51
约翰逊，塞缪尔 Johnson, Samuel 205
约克 York 89-90, 92, 94, 105, 263
约瑟夫 Josephus 166
约塔化 iotacism 227
约维安 Jovian 50

Z

泽诺多图斯 Zenodotus 8, 10-13, 246-7
扎诺比·德斯特拉达 Zanobi da Strada 134, 276
詹姆士，托马斯 James, Thomas 170, 285, 289
詹姆斯·威尼斯 James of Venice 121, 273
哲罗姆，圣徒 Jerome, Saint 39, 87, 143, 153, 163, 253-4, 268, 282, 295
《哲学家的道德训诫》 *Moralium dogma philosophorum* 271
正字法 orthography 9, 55, 83, 227
纸 paper 60, 153, 198
纸草 papyri 3-5, 7-8, 11-13, 18-19, 34-7, 46, 59-60, 140, 194, 197-9, 207, 218, 239-40, 245-6, 289-90, 296
《智者杂志》 *Journal des Sçavans* 204-5
重音 accentuation，希腊文重音 4, 9, 155, 156, 247
朱利安 Julian 50-1, 225
注释 glosses 77, 112, 120, 168, 173, 229-30, 239, 295
注文，古代 commentaries, ancient 77, 112, 120, 168, 173, 229-30, 239, 295
字母“西”（X） chi 15
字母 alphabets
  希腊字母和腓尼基字母 Greek and Phoenician 1, 75
  爱奥尼亚字母和阿提卡字母 Ionic and old Attic 9, 247
《自然哲学家言》 *Physiologus* 258
佐敏诺·达皮斯托亚 Zomino da Pistoia 138
作者异文 Author variants 188, 215-16, 230, 294

图版说明

I. 牛津，博德利图书馆，MS. gr. class a. I（P）。2 世纪。该纸草被称为“《伊利亚特》哈瓦拉本”（the Hawara *Iliad*）。纸草经纬纹理清晰可见。

II. 威尼斯，圣马可图书馆，MS. gr. 454，fol.41[r]（译者按：fol.[=folium] 后为叶码。叶码右上角 r[=recto] 表示为该叶的正面，亦即书册摊开时的右页；叶码右上角 v[=verso] 表示为该叶的背面，亦即书册摊开时的左页）。10 世纪。这个来自于贝萨里昂枢机（Cardinal Bessarion）藏书的著名本子通常称为“《伊利亚特》威尼斯 A 本”（Venetus A of the *Iliad*）。从图版 I 和图版 II 可见亚历山大学者校勘符号与注文之间的关系。它们呈现的内容是《伊利亚特》中的同一段（ii.856ff.）；纸草本在边白处有校勘符号，没有注文，写本则两者都有。我们并不意外地发现，这些符号并不完全相同。行 856，正确符号似乎应当是尖角号（*diplē*），然而纸草本显然是加点尖角号（*diplē periestigmenē*）；相应注文只是关于哈里宗（Alizones）的地理位置的说明并加上一句在希腊营地中还有另外一位奥狄奥斯（Hodios），但这里并没有显示阿里斯塔克斯（Aristarchus）与泽诺多图斯（Zenodotus）的意见分歧。行 858，纸草本是尖角号，抄本有一则注曰“Chromis（克罗弥斯）别处作

Chromios”。纸草本行 859-61 有短剑号，抄本则在行 860-1，后者给出的背景是，在河边那场战斗中没有提及克罗弥斯（Chromis）之死，而荷马对每一个队伍指挥官之死都会认真记录；这是考据不能餍足当代读者的一个好例子。行 863，两个本子都有尖角号，抄本给出了关于采用弗里吉亚（Phrygia）这一名称的地理上的解释。

III. 牛津，博德利图书馆，MS. E.D.Clarke 39, fol. 113r。895 年。柏拉图；图版所示是《智者篇》的开头部分。该本是人称书法家约翰的抄工为阿里萨斯（Arethas）所缮写，该抄工还为阿里萨斯缮写了一份埃利乌斯·雅里斯底德（Aelius Aristides）的文本（MSS. Laur.60.3 以及 Paris gr. 2951）。批注乃阿里萨斯亲笔；第一个注开头是：αὕτη ἡ ἐλαία οὐχ ὥϲ τινεϲ ὑπέλαβον τῆϲ Ἰωνίαϲ ἐϲτιν ἀλλὰ τῆϲ Ἰταλίαϲ, εἴ τι δεῖ Cτράβωνι πείθεϲθαι τῷ γεωγράφῳ.

IV. 牛津，博德利图书馆，MS.Auct. V. 1.51, fol. 94r。10 世纪后期。《奥德赛》注文。图版所示是第十一卷的故事梗概（地下世界的世系），接下来是该卷难词表的开头部分。对于中世纪的读者来说，这样的辅助文字很有必要，而且它们的存在可以让我们对当时的学校课程有所了解。这个抄本出自于乔瓦尼·奥里斯帕（Giovanni Aurispa）藏书，后来归佛罗伦萨的圣马可修道院。开头的句子是：ἀπαγγέλλει πῶϲ κατὰ τῆϲ Κίρκηϲ ἐντολὰϲ λαβὼν εἰϲ Ἅιδου κατῆλθεν.

V. 牛津，博德利图书馆，MS.Auct. T. 4.13, fol. 132r。11 世纪。是爱比克泰德作品存世最早的本子。据推测阿里萨斯（Arethas）

曾拥有相同文本的一个抄本，而牛津本直接从阿里萨斯本抄得。其字体显示了一定数量的缩略形式。开头的句子是：ἐλεύθερός ἐϲτιν ὁ ζῶν ὡϲ βούλεται, ὃν οὔτ' ἀναγκάϲαι ἔϲτιν οὔτε κωλῦϲαι βιάϲαϲθαι.

VI. 爱丁堡，苏格兰国立图书馆，MS. Advocates' 18.7.15, fol.98[v]。大约 1290 年（这个年份是从记录月蚀的一则注文推断而来，并非出自跋识）。阿拉图斯（Aratus）《星象》（*Phaenomena*）的这个抄本，是可以断定为普拉努得斯亲笔所写的几个抄本之一。如图版所示，他删掉了两段，代之以自己的改写。图版文本是行 487—506。在行 500 末尾，普拉努得斯画了一个符号，在页脚处用同样的符号标识自己文句的开始。行 501 读作：ἄλλοϲ δ' ἀντιόωντι νότῳ μέϲον Αἰγοκερῆα。普劳努得斯版本将倒数第二个单词改为 νότον。对文学文本如此鲁莽的处理并不常见，而对于实用性手册，这样的处理大概就要常见得多。

VII. 牛津，博德利图书馆，MS. Holkham gr. 88, fol. 207[r]。15 世纪。阿里斯托芬。这个抄本所抄内容是大约一个世纪以前德米特里·崔克利纽斯（Demetrius Triclinius）所做校理的正文和注文；这是已知他对阿里斯托芬四部戏剧所做注的唯一抄本资料。图版中值得注意的有崔克利纽斯在页脚集注文中对格律的讨论（开头是：ἡ εἴϲθεϲιϲ τοῦ παρόντοϲ δράματοϲ），还有他为集注主体部分所标注的名不副实的标题："文法学家阿里斯托芬奈斯（Aristophanes）旧注"。

VIII. 阿里斯托芬（Aristophanes）首印本（*editio princeps*），威尼斯，

1498 年，阿尔都斯出版社（Aldine press）。正文与注文由穆苏鲁斯（Musurus）董理，该氏所用抄本材料中，至少有两个崔克利纽斯校本的抄本。在版面风格与正文注文排版格局方面近似同时代的抄本。页边注文中，在词目 ὀρθὴν κελεύεις 之后，开始了上个图版中所显示的崔克利纽斯关于格律的注文。

IX. 佛罗伦萨，美第奇—劳伦佐图书馆，MS. Laur. 39.1, fol. 8ʳ。这是《维吉尔》美第奇本，5 世纪抄写于意大利。494 年罗马执政官阿斯特里乌斯（Asterius）曾予校正，后辗转归博比奥（Bobbio）修道院。字为俗体大写。图版所示是《牧歌集》（*Eclogues*）的结尾部分（10.61-77）。缩略极少，这页仅限于 *B*·（=bus）和 *Q*·（=que）。在显然是阿斯特里乌斯所做的校改中，我们可以看到，行 62 *DRUSUM* 改为 *RURSUS*、*NABIS* 改为 *NOBIS*，行 70 *HAES* 校正为 *HAEC*。从行 63 *RURSUSM* 看，在以前传本中曾有过异文并存（*RURSUS/M*）。在《牧歌集》结尾所留空白处阿斯特里乌斯加上了一个跋识，记录自己对该抄本的校读，并用一首挽歌体的诗圆满收尾。跋识小字书写，略有褪色；第一段是（缩略部分括注补出）：*Turcius Rufius Apronianus Asterius v(ir) c(larissimus) et inl(ustris), ex comite domest(icorum) protect(orum), ex com(ite) priv(atarum) largit(ionum), ex praef(ecto) urbi, patricius et consul ordin(arius) legi et distincxi codicem fratris Macharii v(iri) c(larissimi) non mei fiducia set eius cui si et ad omnia sum devotus arbitrio XI Kal. Mai(as) Romae.*

X. 梵蒂冈使徒图书馆，MS. Vat. lat. 5757, fol. 171ʳ。即著名的西

塞罗《论共和国》（*De republica*）重写本。原本是西塞罗豪华本，7 世纪在博比奥（Bobbio）被重新利用，抄写了奥古斯丁论圣歌的文本。原来的字体是 4 世纪或 5 世纪的粗体安色尔字，后来的字体是 7 世纪的小安色尔字。该页有《论共和国》2.33 的一部分。下层文字是：*ENIM SERPIT/SED VOLAT IN/OPTIMUM STA/TUM INSTITU/TO TUO SERMO/NE* *R*$\overset{S}{E}$*MP* · *PO*$\overset{T}{S}$/$\overset{E}{T}$*UM NUMAE/POMPILI NEPOS/EX FILIA REX/A POPULO EST/ANCUS MAR/CIUS CONSTITU/(TUS)*。

XI. 巴黎，国家图书馆，MS. lat. 5730, fol. 77^{v}。李维《罗马史》第三部的这个安色尔抄本，5 世纪抄写于罗马，是第三部所有存世抄本的祖本。该本的一个直接抄本，800 年前后抄于图尔斯，见图版 XIII。关于这个抄本在加洛林复兴时期的历史，参看 p.98。皮纸极细极薄，有多处，比如这里，可以看见该叶另一面的文字。图版 XI 和图版 XIII 显示的都是第 XXIII 章的开头；在行 11 一个不同于该书抄工的笔迹将 *MOPSIORUM*“校正”为 *COMPSINORUM*，而这个已然讹变文本的进一步改动在其过录本（图版 XIII）中被确立为正确文字。

XII. 莱顿，大学图书馆，MS. Voss. Lat. F. 4, fol. 20^{v}。老普林尼《博物志》的这个精美抄本，用盎格鲁—萨克逊大写体抄写，8 世纪上半叶由诺桑比亚（Northumbria）修道院制成。图版所示为《博物志》（*Naturalis Historia*）第四卷的开头部分：*tertius europe sinus acrocerauniis incipit montibus finitur helisponto amplectitur praeter minores simus(*i.e. *sinus) XIX.XXV* *passuum*。页边用小写体抄写了开头三个单词。

XIII. 梵蒂冈使徒图书馆，MS. Vat. Reg. lat. 762, fol. 32r。加洛林小写体。李维《罗马史》第三部的这个抄本公元 800 年前后抄写于图尔斯，是从图 XI 所示 5 世纪安色尔抄本直接抄录的。两个图版所示，是第 XXIII 章开头部分大致相同的段落。古代父本与小写体过录本并皆存世，使我们可以检视中世纪抄工在抄写古代文本过程中会犯什么样的错误，而这抄录过程中的错误，已有人进行搜集和研究（F.W. Shipley，*Certain sources of corruption in Latin manuscripts*，New York 1904）。绝大部分词语已经分隔开，有少量句读标点，也有少量缩略，例如 *q;(que), b;(bus), p̄(prae)*。一些行草因素从早前字体中留存了下来，a 的开口写法与其他写法并见，还有 et,rt,st 等连体形式。开口 a 后来消亡了，而大写的 N，这里与小写形式并见，后来其使用受到了更进一步的限制。

XIV. 佛罗伦萨，美第奇—劳伦佐图书馆，MS. Laur. 68.2, fol.6v。该抄本为我们保存了塔西佗《编年史》（*Annals*）XI-XVI 和《历史》（*Histories*）的文本。11 世纪后半叶抄写于卡西诺山（Montecassino），为我们提供了贝内文托字体（Beneventan）鼎盛时期的一个实例。图版所示是《编年史》XI 的结尾与 XII 的开头。XI 的结尾讹误颇多，作：*sed ex quis* (有批注曰 *quibus*) *deterrima orerentur tristitiis multis*。

XV. 伦敦，大英博物馆，MS. Harley 2493, fol. 101v。李维《罗马史》的这个抄本，抄写于 1200 年前后，先后为彼特拉克和瓦拉所拥有，详见 pp.131-2。图版所示，是瓦拉为贬斥论敌帕诺尔米塔（Panormita）和法齐奥（Facio）之学问而援引数段《罗马史》（参看 pp.143-4）中的一段（21.46.3）。抄本这里有讹文 *ex quo propinquo*。瓦拉指出，其论敌看不出传本文字有何错误，而彼特拉克早已将 *ex quo* 校作 *ex loco*，在这个文本中彼特拉克的校正依然可见。在边白处瓦拉写下了他自己的推测 *exque*，这一理校为现代校理者所采信。同时可以看到，这一时期缩略的运用有所增多。

XVI. 佛罗伦萨，美第奇—劳伦佐图书馆，MS. Laur. 48.22, fol. 121r。该抄本的内容包括西塞罗的《腓利比克》诸篇（*Philippics*）和《喀提林》诸篇（*Catilinarians*），波焦（Poggio）抄写于 1425 年。图版所示是《反对喀提林》（*In Catilinam*）IV 的结尾。

译后记

牛津大学古典学耆宿 L.D. 雷诺兹（Leighton Durham Reynolds，1930—1999）和 N.G. 威尔逊（Nigel Guy Wilson，1935— ）合作撰写的《抄工与学者》（*Scribes and Scholars: A Guide to the Transmission of Greek and Latin Literature*），是西方古典学、校勘学的经典名著。前几年从事西方校勘学理论著作的译介工作，关于这本书，我有了一个初步的译稿。今年我得到教育部人文社会科学基金的立项支持（批准号：15YJA870013），从事西方校勘学理论与方法研究。这个译稿的最终完成和出版，也算是这个项目初期工作的一部分。

这部书的翻译和出版，我得到了许多帮助和支持，在满怀感激的同时，也颇感愧疚。几年前，承蒙浙江大学出版社启真馆周运先生的信任，邀我翻译西方图书史的经典著作《古希腊罗马的图书与读者》和西方版本学的概论性著作《分析书志学纲要》；后来浙江大学出版社又联系购买《抄工与学者》的版权，也将翻译之责委任于我。大约一年后，《抄工与学者》中译本的出版项目，转到了北京大学出版社。《古希腊罗马的图书与读者》和《分析书志学纲要》分别于 2012 年和 2014 年由浙江大学出版社出版，然后我才全力完成《抄工与学者》的翻译工作。本来以为已经有了一个初步的译稿，可以在比较短的时间里完成定稿，但实际上比我预计的要费时费力得多，故而交稿颇有延宕。北京大学出版社相关编辑和原作者威尔逊先生的理解和包容，令我既感且愧。

在翻译过程中碰到疑难问题，曾多次向威尔逊先生请教，得到他耐心细致的解答。译文初稿承蒙高峰枫先生审校，是正良多。几位编辑，特别是最后的责任编辑吴敏老师付出了许多辛劳。研究生朱琼琼同学也曾协助核对。谨此一并表示衷心感谢。

原书初版于 1968 年，1974 年、1991 年分别出版了第二版和第三版。我们最初的翻译根据的是原书 1991 年第三版。当时威尔逊先生已经在准备出版第四版，承蒙他将要修订的内容寄示于我。去年原书第四版出版。我们仔细比对新版，更新了译稿。可以说，我们最后的翻译根据的是第四版。

需要说明的是，原书注文部分是按节汇列，没有分条标目，我们在翻译过程中偶见注文错置者，如第三章第三节最后一条注文，应当系于第四节之下。对此我们未敢擅移，仅以括注的方式予以说明。第四版“综合索引”有所增改，并非威尔逊先生亲为，这些增改中有一些问题。比如 Dio Chrysostom（“金口”狄奥）条，第三版只有第 65 页，第四版则多出第 153 页和第 283 页。细按正文和注文，这两处虽只写了 Chrysostom（“金口”），但显然是指 John Chrysostom（“金口”约翰）。又如第三版分立 Gallus 和 Gallus, Cornelius 为两条，第四版合为一条。其实前一条 Gallus 指的是“圣高尔”（Saint Gall）。还有第四版新增 Stephen, Pope（斯蒂芬，教皇）一条，按照其所指向的第 188 页，是 Protestant Pope Stephens，其实就是书中一再提到的法国印刷商罗贝尔·艾蒂安，18 世纪英国人习惯上称之为 Stephens（斯蒂芬斯），本特利文中称之为“新教教皇”，是调侃的说法。正像威尔逊先生在给我的回复中所说的那样，这里的 Pope 是应该加引号的。还有书中提到的中国古代诗人李白，在“综合索引”中并不意外地按照西方的习惯被处理成了 Po,Li（白李）。另外还有一些页码错标。这些我都请示了威尔逊先生，在“综合索引”中直接予以改正。

限于译者学力和识见，译稿中误漏难免，敬祈读者惠予指正。

苏 杰

2015 年 12 月

中译本修订后记

中译本第一版付印前匆忙校对，存在不少问题，而且也没来得及写导读，留下了遗憾。很高兴有机会对译稿略作修订。除了修订译文，核对希腊文、拉丁文原文之外，我们增加了导读，并将一些图版更换为高清图片。编辑吴敏、王晨玉两位老师付出了不少辛劳。在修订过程中我们参考了豆瓣网友的一些意见，同时继续向作者威尔逊先生请教相关问题，得到他热情的指点。威尔逊先生还亲自写信给牛津大学出版社，帮助催问版权续约事宜。钟添好、王弢、郑凌峰等几位同学协助校对译稿。顾枝鹰先生对书中几处希腊文的原文核对和脚注中一处古典希腊文本中译本的采择提出了很好的意见。谨此一并表示衷心的感谢。译稿不妥之处，还请大家继续惠予指正。

苏 杰

2022 年 3 月